会計と社会
——ミクロ会計・メソ会計・マクロ会計の視点から——

小 口 好 昭 編著

中央大学経済研究所
研究叢書 61

中央大学出版部

序　文

　本叢書『会計と社会—ミクロ会計・メソ会計・マクロ会計の視点から』は，中央大学経済研究所に設置された研究チーム「会計と社会研究部会」の3年にわたる研究成果である。本研究部会は，副題に挙げた3つの会計を会計領域に含める会計観に基づいて，社会における会計の役割を幅広く研究することをテーマに掲げてきた。

　中央大学経済研究所においては，合﨑堅二が，会計の課題はミクロ会計とマクロ会計の両者から研究すべきであるという黒澤清の方法論に賛同する学内外の研究者を糾合して1978年に社会会計グループを組織して以来，この学統を継承し発展させるための研究活動が継続している。黒澤と合﨑の会計思想を基盤とするこのグループは，本研究所の研究叢書としてすでに3冊を刊行してきた。さらに，3年前に「会計と社会研究部会」を組織し，新しいメンバーの参加を得て4冊目となる本研究叢書を刊行することができた。

　ミクロ会計とは個別の経済主体を対象にする会計であり企業会計や公会計を含む概念である。マクロ会計は，一国経済を会計主体とする会計であり，国際連合が加盟各国に作成を勧告している「国民勘定体系（System of National Accounts：SNA）」が国際標準システムである。わが国ではこれを国民経済計算と呼び，統計法において国勢統計とともに基幹統計に指定している。メソ会計は，両者の中間領域にある会計として発想された比較的新しい分野であり，特定の地域を対象とする会計である。この場合の地域は，必ずしも国内の特定地域という意味ではなく，森林資源会計や国際河川の流域全体を会計単位とする水資源会計などの場合には，複数の国におよぶ地域を1つの会計実体として設定することが必要になる。自然資源や環境問題にかかわる会計の場合には，特にメソ会計のアプローチが必要になる。

本書のメインタイトルは，黒澤清編『会計と社会』[1]と同名である。執筆者の多くにとって直接的，間接的な恩師となる黒澤の作品と同じ書名を付すことに躊躇がないわけではなかった。しかし，黒澤が同書の序文で表明している会計学研究の方法に強い共感を覚え，同書刊行以来40年以上を経過した現在において「会計と社会」との関係を改めて検討しておくことは先達の学恩に報いる1つの方法ではないかと考え，あえて同名とすることを選んだのである。少し長くなるが，黒澤清編『会計と社会』の序文の一部を引用しておこう。

「会計学的研究の領域の拡大と，会計理論の深化をはかることが，わたくしの四十年来の学問的興味であった。このテーマを一言で表現すれば，本書の表題『会計と社会』ということに帰するのではあるまいか。

この題目の意味を，『社会における会計の役割』に関する科学的探求であると解してもいいし，あるいは，わたくしのかねてからの主張たる『動的社会秩序の一形成要因としての会計』に関する研究，すなわち制度概念にみちびかれた会計学的研究であると解してもいいし，あるいは企業の私的費用および収益ばかりでなく，社会的費用および便益をも考慮に入れた会計学の研究であると解してもいいだろう。こうした幅の広い解釈のもとに，わたくしどもは，この『会計と社会』という主題を本書のためにえらんだのである。……

世間の多くの人々にとっては，単に会計は実用の学科であるから，日常の経理業務を解説した書物が出版されればそれで足りるかのような考え方が行われてきたのであるが，それだけではこの複雑化し変化しつつある現代の社会における会計の意味を正しく把握することは困難であると思う。……もちろんわたくしどもは，会計学の実用性を無視するものでもないし，伝統的会計学を否定するものでもない。伝統的会計の手続きを知った上で，すすんで現代における会計学の真実の役割を明らかにし，会計学を学問的に再形成することが，わたくしどもの目標にほかならないのである。(黒澤編，1973，1-2ページ)」

---

1) 黒澤清編『会計と社会』(中央経済社，1973年)。

この序文にはミクロ会計やマクロ会計あるいは社会会計という用語は出てこない。しかし，ミクロ会計とマクロ会計をともに会計領域に含め両者の異化受精によって社会科学としての会計学を形成するという黒澤や合崎の研究方法が明確に表明されている。本研究叢書の編集方針も，上記の引用文によって最も適切に表現できると考えた。他方，副題によって本叢書の特徴を明確にしている。先達の研究からわれわれがどれだけ進むことができたかは読者の判断にゆだねるほかはないが，今回の『会計と社会』の特色として，実態調査に基づく研究や地域開発に資する新しい会計システムの研究が増えている点を挙げることができるのではないかと思う。なお，本研究叢書の書名『会計と社会』を英文表記するならば，Accounting and Society ではなく Accounting for Society が適している。

　本書は，15 編の論文から構成されており各章の概要は次のとおりである。

　ミクロ会計とマクロ会計さらにはメソ会計を含む総合的な視点から社会の課題にアプローチする研究方法は諸外国には例がなく，わが国の会計学界における独自の伝統となっている。第 1 章「ミクロ会計とマクロ会計の同型性論とわが国における会計学研究」は，このような研究方法がどのような経緯で生まれ，なぜわが国で継承発展されているのか，そしてそれがどのような研究・教育上の成果をあげているのかを解明している。小口は，わが国に独自の会計学研究の伝統が生まれた要因は，海外におけるミクロ会計とマクロ会計の「異同性論」とわが国における「同型性論」との違いにあると指摘している。この伝統を築いた先駆者として，ブレイ理論とマテシッチ理論を的確に評価した能勢信子，合崎堅二そして同型性論が育つ土壌を作った黒沢清らが挙げられる。本章は，この同型性論の伝統を継承する研究がわが国に生みだしている会計イノベーションの具体例を指摘して，複雑な現代社会の課題に対応するにはミクロ会計，メソ会計それにマクロ会計の 3 つの視点からアプローチすることがいかに重要であるかを示している。

　続く第 2 章から第 5 章までがミクロ会計にかかわる課題をとり扱っている。第 2 章「公正価値会計と会計基準の展開」において上野清貴は，公正価値会計

がどのような会計目的と会計情報の質的特性の要請から導き出されたのか，その概念はどのようなものであり，どのように測定されるのか，FASB および IASB の会計基準においてどのように適用されてきたのかを明らかにしている。さらに公正価値会計に内在する論理を解明することによって，それが現代会計においてどのような役割を果たしているのかを明らかにしている。

近年，国内外において相次ぐ企業の不祥事が多発し，社会的責任という視点からコーポレート・ガバナンスへの関心が高まっている。上田俊昭による第3章「トヨタのコーポレート・ガバナンスと持続可能性報告書」は，日本的な価値観や独自の企業文化や理念を組織全体で共有しながら，ステークホルダーとの関係性を特に重視し，高業績を達成しているトヨタ自動車（株）の持続可能性報告書を取り上げて，日本におけるコーポレート・ガバナンスのあり方について検討している。この検討を通して上田は，企業はその活動の成果を多様なステークホルダーと共有し社会のアメニティを向上させることによってこそ財務・非財務的価値の総体としての企業価値を高めることができることを指摘する。コーポレート・ガバナンスについての実態とステークホルダーの利害に配慮した持続可能性報告書の内容を踏まえた上で，本章はこれからの会計ディスクロージャーのあり方の1つとして「アメニティ会計学」の構想を提起している。

第4章「環境会計情報と資産除去債務」では，財務諸表における資産除去債務の開示状況の推移を分析し，企業の環境会計情報の現状を分析している。小川哲彦論文は 2001 年，2005 年，2008 年そして 2013 年の4回にわたって財務諸表の調査を行ない，環境会計情報を開示する企業数が増加していること，その要因として PCB・アスベスト・土壌汚染の影響が大きいことを明らかにしている。また，2010 年4月から適用が開始された資産除去債務の会計基準の影響について財務諸表の注記を調査した。その結果，140 社が環境会計情報を資産除去債務の注記で開示しており，このうち 120 社が建物のアスベスト除去に関連する情報を開示していた。これらの検討に基づいて，環境情報は，金額情報だけではなく物量情報の開示も必要であり，財務諸表上での環境関連情報

の開示には限界があり，今後は統合報告などの情報開示が重要になると指摘している。

　最近のデトロイト市の財政破綻に見られるように，公共部門のマネジメントは国内外を問わず大きな社会問題になっている。公共部門における資金調達方法やマネジメントについては市場原理の導入を中心に規制緩和や民間活力の導入などさまざまな理論や手法が提案され実際に適用されてきた。千葉貴律による第5章の「社会的インパクトボンドの構造と潜在的可能性」は，イギリスで2010年に発足した保守党と自由民主党の連立政権が公共部門の財源確保のための手法として新しく導入した「社会的インパクトボンド（SIB）」について，その開発の経緯，目的，仕組み，効果的な運用のための条件を実際の適用例を紹介しながら論じている。地方分権化が大きな課題になっているわが国においても，SIBは公共サービスの社会的価値を高める効率的な資金調達手法として，環境，医療，介護，雇用，生活支援等のさまざまな分野に適用できることが示されている。

　続く第6章から第9章がメソ会計の視点から新しい課題に取り組んだ研究である。八木裕之らによる第6章「森林バイオマスマネジメントのためのメソ環境会計の構想と展開」は，地域における森林資源と森林バイオマス資源の管理に役立つメソ環境会計モデルをバイオマス環境会計モデルとして位置づけ，そのフレームワークと利用可能性を検討している。わが国では政府と地方自治体が，地球温暖化の主要原因物質である二酸化炭素の排出削減策として間伐材などの森林バイオマス資源の活用を振興している。森林バイオマス資源のバリューチェーンにおいては，林業家，森林組合，製材業者，発電事業者，地域住民および地方自治体と，さまざまな経済主体が関与している。これら経済主体間の利害調整を行ない，地域における森林管理と地域振興とを両立させるための情報システムとして，メソ環境会計が構想されている。

　第7章「カーボン・マネジメントのためのマテリアルフローコスト会計」は，地球温暖化防止のために温室効果ガス排出の抑制と管理すなわちカーボン・マネジメントのために，環境管理会計手法の1つであるマテリアルフロー

コスト会計を改良することによって，サプライチェーンや地域全体を対象とするメソ会計を展開しようという先駆的研究である。大森明らによる本章は，現行のマテリアルフローコスト会計は，情報と意思決定とを明確に関連付けることに難点があるとして，それを品質原価計算の領域で適用されてきた PAF 法と統合させることによって，カーボン会計マトリックスと名付けた改良型マテリアルフローコスト会計を提案している。

　地球温暖化防止や生物多様性の維持あるいは第 6 章で取りあげられた森林バイオマス発電など，われわれは森林がもたらす多種多様な経済的・公益的価値の恩恵に浴している。ところがわが国では，林業および関連産業が衰退し森林の荒廃と中山間地域の疲弊が進んでいる。丸山佳久による第 8 章「森林会計・林業会計と持続可能性」は，持続可能な森林資源開発のために有効な会計システムを探求している。丸山論文は，森林会計・林業会計のモデルとして，国有林野会計が 1972 年度まで採用していた蓄積経理方式，日本林業経営者協会が 1971 年・1978 年に発表した林業会計基準・準則，全国森林整備協会が 2011 年に発表した林業公社会計基準を取りあげ，森林・林業の会計理論の構造を分析しメソ会計開発への展望を示している。

　金藤正直による第 9 章「食料産業クラスター政策・事業のための戦略的マネジメントモデル」は，経済産業省による「産業クラスター計画」を契機に展開された農林水産省の食料産業クラスター政策・事業について，会計検査院と著者独自の調査に基づいて検討を加えている。同事業の問題点として，クラスター事業のコアとなる個人や組織にコーディネーターとして事業関係者を支援する能力が十分に備わっていない点を指摘している。この問題に対処する方法として本章では，食料産業クラスターのコーディネーターが事業全体（面）や個別組織（点）の視点から有効的かつ効率的に運営・管理するための戦略的マネジメントモデルを，サプライチェーン・マネジメントの視点から検討している。メソレベルでの組織運営にとっては，コーディネーターの役割を果たす機関を明確にすることと，すべての利害関係者がクラスター全体の運営状況を把握できる情報システムの形成が鍵となる。

序　文　vii

　第 10 章から第 13 章までがマクロ会計にかかわる課題を論じている。古井戸宏通による第 10 章「フランスの生物多様性政策—自然遺産勘定の応用的一側面—」は，フランス本土における生物多様性保全のための森林管理政策を検討している。フランスの国立統計経済研究所が 1980 年代後半に公表した，経済と環境の相互関連を捉えようとする壮大な『自然遺産勘定』の作成過程において野生生物の勘定が構想された。フランスでは，野生生物の資産台帳というべき ZNIEFF が環境政策の一貫として実施されているが，これは私的所有権に対する拘束力を持っていなかった。環境のグルネル合意（2007 年）を機に，国有林の場合は自主的ガイドライン，私有林の場合はゆるやかな契約的手法と税制によるインセンティブ賦与の組み合わせを通じて，用材生産と生物多様性保全を両立させる取り組みが政策レベルでも技術研究レベルでもおこなわれるようになった。本章は，フランスにおける生物多様性保全のための森林管理政策を，(1) 法制度・財政的側面，(2) 経営主体の対応，それに (3) 技術的問題の 3 つの面から詳論している。

　森林とともに水資源の持続的開発が 21 世紀の大きな課題になっている。牧野好洋による第 11 章「経済循環と水の循環—日本版 NAMWA 作成と活用の試み—」は，2012 年に国際連合が SNA のサテライト勘定として公表した，経済活動と水資源との関連を捉える SEEA-Water を取りあげている。本章では，日本版 SEEA-Water と SNA などの情報を接合して，経済循環と水の循環，汚染物質の排出・処理を同一の行列上に統合して示す「水勘定を含む国民勘定行列」を作成している。さらに同行列から乗数モデルを導出して，水資源にあたえる生産活動別の影響を分析している。SEEA-Water や NAMWA そして先の諸章で取りあげている森林に関する会計や野生生物勘定は，環境と経済にかかわる諸課題をマネジメントするためには，ミクロ・メソ・マクロの 3 会計を相互に連携させた情報インフラ整備が有益であり，不可避であることを示している。

　目下進行中の国際会計基準への収斂作業の中では，多くのトピックスについてミクロ会計とマクロ会計の間に見られる処理の違いが検討され相互の調整が

viii

図られている。第 12 章「研究開発費の会計—マクロ会計とミクロ会計の異同—」において河野正男は，増加する企業と国の研究開発費が日本の将来に大きな影響を及ぼす要因であることから，研究開発費に関するミクロ会計とマクロ会計に見られる差違を取り上げてその解消法を提言している。マクロ会計については 1953SNA から最新の 2008SNA にいたる 4 つの SNA について研究開発費に関する会計処理の変遷を検討している。ミクロ会計については日本およびアメリカの会計基準ならびに国際会計基準について検討を加えている。2008SNA では研究開発費を原則，資産化する会計処理が取られることになり，研究費の扱いに関してミクロ会計との差違が生じる可能性を指摘している。本章では，国際会計基準が研究費と開発費とを区別せずに，2008SNA のようにその発生時資産計上を原則にするよう提案している。

　マクロ会計は，経済分析と経済政策に必要な経済情報を整備しようという要求から発展してきた。福祉政策においては，社会経済状況の変化に応じて個人が直面するリスクが変化し，それに対応して政府の役割も変化する。少子高齢化社会に突入した日本の状況は，このことを如実に示している。福祉政策の研究にとっては，国際比較が可能な福祉や社会保障分野に特化した統計体系の整備は重要であ。飯島大邦による第 13 章「欧州社会保護統計データによる社会的リスクの変化に関する考察—主成分分析およびクラスター分析を用いて—」は，SNA との整合性を確保しつつ福祉や社会保障分野に特化し，かつ国際比較が可能な統計体系のうち欧州統計局が開発している欧州社会保護統計をもちいて，個人が直面する福祉に関するリスクに対してヨーロッパ諸国の対応が時間の経過とともにどのように変化し，国別にどのような特徴が見られるのかを主成分分析とクラスター分析によって解明している。このような分析は，福祉政策それ自体ばかりでなく，SNA のサテライト勘定開発に貢献することも期待できる。

　さて，すでに述べたように，ミクロ会計とマクロ会計の異化受精によって社会科学としての会計学を形成するという黒澤や合﨑の学統を継承発展させることが，会計と社会研究部会の多くのメンバーに共通した研究方法である。この

ことは，マクロ会計の基礎となっている経済学と会計学との協同を促進するということでもある。ゲーム理論によって企業会計を分析している田村威文による第14章「会計学と経済学の距離感」は，この両分野の結びつきの強さを「距離感」という概念によって考察している。会計学と経済学の距離感は，時代によって変化している。また，同時代であっても，会計研究者，学生，会計専門職など年齢や職業によってもその距離感が異なる。最近の会計研究は実証・分析・実験という手法を利用したものが増加し，会計学と経済学の接近傾向が見られる。反面，教育面での距離感は大きく，学部生は会計学と経済学を別物と考えていることが指摘されている。このような状況を改善することが「同型性論」のねらいの1つであり，教育面における会計学と経済学そしてミクロ会計とマクロ会計の距離感を少しでも小さくするよう今後とも一層努力しなければならない。本章は，「会計と社会」をテーマとする本研究グループにとって重要な問題提起をしている。

　永野則雄による終章の第15章「会計と現実—マテシッチの実在論について—」は，文字通り本研究チームの理論的支柱となっているマテシッチ理論の研究である。マテシッチ理論の内，公理的方法による会計一般理論の形成については研究が進められてきたが，もう1つの重要な側面である会計学の哲学的基礎に関する研究については，その範囲の広さのためかこれまで余り挑戦されていない。本章は，マテシッチの近著を中心にして，会計とそれが表現する実在との関係についてのマテシッチ理論を取りあげている。永野によれば，近著に示されたマテシッチ哲学は，会計の存在論だけではなく広く存在論一般を論じており，哲学からコンピュータ科学，物理学，経済学など広範囲な分野を守備範囲にしている。その基本的な考えは，物理的現実から生物学的現実さらには社会的現実へと進化するという進化論的アプローチとそれに伴う創発特性を中心とするものであることが指摘されている。永野自身は社会的現実に関してはより観念論的な考えである構築主義の立場に立っているが，本章の主眼はマテシッチの「現実」観を紹介することにおかれている。マテシッチは常々，哲学的基礎を持たない学問は砂上の楼閣であると述べている。本章は，マテシッ

チ理論全体を理解し，会計の社会的役割を考える上で最も基礎的な領域に関する研究であると言えよう。

　以上，各章の概略を紹介してきたが，読者は本書の内容が通常の会計学の著作とはかなり趣を異にしていると感じられたのではないかと思う。本研究叢書が，社会と会計との関係をより広く，より深くすること，そして社会科学としての会計学を形成することにいささかでも貢献できれば幸いである。

　中央大学と中央大学経済研究所には，いつも変わることなく自由な研究の機会を与えてくれたことに心から感謝申しあげる。同時に，われわれチームの多くのメンバーにとって共通の恩師である黒澤清，合﨑堅二，能勢信子，原田富士雄の諸先生，そして，92歳になられた現在も，窓外にすばらしい景色が広がるブリティッシュ・コロンビア大学の研究室で研究に励まれているリチャード・マテシッチ同大学名誉教授に本書を捧げることをお許し頂きたい。最後になったが，今回も細心の注意を払って本書を刊行してくれた中央大学出版部に，執筆者を代表して篤くお礼申し上げる。

　2014年7月

会計と社会研究部会

主査　　小　口　好　昭

目　　次

序　文

第1章　ミクロ会計とマクロ会計の同型性論とわが国における
会計学研究……………………………………………小口好昭…　1

はじめに………………………………………………………………　1

1. マクロ会計の誕生と会計学………………………………………　3

2. ミクロ会計とマクロ会計の異同性に関する方法論の展開………　7

3. わが国におけるミクロ会計とマクロ会計の同型性論……………　16

4. 会計イノベーションへの同型性論の貢献………………………　21

おわりに………………………………………………………………　30

第2章　公正価値会計と会計基準の展開………………上野清貴…　37

はじめに………………………………………………………………　37

1. 会計の目的と会計情報の質的特性………………………………　38

2. 公正価値の概念と測定……………………………………………　40

3. 公正価値会計の適用………………………………………………　49

おわりに………………………………………………………………　61

第3章　トヨタのコーポレート・ガバナンスと持続
可能性報告書……………………………………上田俊昭…　71

はじめに………………………………………………………………　71

1. ステークホルダーへの配慮とコーポレート・ガバナンス………　72

2. トヨタのコーポレート・ガバナンス体制………………………　78

3. トヨタのコーポレート・ガバナンスと内部統制………………　84

4. サステナビリティ報告書（Sustainability Report）による開示内容 … 87

おわりに——秩序形成要因としての会計の将来 ………………………… 90

第4章　環境会計情報と資産除去債務 ………………… 小川哲彦 … 99

はじめに ……………………………………………………………………… 99

1. 財務諸表調査の概要 ……………………………………………………… 100

2. 財務諸表調査結果 ……………………………………………………… 101

3. 環境会計情報および資産除去債務の開示状況の考察 ……………… 106

おわりに ……………………………………………………………………… 109

第5章　社会的インパクトボンドの構造と潜在的可能性

………………………………………………………… 千葉貴律 … 111

はじめに ……………………………………………………………………… 111

1. インパクト投資の概要 ………………………………………………… 113

2. 社会的インパクトボンド（SIB）……………………………………… 118

3. SIB の潜在的可能性 …………………………………………………… 126

おわりに ……………………………………………………………………… 129

第6章　森林バイオマスマネジメントのためのメソ環境会計の

構想と展開 …………… 八木裕之・金藤正直・大森　明 … 133

はじめに ……………………………………………………………………… 133

1. 日本における地球温暖化対策と森林管理の現状 …………………… 134

2. 日本の地方自治体における森林管理とバイオマス環境会計 ……… 136

3. バイオマス環境会計モデルのフレームワーク ……………………… 140

4. バイオマス環境会計と環境政策 ……………………………………… 144

おわりに ……………………………………………………………………… 147

目　　次　xiii

第7章　カーボン・マネジメントのためのマテリアルフロー

　　　　コスト会計…………大　森　　明・八木裕之・丸山佳久… 153

　はじめに………………………………………………………………… 153

　1. MFCA の先行研究レビュー …………………………………………… 155

　2. カーボン・マネジメントにかかわる会計問題……………………… 160

　3. 予防・評価・失敗（PAF）コスト分類アプローチ………………… 166

　4. カーボン・マネジメントのための改良型 MFCA…………………… 168

　おわりに………………………………………………………………… 178

第8章　森林会計・林業会計と持続可能性……………丸山佳久… 183

　はじめに………………………………………………………………… 183

　1. 森林・林業における持続可能性…………………………………… 184

　2. 国有林野事業特別会計の蓄積経理方式 ………………………… 188

　3. 日本林業経営者協会による林業会計基準・準則 ……………… 193

　4. 全国森林整備協会による林業公社会計基準……………………… 196

　おわりに………………………………………………………………… 206

第9章　食料産業クラスター政策・事業のための

　　　　戦略的マネジメントモデル…………………………金藤正直… 213

　1. 産業クラスターの概念 …………………………………………… 213

　2. 産業クラスターの意義 …………………………………………… 215

　3. 食料産業クラスター政策・事業の現状と問題…………………… 216

　4. サプライチェーン・マネジメントを用いた食料産業クラスター

　　　マネジメントモデル ……………………………………………… 222

　5. 研究の成果と今後の課題………………………………………… 230

第 10 章　フランスの生物多様性政策

　　　　　──自然遺産勘定の応用的一側面── …………古井戸宏通… 235

　はじめに…………………………………………………………… 235

　1. 法制度・財政的側面 …………………………………………… 238

　2. 経営主体の対応──ブルゴーニュ地方林業公社での聞き取りを

　　　中心に ………………………………………………………… 260

　3. 技術的問題……………………………………………………… 263

　4. 考　察 ………………………………………………………… 267

　おわりに………………………………………………………… 269

　補論：牧草地と林地の比較──中央山塊を例として── ……… 271

第 11 章　経済循環と水の循環

　　　　　──「日本版 NAMWA」作成と活用の試み──

　　　　　…………………………………………………牧野好洋… 277

　はじめに………………………………………………………… 277

　1. 日本版 NAMWA の構造……………………………………… 280

　2. 日本版 NAMWA の作成手順………………………………… 297

　3. 日本版 NAMWA による乗数分析 …………………………… 303

　おわりに………………………………………………………… 313

第 12 章　研究開発費の会計

　　　　　──マクロ会計とミクロ会計の異同── ………河野正男… 317

　はじめに………………………………………………………… 317

　1. マクロ会計における研究開発費の取扱い…………………… 319

　2. ミクロ会計における研究開発費の取扱い…………………… 325

　おわりに………………………………………………………… 334

目　次　xv

第 13 章　欧州社会保護統計データによる社会的リスクの変化に
　　　　　関する考察
　　　　　──主成分分析およびクラスター分析を用いて──
　　　　　………………………………………………… 飯 島 大 邦… 339
　はじめに……………………………………………………………… 339
　1.　欧州社会保護統計データと「社会的リスク」………………… 340
　2.　ヨーロッパ諸国全体における社会的リスクへの対応の
　　　時系列的変化…………………………………………………… 344
　3.　ヨーロッパ各国の社会的リスクへの対応の時系列的変化…… 353
　4.　統合脱商品化度と新しい社会的リスクとの関係……………… 364
　おわりに……………………………………………………………… 369

第 14 章　会計学と経済学の距離感……………………… 田 村 威 文… 371
　はじめに……………………………………………………………… 371
　1.　会計学と経済学の概要………………………………………… 372
　2.　時代による距離感の変化……………………………………… 373
　3.　人による距離感の相違………………………………………… 376
　4.　会計学と経済学の標高差……………………………………… 381
　5.　研究面における会計学と経済学の接近……………………… 382
　おわりに……………………………………………………………… 387

第 15 章　会計と現実
　　　　　──マテシッチの実在論について──………… 永 野 則 雄… 391
　はじめに……………………………………………………………… 391
　1.　マテシッチの「現実」論……………………………………… 393
　2.　サールの「社会的現実」論…………………………………… 397
　3.　オニオン・モデルの展開……………………………………… 406
　おわりに……………………………………………………………… 411

第 1 章

ミクロ会計とマクロ会計の同型性論と
わが国における会計学研究

は じ め に[1]

　イギリスの経済学者ヒックス（Hicks, J. R.）が社会会計（social accounting）と名
づけた，国民経済を会計主体とする新しい会計情報システムが 1940 年代初頭
にイギリスで誕生した。その後，この学問分野の名称として国民勘定，国民会
計，国民所得会計，経済会計，国民経済会計などいくつかの名称が用いられ
た。現在，国際連合が加盟各国に作成を勧告している体系では「国民勘定体系
（System of National Accounts）」という名称が用いられており，わが国ではこれを
国民経済計算と訳して公式名称にしている。本章では，これら社会会計や国民
経済計算などの名称に代えてマクロ会計という名称を用い，他方，企業会計や
公会計など個別の経済実体を会計主体とする伝統的な会計領域に対する包括的
な名称としてミクロ会計を用いることにする。

　1940 年代初頭に誕生したこの新興分野であるマクロ会計を，当時すでに制
度として定着しつつあった伝統的なミクロ会計とどのように関連づけるべきか
をめぐって 1950 年代後半から 60 年代中頃にかけて英米で論争が行なわれた。

---

1)　本稿は，2013 年 9 月 6 日に中部大学で開催された日本会計研究学会第 72 回大会に
　提出した報告原稿を基礎にしている。

すなわち，ミクロ会計とマクロ会計との類似点に着目して，両分野をともに会計領域に含めて研究・教育をすべきであるという立場と，両システムに見られる異質性を強調してマクロ会計は経済学の一分野であり会計に非ずとする立場とが，それぞれさまざまな方法論を展開したのである。

　わが国では，海外におけるこの異同性論争を受けて，1960年代初頭からミクロ会計とマクロ会計の同型性論をめぐる研究が活発化した。同型性（isomorphism）という用語が示すように，わが国の研究者は両分野の異質性を強調してマクロ会計を会計領域から排除しようとするのではなく，それを会計の一分野として積極的に認知することによって会計学の研究，教育そして会計制度に革新をもたらそうとする観点から，海外の研究を継承し発展させた。

　本章は，ミクロ会計とマクロ会計をめぐる以上のような国内外の議論を再訪することによって，次の3点を明らかにすることを目的にしている。先ず第1は，なぜミクロ会計サイドからマクロ会計に向き合い，それを会計領域に含める必要があるのか，マクロ会計もまた会計であるとする理論的根拠としてどのような学説が提示されているのか，を明らかにすることである。第2に，わが国における同型性論の発端を明らかにし，海外には見られないわが国独自の会計学研究の伝統が作り出されたルーツを解明すると共に，その後の研究の進展についての私論を提示することにある。そして第3は，目下，わが国で進行中の会計イノベーションの具体例を挙げることによって，今から半世紀以上も前に展開された同型性論の現代的意義を示すことである。

　そのために，まず英米でマクロ会計をめぐる方法論争が展開された1950年代後半から60年代中期においてマクロ会計がどのような発展段階にあったのかを素描する。次いで，海外で展開された異同性論を3つのタイプに分類して方法論上の特質を明らかにする。その後に，わが国における同型性論とそれを継承する学統の形成を，主たる研究者の学説を中心に整理する。これらを踏まえて，ミクロ会計とマクロ会計の同型性論がわが国の会計学にもたらした会計イノベーションの具体例を摘記し，マクロ会計を会計領域に含めることの意義を明らかにしたい。

1. マクロ会計の誕生と会計学

　マクロ会計発展の概略を表 1-1 に示した。マクロ会計という新しいシステムの誕生時期についての一意的な合意はないが，ヒックス（1942, p. vi）は，イギリス政府が 1941 年に公表した国民所得推計に関する初めての公式文書である第 1 回経済白書「戦争財源の分析ならびに 1938 年および 1940 年における国民所得と支出の推計[2]」をもって，国民所得統計からマクロ会計への新時代に移行したと述べている。この白書が，ペティ（Petty, W., 1690）やケネー（Quesnay, F., 1758）以来，250 年間にわたって多くの人々によって試みられてきた国民所得推計をマクロ会計へとパラダイム転換させたとみなしているのである。ヒックスは，国民所得とその構成要素を会計の方法を用いて測定した同白書の方法を，企業会計が個別企業の会計であるのに対してそれは国民経済あるいは社会全体に関する会計であるとして「社会会計」と命名したのである。

　国民所得推計からマクロ会計へのパラダイム転換をもたらした大きな要因として 2 つ挙げることができよう。その 1 つは，20 世紀前半の 2 つの世界大戦とそれに続く大恐慌である。これらを契機として，国民所得推計は従来の個人的な知的好奇心に基づく作業から政府による国家事業へと質的にも量的にも変化したのである。1920 年以前には，英米の政府とも国民所得推計に何らの実用的価値を認めておらず，推計の信頼性も疑問視していた。ところが，特に第二次世界大戦以降はこの状況が一変し，政府自身がマクロ会計の作成機関となり，その定期的公表を開始したのである。

　もう 1 つの要因は，ケインズ経済学と会計理論の結合である。この要因が，マクロ会計に対する政府の態度を一変させたと言っても良いであろう。周知のようにケインズの『一般理論[3]』は，国民所得，消費，投資などの集計概念によってマクロ経済における経済法則を解明し，不完全雇用を克服するための経

2）　H. M. S. O. (1941).

3）　Keynes, J. M., (1936).

4

表 1-1　国民所得推計からマクロ会計への発展

西暦	人名・機関名	出版物および事象
1690	Petty, W.	*Political Arithmetick*（『政治算術』）
1758	Quesnay, F.	*Tableau Économique*（『経済表』）
1936	Keynes, J. M.	*The General Theory of Employment, Interest and Money*（『雇用・利子および貨幣の一般理論』）
1937	Clark, Colin	*National Income and Outlay*『国民所得と国民支出』
1940	Keynes, J. M.	*How to Pay for the War*（『戦費調達論』）
1941	イギリス	第 1 回 経済白書 *An Analysis of the Sources of War Finance and an Estimate of the National Income and Expenditure in 1938 and 1940* を公刊
1941	Meade, J. & R. Stone	The Construction of Tables of National Income, Expenditure, Savings and Investiment.
1941	Leontief, W.	*The Structure of American Economy*（『アメリカ経済の構造』）
1942	Hicks, J. R.	*The Social Framework*（『経済の社会的構造』）
1947	Stone, J. R.	Definition and Measurement of the National Income and Related Totals.
1948	IMF	Balance of Payments Manual（国際収支マニュアル）　公刊
1951	OEEC	*A Simplified System of National Accounts*（『国民勘定簡易体系』）
1952	OEEC	*A Standardized System of National Accounts*（『国民勘定標準体系』）
1952	Copeland, M.	*A Study in Money Flows in the United States.*
1953	United Nations	*A System of National Accounts and Supporting Tables.*（『国民勘定体系および付表』）（1953 SNA）
1963	Goldsmith, .R Lipsey, R.	National Balance Sheet（国民貸借対照表）の研究を公刊
1968	United Nations	*A System of National Accounts.*（1968 SNA）
1993	United Nations 他	*System of National Accounts.*（1993 SNA）
2008	United Nations 他	*System of National Accounts.*（2008 SNA）

（出所）筆者作成。

済政策に理論的基礎を与える革命的な理論であった。本書によって，国民所得分析を中心に据えたマクロ経済学という新しい分野が開拓され，同時に，マクロ会計学形成の基礎が築かれた。

　『一般理論』と共にマクロ会計学の形成に大きな影響を与えたケインズの研究が，1940 年に公刊された『戦費調達論―大蔵大臣に対するラディカルな計

画案』と題する小冊子である。ケインズは本冊子において，イギリスが戦後に
インフレーションに見舞われることなく第二次世界大戦に要する戦費を調達す
るために政府はどのような施策をとるべきかを提言している。彼が提言する施
策を実施するためには，国民所得，課税可能所得，民間消費，民間貯蓄，政府
の収入と支出等に関する概念を定義し，それに適する経済統計を整備すること
が不可欠であった。しかし，「第1次大戦以来どの国の政府も非科学的で反啓
蒙主義になっており，基礎的事実の収集などは無駄遣いであると考えており
(Keynes, 1940, p. 13)」当時のイギリスでは公式統計が貧弱で信頼性に欠けてい
た。そこでケインズはコーリン・クラーク（Clark, C., 1937）による国民所得統
計を基礎にしてそれらの集計概念を推計した。『戦費調達論』は，国民経済を
家計部門と政府部門に分轄しており，現在の制度部門分割の先鞭をつけ，同時
に政府最終消費支出の推計を初めて行なった。彼がここで提唱した要素費用表
示の国民所得概念は現行 SNA へと継承されている。

　しかし，『戦費調達論』ではまだ勘定思考は明示的には導入されていなかっ
た。『戦費調達論』で展開した集計概念を更に首尾一貫した体系のなかで定義
し測定する方法として初めて会計方法論を適用した業績が，ケインズの指導の
下にミードとストーンが執筆した 1941 年の共同論文（Meade and Stone, 1941）
「国民所得・支出・貯蓄および投資に関する諸表の構成」である。この共同論
文でケインズ理論と会計理論は初めて明示的に統合され，ケインズ経済学が概
念化したマクロの経済循環関係が一群の勘定体系によって数量的に表現される
基礎が築かれたのである。この共同論文では，経済を企業，家計，政府の3部
門に分割している。この部門分割に基づいて国民所得支出勘定，国内所得支出
勘定，個人所得支出勘定，貯蓄投資勘定，対外勘定，政府統合収支勘定を作成
し，これらの勘定によって国民所得に関する集計概念を定義している。しか
し，ミード・ストーン論文は，集計量の定義と勘定体系を示しただけで実際の
推計値は示していない。

　ミードとストーンは，共同論文の執筆と同時にその体系に沿った国民所得の
推計を行なった。その推計結果は，ケインズの推挙によってそのままイギリス

における第1回経済白書において公表された。この白書の公刊によって，マクロ会計が初めて公的に認知されたことになる。前述したように，ヒックスはこの白書の公刊をもって国民所得統計からマクロ会計への新時代が始まったと評価したのである。しかし，白書単独ではなく，『戦費調達論』，ミード・ストーン論文そして第1回経済白書が三位一体となって初めて形式と内容が備わったマクロ会計が誕生したと見るべきであろう。とりわけ経済政策にとってマクロ会計が不可欠であることを気づかせ公的統計の整備を国家事業に転換させた最大の貢献者はケインズである。

　1941年にイギリスで誕生したマクロ会計は，そのわずか3年後の1944年には，国際標準化への道を歩き始めた。イギリス，アメリカそしてカナダの3カ国によって，マクロ会計の国際標準化に向けた初めての国際協議がワシントンで開催されたのである。この頃のアメリカでは，国民所得統計の整備に多大な成果を上げていたクズネッツでさえも，会計方法を適用する意義について批判的であった[4]。しかし，アメリカの国民所得統計を担当する商務省はストーンと協議を重ね，1947年にミード・ストーン方式のマクロ会計システムの採用を決定し，従来の国民所得統計を大改訂したのである。アメリカにおけるマクロ会計の指導者の一人であるラグルスは，この1947年をもって「経済システムの動きに関する基本的な情報体系としての国民所得会計が合衆国に出現した（Ruggles and Ruggles, 1970, p. 10)」と評価している。

　この時ストーンは，1941年体系を更に改善したより包括的なマクロ会計の構想をまとめつつあった。国際連盟の求めに応じてその構想をまとめた論文が，1947年に国際連合の報告書として公刊された[5]。このストーン論文に示された体系は，マクロ会計の最初の国際標準体系として国連が加盟各国に作成を勧告した1953年の『国民会計システムおよび付表』いわゆる1953SNA（United Nations, 1953）に継承され，2008SNA（United Nations, 2008）に至る国際標

　4）　Kuznets, S., (1948), p. 154.
　5）　Stone, J. R., (1947).

準体系の礎石となった。ストーン自身この報告書を「社会会計の最初のハンドブックと見なすことができるだろう（Stone, J. R., 1970, p. 153）」と述懐している。

　ストーンは，国連での仕事と平行して欧州経済協力機構（OEEC）での仕事も行なっていた。第二次世界大戦後，アメリカのマーシャル・プランに基づいて欧州復興と経済協力を効果的に促進するために設立された OEEC がケンブリッジ大学に設置した国民勘定調査研究部（National Accounts Research Unit）の部長として，同機構加盟各国の国民所得統計を比較可能にするためのシステム開発に従事していたのである。その成果が，表 1-1 に示した（OEEC, 1951）『国民会計簡易体系』であり，その改訂版である（OEEC, 1952）『国民会計標準体系』である。これらは 1953 SNA に先だって実践されていた。このように，マクロ会計の発展はストーンの貢献を抜きにしてはあり得なかったが，この時期までの彼の貢献は現在のマクロ会計を構成する 5 つのシステムの内の国民所得会計を中心にしたものであった。

　表 1-1 に示したように，マクロ会計の初めての国際標準体系としての1953SNA が公刊される時期までには，レオンチェフ，国際通貨基金そしてコープランド等によってそれぞれ，産業連関会計，国際収支会計，資金循環会計などマクロ会計を構成する重要なシステムが次々に開発されていた。しかし，本章で研究対象とするミクロ会計とマクロ会計の異同性論や同型性論が展開された時期には，これら 4 つのシステムは独立の体系として展開されており，システム相互間の関連は希薄であった。マクロ会計の 5 番目のシステムとなる国民貸借対照表はまだ未発達であった。5 つのシステムを含む現代的なマクロ会計の統合体系への進化は，1968 SNA 以降における国連を中心にした国際機関の協力体制にゆだねられたのである。ヒックスが 1942 年に社会会計という用語を作りだして以後のほぼ 10 年間におけるマクロ会計は，その揺籃期にあった。

2. ミクロ会計とマクロ会計の異同性に関する方法論の展開

　1953SNA が公刊され，マクロ会計が国際的なシステムとして普及し始める

8

表1-2　ミクロ会計とマクロ会計の異同性論の3タイプ

	会計教育論	ミクロ会計改革論	会計一般理論形成論
マクロ会計	↑	Bray, F. S.（1953）↓	Frisch, R.（1943） Aukrust, O.（1955）↑
ミクロ会計	AAA （1949，1958）		Mattessich, R. （1957，1964） Yu, S. C.（1966）↓

（出所）筆者作成。

に従って，英米ではミクロ会計およびマクロ会計のそれぞれの立場から，お互いをどのように評価し，両分野をどのように関連づけるべきかという課題が提起され，両分野の「異同性論」が展開された。それらの主要な方法論を3つのタイプに分類したものが表1-2である[6]。第1のタイプは，まずはマクロ会計を会計教育に導入し，マクロ会計に対する違和感を徐々に取り除くことから会計改革を始めようという立場であり，会計教育への問題提起である。このタイプとしてはアメリカ会計学会（AAA）の2つの業績を挙げることができる。第2はミクロ会計改革論であり，イギリスのブレイ（Bray, F. S.）が代表的な論者である。そして第3は，両分野を包括する会計一般理論形成論であり，マクロ会計サイドからのフリッシュ（Frisch, R.）とオークルスト（Aukrust, O.）の研究，そしてミクロ会計サイドからはマテシッチ（Mattessich, R.）とユー（Yu, S. C.）の研究がある。

2-1　会計教育論

表1-2に示したように，アメリカ会計学会は早くも1949年と1958年の出版物によって，ミクロ会計研究者がマクロ会計の教育に取り組むよう啓発活動を行なった。マクロ会計を伝統的な会計教育に組み込むことによってアカウンタン

---

6)　図中の矢印は，その方向がミクロ会計からマクロ会計に向かっている場合，前者の立場から後者を評価するという研究方向を示しており，その逆は逆である。

トの意識改革を図ろうとしたのである。まず，1949 年に Accounting Review 誌でマクロ会計特集を組み，4 編の論文を掲載した（AAA, 1949）。これらの論文は，前年のアメリカ会計学会の年次大会でクーパー（Cooper, W. W）が主宰したセッションでの報告論文である。おそらく同学会がマクロ会計を取り上げたのはこの年次大会が初めてであろう。

クーパー（Cooper, 1949）は，マクロ会計を学会メンバーに紹介するために，その基礎概念や用語の意味を解説してミクロ会計との類似性を強調している。そして，マクロ会計は，会計学方法論と会計教育に大きな成果をもたらす分野であり，学会メンバーがその研究に積極的に取り組むよう訴えている。アメリカ商務省のフレンド（Friend, 1949）も，第二次世界大戦以来，アメリカにおける経済分析と経済政策はマクロ会計を基礎にして実施されているとして，マクロ会計の有用性を述べると共に，マクロ会計がミクロ会計と類似した勘定体系からなっており，前者は後者の概念とデータに大きく依存していると述べて，両分野の親和性を強調している。ハーゲン（Hagen, 1949）は，第二次世界大戦後のマーシャル・プランに基づく欧州復興計画の実施にとっていかにマクロ会計が重要な役割を果たしているかを紹介することによって，マクロ会計に対する会計学者の関心を引きつけ，違和感を取り除こうとしている。マネーフロー表の創始者であるコープランド（Copeland, 1949）は，家計を例に挙げて，同表がミクロ会計の資金計算書を経済理論に従って再構成したものであることを解説し次のように結んでいる。本セッションでの報告によって「皆様方は社会会計が公共政策にとって非常に重要な多くの発見をしてきたし，今後も更にそれ以上の発見をするだろうと確信されたのではないかと思います。アカンタントはこれまで社会会計にあまり貢献してこなかったと言っていいでしょう。しかし，社会会計にとってはアカンタントの助けが今すぐ必要です。本セッションに参加された皆様方によって，アメリカ会計学会が社会会計に重要な貢献をされることを願う一人であります（Copeland, 1949, p. 264）」しかし，会計学者の反応は鈍く，目に見える唯一の成果は AAA に国民所得委員会を設置することだけに終わったと言われている（Yu, 1966, p. 19）。

この国民所得委員会は，1958年に小冊子『経済会計概説（AAA, 1958)』を出版した。『概説』の内容そのものは国民所得会計の解説であるが，序文で出版の目的が次のように述べられている。経済会計という広大な領域は，会計学者を長い間閉じ込めてきた企業の枠から開放する領域である。マクロ会計の概念，利用目的，会計構造，データ収集の方法などは多くの点で伝統的なミクロ会計とは異なっており，はたしてマクロ会計は本当に会計なのかという批判や疑問が投げかけられてきた。しかし，会計学者は研究者であり，伝統の枠にとらわれるべきではない。マクロ会計とミクロ会計は，広い意味で人間行動の研究であるという点で共通している。データ収集の技術的な相違に惑わされることなく，その知識やサービスの範囲を意欲的に拡張しようとしている革新的な会計学者に大きな成果を約束する分野である。マクロ会計に取り組む最大の効果は，会計教育に現れるであろう。経営学や会計学専攻の学生にマクロ会計を教授することによって，マクロ的な視野を拡大することができる。このような観点から，会計学上級コースの担当者にマクロ会計の概略を提供することが，本書の目的である。

　このように『経済会計概説』は，学生に対するマクロ会計教育に資することが同書の目的であると述べているが，実際はマクロ会計が会計であるかどうかを論じる前に，まずアメリカ会計学会員自身にマクロ会計教育をおこなうことこそが，会計学を人間行動に関する科学へと解放する第一歩であると考えていることは明らかである。マクロ会計に対する学会員の態度が，AAA（1949）の出版当時とほとんど変わっていないとAAA自身が判断していることが伺える。しかもこの年，会計学界の重鎮であるリトルトンが「会計再発見」(Littleton, A. C., 1958) という論文を公表し，マクロ会計は会計にあらずと主張した。リトルトンは，マクロ会計は経済学者による会計の潜在力の第3の再発見ではあるが，それは貸借対照表と損益計算書との有機的な関連性などイタリア式資本・利益会計の本質を備えておらず，会計ではないと批判したのである。

2-2 ミクロ会計改革論

教育を通してマクロ会計に対する会計人の違和感を取り除くことから始めようという AAA の方法論の対極にあるのが，イギリスの会計学者ブレイである。ブレイは，ストーンがマクロ会計の勘定体系を作成するにあたって共同研究者として活躍した。その影響なのか，勅許会計士という実務家であるにもかかわらず，ミクロ会計の大改革を主張し続けた。

ブレイの主張は，ケインズ経済学に基づくミクロ会計の再構成である。すなわち，ケインズが一般理論で概念化した国民所得の循環関係を基礎にして企業会計の勘定体系と会計原則を全面的に再構成し，コンベンションではなく経済理論に基づく社会科学としての会計学を形成するという主張である。ブレイは，会計職業人がこのような再編成に無関心を装うなら，何の使命感も持たず，狭い領域に閉じこもって旧来のコンベンションを墨守するだけの単なる技術屋集団に脱してしまうであろうと述べている（Bray, 1949b, pp. 54-55）。この主張は，会計の潜在力を評価し，それを企業の枠に閉じ込めておくのではなく，科学としての理論的基礎を備えた国民経済全体に奉仕する学問分野へと改革すべきであるという考えを示しているものと理解できる。

ブレイは，国民所得の循環に関するケインズ等式はいかなる経済主体の行動についても妥当するものであり，それを表現する会計システムは企業の実体資本維持や生産性分析，成果分析に有用であるばかりでなく，マクロ会計に適合するデータ収集にも有効であると考えている（Bray, 1953, pp. 25-26）。表 1-2 の矢印で示したように，ミクロ会計とマクロ会計の同型性に基づく，マクロ会計サイドからのミクロ会計改造論であり，この主張に沿って彼自身の企業会計改革案を提起した（Bray, 1949c）。

しかし，この主張に賛同者は少なかったようである。ストーンによれば，ブレイは，彼が 5 年間教授を務めたケンブリッジ大学スタンプ・マーティン講座が 1957 年に終焉し，研究活動から引退を余儀なくされて以降，会計士の実務の世界に閉じこもってしまったのである（Forrester, D., 1982, p. 141）。ブレイ追悼論文集を編纂したフォレスターによれば，当時のイギリス会計学の主流はケン

12

ブリッジやオックスフォードではなくロンドン大学であり，ストーンと共にケ
ンブリッジ大学に属していたブレイは個人的にも主流派には属していなかっ
た[7]。また，株主のための会計という考え方が支配的であった当時の学界は，
マクロ会計を第一とするブレイのアイデアを受け入れ難かったのである
（Forrester, D., 1982, p. 23）。

2-3 一般理論形成論

　このグループは，ミクロ会計とマクロ会計をともに会計領域に含め，両者に
共通する会計一般の理論を形成することが必要であることを主張した。オーク
ルストはマクロ会計の立場から，ユーとマテシッチはミクロ会計の立場からで
ある。さらに，オークルストとマテシッチは，その一般理論を公理体系として
定式化した。しかも，このグループは，ミクロ会計とマクロ会計のいずれかの
会計に統合すべきであるという立場はとっておらず，それぞれの存在を前提に
している点で，ブレイとは大きく異なっている。

　ユー（Yu, 1966）は，マクロ会計を会計領域に含めるべきであるとの観点か
ら，ミクロ会計とマクロ会計の異同性を詳細に分析し，ミクロ会計における基
礎理論の欠如を指摘した。彼は，両会計の異同性を情報処理に関する会計手続
面と，概念的な面との2つに分けて比較検討した。その結果，会計手続論から
は両会計に類似点が多く，マクロ会計も会計領域から排除する根拠にはならな
いと主張する一方，概念的には両会計は今のところまったく相違していると述
べている。すなわち，ミクロ会計は一般に認められた会計原則を基礎にしてお

　7）　ブレイ（1949a）によれば，当時のイギリスでは徒弟制度によって会計技術を習得
　　　しそれを機械的に実務に適用している状況であった。会計学教育はロンドン大学で
　　　始められていたが，オックスフォード大学とケンブリッジ大学ではまだカリキュラ
　　　ムに組み込まれていなかった。しかし，ストーンが部長を務めるケンブリッジ大学
　　　応用経済学部ではマクロ会計の研究が行なわれていた。ブレイは，このような状況
　　　を踏まえて，会計教育をさらに大学院にまで発展させるとともに，研究者と実務家
　　　がミクロ会計とマクロ会計全般についての研究成果を公刊する場として Accounting
　　　Research 誌の刊行を 1949 年に開始した。

り，適切な科学方法論と基礎理論を欠いている。これに対してマクロ会計は，科学的方法に基づく経済理論を基礎に持っており，社会科学の一員である。したがって，科学としての会計学を築くためには，ミクロ会計はマクロ会計を鏡として，科学の方法論に則った基礎理論を形成することがまず必要であると主張している。

ユー論文の狙いは，ミクロ会計とマクロ会計の異同性を詳細に分析することによって，ミクロ会計には適切な科学方法論とそれに基づく基礎理論が欠如していることを指摘することにあった。すなわち，「理論的には，ミクロ会計とマクロ会計の両者に妥当しまた適用できる会計概念や会計原則の統一した体系が存在すべきである。……残念ながら，現在のところ会計学にはそのような一般性を持った理論的フレームワークは存在していない（Yu, 1966, p. 17-18）。」しかし，このような一般理論形成の試みはすでに行なわれていた。

ミクロ会計とマクロ会計の基礎理論としての会計一般理論形成の先駆者は，ノルウェーのオークルストである。彼は博士論文（Aukrust, 1955）で，計量経済学の創始者の１人であるフリッシュの経済循環体系（Ökosirk-systemet）を基礎に，ストーンの会計方式とレオンチェフの産業連関論の成果を融合したマクロ会計システムを作成し（Aukrust, 1950），その理論的基礎を集合論によって定式化した公理体系にまとめたのである。公理系として基礎理論を形成するという方法は，フリッシュの次のような考えに沿ったものである。「論理的に完全であるためには，公理的方法によって定義されなければならない。公理的方法の重要な部分は，変数間の定義関係を構成することである（Aukrust, Bjerve and Frisch, 1949, p. 18）[8]。」これは，ミクロ会計とマクロ会計を通して，公理的方法による初めての一般理論形成である。

この公理系は，フリッシュ理論とケインズ理論が概念化したマクロ経済の循環関係を演繹的に導出するための 20 個の公理で形成されている。体系はフリ

8）　この論文は 3 名の共著となっているが，オークルストによれば実質的にはフリッシュの執筆である。

ッシュ理論の強い影響を反映して，マクロ経済の循環を実物循環と金融循環の二分法によってとらえるという特徴を持っている。そのため，20個の公理は，実物循環，金融循環，実物循環と金融循環の相互関連，および，経済循環関係に関する公理の4群から構成されている。

　フリッシュとオークルストは，彼らのマクロ会計システムとその公理系は，マクロ会計だけではなくミクロ会計にも妥当すると考えている。フリッシュは，次のように述べている。「経済循環とは，生産要素用役が生産物に変換され，所得という形態で分配され，この所得が消費，投資等に利用される過程である。この意味で循環という考え方は，……議論の対象となる経済単位が個々の消費家計や個別企業内部での活動であるか，一国内における経済活動の大きな部分あるいは一国全体の経済活動であるかどうかに関わりなく，まったく等しく妥当する（Frisch, 1943, p. 106）。」だが彼らは，そのことをもってミクロ会計を再構成すべきであるとは主張していない。フリッシュとオークルストのマクロ会計論は，大部分がノルウェー語で書かれていたり入手の困難さもあり，わが国で研究されるようになったのは最近のことである[9]。筆者は，オークルストの公理体系を，フリッシュ・ストーン・レオンチェフ総合と名づけている（小口，1999，p.326）。

　マテシッチは，1957年に行列代数によって定式化した会計一般理論の公理系を提案した（Mattessich, 1957）。彼の公理系は，当時すでに開発されていたマクロ会計の4つのシステムと企業会計や公会計などのミクロ会計システムを所与とし，それら多くの会計システムに共通する一般的な基礎理論を科学的方法

9）　オランダ国立統計研究所長のケネッセイは次のように述べている。「計量経済学の創始者の1人であるラグナル・フリッシュは，マクロ経済過程の数量化に関する20世紀的なアプローチの開拓にも大きく貢献している。だが，測定に関する彼のアイデアは広く知られることはなく，国民会計の専門家でさえもこの分野における彼の業績に気づいていない。その理由の1つは，国民会計に関する彼の初期の業績が，公刊されてもノルウェー語であったり，あるいは英語で書かれても未公刊草稿であるために読者が限られてしまったためである。もう1つの理由は，イギリスにおいて国民会計が戦争遂行のための重要な要具として開発されつつあった決定的な時期に，ノルウェーが占領されていたためである（Kenessey, Z., 1994, p. 4.）」。

に則って形成する試みであった。行列を用いた理由は，従来の記述理論ではなく，数学的に厳密で可能な限り一般化された演繹体系を形成することにあった。この論文は各国の研究者から高い評価を受け，マテシッチは当時奉職していたカナダの小さな大学からカリフォルニア大学バークレイ校に招聘された。当時のアメリカ会計学界に新しい潮流があったことを示している。

　さらにマテシッチは，応用科学としての会計学の一般理論を定式化するためには行列代数では不十分であると考え，1964 年に『会計と分析的方法（以下，AAM）』を出版して，集合論によってミクロ会計とマクロ会計に共通する概念フレームワークとしての会計一般理論を定式化した。AAM は，ミクロ会計とマクロ会計における既存のシステムに共通して存在する最も基本的な属性として 18 個の属性を抽出し，それらを会計一般を画定する「基礎的前提（basic assumption）」に設定した。これらの基礎的前提は，記録対象としての取引を貸借に二重分類し時間と価値を割り当てるための前提である二重性原理を中心とする前提群であるとして，二重性属性群と名づけられている。AAM は，これら 18 個の基礎的前提に基づいて所得と富の測定と伝達を行なう 1 つの方法を会計と定義している（Mattessich, 1964, p. 32）。さらに，基礎的前提に含まれる勘定や取引などの基礎概念を集合論によって極めて一般的で抽象的に定式化した。

　AAM の最も重要な方法論上の特徴は，基礎的前提と代理的前提（surrogate assumption）あるいはプレイスホルダ仮説（placeholder assumption）の概念である。18 個の前提はすべての会計にとっての基礎的前提であるが，その中の数個は目的志向的な個別の会計システムだけに妥当する個別仮説の収納場所としての役割を果たす前提であり，代理的前提と名付けられている。会計目的の多様性とそれに対応する目的別の多様な会計システムの存在を前提にしつつ，一般性を持った基礎理論を築くための工夫であり，1957 年論文の選択公理（selective axiom）に相当する。たとえば，基礎的前提の 1 つである「評価」は，「ある会計取引に割り当てられる価値を決定する仮説の集合が存在する」となっている。これは，目的に応じた複数の評価方法の存在を許容する一方，単に個別仮説を列挙するだけでは一般的な基礎を形成することはできないので，それらの

存在を一般的なレベルで前提としておく方法である。この工夫によって，一般性と多様性を備えた基礎理論の形成という一見矛盾する要件を満たす方法論を提起した。

このように，1950年代後半から1960年代にかけては，後に黄金の60年代と呼ばれるほどミクロ会計とマクロ会計の異同性をめぐる方法論争が活発に行なわれ，公理的方法や会計一般理論を形成しようとする研究が興隆を見せた。しかし，70年代に入ると反動が生じ，それは特にアメリカで顕著であった。例えば，それらの理論は壮大で経験的検証が不可能な先験的（a priori）理論を追求する不毛な研究であり，もうやめるべきであるという批判がわき起こった[10]。アメリカ会計学会の特別委員会報告（AAA, 1977）『会計理論および理論承認』は，その序文で「本報告書は，今日の研究成果を丹念に総合しており……現代の文献にみられる重要な理論的見解を総合しただけでなく，会計思想史を学ぶ学生の教材としても役立つことを願っている（p. ix）」と述べているが，マテシッチの膨大な業績を1編も取り上げていない。

こうして欧米では1970年代前半になると，マクロ会計とミクロ会計の異同性をめぐる多様な方法論的研究に対する関心が急速に低下し，会計学は再びミクロ会計のみを研究対象にすることになった。

3. わが国におけるミクロ会計とマクロ会計の同型性論

ところが，わが国は別である。欧米よりも早い時期からミクロ会計とマクロ会計の総合的な研究が展開されていただけではなく，前述したマテシッチやブレイらの研究が現在も脈々と継承され，会計イノベーションを生みだす原動力になっている。ミクロ会計とマクロ会計の同型性論に立脚して会計学の総合的な研究を推進してきたわが国の先駆的研究者は，黒澤清，能勢信子，合﨑堅

---

10)　一例として Nelson, C. L., (1973), pp. 15-16. これらの批判は，当時，アメリカ公認会計士協会が行なっていた会計公準や会計原則の研究に対する批判も含んでいる。また，ウォルク等（Wolk, H., et al, 2008, p. 135）によれば，「公準・原則アプローチは，基本的に1970年までにすたれてしまった。」

二，原田富士雄，斉藤静樹そして井尻雄士らである。

ブレイとマテシッチの業績を，ミクロ会計とマクロ会計の同型性（isomorphism）というテーマで最初に日本に紹介したパイオニアは，当時，神戸大学助教授であった能勢信子である[11]。1961 年に神戸大学で開催された日本会計研究学会第 20 回大会における能勢の報告（能勢，1961a）「社会会計と企業会計の同型性に関する考察」が，ブレイとマテシッチの業績を同型性論という視点で整理してわが国の会計学界に初めて紹介した研究である。能勢はマクロ会計の研究者であったため，注 7 で述べたように，アメリカ会計学会の The Accounting Review に匹敵する学術誌を目指してブレイがイギリスで刊行した Accounting Research 誌に注目しており，そこでブレイとマテシッチの業績に出会ったのである。

能勢が，ミクロ会計とマクロ会計の問題を，異質性を強調するのではなく同型性という形で取り上げたことは，わが国の会計学界におけるマクロ会計研究に建設的な影響を与えた。彼女は，同型性論をマクロ会計という場を通した会計学と経済学との交渉の最も新しい形態として捉え，経済会計と一般会計学の樹立に導く研究であると捉えたのである。そして，マテシッチ（Mattessich, 1957）の理論を制限的同型性論，ブレイ（Bray, 1953）の理論を全面的同型性論と特徴づけた。

能勢は，マテシッチ理論が「行列と会計公理によって企業会計プロパーの立場からする『会計実体』観と『会計的計算構造』の狭い枠を拡大して，計算構造の共通性を中心に企業会計と社会会計の同型性を主張（1961a, p. 58）」して，会計＝企業会計という狭い会計観を払拭した研究であると評価している。前述したようにマテシッチ理論は，ミクロ会計とマクロ会計をどちらか一方に統一しようとするものではなく，それぞれの独立性を保証する理論であることから，能勢はマテシッチ理論を制限的同型性論と特徴づけた。

11）　能勢は社会会計という用語を使用しているが，すでに冒頭で述べたように本稿ではマクロ会計という用語に統一している。

18

　これに対して「ブレイは，慣行のディメンジョンにおいてではなく，原理的解明によって，会計の勘定形式の共通性を指摘し，全面的に2つの会計の同型性を強調するするものである（能勢，1961a, p. 60）」ために，全面的同型性論と呼んでいる。ブレイのいう勘定形式の共通性とは，ケインズ方程式を基礎とした会計一般の勘定設計，すなわち，ケインズ経済学に基づく勘定デザインである。能勢（1961a, p. 62）は，同型性論をこのように2種類に分類した上で，ブレイの全面的同型性論を，企業会計に対する具体的修正策を提示し経済理論と会計技術の果実ともいうべき経済会計の樹立を目指すより規範的で実践的理論である点において，マテッシチの制限的同型性論よりも内容は豊富であると評価している。能勢（1958, 1961b）は，この時期における最も詳細なブレイ理論研究である。

　合﨑堅二はこの頃，黒澤清の計算経済学の構想に刺激を受け，ヴェブレンの制度理論やブレイ理論の研究を行なっており，両者についての研究を（合﨑，1957）にまとめた。合﨑の目的は「会計という主題を人間や社会にかかわらしめてその根底をさぐる（合﨑，1957，1ページ）」ことによって「社会科学としての会計学」を形成することにあった。そのためには，会計の「実用的技術以上のなにものかの探求（合﨑，159ページ）」が必要であるとしてヴェブレンとブレイの研究に向かったのである。合﨑は，1957年に在外研究で渡英してブレイの知遇を得て以降，本格的にブレイ理論の研究に取り組んで行く。合﨑がブレイ理論に「深い共感」を抱く理由は，「経済学的諸概念に基づく新しい会計デザイン」というブレイの構想が，「伝統的な原価主義会計を補正し，他方，社会会計データの精緻化に奉仕するみちをひらこうとする試みであった。あらゆる経済主体に適用可能な勘定体系のデザインは，まさにミクロ会計とマクロ会計の統合のひとつの具現物と考えられる（合﨑，1986，4ページ）」からであった。

　更に合﨑はマテシッチのAAMに注目し，合﨑（1965）で初めてマテシッチ理論を取り上げた。また，合﨑（1966）は小冊子ながら，AAA（1958）を初めとして，前述したユー，リトルトン，ブレイ，AAMなど，ミクロ会計とマク

ロ会計の異同性に関する当時の学説をほぼ網羅しながら，会計学におけるマクロ会計研究の意義を強調している。合﨑は，ケインズ経済学を基礎にして可能な限り統計的操作に適合できるような会計一般の勘定をデザインしようとするブレイ理論を基本にしつつ，1966 年以降はマテシッチ理論に深く共鳴していく。合﨑は，「ミクロ会計とマクロ会計の会計観に決定的な基礎を提供したのは，マテシッチであった（合﨑，1986，11 ページ）」と述べている。合﨑は 1970 年代に入ると生態会計の開拓に専念していくが，環境問題に取り組むこの新領域についても「ミクロ会計とマクロ会計というテーマは，生態会計を構築するうえで最も基本的な命題の 1 つである（合﨑 ,1986,19 ページ）」との広い視点から取り組んでおり，黒澤の計算経済学の構想と共にマテシッチ理論から強い影響を受けていることが伺える。

　能勢はマクロ会計の立場から，合﨑はミクロ会計の立場からという視点の違いはあるが，奇しくも 1960 年代にミクロ会計とマクロ会計の同型性を強調する包括的な研究を相次いで公刊した。能勢と合﨑は，その後，社会会計グループという少人数の研究グループを形成し，同型性論を基礎にした研究を更に発展させていった[12]。

　70 年代後半には，井尻雄士が新しい会計公理の研究を公刊した。井尻は 1967 年に『会計測定の基礎[13]』公刊し，支配，数量，交換という 3 公理によって歴史的原価会計の公理系を構成して大きな反響を呼んだ。そのため，彼はリトルトンの系譜を継ぐ歴史的原価会計の典型的な擁護者と見なされていた。ところが，オークルストやマテシッチの研究に触発され，Ijiri（1979）において歴史的原価会計の 3 公理をマクロ会計にも妥当するように拡張した多部門会計の公理系を提示したのである。

　マクロ会計では国民経済を部門に分割し，各部門に勘定体系をもうける。そ

---

12)　ブレイの研究から生態会計の研究に至る合﨑の研究遍歴については，合﨑編著（1986）の序章「経済会計の歩み：経済会計から生態会計へ」を参照されたい。

13)　Ijiri（1967）。井尻はもっぱらアメリカで研究活動を行なっているが，本章では彼の業績をわが国の研究に含めた。

こで井尻は，企業部門だけを対象とした自らの公理系を多部門会計の公理系へ
と拡張すると共に，かつて提唱している多次元簿記による物量会計のアイデア
をマクロ会計にも適用して，実物循環重視型の会計一般理論へと再構成しよう
とした。この 1979 年論文はマクロ会計とミクロ会計という課題に関する井尻
の唯一の研究成果であるが，筆者はこの論文を，同型性論を継承して会計一般
理論形成を試みたわが国のオリジナルな貢献であると評価している[14]。

　このようにわが国の会計学会では，同型性論の系譜を継承する研究が継続し
ており，AAM で展開されたマテシッチ理論がその主たる理論的基礎になって
いる。このような特色が生まれた大きな要因の 1 つは，原田富士雄と斎藤静樹
によってマテシッチ理論が精緻に研究されたために，そのエッセンスが正確に
理解され評価されたことにある。原田は 1965 年から AAM の研究に取り組み，
マテシッチ理論の全体的構造と，集合論によって定式化された基礎概念を次々
に解明していった。AAM の主要概念の内，実体，取引，勘定についての数学
的構造を研究した原田（1966a, b）が，マテシッチ理論に関する彼の最初の論文
であり，それ以降のマテシッチ研究が原田（1978）に集大成された。他方，斎
藤は，マテシッチ理論を単に祖述するのではなく，その基礎概念である経済的
対象の同値類，トランザクターおよび勘定概念の集合論的定式について厳密に
検討し，マテシッチ理論の不備を指摘した（斎藤，1972a, b，73a, b）。それに応
じてマテシッチ（1973a, b）は，自らの数学的定式化について再検討を加えた。
彼は斎藤の指摘が AAM の集合論的定式化に関する初めての厳密な批判である
と謝辞を述べている（1973a, p. 77）。原田と斎藤のように，マテシッチ理論の数
学的構造を包括的かつ徹底して検討を加えた研究は海外にはないと思われ
る[15]。両者の研究は，同型性論を支える礎石になっていると言って良いであ
ろう。

---

14)　小口（1985）は，Ijiri（1979）に関する最初の研究である。

15)　ただし，海外においても，マテシッチ理論の研究とそれに触発された会計公理系
　　の形成を試みた研究は行なわれている。Balzer and Mattessich（1991）を参照。ただ
　　し，それらの研究がわが国のように現在も継承されているとは言い難い。

これに加えて，海外ではほとんど研究が行なわれなくなったミクロ会計とマクロ会計の同型性論に関する研究がわが国に定着したもう1つの大きな理由として，黒澤清の先駆的な貢献を挙げておきたい。同型性論は，黒澤が耕した会計学研究の土壌があったからこそ根づいた会計思想であると言っても過言ではない。黒澤はすでに1930年代にシュルーター（Schluter, W.）やイッシュボルジン（Ischboldin）によって提唱された国民貸借対照表の研究やスコット（D. R. Scott）の研究を通じて国民経済学と会計学との協同領域としての計算経済学を構想した。その後ヒックス，ストーン，ブレイらの研究を経ることによってミクロ会計とマクロ会計を包摂する「会計学」の形成を追求した（黒澤，1961, p. 41）。さらには，環境会計の発想時から，環境問題はミクロ会計とマクロ会計の双方の視点から研究することが必要であることを強調している（黒澤，1972, p. 6）[16]。黒澤会計学の基底には，会計学は「動的社会秩序の一形成要因」でなければならないとする制度理論が存在する。このような黒澤の研究方法が合﨑，能勢，原田，そして次に述べる河野正男や更に若い世代の研究者に連綿と継承されているところに，わが国の会計学研究の特徴がある。

　では，ミクロ会計とマクロ会計の同型性論は，会計学研究においてどのような現代的意義を持っているのだろうか。それは，わが国の会計学研究にどのような特徴と革新をもたらしたのだろうか。わが国における会計イノベーションによってその意義を示すことができる。

4. 会計イノベーションへの同型性論の貢献

　イノベーションが話題になる時にまず取り上げられるのは，1912年に出版されたシュムペーターの『経済発展の理論』であろう。彼は経済発展を，生産手段の非連続な新結合の遂行によって生じる経済均衡点の非連続的な変化と定義している。この経済発展の非連続的な変化を生みだす要因となる生産手段の新結合がイノベーションであり，その発現として次の5つを挙げている[17]。

16）　黒澤清の業績を多面的に評価をした研究書として，合﨑監修（1999）がある。

22

（1）新しい財貨の生産，（2）新しい生産方法の導入，（3）新しい販路の開拓，（4）原料あるいは半製品の新しい供給源の獲得，そして，（5）新しい組織の実現である。

　しかし，この定義は，会計学のような社会科学における知識創造型イノベーションを定義するためには適切とは言えないであろう。本章では，会計イノベーションを，「異質と考えられていた理論やアイデア，方法論の非連続的な新結合によって，新しい理論やアイデア，方法論を非連続的に創出する科学的活動の成果」と定義したい。理論やアイデアそれ自体は無形であるため，それを表現するための著作物，コンピュータ・プログラム等の有形物の公刊や，新組織や新制度等の創出を会計イノベーションの重要な発現形態と考えることが適切であろう。

　合﨑（1971, pp. 302-303）は，ミクロ会計とマクロ会計の同型性論に関する研究によってまず次の2点を達成することを期待していた。会計イノベーションの期待といって良いであろう。

　　（1）会計カリキュラムにマクロ会計を導入するために，会計学専攻者のための啓蒙的なテキストを編集すること。

　　（2）会計一般理論構築の推進。

筆者はこれに次の点を加えたい。

　　（3）会計学の新分野の開拓。

以下において，これら3分野に関してどのような会計イノベーションが生じたか，あるいは，イノベーションが期待できるかを論じてみたい。

4-1　会計教育におけるイノベーション

　まず合﨑が挙げた第1点は，会計教育におけるイノベーションである。これについては，最近出版された河野正男・大森明共著（2012）『マクロ会計入門−国民経済計算への会計的アプローチ』を挙げたい。本書は，会計学者によるマ

17）　シュムペーター（塩野谷他訳，1977，182-183 ページ）。

クロ会計についての初めての体系的なテキストである。合崎の期待から40年以上の年月を経て実現された画期的出版である。あるいは，アメリカ会計学会による1958年の『経済会計概説』出版から数えると実に半世紀以上が経過しての出版物である。しかも『概説』は事実上，経済学者の手によるものであり，会計学者の執筆による現代マクロ会計の教科書としては内外を通して初めての業績であろう。それだけミクロ会計専攻者を対象として，SNAを中心としたマクロ会計のテキストを執筆することは困難な作業である。

　わが国では経済学者や官庁エコノミストによってかなりの数のSNA解説書が出版されてきた。しかし，それらは会計学専攻者のための教育用に書かれたものではないために，マクロ会計を会計学固有の課題としてどのように研究と教育に取り入れるかという同型性論の問題意識に基づいてはいない。これに対して河野・大森（2012）は，その副題が示すように，会計構造に重点をおいて2008 SNAを解説することによって，会計学専攻者が理解しやすいように工夫をこらしている。今後，本書によってマクロ会計教育が成果を上げ，さらなるイノベーションが生みだされることが期待される。

4-2　会計一般理論構築におけるイノベーション

　第2の，会計一般理論構築の推進についてはどうであろうか。同型性論にとっては，会計一般の理論を形成することが会計イノベーションの重点課題である。この推進には，オークルスト（1955），マテシッチ（1964，1970），マテシッチと科学哲学者バルツァーとの共同論文（Balzer, Wolfgang and R. Mattessich, 1991），そしてIjiri（1979）等の先駆的研究を生かすことが最も有力な方法である。オークルスト理論は，会計の測定対象である経済循環に関する最も優れた公理体系であるが，ノルウェー語で書かれているためその詳細な研究は始まったばかりである。マテシッチ理論は，会計の測定方法に焦点をあてた理論形成という特徴を持っているが，バルツァーとの共同論文では，測定対象と会計システムとを明確に区分した公理体系を提案している。井尻理論は，ミクロ会計とマクロ会計に共通する勘定体系として「活動行列」と呼ぶ多次元会計システムを設

定しており，ブレイの全面的同型性論に近い理論構成と言える。

　これら3者の理論はそれぞれ研究方法に違いがあるが，他方，多くの類似点も見られる。その内の主要なものとして次の点を挙げることができる。ミクロ会計とマクロ会計を包摂する会計一般の理論を目指していること。公理的方法を適用していること。集合論を適用していること。会計の機能面だけではなく勘定体系を中心にした会計構造面を重要視していること。第3節で挙げたように，公理的方法に対しては，現実を無視したア・プリオリな仮定を設定し反証不可能な理論を形成する方法であるとの批判があるが，これは完全な誤解である。ある方法が会計と定義できるために最小限必要な基本要素は何か，あるいは基本的な仮定は何かを徹底して分析し帰納した概念が，基礎的前提や公理として設定されているのである。これらを基礎にして，それ以外の概念や仮定が演繹的な論理関係として構造化される。

　もちろん，一般理論は必ず公理的方法によって定式化されなければならないわけではない。しかし公理的方法は，分析と総合というデカルト的な科学方法論の適用であり，ア・プリオリで経験部分を無視した反証不可能な理論を構成する方法では全くない。マテシッチは，かつて筆者に次のように語った。自分は壮大な理論を作ろうと思っているわけではない。物理学者がこの世界を構成している最小の物質は何かを求めて基礎へ基礎へとミクロの世界に分け入っているように，自分は会計を構成する最も基礎的な要素は何かを，あたかも顕微鏡を覗いて探し求めているようなものである，と。また，オークルストもマテシッチもそして井尻も概念の定式化に集合論を適用しているが，その理由は，集合論が会計構造を定式化する方法として適しているからである。一般性と厳密性を持った理論形成には，何らかの数学的方法の適用は不可欠であるが，このことは集合論以外の数学的方法の適用を排除するわけではない。

　会計一般理論の研究は，壮大な理論形成を目指しているわけではないし，反証不可能な理論を形成しようとしているわけでもない。それは，ミクロ会計とマクロ会計の分野で開発されてきた多様な個別目的用の会計システムの存在を前提にしたうえで，一般性を持った会計理論を形成しようという，一見すると

矛盾と思える方法を両立させる理論構成の方法である。その最も典型的な方法が，AAMにおける代理的前提に現れている。目下進行中の「財務会計の概念フレームワーク」のように，理論の対象を特定分野に限定してしまっては，会計学の研究・教育に境界を設け学問分野そのものを自ら狭めてしまうことになる。会計学の研究領域は，投資家に対する企業財務情報の測定・伝達だけではなく，国民経済あるいは社会・環境領域にまで拡大している。財務会計あるいは財務報告に関する概念フレームワークは，財務会計という会計学の基本領域ではあるけれども個別理論に関する概念フレームワークであることに注意すべきである。

　会計の一般理論は，1つの理論に収斂させる必要はない。複数のパラダイムがそれぞれライバル関係として併存することが望ましいし健全である。上記3者の新結合に限っても，その結合方法は1通りではないはずである。一般理論構築のためのイノベーションに向けた研究は，会計と社会の関係そのものを規定する重要な研究課題である。

4-3　個別領域の開拓―メソ会計の発想

　最後に，同型性論が個別領域で生みだしている会計イノベーションとして3つの研究を取り上げたい。これらはマテシッチ理論に照らせば，特定目的に適合する個別仮説の開発ということができる，本章では，主として資源・環境にかかわる領域での新しい研究である生態会計，水資源会計，バイオマス会計とその一般形としての炭素会計行列に関する研究を挙げておきたい。これらはメソ会計という発想を具体化した研究成果である。

　まず第1に環境問題にかかわる会計イノベーションの成果としては，河野（1998）『生態会計論』を挙げることができる。これは前述した黒澤と合﨑による生態会計の構想を実現した研究である。本書で論じられている生態会計は，ミクロ環境会計とマクロ環境会計を統一的な視点から関連づけた概念である。環境問題は，個別企業の観点からだけでは立地する地域や一国全体，あるいは貿易相手国に与える環境影響を捉えることはできない。他方，マクロ会計環境

だけでは，企業や地域の環境情報を得ることが困難であり，マネジメント可能な情報としての適切性に欠ける。したがって，ミクロとマクロの双方からアプローチすることが不可欠である。しかも河野の「生態会計」概念は，ミクロ環境会計とマクロ環境会計を企業会計と SNA とを関連づけることによって，ミクロとマクロの両レベルで環境と経済を関連づけている点に革新がある。河野（2006）は更に進んで，環境会計の一般的フレームワークの研究を行なっている。

第2に，河野（1998，1ページ，353ページ）で触れられているが，合崎を主査として 1982 年から 6 年間にわたって当時の国土庁の委託研究として利根川・荒川水系を中心に行なった「利水合理化調査」がきっかけとなって，もう 1 つのイノベーションが生まれている。ダムや大規模灌漑施設などの水利施設の資本維持を含んだ水資源問題にかかわる「水資源会計」である。水に関する会計制度としては，水道事業会計がある。しかし，水資源の開発から水利施設の資本維持までを含む水資源問題は，自然資源と人工的な社会資本を含む複合システム全体をマネジメントすることが必要である。これには個別の利水者のレベルでは対応不可能である。例えば，多目的ダムの建設による利水と水利施設の資本維持は，個々の水道事業者や土地改良区による視点からマネジメントすることは不可能であるし，その権利もない。

この利水合理化調査から，流域の統合管理（integrated watershed management）という発想が生まれた。これは，河川の上流から下流までを含めた水系全体で水資源の持続可能な開発とマネジメントを行なう組織と，そのための会計制度の整備が必要であるという発想である。この流域あるいは水系の統合管理という発想を，小口（1991）は「メソ会計としての水の会計学」という概念にまとめた。前述したように，水資源のマネジメントは，個別の事業体レベルでは対応が困難である。他方，全国レベルでの水の会計だけでは，流域単位のマネジメントとそれに必要な情報システムとしては，情報の集計レベルが高すぎる。小口（1994）はメソ会計を，水系を 1 つの会計単位として設定し，水資源の需給情報と水資源の開発と保全にかかわる総合的な経済計算を行なうシステムとし

て構想した。ここでのメソ（meso）とは，水系といった特定地域を会計単位として想定するために，ミクロ会計とマクロ会計の「中間」にある会計を意味している。しかし，国際河川のような場合には複数の国をまたぐ地域となるので，メソ会計は一国内の特定地域を対象にする会計という意味ではなく，事例によっては一国の地理的範囲よりも広い地域を含む概念である。倉林（1995, p. 14）はこの小口の構想を，SNAのサテライト会計としてフランスが研究を進めている「自然遺産勘定（National Patrimony Accounting）」の部分勘定と考えることができると評価している。現在，メソ会計という考えは，同型性論を継承する研究者に共有されている。

メソ会計としての水の会計学は，単に水資源のフローとストックに関する物量情報や経済情報を提供するだけではなく，水系における利水者全体を統括する新しいマネジメント主体をどのように制度化するかを大きな課題として取り上げている。すなわち流域単位の水資源管理におけるガバナンスのあり方である。国連は2007年にSNAのサテライト会計として「水に関する環境・経済統合会計（SEEA-WATER）」を公刊し，更に2012年に2008 SNAに対応する改訂版を公刊した（UN, 2012）。これは水のマクロ会計である。わが国では，内閣府（2010）がSEEA-WATERの試験的推計結果を公表しているが，そこでは今後の展開として次のように述べている。「国内においても水資源は地域で偏りがあるため，国内の政策には地域へブレークダウンした勘定表が役立つと考えられる。この場合の地域は，単に都道府県市町村といった基本行政単位の地域分けではなく，道州制を見据えた広域的なブロック分割や，水系単位の大きな指定水系（利根川水系，信濃川水系など）の地域分けが考えられる（内閣府，2010, p. 172）。」メソ会計としての水の会計が必要であることが認識されたといえる。しかし，メソ会計の視点からは，情報だけでは不十分である。その情報を使って水系全体のマネジメントを行なう事業体と会計主体を設定することが必要なのである。

水の会計学は文字通り萌芽期にあるが，SEEA-WATERが公刊されたことによって水の会計制度に関心が高まり，情報基盤が整備されることが期待でき

る。水系は，水資源の開発だけではなく自然環境の維持・管理にとっても基本的な単位である。水，土地，森林そしてそれらにかかわる自然環境を含めた地域の総合的マネジメント空間として水系は最適であろう。メソ会計は，水の会計学にとどまらず，これら土地，森林，河口そして沿岸を含めた水系全体における物質循環と経済循環との相互作用を総合的に捉える会計へと拡張することが考えられる。このような拡張は，ミクロ会計，メソ会計そしてマクロ会計の3者を相互に関連づけることによってのみ可能である[18]。

　近年，そのような拡張へと進む研究として行なわれている「バイオマス環境会計」が第3の会計イノベーションであり，八木・丸山・大森（2008），金藤正直（2010, 2013）そして金藤・丸山（2011）などの研究がその先駆である。わが国は世界有数の森林資源国であるにもかかわらず，林業の疲弊による森林の荒廃，そしてそれに伴う中山間地域社会の衰退が問題になっている。森林資源を経済資源そして環境資源として持続的に開発するためには，間伐や枝打ちが欠かせない。しかし，間伐には多額の費用がかかるためその実施率は低迷している。たとえ間伐が実施されても間伐材の処分に多額の費用がかかるため，林地残材としてそのまま放置されて森林の荒廃や流木による災害の原因になっている。間伐材や林地残材を有効活用することによって森林資源の良好な育成と地域活性化，更には地産地消のエネルギー供給として始められたのが木質バイオマス事業の1つであるバイオマス発電である。青森県ではリンゴの剪定枝を原料としたバイオマス発電が試行されている。このようなバイオマス発電事業の情報基盤としての会計システムがバイオマス環境会計である。

　バイオマス発電では，森林所有者，バイオマス供給事業者，発電業者，行政機関，地域住民など複数の関係者が事業にかかわり，それぞれの関心が異なっている。森林所有者やバイオマス供給事業者，発電業者は原料の安定供給と収益性，林地の環境保全等に関心を持つ。自治体は関係者間の利害調整，収益

18）　小口（1996）は，水道事業民営化の国際動向を検討しつつ，流域の総合管理にあたっては新しい事業主体と会計単位を設定した制度づくりが重要であることを論じている。

性，行政区域内での雇用や財政負担等に関心を持つ。地域住民は地域活性化，雇用，事業のメリット，近隣環境の変化などに関心があるであろう。そのため個別の事業関係者の立場からの事業評価だけでは，当該事業の正否を判断することも円滑な事業運営も困難である。バイオマス環境会計に関する上記の研究はいずれも，バイオマス発電事業に関わるサプライチェーン全体を通したマネジメントができる会計システムの開発を目指している。すなわち，関係各主体が地域内外に広がるサプライチェーン全体でのマテリアルフローと経済的価値のフローの中で自己評価ができるように，ミクロ会計とメソ会計の視点を含んだ会計システムの開発を試みている。ここでも，サプライチェーン全体を適切にマネジメントできる会計主体の形成が鍵を握っている。ガバナンスにかかわる課題であり，バイオマス発電事業においても試行錯誤の段階である。

　森林資源の良好な維持は，二酸化炭素の吸収源として地球温暖化防止に重要な役割を果たしている。大森・八木・丸山（Omori, Yagi and Maruyama, 2013）は，木質バイオマス会計を更に一般化したモデルとして，二酸化炭素削減のためのマテリアルフローコスト会計である炭素会計行列（carbon accounting matrices：CAM）を提案している。この CAM は，個別企業内でのマテリアルフローに限定するのではなく，サプライチェーン全体や特定地域内でのマテリアルフロー全体を対象にしている。Omori, Yagi and Maruyama（2013）は次のような展望を示している。「個別主体のプロダクトライフサイクルにおける CAM は，集計されることによって炭素排出と炭素削減活動の関係を明確にすることができる。こういった視点から，CAM における会計主体は，地域あるいは国民全体へと拡張できる（2013, p. 4）[19]」

　以上述べた生態会計，水資源会計，バイオマス環境会計と炭素会計行列などの新しい研究は，いずれもミクロ・メソ・マクロ会計の3つの視点からのシステム構築が不可欠であると考えている点で共通している。

---

19)　このような着想が評価され，同論文はドイツのドレスデン工科大学で開催された環境管理会計ネットワークの EMAN-EU 2013 Conference で Best Paper Award を受賞した。

お わ り に

諸外国では，会計学の対象はミクロ会計に限定されていると言っても過言ではない。これに対して，ヒックスが社会会計という概念を作りだす以前からマクロ会計の意義に着目して計算経済学を構想した黒澤，そしてその思想を継承した合﨑，更には「ミクロ会計とマクロ会計の同型性論」という簡潔な表現でマクロ会計を会計領域に含める意義を強調した能勢らの学説が，わが国の会計学研究に決定的な影響を与え，本章で論じたような会計イノベーションを生みだす礎石となっている。これら同型性論の主張者とその継承者は，何よりもマクロ会計の基礎にある経済学とミクロ会計とを関連づけて，規約や慣習の束としての会計学ではなく「社会科学としての会計学」を形成するという会計観を共有している。そして，会計を企業の枠に閉じ込めるのではなくそこから解放し，会計と社会とのかかわりを量的にも質的にも絶えず拡充して行くことを目指している。

このことは，決して企業利益の測定・伝達というミクロ会計の基本的機能を否定しているわけではない。しかしながら，マクロ会計やメソ会計の視点が必要なことは，環境会計や水資源会計，森林資源会計などに典型的に現れている。ミクロ会計（企業の視点）だけでは，当該企業の活動が地域や国民経済に及ぼす影響を的確に捉えることは不可能である。他方，マクロ会計は集計レベルが高すぎて企業や地域の環境や自然資源をマネジメントするうえで適切な情報を提供できない。企業（ミクロ会計），地域（メソ会計），国民経済（マクロ会計）の3つの視点からアプローチすることがどうしても必要である。この点は，黒澤や合﨑が絶えず強調してきたことである。

会計と社会との関わりが多様化し複雑化するに従って，特定目的用の会計システムはますます必要になってくるであろう。本書で指摘した個別領域でのイノベーションはこの要請に応える研究である。同時に，多様なシステムの基盤となる一般的な基礎理論がなければ「社会科学としての会計学」は形成できない。マテシッチが強調したように，単一目的用会計システムの開発と，それら

を包括する一般的な基礎理論の研究がますます必要になっている。更に，財務会計に関する国際会計基準の動向を見るならば，ユーが指摘したミクロ会計とマクロ会計の差違は減少しつつある。国際財務報告基準（IFRS）をめぐる論点の1つに，伝統的な損益計算書と貸借対照表に代わる新しい財務報告書のデザインがあるが，これについてはブレイが描いた経済学的諸概念に基づく勘定デザインを再評価する価値があるだろう。

　会計と社会との関係を拡充して社会科学としての会計学を形成するには，研究と同時に会計教育のイノベーションが必要である。このことは，同型性論に関する研究によって第1に達成したいと合﨑が念願していた課題である。会計教育へのマクロ会計の導入が会計学の将来を左右することは，AAAが60年以上も前に指摘していたことはすでに述べたとおりである。

　能勢信子が1960年代初頭にわが国に導入した「ミクロ会計とマクロ会計の同型性論」は，黒澤や合﨑が耕した土壌で成長し，会計の社会的役割を強化するうえで海外に類を見ないイノベーションを生みだしている。社会情勢の変化と会計学が果たすべき課題の多様化を考えるとき，その意義はますます高まっている。

参 考 文 献

合﨑堅二（1957）『経済会計学序説』森山書店。

合﨑堅二（1965）「会計学に於ける一般理論の探求」『実務会計』第1巻第7号，37-44ページ。

合﨑堅二（1966）『社会科学としての会計学』中央大学出版部。

合﨑堅二（1971）「会計学の社会科学的志向と社会会計」合﨑，能勢共編『企業会計と社会会計』森山書店，第6章。

合﨑堅二編著（1986）『経済会計―その軌跡と展望』中央経済社。

合﨑堅二監修（1999）『黒澤会計学研究』森山書店。

金藤正直（2010）「バイオマス政策・事業評価システムの構築方法」『人文社会論叢』（弘前大学）第23号，111-125ページ。

金藤正直（2013）「バイオマス政策・事業のための戦略的分析・評価モデル（1）：新たなバイオマス政策・事業への戦略的意思決定と分析・評価モデルの必要性」『人文社会論叢』（弘前大学）第29号，51-74ページ。

金藤正直・丸山佳久（2011）「森林・林業行政への原価計算の適用可能性―兵庫県丹波市の取り組みを中心として―」『人文社会論叢』（弘前大学）第25号，

15-35 ページ。

河野正男（1998）『生態会計論』森山書店。

河野正男編著（2006）『環境会計の構築と国際的展開』第Ⅰ部，森山書店。

河野正男・大森明共著（2012）『マクロ会計入門—国民経済計算への会計的アプローチ』中央経済社。

倉林義正（1995）『SNA サテライト勘定に関する特別研究会報告』経済企画庁経済研究所編，7-22 ページ。

黒澤清（1961）「社会会計の基礎概念」『企業会計』第 13 巻第 12 号，39-43 ページ。

黒澤清（1972）「環境会計学の課題」『産業経理』第 32 巻第 10 号，5-10 ページ。

ケネー（平田・井上訳）（1990）『ケネー経済表』岩波書店。

小口好昭（1985）「マクロ会計の公理的構造—井尻理論を中心に」『会計』第 127 巻第 4 号，67-79 ページ。

小口好昭（1991）「メソ会計としての水の会計学」『会計』第 139 巻第 5 号，82-100 ページ。

小口好昭（1994）「水資源開発の会計学的・経済学的分析」中央大学経済研究所編『環境の変化と会計情報』中央大学出版部，37-92 ページ。

小口好昭（1996）「流域の統合管理と水道事業民営化の帰趨—水資源会計の主体論を中心に」『水利科学』第 40 巻，第 4 号，26-50 ページ。

小口好昭（1999）「マクロ会計理論の公理的展開—オークルスト理論の研究」『黒澤会計学研究』森山書店，319-345 ページ。

斎藤静樹（1972a）「会計の公理的定式化をめぐる若干の問題」『会計』第 101 巻第 4 号，45-65 ページ。（同論文の英語版（1972b）"Some considerations on the axiomatic formulation of accounting,"『武蔵大学論集』第 20 巻，81-99 ページ。）

斎藤静樹（1973a）「ふたたび会計の公理的定式化をめぐる問題について」『会計』第 103 巻第 5 号，19-32 ページ。（同論文の英語版（1973b）"Further considerations on the axiomatic formulation of accounting: a reply to Prof. R. Mattessich"『武蔵大学論集』第 21 巻，95-107 ページ。）

シュムペーター（塩野谷・中山・東畑訳）（1977）『経済発展の理論（上）』岩波書店。

内閣府経済社会総合研究所（2010）『季刊 国民経済計算』No.143.

能勢信子（1958）「企業会計における社会会計原理導入の意義」『国民経済雑誌』（神戸大学）第 98 巻第 3 号，35-53 ページ。

能勢信子（1961a）「社会会計と企業会計の同型性に関する考察」『会計』第 80 巻，第 5 号，55-66 ページ。

能勢信子（1961b）『社会会計論』白桃書房。

原田富士雄（1966a）「会計の集合論的定式化とその一般性」『会計』第 90 巻第 1 号，130-145 ページ。

原田富士雄（1966b）「勘定ならびに取引概念の拡大」『会計』第 90 巻第 4 号，171-186 ページ。

原田富士雄（1978）『情報会計論』同文舘。

第1章　ミクロ会計とマクロ会計の同型性論とわが国における会計学研究　33

ペティ，W.（大内・松川訳）（1955）『政治算術』岩波書店。

八木裕之・丸山佳久・大森明（2008）「地方自治体における環境ストック・フロー
　　マネジメント―エコバジェットとバイオマス環境会計の連携―」『地方自治研
　　究』Vol.23，No.2，1-11 ページ。

American Accounting Association (AAA) (1949) *Accounting Review,* Vol. 24, No. 3.

American Accounting Association (AAA) (1958) *A Survey of Economic Accounting.*

American Accounting Association (AAA) (1977) *Statement of Accounting Theory and
　　Theory Acceptance.* （染谷恭次郎訳，1980『会計理論及び理論承認』国元書房）。

Aukrust, Odd (1950) "On the Theory of Social Accounting," *The Review of Economic
　　Studies,* Vol.. XVI, pp. 170-188.

Aukrust, Odd (1955) "Forsøk på en aksiomatisk behandling av klassifikasjons- og
　　vurderingsproblemet," Tillegg to *NASJONALREGNSKAP: Teoretiske prinsipper,*
　　Statistisk Sentralbyrå, Oslo, pp. 77-102. （小口好昭訳，1998「国民会計における分
　　類および評価問題に関する公理的研究」『経済学論纂』第 39 巻第 1・2 合併号，
　　91-114 ページ，中央大学）。

Aukrust, O., P. J. Bjerve and R. Frisch (1949) *A System of Concepts describing the Economic
　　Circulation and Production Process,* Stencil memo, 2nd printing, 12 February 1949,
　　University Institute of Economics, Oslo.

Balzer, Wolfgang and R. Mattessich (1991) "An Axiomatic Basis of Accounting： A
　　Structuralist Reconstruction," *Theory and Decision,* Vol. 30, No. 3, pp. 213-243. （小
　　口好昭訳，1994「会計学の公理的基礎：構造主義的再構成」『経済学論纂』中
　　央大学，第 35 巻第 3 号，209-232 ページ。）

Bray, F. S. (1949a) "The English Universities and the Accounting Profession," *The
　　Accounting Review,* Vol. 24, No. 3, pp. 273-276.

Bray, F. S. (1949b) *The Measurement of Profit,* Oxford Univ. Press.

Bray, F. S. (1949c) *Social Accounts and the Business Enterprise Sector of the National
　　Economy,* Cambridge University Press.

Bray, F. S. (1953) *Four Essays in Accounting Theory,* Oxford Univ. Press.

Clark, Colin (1937) *National Income and Outlay,* Macmillan, London.

Cooper, W. W. (1949) "Social Accounting: An Invitation to the Accounting Profession," *The
　　Accounting Review,* Vol. 24, No. 3, pp. 233-239.

Copeland, M. (1949) "Social Accounting for Moneyflows," *The Accounting Review,* Vol. 24
　　No. 3, pp. 254-264.

Copeland, M. (1952) *A Study in Money Flows in the United States,* NBER.

Forrester, David (ed.) (1982) *Frank Sewell Bray: Master Accountant,* Strathclyde
　　Convergencies, Glasgow.

Friend, I. (1949) "Financial Statement of the Economy," *The Accounting Review,* Vol. 24
　　No. 3, pp. 239-247.

Frisch, R., (1943) "Ökosirk-systemet (Det ökonomiske sirkulasjonssystem)," *Ekonomisk
　　Tidskrift,* Uppsala, pp. 106-121.

Goldsmith, R., and R. Lipsey (1963) *Studies in the National Balance Sheet of the United*

States, Vol. I&II, Princeton University Press.

Hagen, E. (1949) "National Accounting Systems and the European Recovery Program," *The Accounting Review,* Vol. 24, No. 3, pp. 248-254.

Hicks, J. R. (1942) *The Social Framework,* 1st ed., Oxford University Press.

H. M. S. O. (1941) *An Analysis of the Sources of War Finance and an Estimate of the National Income and Expenditure in 1938 and 1940,* Cmd. 6261.

Ijiri, Yuji (1967) *The Foundation of Accounting Measurement,* Prentice-Hall.（同書日本語版，井尻雄士（1968）『会計測定の基礎』東洋経済新報社）。

Ijiri, Yuji (1979) "A Structure of Multisector Accounting and Its Applications to National Accounting," Cooper, W., and Ijiri, Y., (eds.), *Erich Louis Kohler: Accounting's Man of Principles,* Prentice-Hall, pp. 208-224.

International Monetary Fund (1948) *Balance of Payments Manual.*

Kenessey, Z., (1994) "The Genesis of National Accounts: An Overview, " Kenessey (ed.), *The Accounts of Nations,* Amsterdam, IOS Press.

Keynes, J. M., (1936) *The General Theory of Employment, Interest and Money*, Macmillan.（塩野谷裕一訳，1983『雇用・利子および貨幣の一般理論』東洋経済新報社）。

Keynes, J. M., (1940) *How to Pay for the War,* Macmillan, London.（宮崎義一訳，1981「戦費調達論」『ケインズ全集第 9 巻：説得論集』東洋経済新報社）。

Kuznets, S., (1948) "National Income: A New Version," *The Review of Economics and Statistics,* August, pp. 151-179.

Leontief, W. (1941) *The Structure of American Economy 1919-1929,* Oxford University Press.（山田・家本訳，1958『アメリカ経済の構造：産業連関分析の理論と実際』東洋経済新報社。）

Littleton, A. C., (1958) "Accounting Rediscovered," *The Accounting Review,* Vol. 33, No. 2, pp. 246-253.

Mattessich, Richard (1957) "Towards a General and Axiomatic Foundation of Accountancy – With an Introduction to the Matrix Foundation of Acconting Systems," *Accounting Research,* Vol. 8, No. 4, October, pp. 328-355.（越村信三郎監訳，1969『行列会計学入門』第 1 章，第三出版）。

Mattessich, Richard (1964) *Accounting and Analytical Methods-Measurement and Projection of Income and Wealth in the Micro- and Macro-Economy,* Homewood, Ill.: R. D. Irwin.

Mattessich, R. (1970) *Die Wissenschaftlichen Grunglagen des Rechnungswesens,* Bertelsmann Universitätverlag.

Mattessich, R. (1973a) "On the axiomatic formulation of accounting: comment on Professor Saito's considerations," 『武蔵大学論集』第 21 巻，75-94 ページ。（廿日出芳郎訳，1973b『産業経理』第 33 巻第 3 号，70-74 ページ，第 4 号，71-75 ページ）。

Meade, J., and R. Stone (1941) "The Construction of Tables of National Income, Expenditue, Savings and Investment," *Economic Journal,* vol. 51, pp. 216-233.

Nelson, C. L., (1973) "A Priori Research in Accounting," Dopuch, N., and L. Revsine (eds.),

第1章 ミクロ会計とマクロ会計の同型性論とわが国における会計学研究 35

Accounting Research in 1960-1970: A Critical Evaluation, University of Illinoia, pp. 3-19.

Omori, A., H. Yagi and Y. Maruyama (2013) "Material Flow Cost Accounting for Carbon Management: Utilizing PAF Approach," Paper presented at the EMAN-EU 2013 Conference, Dresden, Germany.

Organisation for European Economic Co-operation (OEEC) (1951) *A Simplified System of National Accounts.*

Organisation for European Economic Co-operation (OEEC) (1952) *A Standardized System of National Accounts.*

Ruggles, N., and R. Ruggles (1970) *The Design of Economic Accounts,* NBER.

Stone, J. R., (1947) "Definition and Measurement of the National Income and Related Totals," Appendix to *Measurement of Nationa Income and the Construction of Social Accounts; Report of the Sub-Committee on National Income Statistics of the League of Nations Committee of Statistical Experts*, United Nations.

Stone, J. R., (1970) "Social Accounting and Standardized National Accounts," *Mathematical Models in the Economy and other Essays*, Chapman and Hall.

United Nations (1953) *A System of National Accounts and Supporting Tables.*

United Nations (1968) *A System of National Accounts.*

United Nations, et. al (1993) *System of National Accounts.*

United Nations, et. al (2008) *System of National Accounts.*

United Nations (2012) *System of Environmental-Economic Accounting for Water.*

Wolk, I. Harry, Dodd, L. James and John J. Rozycki (2008) *Accounting Theory: Conceptual Issues in a Political and Economic Environment*, Sage Publications.

Yu, S. C., (1966) "Microaccounting and Macroaccounting," *The Accouting Review*, Vol. 41, No. 1, January, pp. 8-20.

第 2 章

公正価値会計と会計基準の展開

はじめに

　近年，公正価値会計が国際会計基準審議会（IASB）および米国財務会計基準審議会（FASB）の会計基準においてその適用領域を拡大しつつある。この公正価値はFASBおよびIASBにおいて「測定日時点で，市場参加者間の秩序ある取引において，資産を売却するために受け取るであろう価格または負債を移転するために支払うであろう価格」と定義されており，具体的には出口価格として，売却時価および現在価値から構成されている。

　この公正価値が最初に使用された会計基準は，米国公認会計士協会（AICPA）から1971年に公表された会計原則審議会意見書（APBO）第18号「普通株式への投資に対する持分法による会計処理」であるといわれている（Zyla (2013) p. 10）。そこでは，非連結子会社投資に対する持分法会計が導入され，投資の公正価値がその帳簿価額以下に下落した場合，損失が特別損失として認識された（APBO18 (1971) para. 19）。

　APBを引き継いだFASBはその後，公正価値を適用した多くの会計基準を公表し，IASBも多くの会計基準を公表している。本章は，このような公正価値会計がどのような会計の要請から導き出され，どのように提唱され，そしてそこにおいてどのような論理が内在しているのかを解明し，さらに，現代会計

においてどのような役割を果たしているのかを明らかにすることを目的とするものである。

1. 会計の目的と会計情報の質的特性

公正価値会計は，現代の会計目的と会計情報の質的特性を満たすために提唱されてきたということができる。そこで，それらの内容を説明することから始めることにする。これらは，「一般目的財務報告の目的」および「有用な財務情報の質的特性」という形式で，IASBとFASBが共同で開発し，2010年に公表した「財務報告に関する概念フレームワーク」において説明されている。

1-1 会計の目的

両審議会によれば，一般目的財務報告の目的は，現在のおよび潜在的な投資者，融資者および他の債権者が企業への資源の提供に関する意思決定を行う際に有用な，報告企業についての財務情報を提供することである。それらの意思決定には，資本性および負債性金融商品の売買または保有，ならびに貸付金および他の形態の信用の供与または決済を伴う（IASB, FASB (2010) para. OB2）とされている。

これは，会計の目的が会計情報の利用者の意思決定に有用な情報を提供することであるとする，意思決定有用性アプローチに基づくものである。したがって，現代の会計および会計目的観は，受託責任会計ではなく，意思決定会計であるということになる。

具体的には，投資者，融資者および他の債権者の意思決定は，彼らが期待する元利支払いまたは他のリターンに左右され，このリターンに関する期待は，企業への将来の正味キャッシュ・インフローの金額，時期および不確実性に関する彼らの評価に左右される。したがって，彼らは，企業への将来の正味キャッシュ・インフローの見通しを評価するのに役立つ情報を必要としているということになる（IASB, FASB (2010) para. OB3）。

1-2 会計情報の質的特性

この会計目的を達成するために，会計情報が備えておかなければならない特性が，有用な財務情報の質的特性である。両審議会によれば，財務情報が有用であるためには，それは目的適合的で，かつ，表現しようとしているものを忠実に表現しなければならない。さらに，財務情報の有用性は，それが比較可能で，検証可能で，適時で，理解可能であれば，補強される（IASB, FASB (2010) para. QC4)。

このことから，会計情報の質的特性は，財務情報の有用性にどのように影響を及ぼすかによって，基本的な質的特性と補強的な質的特性に分類される。そして，まず，基本的な質的特性として，目的適合性（relevance）と忠実な表現（faithful representation）があげられる。これらは協働して会計情報の意思決定有用性に貢献することになる。

目的適合性に関して，利用者が行う意思決定に相違を生じさせることができるならば，その財務情報は目的適合的である。そして，財務情報は，予測価値（predictive value），確認価値（confirmatory value）またはそれらの両方を有する場合に，意思決定に相違を生じさせることができるとされる。

財務情報は，利用者が将来の結果を予測するために用いるプロセスへのインプットとして使用できる場合に，予測価値を有することになる。また，財務情報は，過去の評価に関するフィードバックを提供する（過去の評価を確認するかまたは変更する）場合に，確認価値を有することになる（IASB, FASB (2010) paras. QC6-9)。

忠実な表現に関して，財務報告が有用であるためには，財務情報は，目的適合性のある現象を表現するだけでなく，表現しようとしている現象を忠実に表現しなければならない。忠実な表現は，経済現象の描写が完全であり（complete），中立的であり（neutral），誤謬がない（free from error）場合に達成されることになる。

完全な描写は，描写しようとしている現象を利用者が理解するのに必要なすべての情報を含んでいるということである。中立的な描写は，財務情報の選択

または表示に偏りがなく，財務情報が利用者に有利または不利に受け取られる確率を増大させるための，歪曲，ウェイトづけ，強調，軽視，その他の操作が行われていないということである。誤謬がないとは，その現象の記述に誤謬や脱漏がなく，報告された情報を作成するのに用いられたプロセスが当該プロセスにおける誤謬なしに選択され適用されたことを意味する（IASB, FASB (2010) paras. QC12-15）。

これらの基本的な質的特性は，補強的な質的特性によって補足される。補強的な質的特性として，比較可能性（comparability），検証可能性（verifiability），適時性（timeliness）および理解可能性（understandability）があげられる。

比較可能性は，項目間の類似点と相違点を利用者が識別し理解することを可能にする質的特性である。検証可能性は，知識を有する独立した別々の観察者が，特定の描写が忠実な表現であるという合意に達しうることを意味する。適時性は，意思決定者の決定に影響を与えることができるように適時に情報を利用可能とすることを意味する。理解可能性に関して，情報を分類し，特徴づけ，明瞭かつ簡潔に表示することにより，情報が理解可能となる（IASB, FASB (2010) paras. QC21, 26, 29 ,30）。

以上の質的特性によって提供される財務情報は，コスト（cost）という制約条件によって制限される。コストは，財務報告により提供されうる情報に関する一般的な制約である。財務情報の報告にはコストがかかるものであり，それらのコストが当該情報を報告することによる便益により正当化されることが重要となる（IASB, FASB (2010) para. QC35）。

2. 公正価値の概念と測定

これらの会計目的と会計情報の質的特性を満たそうとするのが，公正価値会計である。そこで，公正価値とはどのような概念であり，それがどのように測定されるのかが，改めて問題となる。

会計基準において公正価値会計の適用領域が次第に拡大されてきたが，従来，公正価値概念は一定ではなかった。例えば，FASB の財務会計基準書

（SFAS）第 115 号「特定の負債証券および持分証券への投資の会計処理」は公正価値を「独立した当事者間による強制的または清算による売却以外の現在の取引において，金融商品を交換することのできる金額」と定義している（SFAS115 (1993) para. 137）。

また，SFAS 第 141 号「企業結合」は公正価値を「独立した当事者間による強制的または清算による売却以外の現在の取引において，資産（または負債）を購入する（または負担する）ことのできる金額」と定義している（SFAS141 (2001) para. F1）。さらに，IASB の国際会計基準（IAS）第 39 号「金融商品：認識および測定」は公正価値を「独立第三者間取引において，取引の知識がある自発的な当事者の間で，資産を交換し，または負債を決済することのできる金額」と定義している（IAS39 (2003) para. 9）。

このような状況のもとで，これまで分散していた公正価値に関する指針を統一し，整合的な単一の基準を制定することを目的として，FASB は 2006 年に SFAS 第 157 号「公正価値測定」を公表した。そして，これを受けて IASB は FASB と共同で 2011 年に国際財務報告基準（IFRS）第 13 号「公正価値測定」を公表した[1]。公正価値の概念と測定に関して，本節はこれを説明することにする。

2-1　公正価値の概念

IASB の IFRS 第 13 号は公正価値を「測定日時点で，市場参加者間の秩序ある取引において，資産を売却するために受け取るであろう価格または負債を移転するために支払うであろう価格」と定義している（para. 9）。これは，SFAS 第 157 号の公正価値の定義とまったく同じであり，その考え方を完全に引き継いでいる。この定義は，(1) 出口価格の測定目的，(2) 市場参加者の観点および (3) 負債の移転という 3 つの点に特徴がある。

---

1)　なお，これによる FASB の会計基準は，現在，会計基準法規集（ASC）第 820 号「公正価値測定」に収録されている。

42

(1) 出口価格の測定目的

資産または負債の公正価値として，一般に出口価格（売却時価）と入口価格（現在原価）が考えられる。これらのうち，IASB は次の理由により出口価格を選択した。

ある資産または負債の出口価格には，測定日において当該資産を保有しているかまたは当該負債を負っている市場参加者の観点からの，当該資産または負債に関連する将来キャッシュ・インフローおよびアウトフローに関する期待が具体化されている。企業は，資産を使用するかまたは売却することにより，資産からキャッシュ・インフローを生み出す。

たとえ企業が資産の売却ではなく使用によって資産からキャッシュ・インフローを生み出すつもりであっても，出口価格には，資産を同じ方法で使用するであろう市場参加者に資産を売却することにより，資産の使用から生じるキャッシュ・フローに関する期待が具体化される。これは，市場参加者である買い手が支払うのは，当該資産の使用（または売却）により生じると期待する便益に対してのみだからである。したがって，企業が資産を使用するつもりなのか売却するつもりなのかに関係なく，出口価格は常に公正価値の目的適合性のある定義である（para. BC39）。

(2) 市場参加者の観点

IFRS 第 13 号は市場参加者の観点に関して，企業は，資産または負債の公正価値を，市場参加者が当該資産または負債の価格付けを行う際に用いるであろう仮定を用いて，市場参加者が自らの経済的利益が最大になるように行動すると仮定して，行わなければならないとしている（para. 22）。

そして，IFRS 第 13 号は市場に基づいた公正価値の測定を強調する。すなわち，公正価値は，市場に基づいた測定であり，企業固有の測定ではない。一部の資産および負債については，観察可能な市場取引または市場情報が利用可能かもしれない。他の資産および負債については，観察可能な市場取引または市場情報は利用可能ではないかもしれない。しかし，公正価値測定の目的は両方の場合で同じである。つまりそれは，現在の市場の状況下で測定日時点におい

て市場参加者の間で資産の売却または負債の移転の秩序ある取引が生じるであろう価格を見積もることである（para. 2）。

（3）　負債の移転

公正価値測定は，負債が測定日に市場参加者に移転されることを仮定する。公正価値測定の対象とする負債はその後も残るからである。多くの場合，企業は負債を第三者に移転することを意図していないかもしれない。例えば，企業は，市場に比べて，自らの内部資源を使用して当該負債を履行する方が有利となるような利点を有しているかもしれない。あるいは，相手方が当該負債を他の者に移転するのを認めていないかもしれない。

しかし，公正価値測定は，履行または決済における企業の有利または不利を市場との比較で評価する基礎として用いるための市場ベンチマークを提供するものでる。したがって，負債を公正価値で測定する場合に，企業が自らの内部資源を使用して当該負債を決済する際の総体的な効率性は，決済前ではなく，決済の過程を通じて純損益に現れる（paras. BC80, 81）。

2-2　公正価値の測定

IFRS 第 13 号に基づいて，公正価値の測定に関する重要な論点を項目別に説明すると，以下のようになる。

（1）　資産または負債に特有の特徴

IFRS 第 13 号によれば，公正価値測定は，特定の資産または負債に関するものである。したがって，公正価値を測定する際に，企業は，当該資産または負債の特徴（例えば，資産の状態および所在地，ならびにもしあれば，当該資産の売却または使用に対する制約）を考慮に入れなければならない（para. 11）。

また，取引コストに関して，資産または負債の公正価値を測定するのに用いる主要な（または最も有利な）市場における価格は，取引コストについて調整してはならない。取引コストは，資産または負債の特徴ではなく，取引に固有のものであり，企業が当該資産または負債についての取引をどのように行うのかによって異なるのである（para. 25）。

44

(2) 主要な（最も有利な）市場

IFRS 第 13 号では，公正価値測定は，資産の売却または負債の移転の取引が次のいずれかにおいて発生すると仮定している (para. 16)。

① 当該資産または負債に関する主要な市場

② 主要な市場が存在しない場合には，当該資産または負債に関する最も有利な市場

反対の証拠がなければ，企業が資産の売却または負債の移転の取引を通常行っている市場が，主要な市場あるいは最も有利な市場（主要な市場がない場合）であると推定される。また，資産または負債について主要な市場が存在する場合には，公正価値測定は，その価格が直接観察可能なものであろうと，他の評価技法を用いて見積もったものであろうと，当該市場における価格を表さなければならない。たとえ，別の市場における価格の方が測定日現在で有利となる可能性があっても，当該市場における価格を表さなければならない (paras. 17, 18)。

(3) 非金融資産への適用

IFRS 第 13 号では，非金融資産の公正価値測定には，当該資産を最有効使用 (highest and best use) を行うこと，または当該資産を最有効使用するであろう他の市場参加者に売却することにより，市場参加者が経済的便益を生み出す能力を考慮に入れるとしている (para. 27)。

非金融資産の最有効使用は，物理的に可能で，法的に許容され，財政的に実行可能な資産の使用を，次のようにして考慮に入れる (para. 28)。

① 物理的に可能な使用は，資産の物理的特性のうち，市場参加者が資産の価格付けを行う際に考慮するであろうものを考慮に入れる（例えば，不動産の所在地または規模）。

② 法的に許容される使用は，市場参加者が資産の価格付けを行う際に考慮するであろう当該資産の使用に関する法的制限を考慮に入れる（例えば，不動産に適用される区域規制）。

③ 財政的に実行可能な使用は，物理的に可能で法的に許容される資産の使

用が，市場参加者がそうした使用に用いられる資産に対する投資に対して要求するであろう投資リターンをもたらすのに十分な利益またはキャッシュ・フローを生み出すかどうかを考慮する。

非金融資産の最有効使用は，当該資産の公正価値を測定するために用いる評価前提を次のように設定する（para. 31）。

① 非金融資産の最有効使用は，当該資産をグループとしての他の資産との組み合わせ（使用のために据え付けその他の組み立てを行った状態）または他の資産および負債との組み合わせ（例えば，事業）で使用することを通じて，市場参加者に最大限の価値を提供するかもしれない。

当該資産の最有効使用が，当該資産を他の資産または他の資産および負債との組み合わせで使用することである場合には，当該資産の公正価値は，当該資産を売却する現在の取引で受け取るであろう価格であり，それは，当該資産が他の資産または他の資産および負債とともに使用され，当該資産および負債（すなわち，補完的な資産および関連する負債）が市場参加者に利用可能であることを仮定する。

② 非金融資産の最有効使用は，単独で市場参加者に最大の価値を提供するかもしれない。資産の最有効使用が，それを単独で使用することである場合には，当該資産の公正価値は，当該資産を単独で使用する市場参加者に資産を売却する現在の取引において受け取るであろう価格である。

(4) 負債および企業自身の資本性金融商品への適用

IFRS 第 13 号では，公正価値測定は，金融負債もしくは非金融負債または企業自身の資本性金融商品が，測定日に市場参加者に移転されると仮定している。そして，負債または企業自身の資本性金融商品の移転は，次のことを仮定している（para. 34）。

① 負債は未決済のままであり，市場参加者である譲受人が当該債務を履行する必要がある。測定日において相手先との決済その他の消滅は行われない。

② 企業自身の資本性金融商品は未決済のままであり，市場参加者である譲

受人が金融商品に関する権利と責任を引き継ぐ。測定日において償却その他の消滅は行われない。

同一または類似の負債または企業自身の資本性金融商品の移転にかかる相場価格が利用可能でなく，同一の項目を他の者が資産として保有している場合には，企業は当該負債または資本性金融商品の公正価値の測定を，その同一の項目を測定日において資産として保有している市場参加者の観点から行わなければならない（para. 37）。

また，同一または類似の負債または企業自身の資本性金融商品の移転にかかる相場価格が利用可能でなく，同一の項目を他の者が資産として保有していない場合には，企業は当該負債または資本性金融商品の公正価値の測定を，当該負債を負っているかまたは持分に対する請求権を発行した市場参加者の観点から，評価技法を用いて行わなければならない（para. 40）。

負債の公正価値は，不履行リスクの影響を反映する。不履行リスクには，企業自身の信用リスクが含まれるが，それには限らない。不履行リスクは負債の移転の前後で同一と仮定されている（para. 42）。

（5）　当初認識時における公正価値

資産または負債の交換取引で資産の取得または負債の引き受けが行われる場合には，取引価格は，当該資産を取得するために支払う価格または負債を引き受けるために受け取るであろう価格（入口価格）である。これに対し，当該資産または負債の公正価値は，資産を売却するために受け取る価格または負債を移転するために支払うであろう価格（出口価格）である（para. 57）。

概念的には入口価格と出口価格は異なるが，多くの場合，資産または負債の入口価格は出口価格と同じになる。したがって，多くの場合，当初認識時における資産または負債の取引価格は公正価値に等しくなる（para. 58）。

当初認識時の公正価値が取引価格に等しいかどうかを判断する際に，企業は，当該取引および資産または負債に固有の要因を考慮しなければならない。例えば，次の条件のいずれかが存在する場合には，取引価格が当初認識時において資産または負債の公正価値を表していない可能性がある（para. B4）。

① 取引が関連当事者間のものである。

② 取引が強制的に行われるかまたは売り手が取引の価格を受け入れることを強いられている。

③ 取引価格が表す会計単位が，公正価値で測定される資産または負債の会計単位と異なる。

④ 取引が行われる市場が，主要な市場（または最も有利な市場）と異なっている。

IFRS 第 13 号は，他の IFRS が資産または負債を公正価値で当初測定することを要求または許容していて，取引価格が公正価値と異なる場合には，企業は，当該 IFRS が別段の定めをしていない限り，それにより生じる利得または損失を純利益に認識しなければならないとしている（para. 60）。

(6) 大量保有要因

IFRS 第 13 号は，公正価値測定に大量保有要因（blockage factor）を反映させないとしている。すなわち，企業は，資産または負債の取引において市場参加者が考慮に入れるであろう当該資産または負債の特性と整合するインプットを選択しなければならない。場合によっては，それらの特性により，プレミアムまたはディスカウントなどの調整を適用することとなる。しかし，公正価値測定には，その公正価値測定を要求または許容している会計単位と整合しないプレミアムまたはディスカウントを組み込んではならない。

保有の規模を，資産または負債の特性ではなく，企業による保有の特性として反映するプレミアムまたはディスカウントは，公正価値測定において認められない。いかなる場合にも，資産または負債についての活発な市場における相場価格（すなわち，レベル 1 のインプット）があれば，企業は公正価値を測定する際に当該価格を修正なしで使用しなければならない（para. 69）。

また，企業が単一の資産または負債のポジションを保有していて，当該資産または負債が活発な市場で取引されている場合には，資産または負債の公正価値は，個々の資産または負債の相場価格と企業が保有している数量との積として，レベル 1 の中で測定しなければならない（para. 80）。

（7）　ビッド価格およびアスク価格に基づくインプット

IFRS 第 13 号によれば，公正価値で測定する資産または負債にビッド価格（買呼値）とアスク価格（売呼値）がある場合（例えば，ディーラー市場からのインプット）には，公正価値を測定するために，ビッド・アスク・スプレッドの範囲内でその状況における公正価値を最もよく表す価格を用いなければならない。これは，そのインプットが公正価値ヒエラルキーの中のどこに区分される場合でも同じである（para. 70）。

ただし，IFRS 第 13 号は，SFAS 第 157 号と同様に，中値による価格付けなど，市場参加者がビッド・アスク・スプレッドの範囲内で公正価値測定の実務上の便法として用いている価格付けの慣行の使用を認めている（para. 71）。

（8）　公正価値ヒエラルキー

公正価値測定およびそれに関連する開示の首尾一貫性と比較可能性を向上させるために，IFRS 第 13 号は SFAS 第 157 号と同様に，公正価値ヒエラルキーを設け，公正価値を測定するために用いる評価技法へのインプットを 3 つのレベルに区分している。公正価値ヒエラルキーが最も高い優先順位を与えているのは，同一の資産または負債に関する活発な市場における（無調整の）相場価格（レベル 1）のインプットであり，最も優先順位が低いのは，観察可能でないインプット（レベル 3）である（para. 72）。

各レベルの内容は次のようである（paras. 76, 81, 82, 86）。

①　レベル 1：測定日における企業がアクセスできる同一の資産または負債に関する活発な市場における（無調整の）相場価格

②　レベル 2：レベル 1 に含まれる相場価格以外のインプットのうち，資産または負債について直接的または間接的に観察可能なもの

　レベル 2 には次のものが含まれる。

　　i　活発な市場における類似の資産または負債に関する相場価格

　　ii　活発ではない市場における同一または類似の資産または負債に関する相場価格

　　iii　当該資産または負債に関する相場価格以外の観察可能なインプッ

ト

　　iv　市場の裏付けがあるインプット

③　レベル 3：資産または負債に関する観察可能でないインプット

3.　公正価値会計の適用

　以上が公正価値の概念と測定方法であるが，以前の公正価値概念をも含め
て，このような公正価値を適用する会計基準がこれまでどのように提唱されて
きたのかを本節で明らかにする。その場合，代表的な会計基準設定主体が米国
財務会計基準審議会（FASB）および国際会計基準審議会（IASB）であるが，こ
こでは IASB において公表されてきた会計基準を解説する。さらに，その会計
基準を，金融資産および金融負債と非金融資産および非金融負債とに分けて説
明することにする。

3-1　金融資産および金融負債

IASB は公正価値会計に関わる金融資産および金融負債の会計基準に関し
て，主に次の基準書を公表してきた。

①　IAS 第 39 号「金融商品：認識および測定」（Financial Instruments:
　　Recognition and Measurement）（2003 年）[2]

②　IFRS 第 9 号「金融商品」（Financial Instruments）（2009 年）

（1）　IAS 第 39 号「金融商品：認識および測定」

IAS 第 39 号は，金融商品を次の 4 つに分類し，それぞれ次のように定義す
る（IAS39 (2003) para. 9）。

①　純損益を通じて公正価値で測定する金融資産または金融負債：次の条件
　　のいずれかに該当する金融資産または金融負債

2）　IAS 第 39 号に関して以下に述べる事項のほとんどは，IFRS 第 9 号によって改訂さ
　　れている。これは，IAS 第 39 号の規定が複雑すぎるというのが主な理由である。

ⅰ　売買目的保有に分類されるもの

ⅱ　当初認識時において，純損益を通じて公正価値で測定するものとして企業が指定したもの

②　満期保有投資：固定または決定可能な支払金額と固定の満期を有する，デリバティブ以外の金融資産のうち，企業が満期まで保有する明確な意図と能力を有するもの

③　貸付金および債権：支払額が固定または決定可能な，デリバティブ以外の金融資産のうち，活発な市場での公表価格がないもの

④　売却可能金融資産：デリバティブ以外の金融資産のうち，売却可能に指定されたもの，または，（a）貸付金および債権，（b）満期保有投資，もしくは（c）純損益を通じて公正価値で測定する金融資産のいずれにも分類されないもの

このような金融商品の金融資産および金融負債に関して，当初測定は次のように行われる。すなわち，金融資産または金融負債が当初認識される時点で，企業はそれを公正価値で測定しなければならず，金融資産または金融負債が純損益を通じて公正価値で測定されない場合には，金融資産または金融負債の取得または発行に直接帰属する取引費用を加算して測定しなければならない（IAS39 (2003) para. 43）。

金融資産および金融負債の当初認識後の測定は次のように行われる。まず，金融資産に関して，当初認識後，企業は，資産であるデリバティブを含む金融資産を，売却その他の処分の際に生じる取引費用を控除せずに，公正価値で測定しなければならない。ただし，次の金融資産は除く（IAS39 (2003) para. 46）。

①　貸付金および債権：これは実効金利法により償却原価で測定しなければならない。

②　満期保有投資：これは実効金利法により償却原価で測定しなければならない。

③　資本性金融商品に対する投資のうち，活発な市場における公表市場価格がなく，公正価値を信頼性をもって測定できないもの，およびこのような

公表価格のない資本性金融商品に連動しており，その引き渡しにより決済しなければならないデリバティブ：これらは取得原価で測定しなければならない。

金融負債に関して，当初認識後，企業は，すべての金融負債を，実効金利法を用いて償却原価で測定しなければならない。ただし，次のものは除く（IAS39 (2003) para. 47）。

① 純損益を通じて公正価値で測定する金融負債：このような負債（負債であるデリバティブを含む）は，公正価値で測定しなければならない。ただし，公正価値を信頼性をもって測定できない公表価格のない資本性金融商品に連動しており，その引き渡しにより決済しなければならないデリバティブは除く。そのようなデリバティブは取得原価で測定しなければならない

② 金融資産の譲渡が認識の中止の要件を満たさない場合または継続的関与アプローチが適用される場合に生じる金融負債

③ 金融保証契約

④ 市場金利を下回る金利で貸付金を提供するコミットメント

これらの金融資産および金融負債にかかる利得および損失は，次のように規定されている。まず，ヘッジ関係の一部分ではない金融資産または金融負債の公正価値の変動により生じた利得または損失は，次のようにして認識しなければならない。

① 純損益を通じて公正価値で測定するものとして分類された金融資産または金融負債にかかる利得または損失は，純損益に認識しなければならない。

② 売却可能金融資産にかかる利得または損失は，減損損失および為替差損益を除き，当該金融資産の認識の中止が行われるまで，その他の包括利益に認識しなければならない。当該金融資産の認識の中止が行われる時には，それまでその他の包括利益に認識されていた利得または損失の累積額は，組替調整額（reclassification adjustment）として資本から純損益に振り替

えなければならない。ただし，実効金利法により計算される利息は，純損
益に認識しなければならない。

また，償却原価で計上されている金融資産および金融負債については，利得
または損失は，当該金融資産または金融負債の認識の中止または減損のとき，
および償却の過程を通じて，純損益に認識される（IAS39 (2003) paras. 55, 56)。

（2）　IFRS 第 9 号「金融商品」

IFRS 第 9 号は，上記の IAS 第 39 号の認識および測定を改訂したものであ
る。そこでの目的は，財務諸表の利用者が，将来キャッシュ・フローの金額，
時期および不確実性を評価するにあたって，目的適合性のある有用な情報を表
示する金融資産および金融負債の財務報告に関する原則を確立することである
としている（IFRS9 (2009) para. 1. 1)。

この目的のもとに，金融商品の分類に関して，次のように規定されている。
まず金融資産に関して，企業は，次の両方に基づき，金融資産を事後的に償却
原価で測定されるものか，公正価値で測定されるものかのいずれかに分類しな
ければならない。

①　金融資産の管理に関する企業の事業モデル

②　金融資産の契約上のキャッシュ・フローの特性

その場合，金融資産は，次の条件がともに満たされる場合には，償却原価で
測定しなければならない。

①　契約上のキャッシュ・フローを回収するために資産を保有することを目
　　的とする事業モデルに基づいて，資産が保有されている。

②　金融資産の契約条件により，元本および元本残高に対する利息の支払い
　　のみであるキャッシュ・フローが特定の日に生じる。

そして，償却原価で測定される場合を除き，金融資産は公正価値で測定しな
ければならない。ただし，上記にかかわらず，企業は，当初認識時に，金融資
産を純損益を通じて公正価値で測定するものとして取消不能の指定をすること
ができるが，この指定が認められるのは，指定しない場合に資産または負債の
測定またはそれらにかかる利得および損失の認識を異なる基礎で行うことから

第 2 章　公正価値会計と会計基準の展開　53

生じるであろう測定または認識の不整合（会計上のミスマッチ）を，その指定が除去または大幅に低減する場合である（IFRS9 (2009) paras. 4. 1. 1-4. 1. 5）。

　また，負債の分類に関して，企業は，すべての金融負債を，実効金利法を用いて償却原価で事後測定しなければない。ただし，次のものは除く（IFRS9 (2009) para. 4. 2. 1）。

①　純損益を通じて公正価値で測定する金融負債：このような負債（負債であるデリバティブを含む）は，公正価値で事後測定しなければならない。

②　金融資産の譲渡が認識の中止の要件を満たさない場合または継続的関与アプローチが適用される場合に生じる金融負債

③　金融保証契約

④　市場金利を下回る金利で貸付金を提供するコミットメント

　ただし，上記にかかわらず，企業は，当初認識時において，金融負債を純損益を通じて公正価値で測定するものとして取消不能の指定をすることができるが，この指定が認められるのは，指定することにより次のいずれかの理由で情報の目的適合性が高まる場合である（IFRS9 (2009) para. 4. 2. 2）。

①　このような指定を行わない場合に資産もしくは負債の測定またはそれらにかかる利得もしくは損失の認識を異なったベースで行うことから生じる測定上または認識上の不整合（会計上のミスマッチ）を，その指定が解消または大幅に低減する場合

②　金融負債のグループまたは金融資産と金融負債のグループが，文書化されたリスク管理戦略または投資戦略に従って，公正価値ベースで管理され業績評価されており，当該グループに関する情報が当該企業の取締役および最高経営責任者のような企業の経営幹部に対して社内的にそのベースで提供されている場合

　次に，測定に関して，まず当初測定は次のように規定されている。すなわち，当初認識時に，企業は，金融資産または金融負債を公正価値で測定しなければならない。純損益を通じて公正価値で測定するものではない金融資産または金融負債の場合には，金融資産の取得または金融負債の発行に直接起因する

取引コストを加算または減算する（IFRS9 (2009) para. 5. 1. 1）。

　金融資産の事後測定に関して，当初認識後，企業は，上述した金融資産の分類に従って，金融資産を公正価値または償却原価で測定しなければならない。また，金融負債の事後測定に関して，当初認識後，企業は，上述した金融負債の分類に従って測定しなければならない（IFRS9 (2009) paras. 5. 2. 1, 5. 3. 1）。

　金融資産および金融負債にかかる利得および損失に関して，次のように規定されている。まず，公正価値で測定する金融資産または金融負債にかかる利得または損失は，純損益に認識しなければならない。ただし，次の場合を除く。

①　ヘッジ関係の一部であるもの

②　資本性金融商品に対する投資であり，企業が当該投資にかかる利得および損失をその他の包括利益に表示することを選択しているもの

③　純損益を通じて公正価値で測定するものとして指定された金融負債であり，当該負債の信用リスクの変動の影響をその他の包括利益に表示することが要求されているもの

　また，償却原価で測定する金融資産でヘッジ関係の一部ではないものにかかる利得または損失は，当該金融資産の認識の中止，減損または分類変更時および償却過程において，純損益に認識しなければならない。償却原価で測定する金融負債でヘッジ関係の一部ではないものにかかる利得または損失は，当該金融負債の認識の中止時および償却過程において，純損益に認識しなければならない（IFRS9 (2009) paras. 5. 7. 1, 5. 7. 2）。

　資本性金融商品に対する投資に関して，当初認識時に，企業は，本基準の適用対象に含まれる，売買目的保有ではない資本性金融商品への投資の公正価値の事後的な変動を，その他の包括利益に表示するという取消不能な選択をすることができる（IFRS9 (2009) para. 5. 7. 5）。

　また，純損益を通じて公正価値で測定するものとして指定した負債に関して，企業は，純損益を通じて公正価値で測定するものとして指定した金融負債にかかる利得または損失を，次のように表示しなければならない（IFRS9 (2009) para. 5. 7. 7）。

第2章　公正価値会計と会計基準の展開　55

① 当該金融負債の公正価値の変動のうち当該負債の信用リスクの変動に起因する金額は，その他の包括利益に表示しなければならない。

② 当該負債の公正価値の変動の残りの金額は，純損益に表示しなければならない。

3-2　非金融資産および非金融負債

IASB は公正価値会計に関わる非金融資産および非金融負債の会計基準に関して，主に次の基準書を公表してきた。

① IAS 第 16 号「有形固定資産」(Property, Plant and Equipment)（2003 年）

② IAS 第 36 号「資産の減損」(Impairment of Assets)（2004 年）

③ IAS 第 38 号「無形資産」(Intangible Assets)（2004 年）

④ IAS 第 40 号「投資不動産」(Investment Property)（2003 年）

⑤ IFRS 第 3 号「企業結合」(Business Combinations)（2008 年）

⑥ IFRS 第 5 号「売却目的で保有する非流動資産および非継続企業」(Non-Current Assets Held for Sale and Discontinued Operations)（2004 年）

これらには相互に関連している事項がある。そこで，以下では，これらの関係を考慮しながら説明していくことにする。

（1）　IAS 第 16 号「有形固定資産」

まず，IAS 第 16 号は，有形固定資産の会計処理を規定している。そこではまず，有形固定資産の当初認識としての取得原価の測定は，次のように規定されている。すなわち，有形固定資産項目の取得原価は，①交換取引が経済的実質を欠いている場合，または②受領した資産または引き渡した資産の公正価値が信頼性をもって測定できない場合を除いて，公正価値で測定される。取得資産項目が公正価値で測定されない場合には，その取得原価は引き渡された資産の帳簿価額で測定される（IAS16 (2003) para. 24）。

当初認識後の測定に関して，企業は，原価モデルまたは再評価モデルのいずれかを会計方針として選択し，当該方針を有形固定資産の 1 つの種類全体に適

用しなければならない。ここで，原価モデルとは，資産として認識した後，有形固定資産項目を，取得原価から減価償却累計額および減損損失累計額を控除した価額で計上するものである。

また，再評価モデルとは，資産として認識した後，公正価値が信頼性をもって測定できる有形固定資産項目を，再評価実施日における公正価値から，その後の減価償却累計額およびその後の減損損失累計額を控除した評価額で計上するものである。再評価は，帳簿価額が報告期間の末日における公正価値を用いたならば算定されたであろう金額と大きく異ならないような頻度で定期的に行わなければならない（IAS16 (2003) paras. 29-31）。

そして，資産の帳簿価額が再評価の結果として増加する場合には，当該増加額はその他の包括利益に認識し，再評価剰余金の科目名で資本に累積しなければならない。ただし，再評価による増加額は，以前に純損益に認識された同じ資産の再評価による減少額を戻し入れる範囲では，純損益に認識しなければならない。

また，資産の帳簿価額が再評価の結果として減少する場合には，その減少額を純損益に認識しなければならない。ただし，再評価による減少額は，その資産に関する再評価剰余金の貸方残高の範囲で，その他の包括利益に認識しなければならない。その他の包括利益に認識された減少額は，再評価剰余金の科目名で資本に累積されている金額を減額する（IAS16 (2003) paras. 39, 40）。

(2)　IAS 第 38 号「無形資産」

IAS 第 38 号は無形資産の会計処理を規定している。まず，無形資産の当初認識として，無形資産は，取得原価（cost）で当初測定しなければならない（IAS38 (2004) para. 24）。

当初認識後の測定に関して，有形固定資産の場合と同様に，企業は，原価モデルまたは再評価モデルのいずれかを会計方針として選択しなければならない。ここで，原価モデルとは，当初認識の後，無形資産を，取得原価から償却累計額および減損損失累計額を控除した価額で計上するものである。

また，再評価モデルとは，当初認識の後，無形資産を，再評価日の公正価値

から再評価日以降の償却累計額およびその後の減損損失累計額を控除した評価額で計上するものである。再評価は，報告期間の末日における当該資産の帳簿価額が，公正価値と大きく異ならないよう十分な規則性をもって行わなければならない（IAS38 (2004) paras. 72-75）。

そして，再評価の結果として無形資産の帳簿価額が増加する場合には，当該増加額はその他の包括利益に認識し，再評価剰余金の科目名で資本に累積しなければならない。ただし，同一資産の再評価による減少額が過去に純損益に認識されていた場合には，当該増加額は，その金額の範囲内で純損益に認識しなければならない。

また，再評価の結果として無形資産の帳簿価額が減少する場合には，当該減少額は費用として認識しなければならない。ただし，当該資産に関する再評価剰余金の貸方残高の範囲で，当該減少額はその他の包括利益に認識しなければならない。その他の包括利益に認識される減少額は，再評価剰余金の科目名で資本に累積されている金額の減額となる（IAS38 (2004) paras. 85, 86）。

（3） IAS 第 40 号「投資不動産」

IAS 第 40 号は投資不動産の会計処理を規定している。そこにおいて，投資不動産とは，次の目的を除き，賃貸収益もしくは資本増価またはその両方を目的として（所有者またはファイナンス・リースの借手が）保有する（土地もしくは建物―または建物の一部―またはそれら両方の）不動産をいうとしている（IAS40 (2003) para. 5）。

① 財またはサービスの生産または供給，あるいは経営管理目的のための使用

② 通常の営業過程における販売

投資不動産の当初認識に関して，投資不動産は，当初はその取得原価（cost）で測定しなければならない。取引コストは当初の測定に含めなければならない（IAS40 (2003) para. 20）。

当初認識後の測定に関して，有形固定資産および無形資産の場合と同様に，企業は，公正価値モデルまたは原価モデルのどちらかを会計方針として選択

し，当該方針を投資不動産のすべてに適用しなければならない。

　ここで，公正価値モデルとは，当初認識後，すべての投資不動産を公正価値で測定するものである。その場合，投資不動産の公正価値の変動から生じる利得または損失は，発生した期の純損益に含めなければならない。また，原価モデルとは，当初認識後，投資不動産を，取得原価から減価償却累計額および減損損失累計額を控除した価額で計上するものである（IAS40 (2003) paras. 30-35, 56）。

　(4)　IFRS 第 5 号「売却目的で保有する非流動資産および非継続企業」

　IFRS 第 5 号は，売却目的で保有する非流動資産および非継続企業の会計処理を規定している。その目的は，売却目的で保有する非流動資産の会計処理，非継続事業の表示および開示を定めることであるとしている。そして，特に次のことを要求している（IFRS5 (2004) para. 1）。

　①　売却目的保有に分類される要件を満たす資産は，帳簿価額または売却費用控除後の公正価値のいずれか低い方の金額で測定し，当該資産の減価償却は中止する。

　②　売却目的保有に分類される要件を満たす資産は，財政状態計算書において区分表示し，非継続事業の経営成績は，包括利益計算書において区分表示する。

　すなわち，企業は，売却目的保有に分類された非流動資産（または処分グループ）を，帳簿価額と，売却費用控除後の公正価値のいずれか低い金額で測定しなければならない。そして，企業は，資産の売却費用控除後の公正価値がその後に増加した場合には，利得を認識しなければならない。ただし，その利得は過去に認識した減損損失累計額を超えてはならない（IFRS5 (2004) paras. 15, 21）。

　(5)　IAS 第 36 号「資産の減損」

　IAS 第 36 号は，これまでの有形固定資産，無形資産，投資不動産および売却目的で保有する非流動資産の減損に関する会計処理を規定している。そこでは，減損損失の認識および測定に関して，資産の回収可能価額（資産の処分費用控除後の公正価値と使用価値のいずれか高い金額）が帳簿価額を下回っている場

第 2 章　公正価値会計と会計基準の展開　59

合に，かつ，その場合にのみ，当該資産の帳簿価額をその回収可能価額まで減額しなければならない。そして，当該減額が減損損失であり，減損損失は直ちに純損益に認識しなければならないとしている（IAS36 (2004) paras. 18, 59, 60）。

しかし，この減損損失は，次の場合に戻し入れられることになる。すなわち，過去の期間において，のれん以外の資産について認識された減損損失は，減損損失が最後に認識された以後，当該資産の回収可能価額の算定に用いられた見積もりに変更があった場合にのみ，戻し入れられる。この場合には，資産の帳簿価額はその回収可能価額まで増額しなければならず，この増額が減損損失の戻入れである。

ただし，減損損失の戻入れによって増加した，のれん以外の資産の帳簿価額は，過年度において当該資産について認識された減損損失がなかったとした場合の（償却または減価償却控除後の）帳簿価額を超えてはならない。また，のれん以外の資産についての減損損失の戻入れは，原則として，直ちに純損益に認識しなければならない（IAS36 (2004) paras. 114, 117, 119）。

(6)　IFRS 第 3 号「企業結合」

IFRS 第 3 号は企業結合に関する会計処理を規定している。その目的は，報告企業が企業結合およびその影響について財務諸表で提供する情報の目的適合性，信頼性および比較可能性を改善することにある。そのために，本基準は，取得企業が次のことをどのように行うべきかに関する原則および要求事項を設けている（IFRS3 (2008) para. 1）。

①　財務諸表において，識別可能な取得した資産，引き受けた負債および被取得企業の非支配持分を認識し，測定する。

②　企業結合において取得したのれん，または割安購入益を認識し，測定する。

③　財務諸表の利用者が企業結合の性質および財務上の影響を評価できるようにするために，どの情報を開示すべきかを決定する。

企業結合の会計処理の基本は取得法（acquisition method）であり，企業は，取得法を適用して各企業結合を会計処理しなければならない。その場合，取得企

業は，取得した識別可能な資産および引き受けた負債を，取得日の公正価値で測定しなければならない（IFRS3 (2008) paras. 4, 18）。

　企業結合においてのれんまたは割安購入益が生じるが，その認識および測定は次のように規定されている。まずのれんに関して，取得企業は，次の①が②を超過する額として測定した，取得日時点ののれんを認識しなければならない（IFRS3 (2008) para. 32）。

① 　次の総計

　i 　本基準に従って測定した，移転された対価：これは通常，取得日の公正価値が要求される。

　ii 　本基準に従って測定した，被取得企業のすべての非支配持分の金額

　iii 　段階的に達成される企業結合の場合には，取得企業が以前に保有していた被取得企業の資本持分の取得日公正価値

② 　本基準に従って測定した，取得した識別可能な資産および引き受けた負債の取得日における正味の金額

　また割安購入益に関して，これは，上記②の金額が①で特定された金額の総計を上回る企業結合において生じるものである。その超過額が次に述べる要求事項を適用した後もなお残る場合には，取得企業は，結果として生じた利得を，取得日において純損益に認識しなければならない。当該利得は，取得企業に帰属させなければならない（IFRS3 (2008) para. 34）。

　そして，その要求事項とは次のようである。すなわち，割安購入益を認識する前に，取得企業は，取得したすべての資産および引き受けたすべての負債を正しく識別しているかどうか再検討し，当該レビューで識別したすべての追加的資産または負債を認識しなければならない。次に，取得企業は，次の項目すべてについて，本基準が取得日時点で認識を求めている金額を測定するのに用いた手続きをレビューしなければならない。

① 　取得した識別可能な資産および引き受けた負債

② 　被取得企業の非支配持分

③ 　段階的に達成された企業結合の場合，取得企業が以前に保有していた被

取得企業の資本持分

④　移転された対価

　このレビューの目的は，これらの測定が，取得日時点のすべての入手可能な情報の考慮を適切に反映していることを確かめることにある（IFRS3 (2008) para. 36）。

　企業結合後の測定および会計処理は次のように行われる。すなわち，一般的に取得企業は，企業結合で取得した資産，引き受けたかまたは発生した負債，および発行した資本性金融商品について，当該項目に適用される他の IFRS に従い，その性質に従って事後測定を行い，会計処理しなければならない（IFRS3 (2008) para. 54）。

　お わ り に

　以上，本章では，公正価値会計がどのような会計目的と会計情報の質的特性の要請から導き出され，公正価値の概念がどのようなものであり，それがどのように測定され，公正価値会計が FASB および IASB の会計基準においてどのように適用されてきたのかを明らかにした。そこで，最後に，このような公正価値会計にどのような論理が内在しているのかを解明し，さらに，公正価値会計が現代会計においてどのような役割を果たしているのかを明らかにすることとしたい。

　公正価値会計の論拠ないし論理を解明しようとする場合，公正価値と会計の目的および会計情報の質的特性との関係を考察する必要がある。

　上述したように，会計の目的は，現在のおよび潜在的な投資者，融資者および他の債権者が企業への資源の提供に関する意思決定を行う際に有用な，報告企業についての財務情報を提供することであった。そして，それらの意思決定には，資本性および負債性金融商品の売買または保有，ならびに貸付金および他の形態の信用の供与または決済を伴うとされた。

　具体的には，投資者，融資者および他の債権者の意思決定は，彼らが期待する元利支払いまたは他のリターンに左右され，このリターンに関する期待は，

企業への将来の正味キャッシュ・インフローの金額，時期および不確実性に関する彼らの評価に左右される。したがって，彼らは，企業への将来の正味キャッシュ・インフローの見通しを評価するのに役立つ情報を必要としているということであった。

これを公正価値との関係で考えると，公正価値はまさに企業への将来の正味キャッシュ・インフローの見通しを評価するのに役立つ情報であるということができる。公正価値は，測定日時点で，市場参加者間の秩序ある取引において，資産を売却するために受け取るであろう価格または負債を移転するために支払うであろう価格であり，これは将来のキャッシュ・インフローを表した価格であるからである。したがって，公正価値会計は会計の目的に適合したものであるということになる。

次に，公正価値と会計の質的特性との関係を考察してみよう。上述したように，財務情報が有用であるためには，それは目的適合的で，かつ，表現しようとしているものを忠実に表現しなければならない。さらに，財務情報の有用性は，それが比較可能で，検証可能で，適時で，理解可能であれば，補強されることになる。

目的適合性に関して，利用者が行う意思決定に相違を生じさせることができるならば，その財務情報は目的適合的である。そして，財務情報は，予測価値，確認価値，またはそれらの両方を有する場合に，意思決定に相違を生じさせることができるとされる。忠実な表現に関して，財務報告が有用であるためには，財務情報は，表現しようとしている現象を忠実に表現しなければならない。忠実な表現は，経済現象の描写が完全であり，中立的であり，誤謬がない場合に達成されることになる。

そして，これらの基本的な質的特性は，比較可能性，検証可能性，適時性および理解可能性という補強的な質的特性によって補足される。

公正価値がこれらの質的特性を有しているかどうかを判断しなければならない。まず，目的適合性に関して，その要件は予測価値と確認価値であった。これらのうち，公正価値は予測に関して良好な基礎を提供する。公正価値は，測

定日時点で，市場参加者間の秩序ある取引において，資産を売却するために受け取るであろう価格または負債を移転するために支払うであろう価格であり，これは将来の予想キャッシュ・フローを表した価格である。したがって，公正価値は予測価値に関する基本的な情報をもっていることになる[3]。

また，公正価値は，以前の評価について確認するかまたは変更することができ，確認価値を有している。その結果，公正価値は，資産の取得・売却または負債の発生・決済についての意思決定に加えて，資産を保有し続けたり，負債を負い続けたりするという経営者および情報利用者の意思決定の影響を反映する。すなわち，公正価値は，資産を購入，売却もしくは所有するか，または負債を負担，維持もしくは償還するかの意思決定を可能にする[4]。それゆえ，公

---

3) このことを SFAS 第 107 号は金融商品に関して次のように述べている。金融商品の公正価値は，その中に直接的または間接的に内包される将来の正味キャッシュ・フローの現在価値に対する市場の評価を描写する。現在価値は，現在の利率と当該キャッシュ・フローが発生するかもしれないというリスクについての市場の評価との両者を反映させるべく割り引いたものである。投資者および債権者は，企業への将来の正味キャッシュ・フローが当該企業から彼らへの将来のキャッシュ・フローの主たる源泉であるので，その金額，時期および不確実性を予測することに関心がある。現在の条件および予想される条件のもとでのある企業の金融商品の公正価値に関する定期的情報は，これらの利用者が彼ら自身で予測を行う際にも，また，彼らの以前の予測を確認し，あるいは修正する際にも役立つはずである（SFAS107 (1991) para. 41）。

さらに，SFAS 第 115 号も次のように述べている。投資者は，企業への予想正味キャッシュ・インフローが，当該企業から彼らへの主要なキャッシュ・フローの源泉でもあるので，その金額，時期および不確実性に関心がある。公正価値は，これらの有価証券の将来の正味キャッシュ・フローを，現行の利率と当該キャッシュ・フローが発生しないリスクの市場の見積もりとの両方を反映させるために割り引いた，現在価値についての市場の見積もりを表している（SFAS115 (1993) para. 40）。

4) これに関しても，SFAS 第 107 号は金融商品に関して次のように述べている。FASB は，金融商品の公正価値に関する情報は，帳簿価値に関する情報と組み合わせれば，一定時点において金融資産を購入し，あるいは金融負債を負い，そして，資産を保有し続け，あるいは負債を負い続けるという経営者の意思決定の影響を表示することにもなるので，適合性があるとの結論を下した。減損の市場条件に基づき，まず，資産を取得し負債を発生させるのに最良の時期はいつか，次に損益をいつ，どのように実現させるべきかについて意思決定を行うことは，企業の所有者に対する経営者の受託責任のうちの重要な部分である。金融資産を保有し，あるいは金融

正価値は目的適合性の特性を有しているのである。

忠実な表現に関して，その要件は完全性，中立性および誤謬の不在であった。公正価値は，現在の経済現象が資産および負債に及ぼす影響に関する市場の評価をすべて反映するものであり，公正価値の変動は，それらの経済現象の変化が起きた時にその変化をすべて反映する。したがって，公正価値は完全性の要件を満たしている。

公正価値は市場を基礎とした概念であるので，資産または負債の取引履歴，資産を保有しまたは負債を負っている特定の企業，将来における資産または負債の利用に影響されない。したがって，公正価値は，各期間を通じて同一期間内および企業間で首尾一貫した偏りのない測定値を表し，中立性の要件を満たしている。さらに，公正価値は，市場を基礎とした概念であり，市場が活発でなくなった場合でも，評価技法を用いて公正価値を測定する場合，企業は関連する観察可能なインプットの使用を最大にし，観察不能なインプットの使用を最小にする。これによって，誤謬の不在が保証されることになる。

そして，これらにより，公正価値は，表現しようとしている現象を忠実に表現したものであり，忠実な表現の特性を有しているということができる。

次に，補強的な質的特性としての比較可能性であるが，公正価値は予想将来キャッシュ・フローの測定日時点での測定値であるので，資産または負債の公正価値は測定日がいつであっても比較可能である。それゆえ，公正価値は期間比較および企業間比較を行うことができ，比較可能性の特性を有しているのである。

検証可能性に関して，公正価値は市場を基礎とした概念であるので，独立した観察者が市場を観察することによって一般的な合意に達することができる。市場が活発でなくなった場合でも，評価技法を用いて公正価値を測定する場

負債を負っている期間中の公正価値の変動，したがって市場の利回りの変動により，企業の経済的資源の利用効果を最大にし，金融費用を最小にすることについての経営者の意思決定の成果とその成功度合とを評価することができる（SFAS107 (1991) para. 44）。

合，企業は関連する観察可能なインプットの使用を最大にし，観察不能なインプットの使用を最小にする。さらに，評価モデルは観察可能な市場情報に対して定期的に修正される。これによって，公正価値は検証可能性を満たすことができる。

適時性に関して，公正価値は測定時点におけるその時々の測定値であり，常に測定日現在の価値である。したがって，公正価値は適時性の特性を有しているということができる。

理解可能性に関して，公正価値は市場において成立する価格，もしくは予想される将来キャッシュ・フロー価値であり，これらは市場という客観的かつ明確な場を指向している。それゆえ，公正価値は，事業，経済活動および会計に関して合理的な知識を有し，また合理的に勤勉な態度をもって情報を研究する意思を有する利用者にとって，理解可能であると解される。

このように，公正価値は会計情報が有すべきすべての質的特性を備えており，したがって，公正価値の会計情報は利用者にとって有用であるということができる[5]。すなわち，公正価値会計は，利用者の意思決定に有用な情報を提供するという会計目的に適合し，会計目的を達成するための目的適合性，忠実な表現等の質的特性を有しており，もって，現代会計にふさわしいものである

---

5) これを裏づけるものとして，IFRS 第 3 号は企業結合に関して次のように述べている。公正価値は，企業結合で取得した資産および引き受けた負債についての最も目的適合性のある属性である。公正価値による測定はまた，原価による測定または取得原価総額の配分に基づいて提供される情報よりも，より比較可能性および理解可能性が高い情報を提供する。

財務諸表の重要な目的は，企業の業績およびその支配下にある資源に関して，目的適合性があり信頼性のある情報を利用者に提供することにある。このことは，親会社が特定の子会社に対して所有する所有持分の範囲に関わらず妥当する。FASB および IASB は，公正価値で測定することにより，利用者は企業結合において取得した識別可能純資産の資金生成能力と，資源を委託された経営者の説明責任についてより適切な評価を行うことができるようになるという結論を下した。したがって，公正価値測定は，取得企業の財務諸表で報告される情報の完全性，信頼性および目的適合性を向上させる（IFRS3 (2008) paras. BC198, 203）。そして，このことは企業結合の場合に限らず，一般的な場合に妥当することになる。

ということができるのである。

　そして，そのなかでもとりわけ，公正価値会計において，経営者および外部
利用者の意思決定を促進するという機能が重要となる。すなわち，公正価値会
計は情報利用者に対して，資産を購入，売却もしくは所有するか，または負債
を負担，維持もしくは償還するかの意思決定を可能にする。したがって，公正
価値会計の最も重要な論拠ないし論理は，経営者および外部利用者の意思決定
を援助するための情報を提供することにあるのである。

　しかし，現実の会計は周知のように全面公正価値会計ではない。IASB の会
計基準を中心に述べると，上述したように，まず金融資産に関して，企業は，
次の両方に基づき，金融資産を事後的に償却原価で測定されるものか，公正価
値で測定されるものかのいずれかに分類しなければならない（IFRS9 (2009) para.
4. 1. 1)。

　①　金融資産の管理に関する企業の事業モデル
　②　金融資産の契約上のキャッシュ・フローの特性

　また，非金融資産に関して，企業は，当初認識後において原価モデルと公正
価値モデル（再評価モデル）とを選択して適用する。そして，減損損失の認識
および測定に関して，資産は公正価値の適用形態である回収可能価額と帳簿価
額との比較によって測定され，回収可能価額が帳簿価額を下回っている場合
に，減損損失が認識される。

　すなわち，現代の会計は，公正価値と取得原価（償却原価）との混合測定会
計であるということができる。そこで，公正価値会計の上記の論理にもかかわ
らず，現代会計におけるこの混合測定会計を認識したうえで，公正価値会計が
現代会計においてどのような役割を果たしているのかを最後に考察してみよ
う。その場合，これを金融資産と非金融資産とに分けて行う必要がある。

　まず金融資産に関して，上述したように，金融資産は事業モデル等により，
償却原価または公正価値によって測定される。これらの測定により，会計情報
の利用者は，企業への将来の正味キャッシュ・インフローの見通しを評価でき
ることになる。

第2章　公正価値会計と会計基準の展開　67

　既述のように，公正価値は，測定日時点で，市場参加者間の秩序ある取引に
おいて，資産を売却するために受け取るであろう価格または負債を移転するた
めに支払うであろう価格である。これは企業への将来のキャッシュ・インフロ
ーを表した価格であり，したがって，公正価値はまさに企業への将来の正味キ
ャッシュ・インフローの見通しを評価するのに役立つ情報であるということが
できる。

　しかし，これは償却原価においても妥当することに注意しなければならな
い。前述したように，金融資産は，次の条件がともに満たされる場合に，償却
原価で測定される。

　①　契約上のキャッシュ・フローを回収するために資産を保有することを目
　　　的とする事業モデルに基づいて，資産が保有されている。

　②　金融資産の契約条件により，元本および元本残高に対する利息の支払い
　　　のみであるキャッシュ・フローが特定の日に生じる。

　これは，償却原価が，可能性の高い企業の実際のキャッシュ・フローに関す
る情報を提供することを意味している。それゆえ，償却原価は，公正価値と同
様に，特定の状況における特定の種類の金融資産について目的適合的で有用な
情報を適用できるのである（IFRS9 (2009) para. BC4. 7）。

　このことから，金融資産の測定に関して，公正価値および償却原価はともに
企業への将来の正味キャッシュ・インフローの見通しを評価するのに役立つ情
報を提供するということができる。そして，これが公正価値会計の現代会計に
おける役割であるということになる。公正価値会計は金融資産に関して償却原
価会計とともに，企業への将来の正味キャッシュ・インフローの見通しを評価
するのに役立つ情報を提供するという役割を果たしているのである。

　次に非金融資産に関してであるが，これは取得原価または公正価値によって
測定され，さらに減損会計が適用される。この非金融資産は主として有形固定
資産および無形資産であり，これらに取得原価とならぶ一方の評価基準として
公正価値が適用されることになる。

　ここにおける公正価値は，非金融資産に関する企業への将来のキャッシュ・

インフローおよび回収可能性を表すということができる。すなわち，非金融資産に関して，公正価値は，これまで述べてきたように企業への将来のキャッシュ・インフローを表すのみならず，それらの回収可能価額を表す。資産の回収可能価額は資産の処分費用控除後の公正価値と使用価値のいずれか高い金額であり，公正価値はこの回収可能価額を表すことによって資産の回収可能性を示すことになるのである。

しかし，この回収可能価額は，全体的にみれば，企業への将来のキャッシュ・インフローにほかならない。したがって，非金融資産に関しても，公正価値は企業への将来の正味キャッシュ・インフローの見通しを評価するのに役立つ情報を提供するのである。

ただし，非金融資産の場合には，金融資産の場合と異なり，取得原価ないし減価償却後原価が比較的重要視されることになる。それは，非金融資産の場合，活発な市場が存在しない場合が多いことに起因している。そのような場合には，公正価値は信頼性のおける基準として，算定可能とはならないので，比較可能性を向上させるものではない。減価償却後原価は，より一貫した変動の少ない，そしてより客観的な測定値を提供するのである（IAS40 (2003) para. B46）。

このことから，非金融資産の場合，公正価値測定は一定の制約を受けることになる。しかし，その場合でも公正価値会計の役割は変わらず，それは企業への将来の正味キャッシュ・インフローの見通しを評価するのに役立つ情報を提供するのである。

したがって，金融資産と非金融資産では若干の意味合いの相違はあるものの，現代会計において，公正価値会計は，会計情報の利用者に対して，企業への将来の正味キャッシュ・インフローの見通しを評価するのに役立つ情報を提供するという役割を果たしているのである。そして，これにより，公正価値会計は情報利用者の意思決定を促進し，現代会計の目的に適合するということができるのである。

第 2 章　公正価値会計と会計基準の展開　69

参 考 文 献

AICPA (1971), APBO No. 18, *The Equity Method of Accounting for Investments in Common Stock*, AICPA.

FASB (1991), SFAS No. 107, *Disclosures about Fair Value of Financial Instruments*, FASB.

FASB (1993), SFAS No. 115, *Accounting for Certain Investments in Debt and Equity Securities*, FASB.

FASB (1998), SFAS No. 133, *Accounting for Derivative Instruments and Hedging Activities*, FASB.

FASB (2001), SFAS No. 141, *Business Combinations*, FASB.

FASB (2001), SFAS No. 142, *Goodwill and Other Intangible Assets*, FASB.

FASB (2001), SFAS No. 144, *Accounting for the Impairment or Disposal of Long-Lived Assets*, FASB.

FASB (2006), SFAS No. 157, *Fair Value Measurements*, FASB.

FASB (2007), SFAS No. 159, *The Fair Value Option for Financial Assets and Financial Liabilities*, FASB.

FASB (2010), SFAC No. 8, *Conceptual Framework for Financial Reporting*, FASB.

IASB (2003), IAS16, *Property, Plant and Equipment*, IASB.

IASB (2004), IAS36, *Impairment of Assets*, IASB.

IASB (2004), IAS38, *Intangible Assets*, IASB.

IASB (2003), IAS39, *Financial Instruments: Recognition and Measurement*, IASB.

IASB (2003), IAS40, *Investment Property*, IASB.

IASB (2008), IFRS3, Business Combinations, IASB.

IASB (2004), IFRS5, *Non-Current Assets Held for Sale and Discontinued Operations*, IASB.

IASB (2009), IFRS9, *Financial Instruments*, IASB.

IASB (2010), *The Conceptual Framework for Financial Reporting*, IASB.

IASB (2011), IFRS13, *Fair Value Measurement*, IASB.

Zyla, M. L. (2013), *Fair Value Measurement*, 2nd ed., John Wiley & Sons, Inc.

第 3 章

トヨタのコーポレート・ガバナンスと
持続可能性報告書

は じ め に

　近年，相次ぐ企業不祥事によって，企業の社会的責任という視点からコーポレート・ガバナンスへの関心が高まっている。さらには企業不祥事による企業価値の損失を防止するという，これまでの受動的な取り組みに加えて，企業の収益力・競争力向上による企業価値の維持・増大を図るために，将来の利益をいかに生み出して企業価値を高めていくか，という積極的な視点からのコーポレート・ガバナンスが重要になっている。

　企業価値とは，通常，財務情報により定量的に測定された株主価値を意味するが，ここではもっと広くとらえて企業の社会的責任に関する透明性の高い情報開示により測定されるものと考える。したがって，ここでの企業価値とは，財務・非財務的価値の総体としてとらえる。

　そのことに関連して，ミクロレベルつまり個別企業レベルでは，地球環境も含めて，企業価値を向上させながら持続可能性を確保していくためには，どのようにガバナンスを確立していくか，それらが問われている。そして，ここで論議するコーポレート・ガバナンスの対象は，経営者と株主との関係性の検討だけでなく，広く経営者とステークホルダーとの関係性の中での持続可能性を問題にしている。つまり，考察の対象を株主の利益に限定しないで，ステーク

ホルダー全体の利益を最大化することを問題としている。

　以上のことを踏まえて本章では，ステークホルダーをも配慮したコーポレート・ガバナンスの機能を確認し，現実の企業の事例を通じて，これからの会計ディスクロージャーのあり方の1つを検討するものである。

1.　ステークホルダーへの配慮とコーポレート・ガバナンス

　最近，上場企業である製紙会社のオーナー経営者による資金不正や内視鏡メーカーにおける粉飾決算・損失隠しなど，経営トップにからむ日本的コーポレート・ガバナンスの問題が多発している。経営者に権力が集中しているためにその暴走を防止できないこと，経営者としてのリーダーシップ性に欠けるときの解任についてのガバナンスが欠けているなど，それによる企業価値の損傷は甚大である。このような不祥事によって低下した信頼を，どのように取り戻すのかが問われている。

　わが国においてコーポレート・ガバナンスが経営者からとくに注目され，また研究の対象になったのは1990年代からである。この時期，わが国の経済がとくに深刻になっていた頃であり，企業は債務超過と倒産を避けるために必死の努力を続けていた。また，国際会計基準の制定にともなって，連結決算，金融商品の時価評価，企業年金債務の認識が義務づけられたのは2001年3月期からであり，問題ははるかに深刻であった時期でもある。

　それに対して，これとほぼ同じ時期に，アメリカ経済が成功を収めていたので，その成功の要因となったのがコーポレート・ガバナンスということである。つまり業績低迷には，コーポレート・ガバナンスが大きく関係しており，その仕組みが企業の収益性や企業価値に影響しているのではないかということから，この問題が議論されるようになった。

　そうした背景から，当時，経営革新を目指す経済界，学界，言論界の有志をメンバーにしたグループが，最も組織的で，かつ進んでいるとされてきたコーポレート・ガバナンスに関わる考え方を『報告書』として提示している。それが，日本コーポレート・ガバナンス委員会による『改訂コーポレート・ガバナ

ンス原則』（以下，『原則』と略す）である。

　この『原則』の旧版が1998年5月に発表されている。より良い企業のガバ
ナンスを実現するために16の原則が策定され，原則A（可及的速やかに実行す
べき原則）と原則B（21世紀の早い段階での実現を目指す原則）の2段階から構成
されている。この16の原則のうち，1A-4Aの4つの原則は，アカウンタビリ
ティとディスクロージャーに関わるもので，可及的速やかに実行すべき原則と
して位置づけられている。その後，2001年10月には，2段階のコーポレー
ト・ガバナンス導入への関心と理解が十分に熟したとして，その改訂版を公表
している。

　コーポレート・ガバナンスとは何かを探るために，ここでは，この改訂版の
『原則』を1つの手掛かりとして検討してみる。この報告書の冒頭にある委員
長（宮内義彦）メッセージでは，まずこの『原則』を提案する趣旨のことがま
とめられている。以下はその文面の一部である。

　「株式会社は，株主の出資とリスク負担のもとで，全株主の利益を追求する
組織である。企業は労働と資本などの経営資源をもちい，事業を遂行し価値を
創造する存在である。企業は，さまざまのステークホルダーの協働システムで
もある。良き企業は，効率的に価値を創造することで株主の最大利益を実現す
るとともに，従業員を豊かにし，その他のステークホルダーの厚生をも高め，
豊かな社会の創造に貢献する[1]。」

　前段では，会社は所有者である株主の利益を追求する組織であること，また
後段では，効率的に価値を創造することで株主の最大利益を実現することを説
明し，このことから明らかに株主価値を中心としていることが分かる。企業不
祥事への対処をめぐるガバナンス議論ではなく，企業競争力強化についての議
論であり，ステークホルダーへの配慮は副次的・二次的な扱いとなっている。

　また，委員長メッセージに続く「まえがき」では，「コーポレート・ガバナ

---

1)　日本コーポレート・ガバナンス委員会編『改訂コーポレート・ガバナンス原則』，
　　1ページ。

ンスの経済・経営的位置づけ」という見出しで，コーポレートに関連した主要なキーワードに言及している。まず株式会社制度については，「…自己資本を提供する株主を所有者として認め，株主に支配権すなわちガバナンスを委ねるしくみである。[2]」としている。ここで，会社とは株主の所有であることと同時に，株主がその支配権つまりガバナンスをもつことを明記しているが，しかし株主の目的を達成するために取締役会にその経営を委ねる旨のことが説明されている。この記述から，会社とは株主の所有者であり，取締役などの経営者は，会社の所有者の代理人であり，経営の目的は株主の価値を高めることにある，ということを示唆している。

　さらにコーポレート・ガバナンスについて，「会社をあずかる経営執行者がその責任を全うすることを確保するための仕組みである。合理的・効率的な会社のガバナンスのシステムを構築することは株主の重要な責務である。[3]」と述べている。つまり，ガバナンスとは，この文面にあるように「経営執行者がその責任を全うすることを確保する仕組み」のこととされている。それでは，経営執行者がその全うする責任とは何かが問われる。これについては『原則』の本文中の原則8として，最高経営執行者（CEO）は「法令・定款を遵守し，市場原理に基づいて各利害関係者（ステークホルダー）の利益を調整しつつ，企業の経営目的達成のため誠実にその職務を遂行する。[4]」としている。

---

2) 日本コーポレート・ガバナンス委員会編，同書，3ページ。日本的経営に精通したJ. C. アベグレンは，こうした見解に対して批判的である。株主が会社の所有者だとするのは，会社の規模が小さく，創業者か社主が個人でリスクをとり，利益を得るような素朴な場合のみであるとしている。現在の企業はまったく異なり，株主は短期の利益を狙って株式を購入し，平均所有期間はわずか8か月に過ぎないのが現状であり，したがって，会社の所有者と考えられるような存在ではない，としている。J. C. アベグレン『新・日本の経営』（山岡洋一［訳］），202ページ。

3) 日本コーポレート・ガバナンス委員会編，同書，6ページ。『原則』では，コーポレート・ガバナンス体制として，具体的には，取締役会の使命と役割，社外取締役の導入，取締役会内委員会の使命と役割，CEOの役割とリーダーシップ，株主代表訴訟，経営執行の公正性と透明性確保のための内部統制の充実強化およびディスクロージャーの充実，株主などの投資家との対話のための株主総会およびインベスター・リレーションズ，などを中心に提言をしている。

第3章　トヨタのコーポレート・ガバナンスと持続可能性報告書　75

　そこで企業の経営目的とは何かが重要であるが，これについては，先にも触れたように株主価値の創造である，ということも明記している[5]。つまり CEO は，取締役会による監視を受けながら，高度の経営戦略を構想し，創意を発揮し，株主に対する長期的な企業価値の最大化に努めること，そして業務執行に関する一切の権限を有する，としている。

　情報開示については，『原則』12 において，「株主および投資家，従業員，顧客，地域社会などに対して効率的かつ公正な活動を行っていることを示すために，定期的および随時に情報を提供する[6]」，としている。これについても，ガバナンスの主体は株主であるとしながらも定期的な財務諸表などのディスクロージャーにより，すべてのステークホルダーとの公平な取引を行い，社会的責任を果たしていることを示すのが望ましい，としている。

　このように日本コーポレート・ガバナンス委員会による『原則』を概観したところでは，株主価値の最大化を中心とした表現が多くみられる。他方，ステークホルダーとの関係については，原則 8 において「市場原理に基づいて各利害関係者（ステークホルダー）の利益を調整しつつ，企業の経営目的達成のため誠実にその職務を遂行する[7]」とあるものの，この「市場原理に基づいて」についての詳細な説明はとくになく，また「各利害関係者（ステークホルダー）の利益を調整」についての説明もない。ただ「会社に必要な種々のステークホルダーに誘引を支払い，それと引き換えに貢献を引き出す取引を行うこと[8]」と

---

　4)　日本コーポレート・ガバナンス委員会編，同書，18 ページ。
　5)　日本コーポレート・ガバナンス委員会編，同書，5 ページ。
　6)　日本コーポレート・ガバナンス委員会編，同書，24 ページ。
　7)　日本コーポレート・ガバナンス委員会編，同書，18 ページ。
　8)　日本コーポレート・ガバナンス委員会編，同書，5 ページ。こうした同委員会の考えは，1970 年代に成功を収めたアメリカ型のコーポレート・ガバナンスの影響が大きいと思われる。それに対して，日本的経営に精通した J. C. アグベグレンは，つぎのように述べている。「アメリカ型の企業統治が全く効果的だと想定しても（実際にはそうとはいえないのだが），ヨーロッパや日本の企業が，歴史の違い，文化の違い，伝統の違い，法律の違い，制度の違いを背景に，独自の企業統治の仕組みを開発していかなければならないことはきわめてはっきりしている。」『新・日本の経営』（山岡洋一［訳］），202 ページ。

簡単に説明しているのみである。

　その限りでは，『原則』の根底にある企業観は，一貫して株主価値中心主義の立場であり，株主価値アプローチをとっている。しかし，S. クーパーによれば，株主価値最大化を目的とすることの正当性は，効率的な市場が機能すれば，株主のみならず，結果として社会一般にも利する，という一般的な見解に対して，ステークホルダー価値を重視する「ステークホルダーアプローチ[9]」を提言している。

　うえの『原則』のような株主の利益をもっとも重要であるという企業観に対して，ここでは，S. クーパーと同様の立場にある。つまり，経営者と広くステークホルダーの関係性をとくに重視した企業観に立ち，そのような視点からガバナンスが何故必要であり，またガバナンスの基本的な目的は何かについて考察していく。その場合には，その目的を企業の持続可能性を維持することとし，その目的を実現するためには，コーポレート・ガバナンスの果たす機能として，つぎのような 3 つを挙げている[10]。つまりその役割とは，①利害の調整，②適正な経営者の選任，③経営者の誘導と牽制であるとし，基本的には，株主とその他のステークホルダーを同等にみなしている。

　この 3 つの機能のうち，会計に関わる問題意識から，とくに第 1 の機能とし

---

9)　Cooper, S, *Corporate social performance: a stakeholder approach*, p. 2.

　　S, クーパーによれば，ステークホルダーアプローチとは，1984 年，R. E. フリーマン（R. E. Freeman）のセミナー・テキスト『戦略的経営：ステークホルダーアプローチ』が最初であるとしている。この R. E. フリーマンによるアプローチは，倫理的な視点ではなく明確に戦略的な経営ツールとして採用しているところがきわめて興味深い，と S. クーパーは指摘している。

　　なお，フリーマンによるステークホルダーの定義は多義的であるが，最もよく引用されるものは「組織の目標を達成することにより影響を受けたり影響したりするグループもしくは個人」，として挙げている。*Ibid*, pp. 2-3.

　　またステークホルダーの概念は，R. E. リーマンらの定義に依拠し，従業員，顧客，出資者（株主），供給業者，地域社会などとし，ライバル企業は含まないものとする。Freeman, R. E & Evan, W. M, A stakeholder theory of the modern corporation: kantian capitalism, p. 101.

10)　加賀野忠男・砂川伸幸・吉村典久『コーポレート・ガバナンスの経営学—会社統治の新しいパラダイム—』，48-49 ページ。

第3章　トヨタのコーポレート・ガバナンスと持続可能性報告書　77

ての多様なステークホルダーの利害調整問題が重要である。株主も含めたステークホルダーの利害損失の調整は，一般的には市場が一定の役割を果たしている。例えば，顧客の購入する製品の価格形成は，その製品の市場においてである。従業員の賃金は，労働市場で決定される価格をもとに支払われる。債権者への支払いは，資本市場で決定される金利をもとに支払われる。納入業者への支払いは，それぞれの市場で決定される価格をもとに行われる。前述した日本コーポレート・ガバナンス委員会による『原則』では，ステークホルダーの利害調整については，「市場原理に基づいて各利害関係者（ステークホルダー）の利益を調整しつつ，…」とあるように，すべてを「市場原理」に委ねていることが明らかである。

　しかし，市場による利害調整では損失をこうむる人々がでてくるケースがある。環境問題が発生したのは貴重な資源の価格をゼロとしたり，あるいは乱用するほど低い価格にしておいたからである。本来，その利用者もしくは汚染者が負担すべきこれらのコストを社会に転嫁しているのが，いわゆる環境問題である。また自動車のリコール隠しは，メーカーが本来負担すべき品質維持や安全性に関わるコストを顧客に負担させることである。さらに最近，日常的に発生している食料品の偽装ラベルや偽装表示も同様である。低価格商品を高価な商品として偽って流通・販売し，不当な利益を得ている。いずれの場合も，もともとはステークホルダーに帰属すべき利益が失われていること，言い換えればステークホルダーへの利益の侵害である。市場を通じてでは十分に調整できない，あるいは欠落しがちな利害を解決し，そのための情報を交流させることが，ガバナンスの第1の機能である。

　第2の機能は，企業の目的とその現状を踏まえながら，適切な判断を下す能力と意欲をもった経営者を選択するという機能，適切でない経営者を解任すべきかどうかを判断する機能である。外側からのチェック機能としての社外取締役や社外監査役などもその例であり，この点について，前述した日本コーポレート・ガバナンス委員会による『原則』でも，十分に議論しているところである。

第3の機能としての経営者の誘導と牽制とは，経営者が適切な経営を行っていくように誘導し，必要に応じて牽制を加えることである。このような経営者の誘導と牽制をするための制度としては，経営者の経営成績を開示する制度（ディスクロージャー），経営を監査する制度，経営者の成績を評価し報酬を決定する制度などがある。大きなパワーを有する経営者を牽制し，これによって権力の乱用を防止し，経営者としての義務を忠実に履行するように圧力をかけるのもガバナンスの機能の1つである。

このように，コーポレート・ガバナンス制度の3つが機能してこそ企業の持続的な成長を実現することができる。しかし，現実には，経営者による資金不正や粉飾決算・損失隠しなど，経営トップにからむ日本的コーポレート・ガバナンスの問題が多発している。経営者への権力集中からくる暴走の問題，経営者のリーダーシップ欠如に伴う問題など，それによる企業価値の損傷は甚大である。このような不祥事によって低下した信頼を，どのように取り戻すのかが問われている。

以上のようなコーポレート・ガバナンスについての考え方と動向を踏まえながら，日本を代表する自動車産業の1つであるトヨタ自動車（株）をとおして，現代企業社会におけるガバナンスとアカウンタビリティの1つのあり方を考察していく。

2. トヨタのコーポレート・ガバナンス体制

自動車産業の歴史は120年であり，いまや厳しい経済危機や地球環境問題に対応できないメーカーは淘汰される運命にある。戦前の日本では，自動車産業は後発組であり，全くの未知の世界であった。いまやトヨタの2013年世界販売台数が，グループ全体で前年比2％増の998万台であり，2年連続で世界首位である。一昨年2位であった米ゼネラル・モーターズ（GM）は，前年（2012年）比4％増と躍進したものの約970万台である。また，2014年3月期の連結営業利益は，2兆2千億円と過去最高に迫る見通しである。トヨタ躍進の秘密は，試行錯誤を繰り返しながら，つねに内なる「打倒トヨタ」の危機意識であ

る。危機感があるからこそ現状に甘んじない，立ち止まらない，継続的な改善への徹底さがでてくる。

しかし，ここまでに至るには決して順風満帆ではなかった。トヨタの戦後の歴史をみれば明らかである。創業間もない頃（1950年）の労使の反目，銀行の離反が最も危機的であった。1949年春に実施されたドッジ・ラインによる緊縮財政の影響などもあってか極端な販売不振による資金難から，2億円の越年資金が調達できず倒産寸前にまで追い込まれている。社員を「会社の宝」と自負する当時の社長・豊田喜一郎は，業績の悪化にも関わらず人員整理を回避した結果，金融機関からの新規融資や主要取引先の納入の手控えに苦しめられる。そのような困難な状況下で，トヨタ倒産による中京地区経済の壊滅的な打撃を回避するべく，日銀主導による緊急融資1億8千万円がなされている。しかし当面の資金繰りはついても依然として過剰人員は解消されず，万策尽きてついには人員整理案が提出され，激しい労働争議へと突入している。

その後もオイルショック，公害批判，貿易摩擦，会社乗っ取りなどがあった。またごく最近では，レクサスのブレーキ不具合に端を発した大規模リコール問題，東日本大震災，タイ洪水による工場稼動停止，長期にわたる円高など，試練の連続である。まさにこうした連続する危機をその都度乗り越えながら，むしろそれを「ばね」にして成長を遂げてきたのがトヨタの歴史ともいえる。

経営危機に陥ったときには従業員全体が危機意識をもつ。しかしそれを克服し高業績を達成した後も，経営トップの気のゆるみ，それに伴う企業全員のタガのゆるみ，そうしたことが無いよう内なる危機意識をもって改善・創意工夫に取り組み，またそれをモットーに愚直に，そして徹底的にそれを継続してきた。

トヨタの競争力の源泉の一端を探ることは，やや好天のきざしがあるものの，いまだに吹雪の中に苦しむ日本のすべての企業，その経営者，そしてそこで働く従業員に対して，今何をすべきかを考えるための示唆を与えるように思われる。

グローバル企業としての競争力を強化していくために，トヨタの経営上の最重要課題は，長期的安定的な企業価値の向上である。それを実現するために，株主，顧客，取引先，地域社会，従業員などの各ステークホルダーと良好な関係を築くこと，それをトヨタはコーポレート・ガバナンスの基本的な考えとしている。これらステークホルダーの中でも，とくに顧客を重視しており，かれらのニーズに合った商品を提供することで長期安定的な成長が可能である，というスタンスである。

　いずれにしても，これらの基本的な経営方針は，「トヨタ基本理念」に明記されており，さらにステークホルダー別に整理したものがCSR方針「社会・地球の持続可能な発展への貢献」として策定されている。子会社も含めた健全な企業風土の醸成と業務執行プロセスの中に問題発見と改善の仕組みを組み込むとともに，それを実践する人材の育成に不断の努力を傾注している。

　それでは，トヨタのコーポレート・ガバナンス体制について，有価証券報告書，コーポレート・ガバナンス報告書を中心に検討することとする。平成23年3月に「トヨタグローバルビジョン」を発表し，「ビジョン経営」を実行に移している。それは創業以来の共通の価値観を踏まえたもので，その実現にむけて，取締役会のスリム化（取締役27名から11名に削減），役員意思決定階層の削減（組織担当役員の廃止など）などが断行されている。その狙いとするところは，①顧客の声や現場の情報を迅速に経営陣に向けて伝達すること，②現場の情報をベースに迅速に経営判断できるようにすること，③さらにはその経営判断が社会に受け入れられるものかをチェックできるようにすること，である。

　役員体制については，トヨタの強みである「モノづくり」へのこだわり，現場・現地重視の精神を理解し，実践できる人材の配置を重視している。とくに，日本にある担当部署の機能を現地に移管（地域本部長の配置）することで，顧客に最も近いところで，各地域が自ら的確かつ迅速に経営判断ができるように体制を変更している。また平成25年6月の株主総会では，経営意思決定に社外の声をより一層反映するために，社外取締役3名を選任している。トヨタのコーポレート・ガバナンスには，さらに以下のような特徴があり，特記事項

として説明しておきたい。

2-1 ガバナンスの基本的な考え方とその取組み

　トヨタは，長期安定的な企業価値の向上を経営の最重要課題としている。その実現のためには，ステークホルダーとの良好な関係を構築することであると考えている。そして社会的責任を果たしつつ経営の透明性を高めるために，社内に各種委員会などの組織が設置されている。まず注目すべき点は，多様なステークホルダーからの経営の監視である。海外各地域の有識者（地元大学の研究所長など）からグローバルな視点で，重要な経営課題についてアドヴァイスをする組織として，「インターナショナル・アドヴァイザリー・ボード」が設置されている。それは，各地域に設置されているアドヴァイザリー・ボードの議論結果を踏まえて，グローバルな経営課題を討議する場である。また，従業員からのモニタリングとして，従業員と執行部との定期的な会合である「労使協議会・労使懇談会」，その他「トヨタ環境委員会」などがある。例えば労使懇談会では，経営トップも参加した単なる賃金闘争ではなく，テーマを決めずに，取り組むべき課題について協調的に向き合い，ここでも共に危機意識をもちながら議論される。

　さらに社会的責任を果たすうえで，重要な活動を総括・推進する組織として「CSR 委員会」が設置されている。審議の対象は，コンプライアンス，社会貢献，企業倫理およびリスク管理などであり，その委員会の構成メンバーは，副社長以上の取締役と監査役の代表などである。コンプライアンスについて特筆すべきは，まず従業員に対して社外弁護士を受付窓口とする，一種の内部告発の仕組みともいえる「企業倫理相談室」など複数の相談窓口を設けて，コンプライアンスに関する重要情報の早期把握に努めている。また企業倫理については，「トヨタ行動指針」の一層の浸透を図るとともに，各階層・各機能における教育・研修を通じて，その徹底に努めている。

2-2 企業理念経営と長期的コミットメント

トヨタでは企業集団としての業務の適切性の確保のために、以下のような仕組みが考えられている。経営者の明確なリーダーシップの下、個々の企業が個別に取り組むことはもとより、グループ企業全体を含めた企業集団全体で一体となった取組みを行い、積極的に情報開示をすることでステークホルダーへのアカウンタビリティを果たしている。こうしたグループとしての取り組みの徹底は、例えば、子会社の不祥事に対しては親会社への責任が追及される、という背景がある。

それを支えるのはグループ共通の行動憲章であるトヨタ基本理念やトヨタ行動指針であり、それを子会社に展開することでグループ内の健全な内部統制環境の醸成を図ることが可能になっている。また、こうした行動指針は人的交流をつうじて浸透させるとともに、子会社との定期的な情報交換により業務の適正性や適法性を確認している。さらには、機能的なインフォーマルネットワークの存在である。ある会社の倒産前の売掛金回収方法の急変がその例である。おかしいと直感した係長クラスのヨコの連絡（いわゆる「横展」）によって情報が瞬時に伝達され、ほとんど被害が発生しなかったケースもある、とされている。

非西欧の国々の中で日本だけが近代社会となったのは、P. F. ドラッカーの『未来企業』によれば、120年前の改革者たちが、意図して、伝統的な日本の価値観と文化の上に、新しい西欧の行動様式を据えたからである、としている。つまり、近代日本の企業などの組織は、その形態において完全に西欧的であるが、しかしその容器に入れられた内容は、例えば、会社の従業員に対するコミットメントであり、従業員の会社に対する終身のコミットメントであるという。あるいはまた、相互依存と相互忠誠によって結束される独立企業のグループ、すなわち系列という産業組織であった[11]、と指摘している。

---

11) P. F. ドラッカー『未来企業—生き残る組織の条件』（上田淳生・佐々木実智男・田代正美［訳］）、232-233 ページ。

トヨタという組織も同様であり，個々の行動様式に変化があっても，根底に流れているその文化そのものは，きわめて日本的である。それに対して，インドや中国の改革者たちは，自国の文化そのものを変え，その結果として，欲求不満，摩擦，動乱が引き起こされ，行動様式の変化は何一つもたらされなかった[12]，という。

トヨタは米国型ガバナンスを否定し，日本型ガバナンス，つまり豊田家という大株主の監視が効いている[13]，という指摘もある。ここでは，所有と経営の分離がそれほど進んでいない，と考えるべきなのであろうか。いずれにせよ，豊田綱領の5項目の1つに「温情友愛の精神を発揮し，家庭的美風を作興すべし」とある。中心に豊田家という軸がある，いわゆる大家族主義の伝統・文化が息づいている。ある意味では所有と経営の分離が進んでいないことによる強みであると考えられる。

経営者による企業支配とその問題点を指摘したのは，よく知られているように，A. バーリとG. ミーンズの『近代株式会社と私有財産』（1932年）である。大企業では，株式所有の分散が進展するとともに株主の力が弱体化すること，つまり「所有と経営の分離」が進み，経営者が事実上会社を支配するようになったと警鐘をならしている。

この場合，どの株主も企業に対する実質的な支配権（とくに経営者の任命権）を失うこととなり，支配権は経営者の手に握られてしまう。こうした状態では，株主が企業経営に及ぼしてきた監視のメカニズムが機能不全に陥り，その結果，経営者は株主の利益から離れて，自己の利益を追求するようになるとした[14]。この点にこそ，コーポレート・ガバナンスの問題がでてくる。

この点について，加賀野はこれらの問題を解決するためには，「長期的コミットメント」という概念を用いて，誰がコーポレート・ガバナンスに関わるべきかを論じている。つまり長期的コミットメントを有する集団が，コーポレー

---

12) P. F. ドラッカー，同訳書，233 ページ。

13) 中谷　巌編著『コーポレート・ガバナンス改革』，24-25 ページ。

14) 加賀野忠男・砂川伸幸・吉村典久，前掲書，34 ページ。

ト・ガバナンスに関わることが望ましい，としている。ここでいう長期的コミットメントをもつ集団とは，「長期にわたって企業と関わろうという意思をもつ集団，そのような宿命をもつ集団[15]」としている。この議論は，まさにこれから問題にする企業の持続可能性に関わるものである。

3.　トヨタのコーポレート・ガバナンスと内部統制

かつて航空業界では世界一であったパンアメリカン航空は，業界の規制緩和による競争激化により，1991年に倒産した。また，世界一の自動車メーカーであったゼネラル・モーターズも，2009年に経営破綻したのは記憶に新しい。こうしたビジネス社会での現実は，必ずしも規模が大きいだけでは存続にはつながらない，ということを物語っている。以下では，企業存続のためには何が必要かを，ガバナンスの視点からトヨタの事例を通して検討してみることとする。

3-1　米国 SOX 法の影響と内部統制の充実

トヨタは，資金の流れや管理の体制を文書化するなど，適正な財務報告の確保に取り組みつつ，コーポレート・ガバナンスやリスク管理についての情報開示をしている。グローバル企業トヨタにとっても，内部統制の一環として「情報開示委員会」を設け，年次報告書や有価証券報告書において，開示すべき重要情報の網羅性，適正性に努めている。

その契機となったのは米国 SOX 法の制定である。周知のように，財務報告の質的要件の1つである「信頼性」を大きく揺るがす事件が米国で発生した。2001年から2002年にかけて発生した企業会計不祥事に端を発した米国における一連の大規模企業の破たんがそれである。

米国 SOX 法は，2002年7月に民主党上院議員サーベンスと共和党下院議員オクスリーがスポンサーとなって成立したもので，エンロンなどを筆頭に

---

15)　加賀野忠男『企業のガバナンス』，63-64 ページ。

2001 年に多発した大企業の不祥事で露呈したコーポレート・ガバナンス，内部統制の機能不全への対応が主たる目的である。これら一連の事件は，証券市場に対するステークホルダーからの信頼性を失墜させることとなった。その原因は，不正な会計処理によって企業の真の姿が反映されないこと，それにより開示される財務情報の信頼性が大きく損なわれることとなった。そうした事情を踏まえて，制定された米国 SOX 法では，企業の財務情報の他，非財務情報などに関する経営者の責任を厳格に規定している。

こうした開示情報の信頼性を求める動きは，当然ながら日本にも大きな影響を及ぼしている。トヨタは，1999 年にコーポレート・ガバナンスやディスクロージャーの最も厳しいといわれているニューヨーク証券取引所に上場している。第 404 条に義務づけられている，財務報告の信頼性確保のための内部統制の構築は，経営者の責任であるとしても，実際の運用は現場である。したがって経理部門だけでなく全社規模で，日々の事業活動で実践される必要がある。その結果として，トヨタでは，企業のすべての業務活動は会計を通じて最終的に財務報告として集約されることになっている。

3-2 三様監査によるモニタリングの徹底

上で述べたように，財務報告の信頼性確保のためには，内部統制が不可欠である。そして内部統制の有効性を高めるためには，三様監査の連携を強化し，積極的な情報開示が必要である。三様監査とは，監査役による監査，社内の監査部門による内部監査，会計監査人による監査の総称である。一般的には，これら機能が異なる 3 つの監査が有機的に連携してこそ監査の効果があるとされ，3 者の連携，つまり三様監査が近年になって叫ばれている。

まず監査役制度については，世界に類のない日本独特の制度であるものの，米国の影響を受けて委員会設置会社形態を採用する企業もでてきている。トヨタの場合はこれまで通りの監査役設置会社形態である。監査役の役割は，取締役の職務の執行を監査，すなわち監視・検証することで，株主などのステークホルダーに貢献することである。トヨタの場合，そのメンバーは，監査役 7 名

（含社外監査役4名）により構成されており，監査の方針および実施計画に従って監査活動が実施されている。なお社外監査役は，公正・中立な立場から，専門的な幅広い経験・見識に基づいて助言をすること，として位置づけられている。このことにより企業行動の透明性がより一層高められている。

また内部監査については，本来任意監査であり，その設置は経営者の判断にある。トヨタの場合，経営者直轄の独立した専任組織となっている。その役割は，企業経営全般を対象とし，財務報告に関わる内部統制の有効性の評価を米国 SOX 法第404条に従い実施している。

このように，集約された財務報告の信頼性を確保するための仕組みが構築されていることである。つまり，監査役監査と内部監査という企業内部における2つの監査，それに公認会計士など外部監査人による会計監査を加えた3つの監査機能をもつ組織が，それぞれの監査計画と結果について，定期的かつ必要に応じて会合を重ねている。結果についての情報を共有し，意思の疎通を図りながら，効率的で実効性のある監査が期待されている。また，社外監査役や社外取締役は，経営上の判断が顧客や社会などのステークホルダーに受け入れられるものかどうかをチェックする存在として導入されている。

以上のように，トヨタは米国 SOX 法第404条の対応を機会に，グローバルベースでの内部統制を目指したともいえる。つまり，海外子会社も含めた連結ベースで業務プロセス，マネジメントシステムの現状を再度確認し，スパイラルに企業価値の長期安定的な成長を目指してきたと考えられる。そこには純粋に経営に関わる事項の合理性を担保するためだけでなく，財務報告の信頼性やコンプライアンスといった公益性をも重視していることが読み取れる。これまでの概略でも分かるように，このようなガバナンス改革によって確立された制度を実施することは，その企業の透明性と公正さを尊重した活動を展開していく基盤を与えている。

以下では，こうしたコーポレート・ガバナンスの現状を踏まえて，ステークホルダーに配慮した活動の実績を示すサステナビリティ報告書について検討してみる。

4. サステナビリティ報告書（Sustainability Report）による開示内容

　企業は多様なステークホルダーとの関わりのなかで，その信頼性を築いてい
かなければならない。トヨタは，2005年1月，当時の社長であった張富士夫
によりステークホルダーとの関係を念頭に，「社会・地球の持続可能な発展へ
の貢献」を発表している。これは「トヨタ基本理念」（1992制定，1997改正）
をステークホルダーとの関係から具体化したもので，2008年8月その内容を
改定し，CSR方針としている。しかし，2009年CSR方針とは程遠い，「トヨ
タ最大の危機」と呼ばれるリコール問題が発生する。この問題に関連して，豊
田章男社長は，2010年の「Sustainability Report」の社長メッセージで，つぎの
ように語っている。

　「リコールをめぐる過去1年間の出来事を反省し，トヨタは創業精神に戻り，
車づくりの本質を改めて認識することで，さらに時代の流れ，社会の変化，顧
客の考えに合わせた車づくりが必要である。そのためにはステークホルダーに
支援されるトヨタでなければならない。トヨタの成長もお客様，ステークホル
ダーあっての成長であるべきで，単に規模の拡大追求であってはならない。」

　2009年6月に豊田氏は社長に就任している。CSR方針「社会・地球の持続
可能な発展への貢献」を基本としながら，これを連結子会社を含む全従業員が
共有・実践し，社会に愛され，信頼される企業を目指すとしている。以下が
CSR方針の前文の一部である。

　「私たちは，持続可能な発展のために，すべてのステークホルダーを重視し
た経営を行い，オープンで公正なコミュニケーションを通じて，ステークホル
ダーとの健全な関係の維持・発展に努めます。私たちは，取引先がこの方針の
趣旨を支持し，それに基づいて行動することを期待します。」

　この文中では，「ステークホルダーとの健全な関係の維持・発展に努める」
とあるように，株主も含めたステークホルダーとの関係性をとくに強調してい
るところが注目される。

　まさにトヨタは，この危機をチャンスに，本気で転換する道を歩み始めてい

る。

　ところで，トヨタは，1998 年，「環境報告書」を任意の報告書として最初に公表したが，2003 年，「環境社会報告書」として改題され，情報開示の充実を図っている。さらに 2006 年から「Sustainability Report」として，社会と地球との共生の視点で活動をステークホルダー別に詳細に報告している。

　「Sustainability Report」（「持続可能性報告書」，「サステナビリティ・レポート」）により，環境問題を中心として，顧客対応，エネルギーマネジメントの取組み推進，仕入先 CSR ガイドラインの改定とサプライヤーへの展開，労働や安全への取り組み，さらには東北復興支援や社会貢献などの情報を積極的に情報開示している。また生産工程でのエネルギー使用量の削減による CO_2 の削減，また自動車の燃費向上と排ガスの低減などは当然のこと，さらには歩行者衝突回避・追突回避システムの開発，などについても情報開示をしている。

　報告書の内容のうち，特筆すべきは，あるべき目標とその実績を記載したビジョン経営指標（KPI）である。2011 年 3 月に発表されたのが「トヨタグローバルビジョン」であり，その実現に向けてあるべき姿を「ステークホルダーの笑顔のために」としてまとめられている。その後に，具体的にビジョン経営指標（目標とその進捗をはかる KPI）が設定され，2012 年度より各主管部署が実際に運用・自主評価し，毎年 PDCA を回すことにより CSR 活動の継続的な強化を試みている。

　「Sustainability Report（2013 年度）」の全体は 79 頁からなり，その内容として，企業概要に始まって，社長のメッセージ，トヨタの CSR 方針，会長対談と続き，さらに「トヨタグローバルビジョン」の実現にむけて「もっといいクルマ」「いい町・いい社会」「安定した経営基盤」と 3 部構成の工夫がなされており，しかも多様なステークホルダーを想定して編集されている。また社会的パフォーマンスを示す KPI についても，同様の 3 つに大分類しながら，ステークホルダー別に，「それぞれ当年度目標」，「前年度の取組みとその実績」，「主な KPI」，「自主評価」，「当年度の課題と主な取組み」が，網羅的かつ詳細に記述されている。主として報告書全体は定性的な記述が中心となっている

が，KPIについては定量的であり，また自主評価については◎，○，×の3段階で評価されている。

　こうした内容は，1990年代に入る頃，グローバルな視点から，企業活動を「経済」のみならず「環境」，「社会」を含めた視点から把握して評価する，いわゆるトリプル・ボトムラインの考え方に沿っている。1997年に米国の非営利組織であるセリーズ（CERES）が公表したグローバル・レポーティング・イニシアティブ（略称，GRI）は，この考え方に沿って，環境報告書としてではなく，それも内包した「持続可能性報告書」（サステナビリティ・レポート）と称して，その普及のための活発な活動を展開している。

　こうした報告書に対して，「第三者意見」が添付されている。例えば，2012年度当該報告書のそれでは，人権の尊重という事項に独立開示していることを評価している。人権問題はISOをめぐる国際規格などのグローバルなCSRの論議の進化と方向性に合致するもので，同時に新しいトヨタグローバルビジョンの実現と整合している旨の言及などがある。また，2013年度の「第三者意見」では，国内第3位の生産拠点「東北」との地域社会との新たな連携に関する報告については，地域と一体となったモノづくり，人材づくり，インフラづくりの実践に取り組んでいることに言及し，結論として「持続可能な社会」づくりに向けて努力している旨のことなどがコメントされている。

　ステークホルダーに向けて発信されるこれらの情報の信頼性を担保するために，こうした第三者機関による意見表明，つまり保証業務はこれから重要視されていくものと思われる。しかし，サステナビリティ情報は事業体が取捨選択して開示し，どの部分を保証対象とするのかについての規定がないこと，また実施可能な証拠収集手続きによっていかに合理的保証を与えるかの実務的な裏づけが明確でない[16]，という指摘がなされている。したがって，保証対象項目を判断する基準も含めて，保証のための基準についても一定の確立したルールが必要であり，これからの検討すべき課題でもある。

---

16)　内藤文雄「サステナビリティ情報保証業務」，191ページ。

企業活動はダイナミックに変化する社会環境や経済環境のなかで営まれている。企業を取り巻くステークホルダーの意識や価値観の変化を，常に把握しておく必要がある。トヨタはステークホルダー・ダイアログ（利害関係者との対話ミーティング）を 2001 年から実施し，NPO や大学研究機関，消費者など幅広い層からの参加を得て，持続可能な発展を可能にする企業の役割について意見交換を実施している。こうしたステークホルダーのガバナンスを受け入れ，その透明性を積極的に高めながら，一貫して環境や社会的問題の改善に努力してきた。

以上のように，ステークホルダーの声を充分に聞きつつ，コーポレート・ガバナンスの問題に真剣に向かい合うことで，その結果として，競争力や収益力のアップのみならず，ステークホルダーからの信頼性向上，ブランド価値の向上[17]，従業員のロイヤリティへの良好な影響などが考えられる。こうした企業の目指す価値は，企業それ自体をプラスにするだけでなく，同時に社会全体をもプラスにする社会的企業価値ともいえる。

おわりに──秩序形成要因としての会計の将来

企業は，幾重もの責任を背負っている社会的存在となっていることを考えれば，これまで以上に透明性の高い経営やアカウンタビリティが求められていくと思われる。そのためには長期的コミットメントを有する集団が，コーポレート・ガバナンスに関わることが望ましい。ここでいう長期的コミットメントをもつ集団とは，すでに述べたように「長期にわたって企業とか関わろうという意思をもつ集団，そのような宿命をもつ集団」である。

その意味では，トヨタのコーポレート・ガバナンスは，豊田家という創業者

---

17) 1997 年，日本に初登場したトヨタ・プリウスを指して，それが自動車設計の革命の到来を告げる製品であったという衝撃から，「産業界のスプートニク」と呼ばれ，環境のトヨタをイメージさせた，といわれている。スプートニクとは，1958 年，ソ連がロケットを用いて打ち上げた世界初の人工衛星の名称である。Howell, D & Nakhle, C, *Out of the energy labyrinth*，『地球の呼吸はいつ止まるのか？』（枝広淳子［訳］），236 ページ。

第 3 章　トヨタのコーポレート・ガバナンスと持続可能性報告書　91

一族の「長期的コミットメント」が中心となって担われてきた，と考えられる。そして，このことにより短期的な利益を追求するのではなく，長期的な利益を追求することが可能となったのではないだろうか。また豊田家が，これまで歴代にわたって社長として直接経営にも参加することで「長期的コミットメント」が維持され，そのことが好業績に貢献している，と考えられる。

　これは株主も含めた，多様なステークホルダーに対する説明責任にまで及ぶことを意味している。そして，どのようなガバナンス体制を構築しようとも，それを本来の目的に沿って運用しようという経営トップの強い姿勢がない限り，形骸化してしまう恐れもある。多様なステークホルダーに対する利益のバランスのある調整，それは困難ではあるが経営トップのこれからの重要な課題でもある。

　これまで会計は，企業社会における秩序形成の一要因として，時代の環境変化に対応しながら「進化」してきた。市場における主人公は企業であり，それに対するガバナンスを支えるのは情報開示であり，その代表格が有価証券報告書における財務報告書とサステナビリティ報告者である。最近，制度として定着している有価証券報告書では，コーポレート・ガバナンスに関連した情報が記載されている。コーポレート・ガバナンスの形式や内容について具体的には規定されていない。

　それでは，コーポレート・ガバナンスの現状はどのようになっているのであろうか。上場企業 3,538 社を対象とした調査結果（平成 24 年 3 月）[18]を参考に，その実態を探ってみることにする。調査結果では，その体制を特徴づけるキーワードとして 8 項目を選定しているが，ここでは監視，法令遵守，社会的責任，利害関係者の 4 項目を選び，それに言及している企業の現状をみることとする。

　平成 24 年 3 月現在では，監視・監督については 96.2％，また法令遵守につ

---

18)　コーポレート・プラクティス・パートナーズ編著，『上場会社におけるコーポレート・ガバナンスの現状分析』，1-91 ページ。

いては 87.2％であり，このような統制機能を意識した記述がきわめて高い割合であることが分かる。この 2 項目は，前回調査（平成 23 年 3 月）よりも，それぞれ約 5 ポイント高くなっている。その背景として，最近の企業不祥事などの頻発に対する警戒感がその理由ではないか[19]とされている。とくに監視，つまり株主や取締役・監査役による監視・監督についてはほぼ 100％に近づきつつある。

　一方，企業の社会的責任を意識した記述は，全体平均で 29.4％と低いのが現状である。総資産や時価総額の規模に応じて，企業の社会貢献に対する期待が高まることから，社会的責任についての関心も高まっているものの，これからの課題である。外国人株式所有比率の高い企業は，同様に関心の高い傾向が強く示されている。それに対して株主以外の関係者への配慮を示すとされる「利害関係者（ステークホルダー）」というキーワードは，42.1％とやや低調であるものの[20]，社会的責任よりは関心度が高くなっている。その割合は，毎年，増加傾向にあり，また取締役人数や社外取締役人数が多くなる企業ほど「利害関係者（ステークホルダー）」の記載割合が高い傾向にある。

　さらに興味深いのは，株主価値と利害関係者（ステークホルダー）の記述を示す割合である。この 2 つの割合は，それらに対する関心の度合を反映したものと解釈すれば，株主価値は 56.3％であるところから，利害関係者（ステークホルダー）」の 42.1％と比較して 14 ポイントも株主価値が優勢となっている。つまり，日本の企業社会では，依然として株主以外のステークホルダーよりも，株主価値つまり株主を重視する考え方を反映している，と推定される。概略ではあるものの，わが国におけるコーポレート・ガバナンスをめぐる実態の一部である。

　確かに企業の所有者は株主であり，経営者には委託者と受託者の関係が成立している。そのため経営者は，受託者としての受託責任つまり株主価値を保護

19）　コーポレート・プラクティス・パートナーズ編著，同書，32 ページ。
20）　コーポレート・プラクティス・パートナーズ編著，同書，45 ページ。

第3章　トヨタのコーポレート・ガバナンスと持続可能性報告書　93

する責任があり，調査結果にもそのことが反映されている。しかし，これまで
みてきたように，企業価値を他のステークホルダーとの関係において考える場
合にも，企業の及ぼす社会的影響が大きくなっている今日，明確な委託・受託
関係が法的に存在していなくとも，同様の責任が経営者に課されている，と考
えるのが自然である。企業の経営者は，すべてのステークホルダーに対して，
企業の経営を委託された受託者としての責任を遂行すべきである。そして，そ
の結果を，ステークホルダーに対して有価証券報告書などで十分に情報開示を
するとともに，ステークホルダーからのフィードバックを受ける場を効果的に
設定していくという責任を負っている。

　こうした動向を踏まえれば，高業績を上げているトヨタのコーポレート・ガ
バナンスの特徴がみえてくる。当社は，上記のコーポレート・ガバナンスに関
係したキーワード4項目のすべてを実際の活動においてクリアしている。「企
業価値」の創造を求めつつ，コーポレート・ガバナンスの考え方に基づきなが
ら，ステークホルダー間の利益擁護と調整を図りつつ，その結果を開示してい
る。そこでは経営の透明性とアカウンタビリティのために，財務関係以外の重
要情報まで含めて，迅速な情報開示がなされている。そこから読み取れること
は，単に近視眼的に株主価値の最大化のみを追求するのではなく，他のステー
クホルダーにも奉仕するという経営トップの哲学と責任である。その意味で
は，経営トップによる自己統治が最も重要である。たとえ満足しうるガバナン
ス制度が確立したとしても，自己統治された経営トップの倫理観や社会的責任
についての考えがあり，それがすべての従業員に浸透しているかどうかであ
る。そこにはまさに，これまでの日本的な価値観・文化を尊重しながら企業独
自の基本理念として取りまとめ，そして継続的に新しいものを創造していくと
いう企業風土がある，といえよう。

　その上でいかなる組織であれ，その組織が持続的に発展していくためには，
意思決定プロセスの透明性が肝要であり，また公平性のある正しい経営判断と
その結果についてアカウンタビリティを果たすことが求められている。その意
味では，透明性，公平性そしてアカウンタビリティ，この3つの要因がコーポ

94

レート・ガバナンスのためには不可欠である。そこでの情報は，まさに経営者が公平でかつ正しい判断をするためにも，そしてその結果をステークホルダーに説明するためにも重要である。

当面は，投資家に対するアカウンタビリィティとして主に有価証券報告書が，また多様なステークホルダーに対するアカウンタビリィティとして「持続可能性報告書」（サステナビリティ・レポート）がそれぞれ公表されるであろう。こうした2頭立ての状況は継続するにしても，その場合，前者についての情報の信頼性は，外部監査（監査法人など）のチェックによる保証がある。それに対して，後者については，第三者機関による意見表明が「第三者意見」として添付されているケースもみられるが，さらには信頼性の担保の問題がある。保証の対象項目を判断する基準も含めて，信頼性を保証するための一定の確立したルールが必要であり，これからの検討すべき課題でもある。

さらにいえば，米国では，財務報告書に含まれる情報量はこの数十年で大幅に増加しているといわれている。とくにSOX法の成立以来，急ピッチで増加し，財務だけでなく，企業活動全体に関する報告書を求める声が高まっている。企業はやがて環境報告書やサステナビリティ報告者を別個に作成する代わりに，年次報告書の1つに，すべての要素と関連データを加える[21]，ということが予想される。そのことは，開示対象を財務諸表のみならず非財務データにまで拡大していくことである。つまり，経済・財務の結果である財務情報と，環境と社会的影響への取り組みを盛り込んだトリプル・ボトムラインデータも同時に記載する報告書がそれであり，いわゆる包括的な統合報告書の作成を示唆するものである。これまでの伝統的な財務報告から，多様なステークホルダーのニーズにマッチした報告書への転換である。

戦後の疲弊から立ち直り，先進国において物質的に豊かになりつつある頃，会計の社会的使命として，A. C. リトルトンは，つぎのように述べている。ま

---

21) A. ザビッツ『サステナビリティ─企業の持続的成長を可能にする3原則』（中島早苗［訳］），298ページ。

ず「今や企業と多種多様の利害関係者（ステークホルダー）を結びつける不可欠の手段になっている[22]」としたうえで，「会計は企業をめぐって錯綜する各種の利害関係者（ステークホルダー）の利害について，経営者（競争状態のトにおける私企業の）が均衡のとれた見解をもつことができるように手助けするのであるが，その限りでは，会計は公共の利益に役立つよう作用している。…かくして会計は利己心を賢明な社会的公共利益の方向に導くのに役立つ[23]。」このように会計の利害調整による秩序形成が，すでに明確されている。さらに，彼は「会計は単なる貪欲な金儲け主義者の用具であるのでは毛頭ない。それは明らかに社会的厚生に関連するものである。[24]」とも明言している。つまり「社会的厚生」という表現をとりながら，会計は企業に関係する一部ステークホルダーのみでなく，広く社会全体への貢献を強調している。

これからの成熟した社会では，環境負荷の削減や雇用の安定などからくる景観や快適さ，安全，喜びや癒しなど，アメニティが重要なキーワードである。これまで概略してきたトヨタの目標も，いいクルマづくりを通して，「人々を安全・安心に運び，心まで動かす。そして，世界中の生活を，社会を，豊かにしていく。」（グローバルビジョン）という未来に向けた意思と決意を表明している。

そうしたアメニティという「果実」とは，物質的な安定も含めて，生活の安定や潤いのある文化のことであり，企業はそうした「果実」を求めて正当に分かちあうようにしなければならない。さらには，1つの「果実」を互いに奪い合うのではなく，多様なステークホルダーとともに共生・共感しながら，その「果実」を大きくしていくことこそが企業の持続可能性につながる，と考えている。原田も主張しているように[25]，「将来の会計情報システム」もまた，社

---

22) Littleton, A. C, *Structure of Accounting Theory*, p. 7,（A. C. リトルトン『会計理論の構造』（大塚俊郎［訳]），12 ページ。
23) *Ibid*, p. 15, 前掲訳書，23 ページ。
24) *Ibid*, pp. 16-17, 前掲訳書，25 ページ。
25) 原田富士雄「動的社会と会計学の課題」，230-232 ページ。

会が目指す目標をしっかりと位置づけ，進行形ながらも「アメニティ会計学」
として構想されなければならない。

参 考 文 献

加賀野忠男（1994）「経営学の視点から見た企業のガバナンス（『ジュリスト』第
　　1050号）。
加賀野忠男（1995）「企業のガバナンス」（『組織科学』第28巻第4号）。
加賀野忠男・砂川伸幸・吉村典久（2010）『コーポレート・ガバナンスの経営学―
　　会社統治の新しいパラダイム―』有斐閣。
KPMGビジネスアシュアランス×吉川吉衛編（2003）『コーポレートガバナンス』
　　東洋経済新報社。
菊澤研宗（2004）『比較コーポレート・ガバナンス論―組織の経済学的アプローチ』
　　有斐閣。
佐久間健（2006）『トヨタのCSR戦略』生産性出版。
佐藤正明（2009）『トヨタ・ストラテジー』文芸春秋。
コーポレート・プラクティス・パートナーズ編著（2013）『上場会社におけるコー
　　ポレート・ガバナンスの現状分析』（別冊商事法務No.378）。
出見世信之（2006）「コーポレート・ガバナンスから見た企業と社会」日本比較経
　　営学会編『企業と社会』文理閣。
東洋経済新報社（2003）「トヨタの危機感」『週刊東洋経済』5858号。
トヨタ自動車(株)(2010)『Sustainability Report 2010』。
トヨタ自動車(株)(2012)『Sustainability Report 2012』。
トヨタ自動車(株)(2013)『Sustainability Report 2013』。
トヨタ自動車(株)(2013)『コーポレート・ガバナンス』（平成25年）。
トヨタ自動車(株)(2013)『有価証券報告書総覧』（平成25年）朝陽社。
内藤文雄（2014）「サステナビリティ情報保証業務」内藤文雄編著『監査・保証業
　　務の総合研究』中央経済社。
中谷　巌編著（2003）『コーポレート・ガバナンス改革』東洋経済新報社。
日本経済新聞社（2014）1月24日朝刊。
日本コーポレート・ガバナンス委員会編（2001）『改訂コーポレート・ガバナンス
　　原則』日本コーポレート・ガバナンスフォーラム。
原田富士雄（1995）「動的社会と会計学の課題」原田富士雄編著『動的社会と会計
　　学』中央経済社。
平田光弘（2000）「日本における企業統治改革の基礎作りと提言」菊池俊夫・菊池
　　光弘編著『企業統治の国際比較』文眞堂。
藤島裕三（2005）「コーポレートガバナンスと経営自由度」若杉敬明監修・大和総
　　研経営戦略研究所編『コーポレートガバナンス・マニュアル』中央経済社。
Abegglen, J. C (2004) *21st Century Japanese management: new systems, lasting values,*
　　Nihon keizai shimbun, Inc,（山岡洋一訳『新・日本の経営』日本経済新聞社，
　　2004年.）

第 3 章　トヨタのコーポレート・ガバナンスと持続可能性報告書　97

Cooper, S (2004) *Corporate social performance: a stakeholder approach*, Ashgate.

Drucker, P. F (1992) *Managing for the future*, Truman Talley Books Dutton, （上田淳生・佐々木実智男・田代正美訳『未来企業―生き残る組織の条件』ダイヤモンド社，1992 年.）

Freeman, R. E, & Evan, W. M (1988) "A stakeholder theory of the modern corporation: kantian capitalism," edited by Beauchamp, T. E, & Bowie, N. R, *Ethical theory and business*, Prentice Hall.

Howell, D & Nakhle, C (2007) *Out of the energy labyrinth*, I. B. Tauris & Co. Ltd. （枝廣淳子訳『地球の呼吸はいつ止まるのか？―エネルギー・環境連立方程式』ウェッジ，2007 年.）

Littleton, A, C (1953) *Structure of Accounting Theory*, AAA Monograph No. 5, Salasota, Florida, （大塚俊郎訳『会計理論の構造』東洋経済新報社，1955 年.）

Savitz, A (2006) *The triple bottom line*, John Wiley & Sons, Inc, （中島早苗訳『サステナビリティ―企業の持続的成長を可能にする 3 原則』アスペクト，2008 年.）

第 4 章

環境会計情報と資産除去債務

は じ め に

　環境省から 1999 年に環境会計ガイドラインが公表されてから 15 年が経過した。これまで財務諸表において環境会計情報の開示企業数や開示項目などについて 2001 年，2005 年そして 2008 年に調査を実施してきた（小川（2002），(2005)，(2009)）。そこでは環境会計情報の開示企業数は年々増加しており，その主な要因は PCB（Poly Chlorinated Biphenyl：ポリ塩化ビフェニル）の処理，アスベスト処理対策，そして土壌汚染関連であるということが明らかとなった。

　2008 年 3 月 31 日に，企業会計基準第 18 号「資産除去債務に関する会計基準」および企業会計基準適用指針第 21 号「資産除去債務に関する会計基準の適用指針」が公表され，2010 年 4 月 1 日以後開始事業年度から適用されている。資産除去債務は有形固定資産の除去に関して法令または契約で要求される法律上の義務であり，資産を除去する際に法律等の要求によって資産に使用されているアスベストや PCB などの有害物質等を除去しなければならない場合も含まれている。

　そこで本章では，これまでの財務諸表における調査を継続し，環境会計情報の開示状況の推移を分析するとともに資産除去債務の開示状況および資産除去債務における環境会計情報の開示状況についても検討する[1]。

1. 財務諸表調査の概要

1-1 調査対象

2001年に実施した調査（以下，2001年調査と略称する），2005年に実施した調査（以下，2005年調査と略称する），2008年に実施した調査（以下，2008年調査と略称する）および2013年に実施した調査（以下，2013年調査と略称する）すべて東京・大阪・名古屋証券取引所第1部上場企業の有価証券報告書総覧である。対象企業数は，2001年調査が1,498社，2005年調査が1,645社，2008年調査が1,790社，そして2013年調査が1,710社であった。また，2001年調査では平成12年版有価証券報告書総覧，2005年調査では平成16年版，2008年調査では平成19年版を調査対象としている。

2013年調査は資産除去債務の適用開始が2010年4月以降であったことから2011年3月末に上場している企業を対象とし，有価証券報告書総覧は資産除去債務の適用開始後はじめての有価証券報告書総覧である平成23年版および平成24年版を調査対象とした。これは，2011年3月末決算の企業は資産除去債務の適用が開始されており資産除去債務に関する情報は開示されているが，決算が12月という企業であると2011年3月末時点の調査対象企業とするが，平成23年版の有価証券報告書総覧には資産除去債務に関する情報は開示されておらず，翌年の平成24年版から資産除去債務に関する情報を開示している企業がある。よって，2013年調査では，企業の決算時期により平成23年版だけではなく平成24年版の有価証券報告書総覧を対象としている企業がある。

1-2 調査範囲および方法

調査範囲は，2001年調査，2005年調査，2008年調査および20013年調査すべて有価証券報告書総覧に掲載されている貸借対照表，損益計算書，重要な会

---

1) 資産除去債務会計基準の適用初年度の開示実態について，阪（2013）は連結財務諸表の調査を実施しており，詳細な分析を行っている。本章は過去の調査との継続性の観点から連結ではなく単体の財務諸表を対象に調査している。

第 4 章　環境会計情報と資産除去債務　101

計方針，注記，重要な後発事象，およびその他の各項目である。

　調査方法は，調査範囲において環境会計情報が開示されているか否かを調査し，環境会計情報と思われる項目およびそれに関連しているかどうか不明の項目を抜き出した。不明な項目については，当該企業の経理担当者に電話をかけ，その項目について質問し，確認をとった。

　そして，調査の対象となる環境会計情報を「企業の事業活動で環境負荷の発生の防止，抑制，除去および被害の回復等に関連する財務情報および定性情報」として調査を実施した。ただし，貸借対照表において，有形固定資産に「土地」，「山林」，「植林立木」などの自然資産に関する項目については，現行の企業会計制度内でも開示が定められており，環境問題を考慮していなくても開示されていることから，これらの項目は調査の対象外としている。

2.　財務諸表調査結果

　本節では，環境会計情報の開示の観点からと資産除去債務の開示の観点からの 2 つの観点から調査結果を示す。その理由は，資産除去債務に関連して開示される情報はすべてが環境会計情報ではないことから，資産除去債務の中でどのように・どれだけの環境会計情報が開示されているかを明らかにするために，環境会計情報と資産除去債務を分けて調査結果を提示する。

2-1　環境会計情報の開示

　まず，図 4-1 は 2001 年調査，2005 年調査，2008 年調査，および 2013 年調査における環境会計情報開示企業数およびその割合の推移を示している。2001 年調査で環境会計情報と認識できる項目を開示していた企業数は 1,498 社中 33 社 (2.2%)，2005 年調査では 1,645 社中 76 社 (4.6%)，2008 年調査では 1,790 社中 219 社 (12.2%)，そして 2013 年調査 1,710 社中 395 社 (23.1%) であった。財務諸表における環境会計情報の開示企業数は，2001 年調査から 2005 年調査では 43 社増加し，2005 年調査から 2008 年調査では 143 社増加し，2008 年調査から 2013 年調査では 176 社増加している。

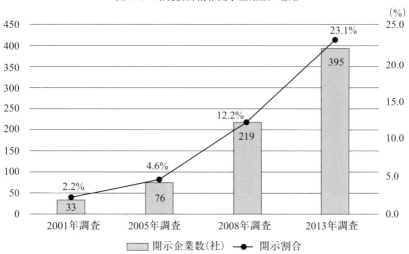

図 4-1 環境会計情報開示企業数の推移

特に2008年調査と2013年調査を比較すると環境会計情報の開示企業数の増加割合が大きくなっていることが分かる。2001年調査と2005年調査では環境対策引当金，容器保証金，廃鉱費用引当金，廃棄物処理費，環境整備費などの開示項目はほぼ同じであった[2]。

2008年調査では2001年調査と2005年調査で開示されていた項目に加えて，PCB・アスベスト・土壌汚染の3つに関連した項目の開示企業が出現もしくは増加してきた傾向にあることが明らかとなった[3]。そこで，2008年調査の結果をもとに2013年調査においてPCB・アスベスト・土壌の3項目を別に集計した結果が次の表4-1である。

表4-1の「複数」とはPCB・アスベスト・土壌汚染に関連する項目のうち2つ以上開示している企業であり，「その他」はPCB・アスベスト・土壌汚染に関連する項目は開示していない企業である。

表4-1に示している2008年調査と2013年調査を比較するとPCBでは67

---

2) 環境会計情報の開示項目については小川（2002），（2005）を参照のこと。
3) 詳細は小川（2009）を参照のこと。

第4章 環境会計情報と資産除去債務 103

表4-1 項目別環境会計情報開示企業数

	PCB	アスベスト	土壌	複数	その他
2008 年調査	63 社	15 社	31 社	17 社	93 社
2013 年調査	130 社	78 社	19 社	60 社	108 社

社, アスベストでは 63 社, そして複数では 43 社の開示企業数が増加してい
る。土壌では 12 社の減少となっているが PCB・土壌汚染・アスベストに関連
した環境会計情報を開示している企業数は 161 社増加している。

2-2 資産除去債務の開示

2010 年 4 月から適用が開始された資産除去債務の開示状況は 1,710 社中
1,609 社 (94.1%) であった。表 4-2 は, これらの企業で資産除去債務の開示
場所を示している。

まず「1 貸借対照表および損益計算書」欄をみると, 流動負債に「資産除
去債務」を開示していた企業数は 163 社 (10.1%) であり最大値は 3,205 百万
円であった。固定負債に「資産除去債務」を開示していた企業数は 920 社
(57.2%) であり最大値は 785,007 百万円であった。そして特別損失に「資産除
去債務会計基準の適用に伴う影響額」を開示していた企業数は 961 社 (59.7%)
であり最大値は 56,667 百万円であった。

次に「2 会計方針の変更」欄の「損益への影響額の記載あり」とは, たと
えば, 会計方針の変更欄の「資産除去債務に関する会計基準等」に, 「当事業
年度より, 「資産除去債務に関する会計基準」(企業会計基準第 18 号 平成 20 年 3
月 31 日) 及び「資産除去債務に関する会計基準の適用指針」(企業会計基準適用
指針第 21 号 平成 20 年 3 月 31 日) を適用しております。これにより, 当事業年
度の税引前当期純利益が 94 百万円減少しております。」という説明がある。こ
の中に「当事業年度の税引前当期純利益が 94 百万円減少」のように損益への
影響額が記載されているものが, 表 4-2 における「損益への影響額の記載あ
り」としている。

一方「損益への影響額の記載なし」とは会計方針の変更欄に資産除去債務を

表 4-2　資産除去債務の開示場所

1　貸借対照表および損益計算書

流動負債に「資産除去債務」を開示していた企業数	固定負債に「資産除去債務」を開示していた企業数	特別損失に「資産除去債務会計基準の適用に伴う影響額」を開示していた企業数
163 社	920 社	961 社

2　会計方針の変更

損益への影響額の記載あり	損益への影響額の記載なし	開示なし	合計
1,021 社	563 社	25 社	1,609 社

3　注記

概要・算定方法・総額の増減等の記載あり	概要・算定方法・総額の増減等の記載なし	開示なし	合計
500 社	639 社	470 社	1,609 社

適用していると説明があり，その後に，「これによる損益に与える影響は軽微である。」や「これによる損益に与える影響はない。」などの記載がある場合である。また，「開示なし」の数値は貸借対照表，損益計算書，注記のいずれかの箇所で資産除去債務に関する情報は開示されているが，会計方針の変更欄には開示がなかった企業数である。

　これらを踏まえ表 4-2 をみると，損益への影響額の記載があった企業数は 1,021 社（63.5％）であり，記載がなかった企業数は 563 社（35.0％）であり，開示がなかった企業数は 25 社（1.5％）であった。

　そして「3　注記」欄の「概要・算定方法・総額の増減等の記載あり」とは，資産除去債務のうち貸借対照表に計上しているものの説明として，「当該資産除去債務の概要」「当該資産除去債務の金額の算定方法」および「当事業年度における当該資産除去債務の総額の増減」等の記載がある場合である。また，「概要・算定方法・総額の増減等の記載なし」とは注記に資産除去債務関係欄はあるが「当該資産除去債務の概要」「当該資産除去債務の金額の算定方法」および「当事業年度における当該資産除去債務の総額の増減」等の記載がない

第4章 環境会計情報と資産除去債務 105

表4-3 概要・算定方法・総額の増減等の記載がなかった理由

重要性なし	該当事項なし	合理的に見積もれない	その他	合計
399 社	175 社	48 社	17 社	639 社

場合である。そして「開示なし」とは貸借対照表，損益計算書，会計方針の変更のいずれかの箇所で資産除去債務に関する情報は開示されているが，注記欄には開示がなかった企業数である。

　注記欄に概要等の記載があった企業数は 500 社（31.1%）であり，記載がなかった企業数は 639 社（39.7%）であり，開示がなかった企業数は 470 社（29.2%）であった。

　ここで，概要・算定方法・総額の増減等の記載がなかった注記をさらに分析してみると表4-3 のような結果が得られた。

　表4-3 にある「重要性なし」とは「資産除去債務の総額に重要性が乏しいため，記載を省略しております。」などの記載があった場合であり，「該当事項なし」は文字通り「該当事項はありません。」との記載があった場合である。そして「合理的に見積もれない」は「建物について不動産賃貸借契約に基づく退去時の原状回復に係る債務等を有しておりますが，当該債務に関する賃借資産の使用期間が明確でなく，現時点において将来退去する予定もないことから，資産除去債務を合理的に見積もることができません。」などの記載があった場合であり，「その他」は「本社等事務所の不動産賃借契約に基づき，事務所の退去時における原状回復に係る債務を有しておりますが，その計上は敷金及び保証金を減額する方法によっております。」などの記載があった場合である。

　そこで「重要性なし」と記載されていた企業数は，概要等の記載がなかった企業 639 社のうち 399 社（62.4%），「該当事項なし」175 社（27.4%），「合理的に見積もれない」48 社（7.5%），「その他」17 社（2.7%）という結果となった。

3. 環境会計情報および資産除去債務の開示状況の考察

本節では前節で明らかとなった調査結果をもとに環境会計情報の開示状況を検討し，資産除去債務の開示状況とも関連させて考察する。

3-1　環境会計情報の開示の調査結果について

環境会計情報を財務諸表で開示している企業数は，表4-1にあるように2001年調査で33社，2005年調査で76社であり，この2つの調査結果を比較すると，43社増加している。そして，2008年調査における開示企業数は219社であることから2005年調査と比較すると143社増加している。2005年調査の段階では，環境会計情報の開示企業数は増加しているが，調査対象企業総数からみると大幅な増加と言うには難しい結果であるとしていた（小川（2005））。その理由の1つとして企業会計原則にある重要性の原則をあげ，財務諸表で環境会計情報を開示する企業数が大幅に増加していない要因として，全体の金額のうち環境会計情報に関する金額の占める割合が低い可能性があるとしていた。

また，2008年調査では，2005年調査と2008年調査の結果を比較すると環境会計情報開示企業数は143社増加している。この原因は，2005年調査段階では明らかにならなかったPCB・アスベスト・土壌汚染に関連する項目を開示する企業数が増加したことが考えられた。

そして，今回の2013年調査でも2008年と同様にPCB・アスベスト・土壌汚染に関連する項目を開示する企業数がさらに増加したことにより，開示企業数が2008年と比較して176社増加した395社となったと考えられる。これは表1項目別環境会計情報開示企業数にあるようにPCBでは67社，アスベストでは63社，そして複数では43社の開示企業数が増加し，土壌では12社の減少となっているが，PCB・土壌汚染・アスベストに関連した環境会計情報を開示している企業数が161社増加していることからも明らかである。

たとえば，PCB廃棄物の保管状況を2004年と2014年の状況を比較すると

表 4-4　PCB 廃棄物の保管状況

廃棄物の種類	保管事業所数		保管量	
	2004 年	2014 年	2004 年	2014 年
高圧トランス	2,688	7,439	18,687 台	30,633 台
高圧コンデンサ	45,533	37,135	250,739 台	204,580 台
低圧トランス	427	777	35,949 台	36,752 台
低圧コンデンサ	3,520	4,084	1,836,705 台	1,705,610 台
柱上トランス	153	301	2,146,581 台	1,656,450 台
安定器	12,358	15,925	5,551,983 個	5,906,205 個
PCB	206	335	53 トン	137 トン
PCB を含む油	1,060	3,587	176,489 トン	87,799 トン
感圧複写紙	416	366	668 トン	710 トン
ウエス	886	2556	225 トン	682 トン
汚泥	179	413	15,411 トン	20,977 トン
その他の機器等	1,819	16,600	114,915 台	520,129 台

（出典）環境省 HP より筆者作成。

表 4-4 のようになる。

　表 4-4 に示されているように PCB 廃棄物の保管事業所数および保管量は 2004 年と 2014 年を比較して増加している廃棄物の種類が多くなっている。これは，PCB を保有している企業が PCB を処理するために引当金に計上している企業が多くなっていることに表れている。

　PCB に関してさらに詳細に調査してみると，2013 年調査で環境対策引当金が計上されており，「重要な会計方針」にある「引当金の計上基準」欄に PCB の処理に関する記載をしていた企業数は 137 社であった。これは，表 4-1 に示した PCB の 130 社を超えているが，PCB・アスベスト・土壌汚染のいずれか 2 つ以上の記載があった「複数」の 60 社に含まれている企業が加算されていることによるものである。

3-2　資産除去債務の開示の調査結果について

　表 4-3 をみると，「重要性なし」および「該当事項なし」と開示している企業数を合算すると 574 社となっており，資産除去債務に関連する情報を開示し

表 4-5　資産除去債務の注記における環境会計情報の開示状況

PCB	アスベスト	土壌	その他	複数	環境以外	合計
6 社	100 社	1 社	12 社	21 社	360 社	500 社
環境会計情報開示企業数計　140 社						

ている企業数 1,609 社のうち約 35.7%の企業には資産除去債務の会計基準の適用開始による影響は少ないと考えられる。

　また，貸借対照表の負債では「資産除去債務」，損益計算書の特別損失では「資産除去債務会計基準の適用に伴う影響額」という勘定科目で資産除去債務が開示されており，これらからは具体的にどのような事項の除去であるかは不明である。資産除去債務の勘定科目や会計方針の変更から環境会計情報として開示されているかどうかを把握することは非常に困難であるが，注記には環境に関連した情報かどうかが分かる内容が示されている。

　そこで，表 4-5 に資産除去債務の注記において PCB・アスベスト・土壌汚染などの環境会計情報がどれだけ開示されているのかを示す。

　表 4-5 は表 4-2 資産除去債務の開示状況の「3　注記」にある概要・算定方法・総額の増減等の記載があった企業 500 社について，PCB・アスベスト・土壌汚染・その他・複数・環境以外という観点で開示企業数の調査結果を示したものである。

　表 4-5 にある「その他」は PCB・アスベスト・土壌汚染以外の環境会計情報を開示している企業数であり，たとえば「解体時のダイオキシンの除去」や「建設リサイクル費用」などである。また，「複数」は PCB・アスベスト・土壌汚染のいずれか 2 つ以上の項目が開示されていた場合であり，「環境以外」は「当該資産除去債務の概要」欄に「主に店舗用土地建物の不動産賃貸借契約に伴う原状回復義務等であります。」などの環境会計情報とは考えられない記載があった場合である。

　表 4-5 をみると，環境会計情報が資産除去債務の注記に開示されている企業数は 140 社となり，2008 年調査と 2013 年調査を比較した開示企業の増加数が 176 社であることと照らし合わせると，資産除去債務に関連した会計基準の適

用により，環境会計情報の開示企業数が増加した一要因となっていることが分かる。特に，建物の解体時におけるアスベスト除去費用等について資産除去債務を計上している企業が 100 社ある。

ここで表 4-1 の項目別環境会計情報開示企業数ではアスベストを開示している企業数が 78 社となっていることとの違いを説明する。表 4-1 は貸借対照表や損益計算書などの財務諸表全体の開示状況であり，表 4-5 は注記の開示状況に限定した調査結果である。表 4-1 では注記でアスベストに関する情報が開示されていても PCB に関する情報が重要な会計方針に記載されていれば，「アスベスト」の開示とするのではなく「複数」の開示企業数に算入している。表 4-5 では，資産除去債務の注記に限定した開示状況の結果であり，資産除去債務ではアスベストに関する情報が少なくとも 100 社開示されているということである。

さらに表 4-5 の「複数」の 21 社の中からアスベストの開示が含まれている企業数を調査した結果，20 社となった。資産除去債務の注記には 120 社がアスベストに関する情報を開示していることが明らかとなった。

土壌汚染に関連した項目の開示企業数は減少傾向にあるが，今後も PCB とアスベストに関連した企業の取り組みは重要になり，それに関連する情報開示も重要となると考えられる。

おわりに

本章では，2013 年調査として財務諸表における環境会計情報の開示状況を過去 3 回の調査結果とともに考察した。2001 年調査では環境会計情報と認識できる項目で開示していた企業数は 1,498 社中 33 社 (2.2%) であり，2005 年調査では 1,645 社中 76 社 (4.6%) であり，2008 年調査で 1,790 社中 219 社 (12.2%)，そして 2013 年調査では 1,710 社中 395 社 (23.1%) となった。過去の調査結果から 2013 年調査における開示企業数の増加の要因を，2008 年調査で明らかとなった PCB，アスベスト，そして土壌汚染に関連する項目の観点から検討した。その結果，2013 年も PCB・アスベスト・土壌汚染の要因が環

境会計情報を開示する企業数の増加となっていることが判明した。

そして，2010年4月から適用が開始された資産除去債務の会計基準の影響がどれほどであるかを調査した。資産除去債務が財務諸表に開示されている企業数は1,609社と全体の94.1％であった。そのうち，注記欄の調査では140社が環境会計情報として開示していることが明らかとなった。この140社のうち120社と最も多く開示されている環境会計情報は，建物のアスベスト除去に関連する情報であった。

これまで，4回にわたり財務諸表における環境会計情報の開示状況を分析してきた。環境会計情報を開示する企業数は増加傾向にあり，財務諸表上で企業の環境に関連する情報を開示することには限界がある。それは財務諸表の注記で環境に関連した情報を定性情報として開示している企業数が増加していることからも，今後，金額情報だけではなく環境負荷物質などの物量情報の開示も求められると考えられる。しかし，財務諸表は金額情報を中心に開示されることから，財務諸表とは別の報告である統合報告などの研究が必要となるであろう。

（本研究は科学研究費助成事業（基盤研究（B））「連環型サステナビリティ会計の構築と展開」の研究成果の一部である。）

参 考 文 献

小川哲彦（2002）「有価証券報告書における環境会計情報の開示について―財務諸表調査を中心に―」（『横浜経営研究』第23巻第1号）41-55ページ。

小川哲彦（2005）「日本企業の財務諸表における環境会計情報の開示について」（『佐賀大学経済論集』第38巻第3号）93-105ページ。

小川哲彦（2009）「財務諸表における環境会計情報の開示に関する実態調査」河野正男・上田俊昭・八木裕之・村井秀樹・阪智香編著（2009），273-287ページ。

河野正男・上田俊昭・八木裕之・村井秀樹・阪智香編著（2009）『環境財務会計の国際的動向と展開』森山書店。

國部克彦編著（2013）『社会環境情報ディスクロジャーの展開』中央経済社。

阪智香（2013）「「資産除去債務」会計基準適用初年度の開示実態」國部克彦編著（2013），105-126ページ。

第 5 章

社会的インパクトボンドの構造と潜在的可能性

は じ め に

公的部門における財政難は，現在の国際経済社会においては，産油国等の一部資源保有国を除いて，世界各国を悩ます共通の社会問題となっている。増大する一方の公共サービス需要に対して，それに見合う公共サービスを供給するための財源を確保すること自体が，非常に困難になってきているのである。

この社会問題に立ち向かうために，新税の導入や民間資金の活用など，実にさまざまな政策が立案され，実行されてきた。イギリスやニュージーランド，オーストラリアなどのイギリス連邦に加盟する国々では，1980 年代以降，市場原理にもとづく競争的経営手法が行政運営に導入された。「New Public Management（以下 NPM）」理論にもとづくとされるこの行政改革においては，民間企業が培ってきた目標管理型マネジメント手法が行政プロセスに採用された。単純化していってしまえば，代理人理論（agency theory）にもとづき政策の立案主体と実施主体とを分離した上で，公会計制度に発生主義会計的視点を採り入れることによって民間企業における経営管理・経営政策手法を導入する糸口とし，そこから政策の実施プロセスにおける規制緩和（deregulation），民営化（privatization），民間委託（contracting out）などの改革が進められたのである[1]。PFI（Private Finance Initiative）などは，その典型的な手法のひとつである。これ

らの取り組みによって，行政評価制度が導入されるとともに，「公」と「私」の関係を見直す契機がもたらされた。

　こうした流れは，イギリスでは，2010年に発足した保守党と自由民主党の連立政権が掲げたマニフェストにある「Building the Big Society」という政策案に連なっている。この基本的な考え方は，新たに設立する Big Society Bank（現在は Big Society Capital）と National Citizen Service（以下 NCS）の下で，以下の5つの基本方針を実施することである[2]：

　　(1)　コミュニティへの権限移譲

　　(2)　市民がコミュニティで積極的な役割を果たすことを促進

　　(3)　中央政府から地方政府への権限移管

　　(4)　協同組合，共済，慈善団体，社会的企業への支援

　　(5)　政府データの公表

　この Big Society Programme の特徴がもっともよく現れているスキームのひとつが，「社会的インパクトボンド（Social Impact Bond：以下 SIB）」である。これは，公共サービスの提供に費やされるコストを民間資金で調達し，NPO や慈善団体がサービスを提供することによって社会的パフォーマンスの改善を図ろうとする取り組みである。

　本章では，この SIB という新たなスキームがどのような仕組みで構成され，そこでは社会的パフォーマンスの改善がどのように測定・評価されるのかについての分析的考察を行う。それによって，社会的価値（social value）の創出に向けての，環境・社会・ガバナンス（Environment / Society / Governance：ESG）を巡る課題についての新たなアプローチの可能性を探ることを目的とするものである。

---

　1)　山本（2000），同（2001），白川・富士通総研経済研究所（2001），都市問題研究会（2002）ほか参照。

　2)　イギリス政府ホームページ参照（2014年3月アクセス）（https://www.gov.uk/government/uploads/system/uploads/attachment_data/file/78979/building-big-society_0. pdf# search ='big+society'）

表 5-1　日本における PPP の取り組み

年	法制等の整備
1986 年	「民間事業者の能力の活用による特定施設の整備の促進に関する臨時措置法」の制定
	第三セクター事業の展開
1999 年	「民間資金等の活用による公共施設等の整備等の促進に関する法律」（PFI 法）の制定
2003 年	地方自治法の改正〈指定管理者制度の導入〉
2006 年	「競争の導入による公共サービスの改革に関する法律」の制定〈官民競争入札制度の導入〉

（出所）内閣府及び総務省ホームページを参照して作成。

1. インパクト投資の概要

1-1　日本における民間活力の導入状況

公的部門と私的部門の連携については，PPP（Public Private Partnership：官民の連携）というコンセプトの下，イギリスのみならず日本でも 1980 年代に民間活力の導入が叫ばれて以来，さまざまな取り組みがなされてきた。それらのうちの主なものを時系列的に並べると，表 5-1 のようになる。

公共施設等の建設，維持管理，運営等に民間の資金，経営能力及び技術的能力を活用しようという PFI は，公的部門が自らサービスを提供するよりも，民間にサービスの提供を委託した方が効率的かつ上質のサービスを提供できるという「VFM（Value for Money）」の考え方にもとづいている。加えて，民間にサービス提供を委託することで，民間における事業機会の創出や経済の活性化が目論まれている。この PFI の一般的な事業スキームを，内閣府 PFI 推進室は，下記のような図を用いて説明している（図 5-1 参照）。

PFI 事業の実施状況については，平成 25 年 9 月 30 日現在，事業数 428 件で，事業費の総額は 4 兆 2,819 億円に上っている[3]。しかしながら，その多くは施設整備に関する，いわゆる "ハコモノ" に対する投資であり，人的公共サ

---

3)　内閣府（2014），4 ページ参照。

図 5-1　内閣府　民間資金等活用事業推進室による PFI 概念図

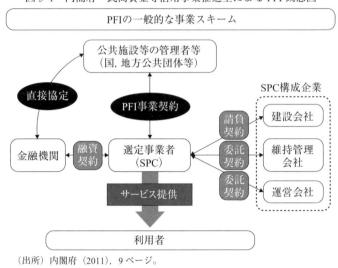

(出所）内閣府（2011），9 ページ。

ービスに向けられたものではない。

　他方，指定管理者制度を導入している施設数については，平成 24 年 4 月 1 日現在，全国で 73,476 施設（内訳；都道府県 7,123 件，政令指定都市 7,641 件，市区町村 58,712 件）で，このうち約 3 割（24,384 施設）で民間企業等（株式会社，NPO 法人，学校法人，医療法人等）が指定管理者となっている[4]。

　このようにみてくると，日本における民間資金の活用は，施設整備等のいわゆる「ハコモノ」サービスに関連したものであることが分かる。この点については，イギリスにおいても同様で，施設の建設や維持，管理運営を念頭においた PFI のスキームでは，就労支援や失業対策，介護・医療，教育などといった市民その人を対象とした公共サービスへの適用は困難である。

1-2　Big Society Programme の概要

　Big Society Programme を推進するイギリスでは，財政難を言い訳とせずに公

---

4)　総務省（2012）参照。

共サービスの提供に必要な財源を確保するとともに，その財源の多様化を図る
ためには，社会的投資（social investment）の積極的な活用が必要であることが認
識された。そこで，社会的投資市場が量的にも質的にも拡大するための中核的
役割を担う機関として，Big Society Capital（当初は Big Society Bank）が創設され
た。「社会部門組織が適正かつ手頃な対価で資金調達でき，社会に対し積極的
な影響を与えることを支援するような，活気に満ちた，多様で，充分に資本化
された，持続可能な社会的投資市場」[5]をイギリスに設けることを目指す Big
Society Capital は，社会的企業（social enterprises）や NPO 団体，慈善団体（char-
ity）等への投資を促進するための専門の金融機関である。といっても，個別の
活動団体に融資するのではなく，社会的投資やコミュニティ投資を実施しよう
と考える既存の金融仲介機関に対して資金提供を行うこととされている。その
原資は，「休眠口座スキーム（the Dormant Accounts Scheme）」に則って，イギリス
国内に眠る休眠口座から集められた4億ポンドと，Barclays 銀行，HSBC 銀
行，Lloyds Banking グループ，RBS 銀行が拠出した各5,000万ポンドの合計2
億ポンドを合わせた，総額6億ポンドである[6]。

1-3　インパクト投資の展開

　Big Society Capital の資金を用いて行われる投資形態のひとつとして，「イン
パクト投資（impact investment）」[7]がある。これは，公共サービスが与える社会
的影響（social impact）の改善を狙いとする投資のことで，投資活動と社会的パ
フォーマンスを結び付けた点に特徴がある。イギリスでは，2012 年の「公共

---

5)　Big Society Capital (2012), p. 3.

6)　同上，pp.4-5.

7)　アメリカの Global Impact Investment Network（GIIN）では，インパクト投資を「財
　　務的リターンとともに，社会的インパクト及び環境的インパクトを生じさせること
　　を意図した，会社，組織，ファンドへの投資」と説明している（GIIN ホームページ
　　参照）。この GIIN とは，2007 年に Rockefeller 財団と若干の投資家たちが集まって始
　　めたもので，現在では Rockefeller Philanthropy Advisors（RPA）がスポンサーとなっ
　　て運営されている（同ホームページ参照）。

サービス（社会的価値）法（Public Services (Social Value) Act 2012）」の制定により，公的部門は，公共サービス契約を結ぶ際には「経済的，社会的，環境的な福祉（well-being）」を考慮しなければならないことが要求されることとなった（同法，CHAPTER 3）。そのため，社会的価値の創出や向上を契約の目的物として設定することが，広く認識されるようになったのである。

このインパクト投資を成立させる上で鍵となる原則が，「PbR（Payment by Results：実績に応じた支払い）」[8]である。公共サービスを民間委託する際にいわゆる成果主義を導入するもので，公的部門が民間部門と委託契約を締結する際に，予め合意できる成果実績（results）を契約に明記し，その成果の達成状況に応じて報酬を支払うとするものである。民間委託した事業のコスト補填をするのではなく，委託事業の業績（performance）に対して支払いを行う。PFI における VFM の考え方を明確にするとともに，事業の効率性や有効性を改善する点に着目したことで成果（outcome）指向を明確にしたのである。

ここで，今後の議論を展開する前に，インパクト（impact）や成果といった概念を整理しておく。

NPM 理論が展開される過程で，パフォーマンス評価の前提となるための要件が検討された。その結果，次に掲げる 5 つの要件の整備が重要であることが指摘された[9]：

a) 競争原理を活用するため，市場機構が働くこと。そのため，需要と供給の双方において複数当事者が存在し，同じ情報を保有していなければならない。と同時に，事業評価や業績評価の結果が公開され，それらに関する監査が適切に行われて信頼性が担保されていなければならない。

b) 結果について契約化できること。そのため，結果は，管理できない成果ではなく，管理可能な産出（output）を用いて当事者の合意が得られるようにする。

---

8) 通常の会社の人事業績評価では，PbR は「出来高払い」とか「能率給」と訳されるが，ここでは成果主義にもとづく資源分配の意味で用いられている。
9) 山本［2000］，19-22 ページ参照。この点についての検討は，千葉（2003）参照。

第 5 章　社会的インパクトボンドの構造と潜在的可能性　117

図 5-2　NPM モデルによる政策プロセスと評価概念

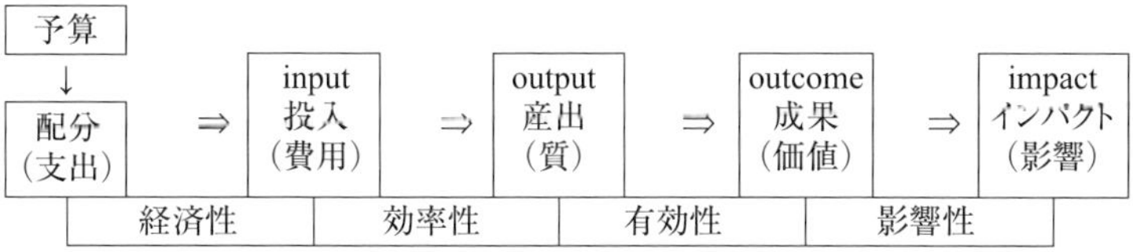

予算 ↓ 配分 （支出）	⇒	input 投入 （費用）	⇒	output 産出 （質）	⇒	outcome 成果 （価値）	⇒	impact インパクト （影響）
	経済性		効率性		有効性		影響性	

（出所）山本［2001］224 ページ　図 11.1 を参照，一部加筆。

c）管理可能な産出として結果が評価される以上，結果は測定可能な定量的なものでなければならない。

d）結果重視志向に傾斜すると，相対的に倫理や規範性が低下する恐れがある。そのため，信頼性や公平性，公正性といった観点にもとづいて倫理規準や規範を再構築する必要がある。

e）革新的な政策やシステムが創造されるためには，需給双方において起業家的精神（entrepreneurship）が不可欠である。

かかる検討の過程で，評価プロセスの基本となる評価概念の整理の必要が生じ，図 5-2 のような評価モデルが提案されたのである[10]。

ここで示される一連の過程は，政策プロセスを，予算の配分，投入，産出，効果，インパクトの価値連鎖と考えて，政策予算の配分から資源投入に至る過程では資源節約等の「経済性」を重視し，投入物とその産出物の関係を産出（output）／投入（input）分析にもとづく「効率性」で評価し，産出物が当初の政策目的・達成目標と合致するような効果をあげたのかどうかを「有効性」で判断し，その上で当該政策が惹起した社会的「影響性」を検討する，というものである。このように政策プロセスと評価基準を明らかにすることで，業績尺度を明確にするとともに，測定すべき内容が規定されることになる[11]。

10）　山本［2001］，222-225 ページ参照。

11）　会計領域に当てはめて考えてみると，予算の策定からその投入・産出までの経済性や効率性の測定は，これまでも予算管理論や原価計算，管理会計等で行われてきたものである。有効性評価については，業績評価の一環として BSC（Balanced Score Cards）の利用や TQM（Total Quality Management），PM（Project Management）などを活用する研究が行われてきた。しかしながら，社会的な「影響性」尺度による評価

NPM 理論が展開された当時は，先の要件 b）にみられるように，業績評価を成果ではなく，投入に対する産出で測定することを求めている。これは，行政が担う社会的課題は，福祉であれ，医療であれ，教育であれ，行政サービスの提供によって介護が不要となったとか，病気が治った，学力がついたなどの成果（outcome）が問題とされやすいが，それらの成果は貨幣価値で測定しにくいし，当該行政サービス以外の要因（外部環境）によっても結果が大きく変ってしまうなど，成果そのものを行政においてマネジメントすることが困難であるとの認識があったからである。

これに対して，インパクト投資は，まさに成果そのものをターゲットした投資が意図されている。これは，NPM 理論が，その基本的視座を行政におけるマネジメント手法の開発・整備に置いていたのに対し，インパクト投資では，行政マネジメントの問題というより，求めている社会的成果の獲得に向けてどのように資金を使うのかが問題とされているからである。PbR や VFM の考え方がより鮮明に打ち出されているのである。

2．社会的インパクトボンド（SIB）

2-1 SIB の仕組み

インパクト投資の一形態としての SIB は，塚本・関（2012）によれば，社会的アウトカムを向上させるような予防的活動に対する資金調達の拡大を狙って設計された（同書，p. 150 参照）。その仕組みは，公共部門との SIB 契約によって民間の投資家から資金を集め，ファンド（もしくは特別目的事業体（Special Vehide Purpose））を設立する。その民間の投資家から調達された投資資金は，社会的成果の向上を合意したサービス提供者に対して前払いで支払われる。サービス提供業者はその資金を用いて活動を行う。その結果，最初に合意した通りの社会的成果の向上に成功すれば，公共セクターはそれに見合う分の財政支出を節約できることになる。そこで，その節約分（saving back）を達成度に応じて

は，会計領域ではこれまであまり試みられていない領域である。

第5章 社会的インパクトボンドの構造と潜在的可能性　119

図 5-3　イギリス政府による SIB の概念図

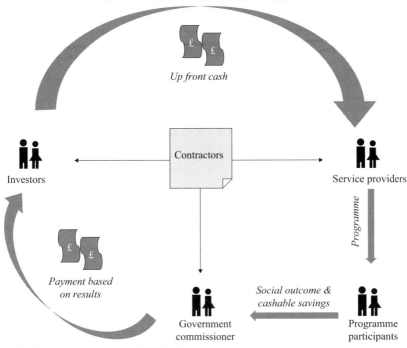

（出所）GOV. UK ホームページ掲載図（https://www.gov.uk/social-impact-bonds）。

　ファンドに支払うことにより，ファンドに出資した投資家は財務的リターンを得る。反対に，サービス提供者が合意したほどの社会的成果をあげられなかった時には，公共部門からの支払いはないので，投資家へのリターンはなく，投下資金の全部または一部を回収できないことになる。この SIB の仕組みを，イギリス政府のホームページでは図 5-3 のように示している。
　これを SIB への参加者別にそのメリット／デメリットをまとめると，表 5-2 のようになる。
　ここからわかることは，SIB により，公的部門は，従前の公共サービス提供者〈プレイヤー〉のポジションから，SIB 契約に規定されたサービス内容に対する〈監督〉及び〈評価・報償者〉のポジションに転換されていることである。公的部門が，〈プレイヤー〉として，組織，人材，技術，ノウハウ，資金

表 5-2　SIB の参加者別のメリット／デメリット

参加者	機能
公共部門 （Government）	・自前で提供していたサービスを，他者，特に民間の専門的にサービス提供している業者に委託することができる ・その結果，自前でサービス提供することによって発生していた財政支出を抑制（節約）することができる ・サービス提供後の成果（outcome）については，SIB 契約上で予め明示的に合意された基準によって業績評価をすればよい ・達成された成果に対する報償は，その業績評価にもとづき，節約された財政支出分を原資かつ限度として与えればよいので，追加的な支出を求められることがない ・契約通りの成果が得られなかった時には，報償を支払う義務はない
サービス提供者 （Service Providers）	・独自に開発し修得した専門的な技術やノウハウを，公共サービスの領域に拡大して展開する機会が得られる ・公共サービスの一部を担うことで，自尊心や社会的評価にプラスの影響が期待される ・サービス提供活動に必要となる資金は SIB 契約により前払いされるので，自らが資金調達に奔走する負担が軽減される ・その結果，サービス提供活動の中長期的計画を立案しやすくなり，活動の安定やサービス品質の維持・向上に注力しやすくなる ・活動業績の評価については，SIB 契約上で予め明示的に合意された基準によってのみ評価される ・合意された成果を達成できなかった場合でも，前払いで受け取った資金を返還する債務はない
投資家 （Investors）	・SIB の対象となった特定の社会問題の解決や社会的パフォーマンスの改善に向けて，自らの資金を直接投資することができる ・提供されるサービスについての提供責任主体，財政規模，達成目標並びに達成期間等が SIB 契約により掲示されるので，リスク負担等の投資判断を行いやすい ・達成された成果に応じて，財務的リターンも期待できる ・出資額を限度とした金融リスクしか負わない
プログラム対象 （Programme Participants）	・公的部門が提供する定型化された画一的なサービスではなく，高度な技術やノウハウを有する専門業者によるサービスを享受できる ・SIB 契約により目的・目標が明確にされているので，自らに求められている課題が明確にされる

（出所）筆者作成。

等の経営資源をすべて準備し賄うことは，限られた財政の中では困難になりつつある。と同時に，ますます多様化する公共サービス・ニーズに対して，ニーズ者の個別・具体的な満足を得られるような対応を図ることも，行政の公平や

平等にかんがみれば，実際には難しかろう。NPM 理論が展開される中で制度化されていった各種行政評価制度では，行政サービスに対する満足度調査やアンケート調査，各種ランキング等が実施され，その一部が成果指標として用いられることも多くなってきているが，それでも狙い通りの成果の達成，場合によっては成果の測定そのものができているとはいえない現状がある。

　これに対して，公的部門そのものがポジション転換を図ることによって，民間部門に新たな活動機会を提供するとともに，その活動に対する明確なパフォーマンス評価の仕組みを SIB は生み出している。特に，相対的に経営基盤が弱いとされる NPO／NGO，社会的起業家（social entrepreneur），社会的企業（social enterprise）等に対して，補助金や助成金等の資金供与を行うのではなく，彼らに彼らの得意とする活動内容での事業機会を与え，そのために必要となる事業資金を民間の投資家（その多くは，social investors）から調達する仕組みを整備している点で大きな特徴を有している。このことはさらに，マクロ的観点からする公的部門と私的部門との間の資金のアンバランスも，ファンドを通じた資金循環経路を創出したことによって，是正する方向に誘導しているとみることができよう。

2-2　SIB の実施事例

　SIB は，2010 年に開発されて以来，今日では，イギリス 14 本，アメリカ 5 本，オーストラリア 2 本，そしてオランダ 1 本と，計 20 本以上が実施されている。それらが対象としている社会的課題としては，刑務所の出所者の再犯防止，ホームレス支援，若者の失業リスクの低減，養子縁組，介護支援家族，幼児教育，そして貧しい人々の喘息予防支援等，実にさまざまな課題が取り上げられている[12]。そこでここでは，その最初の事例となった Peterborough 刑務所出所者の再犯率低下を狙いとした SIB について検討することとする。

---

12)　Cohen, Ronald (2014), pp. 3-4 参照。

〈SIB 事例— HMP Peterborough〉

SIB の最初の事例であり，Peterborough 刑務所における短期受刑者の刑務所出所後の再犯率を低下させることを目的として，Social Finance Ltd.[13] が開発し，2010 年 9 月にイギリス司法省との間で締結された。この SIB パイロット・プロジェクトで中心的役割を果たした Ronald Cohen 卿は，ロンドン市長公邸でのスピーチで，この開発段階でいくつかの発想の転換があったことを，次のように述べている：

> 「ここにはいくつかの思考段階で，ブレークスルーがありました。まず，第一段階は，関係する慈善組織の社会的パフォーマンスを正確に測定することです。そして，その測定は，契約上，釈放された犯罪者の生活を改善したいと望む投資家への財務的リターンとリンクされていました。元本と利息は，法務省と Big Lottery Fund によって支払われることとされました。というのも，潜在的な節約になる少数の唯一の代表が法務省であろうと思われたからです。もし最低限のパフォーマンス成果が達成されなければ，投資家はお金を失い，結果的に慈善による貢献を行ったことになります。もし最低限のパフォーマンス境界展を超えれば，投資家へのリターンは再犯率の低下に応じて 2%から 13%まで増加します。」(Cohen, Ronald (2014), pp. 3-4)。

実際に行われた Peterborough 刑務所の SIB の仕組みについては，イギリス政府ホームページで公表されている（図 5-4 参照）[14]。

このプロジェクトは，6 年間という期限付きの試行であったが，1 年未満の

---

13) Social Finance Ltd. は，社会的投資市場の構築・拡大に向けて 2007 年に設立された企業で，金融や経営戦略等のコンサルティングや新たな社会的投資商品の開発等を行っている（同社ホームページ（http://www.socialfinance.org.uk）参照）。

14) GOV. UK (http: //data. gov. uk/sib_knowledge_box/ministry-justice-offenders-released-peterborough-prison)

第5章　社会的インパクトボンドの構造と潜在的可能性　123

図5-4　SIB事例①— HMP Peterborough の仕組み

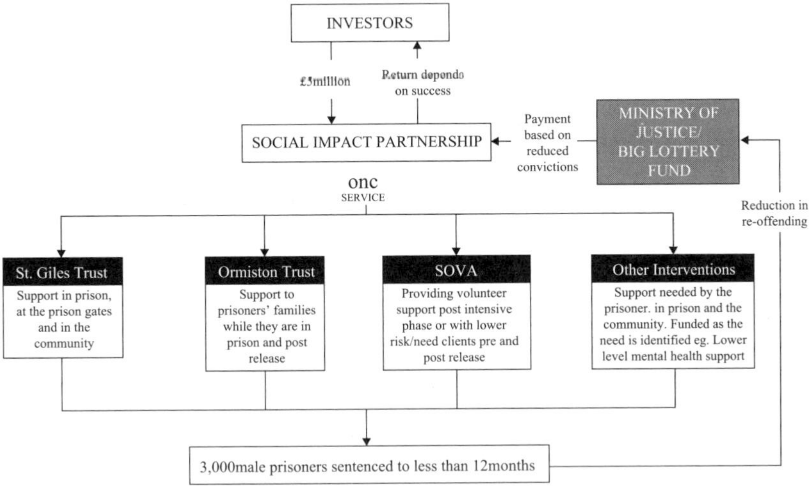

INVESTORS

£5million　Return depends on success

SOCIAL IMPACT PARTNERSHIP ← Payment based on reduced convictions ← MINISTRY OF JUSTICE/ BIG LOTTERY FUND

onc SERVICE

Reduction in re-offending

St. Giles Trust	Ormiston Trust	SOVA	Other Interventions
Support in prison, at the prison gates and in the community	Support to prisoners' families while they are in prison and post release	Providing volunteer support post intensive phase or with lower risk/need clients pre and post release	Support needed by the prisoner. in prison and the community. Funded as the need is identified eg. Lower level mental health support

3,000male prisoners sentenced to less than 12months

（出所）GOV. UK ホームページ掲載図（注14参照）。

　短期受刑者3,000人を対象として，出所後の就業・生活等の支援や指導を行うことで，再犯率を下げようという試みであった。イギリス司法省と，SIB開発資金を提供した宝くじを運営している The Big Lottery Fund が SIB 契約コミッショナーとして SIB パートナーシップ契約を取り結び，公益財団やチャリティ団体等計17の団体（図5-4の中では，Investors）から総額500万ポンドの出資を受けた。その資金を中間支援組織として前述の Social Finance Ltd. が取りまとめて，出所者の支援を実際に行うサービス提供者（図5-4の中では，St. Giles Trust や Ormiston Trust，SOVA 等のことで，One Service というネットワークに参加する形態をとった）に資金供与を行ったのである。

　投資家は，他の刑務所の短期受刑者と比較して，再犯率が7.5％以上低下した場合に，契約コミッショナー（すなわち，司法省と The Big Lottery Fund）から，財務的リターンを受け取ることになる（図5-5参照）。

〈SIB 事例—イギリス国内その他〉

　2012年には，地方自治体が直接 SIB 契約を成立させた事例が登場している。

図 5-5 財務的リターンの考え方

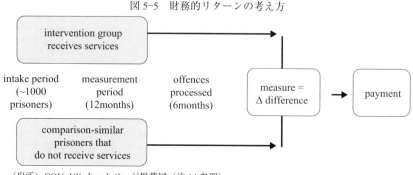

(出所) GOV. UK ホームページ掲載図 (注 14 参照)。

　これは，Essex County Council が児童養護施設等の家庭外の施設で支援・援助を受けている若年者の自立や家族関係の改善を支援することを目的とした SIB を設定したものである。同州においては，施設出身者が犯罪に手を染めたり，反社会的・攻撃的な行動をとったり，子供の多い家庭の子が下の子の面倒をみなければならないために低学歴になったり，NEET (not in education, employment or training) になる割合が多くみられた。そのため，養護施設関連費用がイギリス国内の他の州と比べて相対的に高額となっていたため，SIB を用いてその改善を図ったのである[15]。具体的には，MST (Multi-Systemic Therapy) を行う Action for Children 等の 2 団体に資金を提供し，約 30 カ月のケア・サービスを行う。そのサービス・ケアの実施状況や学校への登校状況，幸福感等を総合的に測定して成果が評価される[16]。

〈SIB 事例— Goldman Sachs〉
　アメリカでも SIB 契約が成立しているが，特に投資銀行 Goldman Sachs は SIB に積極的に取り組んでおり，同社のホームページでは次のような事例が紹

---

15) Social Finance Ltd. ホームページ参照。
　　(http://www.socialfinance.org.uk/work/sibs/vulnerable-children)
16) 同上ホームページの他，Big Society Capital，Social Venture Fund のホームページを参照。

介されている[17]。

① 2012 年 8 月　ニューヨーク市：若者の再犯率を減少させるための SIB

16-18 歳の受刑者を対象とした，セラピーとグループカウンセリングを用いた特殊教育プログラム（The NYC ABLE Project for Incarcerated Youth）を実施するために，960 万ドルを出資している。

ニューヨーク市矯正局が，再犯率の低下によって実現したコスト削減額及び予想削減額を原資としてリターンを支払う。再犯率が 12% を超えて低下した場合，Goldman Sachs は出資額が完済され，20% を超えて低下した場合には，ニューヨーク市は目標としたコスト削減額を達成できることになる。

② 2013 年 6 月　ユタ州：教育機会に恵まれない児童に対する SIB

3-4 歳の児童の段階からきちんとした教育を受けさせておけば，小学校高学年になった時の特別学習等が不要となることから，最大 3,700 人の子供たちを対象とした早期教育プログラムに出資している。これによって，特別学習や補習等にかかる州のコストが削減されることがリターンの原資となる。

③ 2014 年 1 月　マサチューセッツ州：若者の再犯を予防し雇用率を上げるための SIB

17-23 歳の保護観察下にある若者を対象に，2 年間の奉仕活動や雇用プログラムに参加させ，その後の 2 年のフォローアップ期間に成果を測定する。州のコスト削減額がリターンの原資となる。

〈SIB 事例—その他〉

上記の他，Cohen, Ronald（2014）では，イスラエルでは II 型糖尿病予備軍の早期発見と早期治療に関する SIB，イタリアでは薬物リハビリに関する SIB 等が簡単に紹介されている[18]。

---

17)　Goldman Sachs ホームページ参照。
　（http: //www. goldmansachs. com/what-we-do/investing-and-lending/urban-investments/case-studies/social-impact-bonds.html）
18)　Cohen, Ronald (2014), p. 4 参照。

3. SIB の潜在的可能性

3-1 社会的課題への取り組み動向

大手会計事務所 KPMG では，1993 年以来 CR（Corporate Responsibility）報告に関する動向調査を行っており，直近の調査は 2013 年に実施されている。その調査結果から，次のような傾向が導かれた[19]。

①新興国において CR 報告が大幅に伸びている

②業種別の報告率において，上位と下位の差が縮小している

③ CR 情報を年次報告に含めることが標準化しつつある

④ GRI ガイドラインの利用が世界共通となりつつある

⑤ CR 報告の外部保証が広がりつつある

他方，2010 年に発行された「ISO26000：2010 社会的責任に関する手引」にもとづく取り組みも進められており，現在，日本企業のサステナビリティ報告や CR 報告の実務において，ISO26000 の枠組み（図 5-6 参照）を準用する企業が大企業を中心に増えてきている[20]。

報告の内容や質についてはまだまだ途上段階にあると考えるべきであるが，それでも ISO26000 の 7 つの中核主題（①組織統治，②人権，③労働慣行，④環境，⑤公正な事業慣行，⑥消費者課題，⑦コミュニティへの参画及びコミュニティの発展）のそれぞれに，経営戦略上の具体的な重要業績評価指標（Key Performance Indicators：KPIs）を公表する企業[21]も現れてきている[22]。

---

19) KPMG (2013), pp. 10-11 参照。

20) 2013 年に公表された CR 報告書において ISO26000 への対応表を設けている企業としては，例えば，トヨタ自動車や日産，東芝，日立，富士通，Panasonic，コクヨ，花王，TORAY，富士フィルム，京セラ，日本ガイシ，武田薬品工業，丸紅などが挙げられる。

21) 例えば，大成建設『TAISEI CORPORATE REPORT 2013 DATA BOOK』では，「大成建設の KPI」として 7 つの中核主題のそれぞれの具体的な KPI の定義，内容，年度比較，達成度評価と実績解説，改善・課題を明記し，公表している（同，1-6 ページ）。

22) CR 報告全般についての動向については，神田・千葉（2014）でも検討している。

図 5-6　ISO26000 規格の基本構成
ISO26000の図式による概要

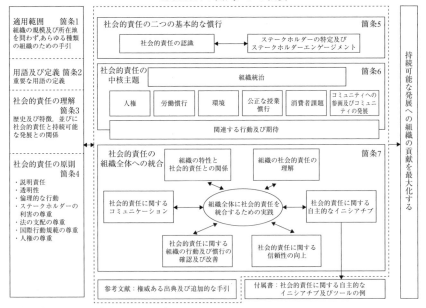

（出所）ISO26000，序文 p. ix，図 1 参照。

　このような社会的趨勢の下，公的部門と協働して，コミュニティの抱える社会的課題に積極的に取り組もうとする人々，企業，団体等が増えつつある。しかも，そのアプローチは，純粋なメセナ（mecenat）やフィランソロピー（philanthropy）といった形態の活動から，何らかの経済的・社会的リターンを期待するものまで，多種多様な動機や目的で広がりつつある。この傾向は，とりわけ財政難が足枷となって充分な公共サービスを提供できない中央／地方政府，地域社会等においては顕著であるし，また今後増えていくことが期待される分野である。SIB は，このようなコミュニティへの参画を，ファイナンスの側面から支援する画期的な取り組みのひとつと考えられるのである。

3-2　ファイナンスの視点からみた社会的価値の創出プロセス

　公的部門のマネジメントに焦点を当てた NPM 理論では，成果を業績指標と

して用いることに限界があることは前述のとおりである。しかしながら，SIB
に代表されるインパクト投資においても，投資行為が目標とする社会的インパ
クトを導くためには，図 5-2 と同様の実証可能なロジックが構成される必要が
ある。

　インパクト投資が求める社会的価値を指標化したものを「社会的価値指標
SVI（Social Value Indicators）」として概念的に構成してみると，投下された資金
によって生じた影響が社会的価値を生み出すものと考え，これを次のような①
式で表すこととする。

$$①式：SVI = \frac{社会的影響（impact）}{投資（input）}$$

社会的影響は，投資が生み出した成果によって引き起こされるので，要素分解
すると②式のように展開することができる。

$$②式：SVI = \frac{成果（outcome）}{投資（input）} \times \frac{社会的影響（impact）}{成果（outcome）}$$

さらに，成果は，投資対象となったサービス提供活動が生み出した産出に対す
る業績評価であるので，③式のように考えることができる。

$$③式：SVI = \frac{産出（output）}{投資（input）} \times \frac{成果（outcome）}{産出（output）} \times \frac{社会的影響（impact）}{成果（outcome）}$$

もちろんこれは，社会的価値を生み出すメカニズムについての思考整理を行う
ための概念式に過ぎないが，このような要素分解を行うことによって，例えば
図 5-2 に示した SIB 参加者に期待される役割を考えるきっかけとすることが
可能となる（表 5-3 参照）。

　SIB は社会的リターンと財務的リターンを結びつけるものであり，SIB が社
会的価値を生み出す過程全体を通じて，公的部門以外のさまざまな参加者，投
資家やサービス提供者の登場を期待させるものである。と同時に，それが公共

表 5-3　社会的価値（SV）を生み出す SIB 構成要素の流れ

参加者	input	output	outcome	impact
公共部門 （Government）	SIB 契約の締結 PbR の保証	⇒	合意にもとづく結果の評価	成果に対するリターンの提供
サービス提供者 （Service Providers）	サービス活動の実施	実施活動による結果の報告		
投資家 （Investors）	資金の提供	⇒	⇒	成果に応じたリターンの享受
プログラム対象 （Programme Participants）	サービスの享受	サービスの享受による自己改善		

（出所）筆者作成。

サービスに関する適正なバランスシートを作成する動機ともなり得る。それは，公的サービスの提供を社会的価値を生み出すためのファイナンス・プロセスと捉えれば，より容易に理解されよう[23]。

おわりに

SIB というインパクト投資における新しいスキームを考察することにより，社会的価値をどのようなプロセスで形成することができるのか，そのひとつの道筋を検討することができた。それにより，従来の NPM 理論が公的部門のマネジメントに視点をおくのに対し，ファイナンスの視点からみることで，公共サービスをより多くの参加者を募って，より多様かつ広汎な社会的課題に対して取り組む可能性を見出した。SIB が有する潜在力は，今回考察した SIB 事例以外にも，医療，介護，雇用，生活支援等のさまざまな分野への応用可能性を

23）　このようなファイナンス指向の考え方は，日本においても 2013 年の PFI 法改正にみることができる。同改正では，インフラファンド機能を担う官民連携組織として，15 年間という期間限定ではあるが，㈱民間資金等活用事業推進機構を設立するとしている。同機構の主たる役割は，独立採算型の PFI 事業に対する出融資と，PFI 事業者に対する専門家の派遣や助言である。これは，SIB における中間支援組織と同様の機能を果たすことが期待されているいうことができる。

有している。環境面でも，複数の自治体や地域にまたがる河川や海面水域に対する社会的パフォーマンスの改善や，多くの権利が幾重にも付帯する土壌や森林の整備等の取り組みに適用できよう[24]。

　また，SIB スキームには，専門性の高い機関や組織が参加していることも見逃せない。例えば，SIB 契約にもとづくファンドの設立・運営には，特別目的事業体（Special Purpose Vehicle：SPV，ないしは Special Purpose Entity：SPE）が利用される。これらは，民間の事業活動において，M&A や証券化，プロジェクト・ファイナンス等の資金調達のツールとして広く用いられてきた手法である。これらを官民連携（PPP）に応用することは，事例として紹介したGoldman Sachs のような専門の金融機関の知識やノウハウ等が必要となろう。また，公正性を担保するためには，社会的インパクトの適正な測定・評価ができる評価機関も不可欠である。その意味で，善意の慈善家や有志のボランティアだけではなく，当該分野で高度な専門性を有する組織や団体が，その専門性を用いて参加することが望まれるのである。

参 考 文 献

植田和弘・國部克彦責任編集，水口剛編著（2011），『環境と金融・投資の潮流』（環境経営イノベーション・シリーズ第 3 巻）中央経済社。

神田麻貴子・千葉貴律（2014），「企業責任の情報開示に係る近時の動向」『公社研リサーチ・レポート』第 7 号。

白川一郎・富士通総研経済研究所（2001），『NPM による自治体改革〜日本型ニューパブリックマネジメントの展開〜』経済産業調査会。

総務省（2012），『公の施設の指定管理者制度の導入状況等に関する調査結果』（平成 24 年 11 月 6 日）。

大成建設株式会社（2013），『TAISEI CORPORATE REPORT 2013 DATA BOOK』。

千葉貴律（2003），「環境会計における NPM 理論の応用可能性」『経営論集』（第 50

---

24)　考えてみれば，アメリカの「包括的環境対策・補償・責任法（CERCLA）」（1980）及び「スーパーファンド修正および再授権法（SARA）」（1986）では，土壌汚染の浄化費用を信託基金（スーパーファンド）に集められた資金を通じて賄うという仕組みを設けていた。法制度により，潜在的責任当事者（Potential Responsible Parties）から強制的に資金を徴収するというものではあったが，ファンド形式を採用することによって土地利用を巡る権利関係というハードルを，とりあえずは越えることができたといえるのかもしれない。

巻第2号），明治大学。

塚本一郎（2012），「英国における「ビッグ・ソサイアティ」とインパクト・インベストメント」『公社研リサーチ・レポート』第1号。

塚本一郎・関正雄編著（2012），『社会貢献によるビジネス・イノベーション』丸善出版。

都市問題研究会（2002），『都市問題研究』（第54巻第4号）。

山本清（2000）『自治体経営と政策評価—消極的顧客主義を超えるNPMを—』公人の友社。

山本清（2001）『政府会計の改革—国・自治体・独立行政法人会計のゆくえ』中央経済社。

内閣府（2011）「PFI法改正に関する説明会資料」（資料）内閣府民間資金等活用事業推進室。

内閣府（2014）「PFIの現状について」（資料）内閣府民間資金等活用事業推進室。

Big Society Capital (2012) 'Big Society Capital: vision, mission and activities'.

Big Society Capital Homepage, (http://www.bigsocietycapital.com/) (access, March 2014)

Cohen, Ronald (2014) 'Revolutionizing Philanthropy: Impact Investment', (Handout following speech at Mansion House on 23 January, 2014)

Global Impact Investment Network (GIIN) Homepage, (http: //www. thegiin. org/cgi-bin/iowa/home/index.html) (access, March 2014)

Goldman Sachs (2012) 'Fact Sheet: The NYC ABLE Project for Incarcerated Youth'.

Goldman Sachs Homepage, (http: //www. goldmansachs. com/what-we-do/investing-and-lending/urban-investments/case- studies/social-impact-bonds. html) (access, March 2014)

GOV. UK Homepage (https://www.gov.uk/) (access, March 2014)

ISO26000:2010 Guidance on social responsibility. （日本国内規格：JIS Z 26000:2012 社会的責任に関する手引）

KPMG (2013), "The KPMG Survey of Corporate Responsibility Reporting 2013". （一部日本語訳：KPMGあずさサステナビリティ株式会社「KPMGによるCSR報告に関する調査2013〈エグゼクティヴサマリー〉〈主要データ集〉」）

Social Finance Ltd. Homepage (http://www.socialfinance.org.uk/) (access, March 2014)

Social Venture Fund (http://www.socialventurefund.com/) (access, March 2014)

Disley, Emma, Jennifer Rubin, Emily Scraggs, Nina Burrowes, Deirdre Culley (2011) 'Lessons learned from planning and early implementation of the Social Impact Bond at HMP Peterborough', Ministry of Justice, UK.

第 **6** 章

森林バイオマスマネジメントのための
メソ環境会計の構想と展開

は じ め に

　日本では，地球温暖化の主要原因物質である二酸化炭素（CO_2）の排出削減において，森林管理を通じた森林吸収に大きな期待が寄せられている。日本政府と地方自治体は，適切な森林管理を通じて森林吸収に貢献できる質の高い森林を維持するために，間伐材などの森林バイオマス資源の活用を目指してきた。

　ただし，森林バイオマス資源のバリューチェーンには，林業家，森林組合，製材業者，発電事業者，地域住民，地方自治体といった，さまざまな経済主体が関与している。これらの，経済主体間の利害調整，森林管理や温暖化対策の計画立案とその持続的遂行を円滑に進めていくために，地方自治体は重要な役割を担っている。そこで，本研究では，地域における森林資源とそこから生み出された森林バイオマス資源の管理に役立つメソ環境会計モデルとしてバイオマス環境会計を位置づけ，そのフレームワークと利用可能性を検討する。同環境会計を地方自治体が政策立案に活用することによって，地域における森林管理と地域振興の両立がはかられることが期待される。

　上記の研究目的を果たすために，本章では，第1節において，森林管理により生み出される間伐材などの森林バイオマス資源の地域における活用を通じた

温暖化対策と森林管理の重要性を指摘する。第2節では，地方自治体における
バイオマス資源の利用政策の問題点を指摘し，その問題を克服するために，森
林バイオマス資源のフローとその源である森林ストックの双方を管理するため
の情報システムとしてバイオマス環境会計の必要性を明らかにする。第3節で
は，森林ストックと森林バイオマス資源の連携を考慮した事業プロセスを想定
し，バイオマス資源のためのバイオマス環境会計モデルのフレームワークを提
示する。第4節では，当該バイオマス環境会計モデルの構築ステップとその自
治体における利用可能性を検討する。また，バイオマス資源を活用した地域の
発電事業をモデルケースとして想定し，バイオマ環境会計モデルの利用可能性
を明らかにする。

1. 日本における地球温暖化対策と森林管理の現状

1997年に制定され2005年に発効した京都議定書では，日本は2008年から
2012年までの約束期間において，1990年の水準から温室効果ガス（GHG：
Greenhouse Gas）の排出量を6%削減することが義務づけられた。当該GHG排
出量の削減目標の達成には，1990年以降の新規植林，再植林または森林減少
（京都議定書第3条3）のほかに，「吸収源による吸収量の変化に関連する追加的
な人の活動」であるいわゆる森林吸収源対策を通じた吸収も算入することがで
きる（京都議定書第3条4）。日本は，6%削減という目標のうち，算入が認めら
れている上限の約3.8%を森林吸収源対策によって賄った[1]。

日本では「京都議定書目標達成計画」に基づいて，森林の整備によって
3.8%の森林吸収量を確保するために，健全な森林整備，保安林などの適切な
管理・保全などの推進が進められ，その一環として「森林の間伐等の実施の促
進に関する特別措置法」などに基づいて，2007年度からの6年間で330万ha
の間伐が実施された。同計画では，この他にも，国民参加の森林づくりなどの
推進，木質バイオマス利用の推進が実施された[2]。

---

1) 地球温暖化対策推進本部（2014）4ページ。

バイオマス資源の利用については，2006年にバイオマス・ニッポン総合戦略[3]，2009年にはバイオマス活用の施策を総合的かつ計画的に推進するためのバイオマス活用推進基本法，2010年には同法に基づいた施策の基本となる事項を定めたバイオマス利活用計画が定められている。バイオマス・ニッポン総合戦略は2011年に総務省によって政策評価が行われ，政策の有効性や効率性を検証するデータが十分に把握されていないことが指摘されている。バイオマス活用推進基本法の策定を行うバイオマス活用推進協議会は，これを受けて2012年にバイオマス事業化戦略を策定しているが[4]，そこでは，バイオマス事業の原料調達から製造および販売までのバリューチェーンの一貫管理とその最適化が企図されている。したがって，森林資源はバイオマスバリューチェーンの最上流に位置づけられることから，森林管理とバイオマス事業は地球温暖化対策において不可分な関係としてとらえられる。

　一方，森林管理は，必ずしも順調に進展しているわけではない。日本の森林面積は国土の約69％に及び[5]，先進国では有数の森林大国であるが，日本における木材，栽培きのこ類，薪炭などの林業生産活動の合計額である林業産出額は長期的に減少傾向にあり，2011年には1980年の1兆1,582億円から3,917億円に，そのうちの木材についても9,717億円から1,933億円に減少しており，森林管理の柱でもある林業は著しく衰退している[6]。こうした状況に対して，林野庁は2011年に森林林業基本計画を策定し，GHG吸収，生物多様性の保全，治山といった森林の有する多面的機能の発揮，林業の持続的かつ健全な発展，林産物の供給および利用の確保といった施策を打ち出している[7]。もちろん，これらの施策はバイオマスバリューチェーンによって有機的にリンクすることが不可欠である。

---

2)　地球温暖化対策推進本部（2014）387ページ。
3)　農林水産省（2006）。
4)　農林水産省（2012）。
5)　林野庁（2013）5ページ。
6)　林野庁（2014）98ページ。
7)　林野庁（2011）。

このように日本における温暖化対策に関わる政策では，森林に対する吸収源
対策が重要な施策となっている。また，これを効果的に進める要素として森林
から産出される森林バイオマスの有効利用が重視されており，地域における森
林管理とバイオマスバリューチェーンを一貫してマネジメントする必要性が指
摘されている。こうしたバイオマスマネジメントは，森林の公益的機能の保全
や地域における林業の活性化にも関わっており，そこでは，間伐などを中心と
した森林の整備と間伐材などの森林バイオマスの地域における利活用が必要に
なってくる。

2. 日本の地方自治体における森林管理とバイオマス環境会計

バイオマス資源の供給源である森林は，CO_2の吸収・固定化や化石燃料の抑
制という地球環境保全機能だけでなく，生物多様性保全，水源涵養，土砂災害
防止・土壌保全，人々の保健休養といった多面的な公益的機能を有しているこ
とが知られている[8]。これらの諸機能は，地域の市民生活に直結する問題であ
ることから，地方自治体にとって，森林資源の保全と育成は重要性が増してお
り，地方自治体の環境政策や林業政策を通して推進されるようになってきた。
多くの日本の自治体では，産業，環境，教育，安全，公衆衛生などの自治体
が行政運営するあらゆる領域の中期計画である「総合計画」に基づいて具体的
に個々の政策が立案されている。森林と林業政策では森林・林業基本計画が，
温暖化対策を含む環境政策では環境基本計画が策定され，これらの基本計画は
毎年進捗状況を把握して進行管理が行われ，定期的に改定されている。ここで

---

8)　三菱総合研究所（2001），林野庁（2011）。日本など温帯地域の 12 カ国が参加する
　　モントリオールプロセスの 2009 年基準・指標では，基準 1「生物多様性の保全」（9
　　指標），基準 2「森林生態系の生産能力の維持」（5 指標），基準 3「森林生態系の健全
　　性と活力の維持」（2 指標），基準 4「土壌及び水資源の保全と維持」（2 指標），「地球
　　的炭素循環への森林の寄与の維持」（3 指標），「社会の要望を満たす長期的・多面的
　　な社会・経済的便益の維持及び増進」（20 指標）および「森林の保全と持続可能な管
　　理のための法的，制度的及び経済的枠組み」（10 指標）によって，持続可能な森林経
　　営を測るモノサシとしている（The Montréal Process Working Group（2009））。

は，農林水産業を主要産業とする青森県を例にとって，その政策について考察する。

青森県では1996年に制定された環境基本条例に基づき，環境基本計画（1998年制定，2007年，2010年改定，2013年）を制定している。この計画の中で，森林管理は，CO_2の吸収を代表とする多面的機能の向上，森林資源の利活用のために森林の保全と活用が重要施策として掲げられ，その進捗をモニタリングするための指標として間伐実施面積などがあげられている[9]。これらの進捗状況は，毎年環境白書として公表されているが，たとえば2009年度版では表6-1に示す指標が設定されている。

青森県では，表6-1に示された，環境基本計画策定段階の現状値，該当年度の実績値および目標値を比較対照して掲載し，各政策の進行管理を行なっている。これらの指標は環境基本計画の改定の際に活用される[10]。他方，森林管理については，環境政策の一環として実施されると同時に，林業政策としても位置づけられている。青森県の林業の基本施策を規定している森林・林業基本計画では，森林整備，林業の振興，木材産業の振興および山村地域の振興という4つの政策目標を中期的目標としており，表6-1に掲げた環境基本計画における森林管理に関わる指標のほかに，県産材供給量と使用量といった指標が付加されている。

森林資源が公益的機能を十分に発揮させるためには，生態系として森林ストックを維持すると同時に，森林ストックからもたらされる主材，未利用林地残材，間伐材などの森林フローのマネジメントが必要不可欠である。青森県でも，温暖化対策や生物多様性保全などに関連する環境政策と地域の産業振興に関連する林業政策という2つの側面から施策を展開しており，表6-1に掲げられた森林蓄積量，森林面積といったストックの指標と間伐実施面積，県産材使用率，木炭生産量といったフローの指標からこうした方向性を読み取ることが

---

9)　青森県（2013）53ページ。

10)　青森県（2008）38ページ。

表 6-1　青森県の環境基本計画における森林管理の指標

指標名	基準値	前年度実績値	現状値	目標値	指標の説明
森林面積 （毎年4月1 日現在）	636,722ha （2006年度）	636,248ha （2008年度）	635,882ha （2009年度）	636,722ha （2009年度）	民有林・国有林を合わせた森林の面積
保安林面積 （民有林）	50,246ha （2005年度）	50,765ha （2007年度）	50,870ha （2008年度）	50,447ha （2009年度）	民有林の水源涵養保安林，土砂流出防備保安林等の面積
間伐実施面積	15,379ha （2005年度末）	26,337ha （2007年度）	32,002ha （2008年度末）	25,885ha （2009年度末）	間伐実施面積（2003年度〜）の累計面積
森林蓄積量 （毎年4月1 日現在）	104,627,000m³ （2005年度）	107,298,000m³ （2007年度）	108,373,000m³ （2008年度）	109,100,000m³ （2009年度）	森林を構成する樹木の体積の総量
森林認証制度により認証された県産材の使用率（県公共事業）	0% （2005年度）	31.0% （2007年度）	12.9% （2008年度）	20% （2009年度）	県公共事業（治山事業・林道事業等）で使用した県産認証材の使用率
木炭生産量	239t （2005年度）	250t （2007年度）	242t （2008年度）	290t （2009年度）	木炭（粉炭を含む）の生産量
（以下，略）					

（出所）青森県（2009）53ページを一部修正して作成。

できる。

　また，青森県では，森林ストックからもたらされる森林バイオマスの生産と利用について，2004年に「あおもり・バイオマス利活用総合戦略」を策定し，森林バイオマスの利活用を企図している。同戦略では，2002年における間伐材の利用率が目標達成度を測る指標として掲げられている。

　既に述べたように，日本では，京都議定書におけるGHGの排出削減目標を達成するために間伐を進めてきたが，自治体に対しても間伐に対する補助金などが交付され，自治体ごとの方針に基づいて間伐が実施されている[11]。ただし，間伐が実施された場合でも，搬出コストの問題や生産資源としての利用可

能性の問題などから，林地残材となってしまうケースがほとんどであり[12]，2012年にスタートした固定価格買取制度の導入によって，バイオマス発電への利用が大きな注目を集めている。

　こうした問題を解決していくためには，森林ストックの質の維持と，森林バイオマスに代表される森林フローを有機的に関連づけて政策展開することが重要である。地域において，森林資源と森林バイオマスの管理，採取，輸送，転換，利用という一連のバリューチェーンのプロセスを形成するためには，地主，森林組合，輸送業者，木材加工業者，発電事業者および地域消費者などの各経済主体が関わることになる。森林ストックと森林フローを有機的に関連付けるには，森林バイオマスの採取から利用までをひとつの会計単位として位置づけるメソ会計の視点から，バイオマスバリューチェーンのマネジメントを行う必要がある。自治体は地域におけるこうした各経済主体間の利害調整を行ない，環境保全や産業振興を推進する中心的アクターとしてとらえることができる。

　以上のことから，本章では，自治体が持続可能な森林管理に資する政策を立案・運営するために，森林ストックから生み出される森林フローである間伐材などの森林バイオマスの利用に着目し，間伐実施率の向上や林地残材の利用率の向上を，森林蓄積量を増加させる誘因として位置づける。したがって，森林管理を念頭に置きながら，間伐材利用のためのシナリオ設定を行ない，設定されたシナリオが実現した時に発生する地域への影響を経済面，環境面および社会面から評価し，分析するメソ環境会計システムとして，バイオマス環境会計を提示する。

---

11)　青森県の「特定間伐等の実施の促進に関する基本方針」では，2008年度-2012年度の5年間に民有林における間伐実施面積を59,000haにすることを目標として掲げている（青森県（2008b））。

12)　林野庁（2010）110ページ。

3. バイオマス環境会計モデルのフレームワーク

3-1 バイオマス環境会計の先行研究

バイオマス環境会計に関する代表的先行研究としては，文部科学省「一般・産業廃棄物・バイオマスの複合処理・再資源化プロジェクト」と環境省「バイオマスを高度に利用する社会技術システム構築に関する研究」があげられる[13]。これらのプロジェクトは，地域で排出される廃棄物やバイオマスなどを原料化・燃料化するための技術開発とその影響・安全性の評価を目的として，経済・社会システムを設計するシミュレーションシステムすなわちバイオマス情報プラットフォームの構築を行っている。同プラットフォームでは，森林などのバイオマスストックとそこから生み出される木質バイオマスフローを，バイオマス事業シナリオごとに経済面，環境面，社会面から評価し，事業者，自治体および地域住民に持続可能なバイオマス事業を推進していくための意思決定情報を提供するツールとしてバイオマス環境会計を導入している。また，間々田（2009）は，バイオマス環境会計を新潟県妙高市で実施されるバイオマスプロジェクトに適用したケーススタディを行っている。

バイオマス環境会計と同様の視点に基づくケーススタディとしては，この他にも，真庭市のバイオマス事業を評価した事例があげられる。そこでは，木質系廃材・未利用木材利活用事業におけるバイオマス発電，ペレット製造，蒸気供給，ガス化などの 10 の本体事業とペレットボイラーによる温水プール運営・ハウストマト生産，バイオマスツアーなどの 7 つの波及事業を対象として，事業ごとおよび真庭市全体について，経済面で事業収支，環境面で GHG 排出量，社会面でバイオマス事業への参加者数を把握し，バイオマスタウンの現状が示されている。これらの情報は事業主体が説明責任を果たすために使われることになる[14]。

---

13) 文部科学省（2008），環境省（2011）。
14) 伊佐亜希子他（2013），近藤加代子他（2013），ベスピャトコリュドミラ他（2009）など参照。

地球温暖化対策の一環として森林保全とバイオマスフローの有効利用を捉え，そのマネジメントツールとして環境会計を位置づけた研究としては，八木他（2008）があげられる。ただし，同研究は，理論モデルを中心としていることから，本章では，同研究をベースにしながら，急速に進展する環境政策，林業政策，バイオマス利用の現状などを踏まえたより具体的なモデルケースを提示することで，バイオマス環境会計のさらなる展開の可能性を明らかにする[15]。

3-2　バイオマス環境会計の構築ステップ

森林資源の維持・管理や森林バイオマスの利活用の方法は地域ごとによって大きく異なる。そのために，バイオマス環境会計モデルの構築では，①〜⑥の6つの分析ステップに基づいて展開することが必要となる。すなわち，①森林バイオマスデータの把握，②事業シナリオ設定，③物量データ収集，④貨幣データ収集，⑤社会的影響の把握，⑥環境・バイオマス政策評価である。

分析ステップ①は，地域が所有している森林資源の面積とそこから発生する森林バイオマスの賦存量および利用可能量を明確にする。分析ステップ②は，①に基づいて図 6-1 に示されているような事業主体とそのプロセスを検討する。森林バイオマスの利活用事業はいくつか考えられるが，その代表的な事業モデルは図 6-1 のように示すことができる。図 6-1 は，次の4つのプロセスをそれぞれ連携させた事業モデルになっている。すなわち，林地から搬出された間伐材を木製品に加工して市場に販売する事業，ペレットストーブやボイラーなどで使用する木質ペレットを製造する事業，エタノールを製造する事業，そして，熱や電力を生成する際に発生する焼却灰を肥料などに加工する事業である。また，このモデルでは，事業主体ごとに，バイオマス利活用や森林吸収による CO_2 削減量および吸収量に対応する排出権が設定されている。

分析ステップ③は，マテリアルフロー分析（Material Flow Analysis：MFA）やラ

---

15)　八木裕之・丸山佳久・大森明（2008）。

図6-1 森林資源と森林バイオマスを利用した事業モデル例

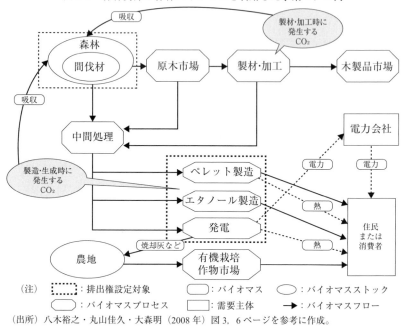

(出所)八木裕之・丸山佳久・大森明(2008年)図3, 6ページを参考に作成。

イフサイクル・アセスメント(Life Cycle Assessment：LCA)に基づいて,モノの流れや環境影響を把握する。すなわち,事業主体ごとに発生するバイオマス量,消費されるバイオマス量および物質・エネルギー量,各主体に残存するバイオマス量や製品量,発生した環境負荷物質の総量とその影響,森林に吸収される CO_2 量などである。続いて,分析ステップ④と⑤は,③で把握されたフローに基づいて,既存の会計モデル(特に原価計算)や環境省の環境会計ガイドラインを参考にしながら[16],カネやヒトの流れをとらえる。ここでは,経済活動,環境保全活動,社会活動を実施することにより発生する製造原価,営業費,環境保全コスト,収益,環境保全効果,経済効果,補助金,地域のコミュニティやアメニティへの影響などが把握される。また,森林などの自然資産や環境保全のための構築物や機械装置などの人工資産, CO_2 削減量・吸収量に

---

16) 環境省(2005)。

第6章　森林バイオマスマネジメントのためのメソ環境会計の構想と展開　143

表6-3　バイオマス環境会計モデルのフレームワーク

期首ストック	ストック経済・環境・社会項目			ストックデータ			
フロー	物量データ			ストック・フロー間の影響項目	貨幣データ		社会データ
	物質・エネルギー	環境保全効果	環境影響		コスト	経済効果	社会的影響
バイオマスチェーン活動項目	フローデータ	評価データ		フローデータ	フローデータ	評価データ	
期末ストック	ストック経済・環境・社会項目			ストックデータ			

ストックの計算・評価

フローの計算と評価

（出所）八木裕之（2008年）図表1, 28ページを参考に作成。

対する排出権といったストックとその変化の把握も重要となる。ここまでのステップが，自治体がバイオマス環境会計のフローおよびストックのデータを把握していく段階である。これらのデータを格納する環境会計モデルのフレームワークは，表6-3で示される。

　フローについては，モデル上では，事業プロセスに基づいて直接把握されるフローデータとそのデータを用いて計算される評価データが把握される。また，ストックについては，期首のストックに，期中のフローがもたらす当該ストックへの影響を反映させることにより，期末のストックが把握される。

　最後に，分析ステップ⑥では，自治体によるバイオマス環境会計の利用方法が検討される。自治体は，表6-3のフレームワークを用いて構築したバイオマス環境会計を，図6-2のように政策・合意形成のために用いることができる。すなわち，各種データを個々に収集するとともに，それらを関係づけることにより，分析ステップ②で設定した事業プロセスを体系的かつ総合的に評価する。その結果は情報公開され，今後の政策の検討や林業家，事業者，市民・住民に対して開催される事業説明会などにも利用される。こうしたステイクホルダーへの情報開示は，コミュニケーションを通してバイオマス事業に関する地域の合意形成に寄与することが期待される。

図 6-2　事業関係者によるバイオマス環境会計の利用例

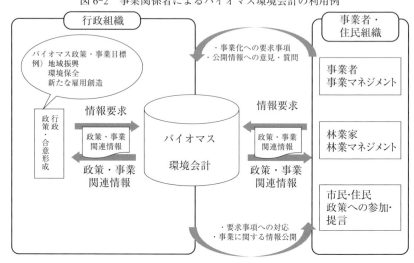

4. バイオマス環境会計と環境政策

　本章では，設定シナリオによって森林フローの活性化を図り，継続的に間伐材などの林地残材の有効利用を進めることで，地域の森林資源である森林ストックの保全・成長を促す政策の可能性を考察してきた。そこで，より具体的なシナリオ設定にあたって，森林ストックと森林フローに関する自治体の政策目標と指標との関係を考察する。ここでは，森林バイオマスを原料とするバイオマス発電を想定することから，これを進めるための政策目標と指標を表 6-4 で例示する。表 6-4 の環境指標では，短期的に，バイオマス発電によって林地残材が有効利用され，間伐率が上昇し，森林整備が進むことで，中期的には，森林フローを原料とする地域経済が活性化し，GHG の削減と森林ストックの増加が進み，長期的には，生態系が保全されることによって生物多様性が保たれていく政策シナリオを示している。もちろん，バイオマス事業は，持続可能性の観点から経済面や社会面を評価する必要があることから，表 6-4 では経済指標と社会指標が併せて表示されている。

　これらの指標に基づきながら，分析ステップ①と②から，バイオマス発電事

第 6 章　森林バイオマスマネジメントのためのメソ環境会計の構想と展開　145

表 6-4　森林ストック・森林フローの政策目標・指標例

対象	期間	目標	環境指標	経済指標	社会指標
森林ストック	長期	生態系の保全	生物多様性	森林の多元価値	地域の ブランド化
	中期	森林ストック増	立木蓄積量	森林の資産価値	自然との共生
	短期	森林管理 体制整備	間伐率	間伐材の売上	山村活性化
森林フロー	中期	森林フロー 活性化	GHG 削減率	事業収益性	地域ブランド
	短期	林地残材 有効利用	林地残材利用率	バイオマス 発電売上	雇用創出

業を対象としたバイオマス事業シナリオを設定する。すなわち，未利用の間伐材および支障木などの森林バイオマスを用いて発電を行い，それを自家消費もしくは販売する事業を想定する。

　次に，分析ステップ③から⑤にしたがって，上記シナリオに基づくストックおよびフローのデータを収集し，また，これらのデータを格納するバイオマス環境会計のモデル構築を試みる。まず，ストック・フローのデータについては，設定シナリオと表 6-4 の目標・指標体系に基づいて事業主体ごとに収集されるバイオマス環境会計データ例が図 6-3 で示される。図 6-3 には，中央に示された事業者で把握されるストック・フローからなる物量データ，貨幣データ，社会データが示されている。そこで，これらのデータが表 6-3 に導入されたバイオマス環境会計を表 6-5 で例示する。

　表 6-5 は，10,000ha の森林を有する地域から産出される間伐材，末木枝条などの林地残材から産出されるバイオマスフロー 30,000t ／年を原料として 3,000kw ／ h 規模のバイオマス発電所を用いた事業を行い，生産された電力を地元で消費するバイオマスバリューチェーンを対象としている。森林ストックについては間伐率，蓄積量，CO_2固定量などの環境指標が組み込まれている。また，森林育成活動によって森林が年間で 5％成長することが仮定されており，「ストック・フロー間の影響項目」には，この成長蓄積量のプラス分と伐出された間伐材の重量が記載されている。森林フローについては，森林の年間

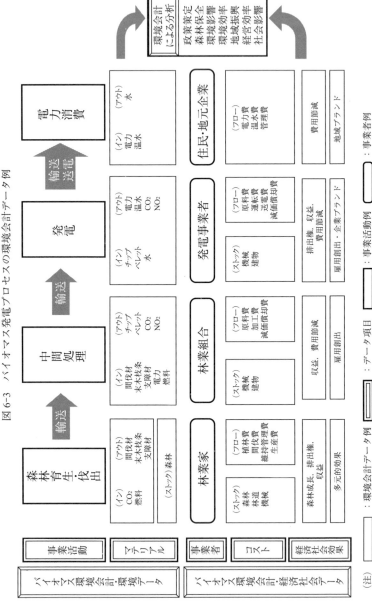

図6-3 バイオマス発電プロセスの環境会計データ例

(注) ▭ :環境会計データ例　▭ :データ項目　▭ :事業者活動例
(出所) 八木裕之 (2010年), 109ページを一部修正して作成。

CO_2吸収量，バイオマス発電によるCO_2削減量（通常の電力との比較），間伐材の有償売買，電力の固定価格買取制度，間伐とバイオマス発電施設建設のための補助金などが仮定されている。経済面では，「森林育成・伐出」「中間処理・輸送」「バイオマス発電」の各事業者の費用，収益，投資額，補助金額が示されている。社会面では，創出された雇用人数が事業者ごとに示されている。

このケースでは，電力の固定価格買取制度の影響もあり，すべての事業者が利益を上げているが，地域から算出される森林バイオマスは，森林管理が進み安定的に林地残材の有効利用が進んだとしても，環境面，経済面，社会面のバランスを考慮した適正なバイオマス発電の規模をシミュレーションによって把握することが重要である。また，バイオマス事業は補助金が占める割合も大きいことから，自治体などはその金額や対象の適切さをバリューチェーン全体から絶えず確認する必要がある。この他にも，本章では導入していないが，間伐，持続可能性林業経営，バイオマス発電などについて排出権を設定することも可能である。

このようなシミュレーションの評価結果は，分析ステップ⑥で述べたように，図6-2に示した政策・合意形成に用いられる。自治体は，図6-1の森林バイオマス事業を実現するために，環境政策やその一環として林業政策あるいは森林バイオマス政策を立案するとともに，表6-4に示した森林面積，立木蓄積量，生物多様性といった森林資源に関する指標や，間伐実施面積や木材供給量・生産量といった森林バイオマスに関する指標を設定する。

おわりに

日本では，自治体が行う地球温暖化対策に関わる環境政策あるいは林業政策およびバイオマス政策の策定および合意手続きやこれらに基づく事業化への取り組みが重視されてきた。しかし，林業及び関連産業が衰退しているために，森林の荒廃や中山間地域の疲弊が進んでいる。また，バイオマス事業も，その多くが規模の大小に関係なく補助金依存が続いており，地域性や市民・住民ニーズを十分に反映させた地域活性化のための有効的な事業運営が行われていな

表6-5　森林バイオマス発電事業シナリオに基づいたバイオマス

	測定項目				ストック項目	
期首ストック	森林面積 (ha)					
	蓄積量 (t)					
	間伐率 (%)					
	CO 固定量 (t)					

	バイオマスバリューチェーン		インプット (t)・(KWh)	物量データ アウトプット (t)・(KWh)		環境保全効果(成長・t-CO$_2$吸収・削減)	環境影響 (t-CO$_2$)
				製品	非製品		
期中フロー	発生・加工 バイオマス	森林育成・伐出				60,000	
						33,000	
			30,000		30,000		90
		中間処理・輸送	30,000	30,000			100
	バイオマス利用	発電	30,000	20,000,000		11,200	
		電力消費	20,000,000				

期末ストック	森林面積 (ha)					
	蓄積量 (t)					
	間伐率 (%)					
	CO 固定量 (t)					

（出所）仮説データを設定して筆者作成。

　いことから，自治体が行う政策・合意形成や事業化への取り組みは必ずしも十分に機能しているとはいえない状況が続いている。本研究では，自治体によるこうした政策・合意形成やそれに基づく事業化を支援していくためのメソ環境会計システムとして，バイオマス環境会計モデルを提案した。

　自治体は，バイオマス環境会計を用いることにより，事業対象地域の自然環境の保全，経済・社会の発展や活性化という異なる側面の状況を，森林資源や森林バイオマスの上流から下流に至るプロセスを通じて定量的かつ定性的に把握することができる。また，把握されたデータを用いて，事業関係者や地域住

環境会計モデルの利用例

森林1					
10,000					
1,200,000					
60					
670,000					

ストック・フロー間の影響項目	貨幣データ				社会的影響（人）
	コスト（万円）		経済効果（万円）		
	投資	費用	収益	補助金	
60,000					
− 30,000		40,000	16,000	25,000	35
		3,600	3,600		5
	70,000	49,000	51,200	30,000	7
		51,200			
10,000					
1,230,000					
63					
6,867,500					

民からの合意を得ながら，表6-4に示した政策を立案し，その実現のために，地域活性化にとって有効的で財政負担の少ない効率的な事業プロセスを検討することができる。

　本章では，バイオマス環境会計の利用主体として自治体を設定したが，この他の利用主体として，図6-2に示した事業者，林業家，地域住民なども存在する。そこで，今後は，自治体以外のこれら3主体の意思決定プロセスを明確にし，その各々の視点からバイオマス環境会計の利用方法について検討することが必要となる。

（本章は科学研究費基盤研究（B）課題番号 25285137，若手研究（B）課題番号 24730381，基盤研究（C）課題番号 26380602 の研究成果の一部である。）

参 考 文 献

青森県（2008a）『森林・林業基本計画』青森県。

青森県（2008b）『特定間伐等の実施の促進に関する基本方針』青森県。

青森県（2009）『環境白書平成 21 年版』青森県。

青森県（2013）『環境白書平成 25 年版』青森県。

伊佐亜希子，美濃輪智朗，柳下立夫（2013）「バイオマス会計を用いたバイオマスタウン事業の波及効果分析」『環境科学会誌』第 26 巻，第 1 号，42-48 ページ。

金藤正直・八木裕之（2012）「バイオマス政策・事業評価情報の利用法に関する研究：青森県中南地域を中心とする」『日本 LCA 学会誌』第 8 巻，第 2 号，170-180 ページ。

環境省（2005）『環境会計ガイドライン 2005 年版』環境省。

環境省（2011）『バイオマスを高度に利用する社会技術システム構築に関する研究（2011 年）』環境省。

経済産業省：バイオ燃料持続可能性研究会（2009）『日本版バイオ燃料持続可能性基準の策定に向けて』経済産業省。

近藤加代子，堀史郎，大隈修，美濃輪智朗（2013）『地域におけるバイオマス利活用の事業，経済性分析シナリオの研究』平成 24 年度環境研究総合推進費補助金研究事業総合研究報告書。

新エネルギー・産業技術総合開発機構（2010）『エネルギー利用可能な木質バイオマスに関する最新動向調査』平成 21 年度〜22 年度成果報告書。

総務省（2011）『バイオマスの利活用に関する政策評価書』総務省。

地球温暖化対策推進本部（2014）『京都議定書目標達成計画の達成状況』。

日本学術会議（2001）『地球環境・人間生活にかかわる農業及び森林の多面的な機能の評価について（答申）』日本学術会議。

農林水産省（2006）『バイオマス・ニッポン総合戦略』農林水産省。

農林水産省：バイオマス活用推進会議（2012）『バイオマス事業化戦略〜技術とバイオマスの選択と集中による事業化の推進〜』農林水産省。

ベスピャトコ リュドミラ，多田千佳，柳田高志，佐賀清崇，バウティスタ エルマー，藤本真司，美濃輪智朗（2009）「バイオマスタウンの現状の評価および情報提供のツールとしてのバイオマス会計の提案」『日本エネルギー学会誌』第 88 巻，第 12 号，1081-1094 ページ。

間々田理彦（2009）「バイオマス利用における環境保全効果と環境保全コストの推定」『農村研究』第 108 号，64-74 ページ。

三菱総合研究所（2001）『地球環境・人間生活にかかわる農業及び森林の多面的な機能の評価に関する調査研究報告書』三菱総合研究所。

文部科学省（2008）『一般・産業廃棄物・バイオマスの複合処理・再資源化プロジェクト平成 19 年度研究報告書』文部科学省。

八木裕之（2008）「バイオマス資源を対象としたストック・フロー統合型環境会計の展開」『会計』第 174 巻第 4 号，26-35 ページ。

八木裕之・丸山佳久・大森明（2008）「地方自治体における環境ストック・フローマネジメント—エコバジェットとバイオマス環境会計の連携—」『地方自治研究』第 23 巻第 2 号，1-11 ページ。

八木裕之（2010）「ストック・フロー統合型環境会計の研究」河野正男・小口好昭編著『会計領域の拡大と会計概念フレームワーク』中央大学出版部。

林野庁（2010）『森林・林業白書（平成 22 年版）』林野庁。

林野庁（2011）『森林・林業基本計画』林野庁。

林野庁（2013）『森林・林業統計要覧 2013』林野庁。

林野庁（2014）『平成 25 年度森林及び林業の動向　平成 26 年度森林及び林業施策』林野庁第 186 回（常会）国会提出。

The Montréal Process Working Group (2009), *Criteria and Indicators for the Conservation and Sustainable Management of Temperate and Boreal Forests: The Montréal Process,*

第 7 章

カーボン・マネジメントのための
マテリアルフローコスト会計

は じ め に

　近年，さまざまな環境管理会計手法が，会計研究者，実務家，政府機関およ
び国際機関などにより開発・提案されてきている[1]。これら環境管理会計手法
のうちで最も期待されているツールの1つが，マテリアルフローコスト会計
（以下，MFCA）である。MFCA は，元来，ドイツに本拠を有する環境関連研究
機関である環境経営研究所（Institut für Management und Umwelt：IMU）によって，
1990 年代後半に開発されたものである[2]。一方で，日本の環境会計研究者と経
済産業省（以下，経産省）は，MFCA 手法の研究を進めるとともに企業での普
及に努めてきた。こうした努力の成果の1つが，環境管理会計に関する初めて
の国際標準である ISO14051 の発行となって顕在化している[3]。

　近年において日本企業の間で MFCA の実務での試行や導入が進む一方で，
気候変動に関する政府間パネル（Intergovernmental Panel on Climate Change：IPCC）

---

1) 環境管理会計の諸手法については，Schaltegger and Burritt（2000），Burritt *et al.*
（2002），UNDSD（2001），経済産業省（2002），IFAC（2005）などで提案されてい
る。
2) Strobel and Redmann（2000）が，今日の MFCA の原型といえる。
3) ISO14051 の規格は，ISO（2011）である。

の評価報告書[4]で明らかにされているように，地球温暖化問題は深刻化してきている。したがって，温室効果ガス（Greenhouse gases：GHG）排出の抑制と管理，すなわちカーボン・マネジメントが，組織内部，さらにはサプライチェーンや地域全体を対象として要請されてきている。

MFCA は製造工程における事業所内の環境改善を達成するために利用され，その根本思考は，「カイゼン」や継続的改善の思考に沿っていると指摘されている[5]。ISO14001 に代表される環境マネジメントシステム（以下，EMS）は，PDCA 経営管理サイクルを含んでおり，PDCA に内包される継続的改善を通じて，環境に関連する目的・目標の達成を組織に対し促進させる[6]。

継続的改善を維持していくために，組織の経営層は，関連する期間にわたる組織の環境マネジメント活動にかかわる情報を入手する必要がある。収集された情報の多くは事後的なデータから構成されるが，組織は，効果的な環境保全活動を遂行するためには，事後的な対策だけでなく予見的な対策も取り入れるべきと指摘されるところである[7]。なぜなら，MFCA にかかわるケース・スタディや研究が蓄積されているからであり[8]，MFCA は，環境管理会計ツールの中で最も有力なものの1つと捉えられうるのである。

しかしながら，既存の MFCA は，より予見的・予防的な意思決定に貢献するための情報を生み出すことが難しいという点に課題が見出されている[9]。さらに，既存の MFCA は，製品の環境負荷，原価およびマテリアルロスを透明化することに貢献している一方で，MFCA によって提供される情報と具体的な意思決定とを明確に関連づけることが難しいと考えられる。

以上から，環境管理会計ツールは，より予防的な意思決定を行えるように経営層に動機づける点での貢献が期待されるのである。

---

4) IPCC（2013）．

5) Nakajima（2010）および日本能率協会コンサルティング（2011）など参照。

6) この考え方は，ISO14001 の規格の中に顕著である（ISO, 2004）。

7) たとえば，Jäger（2007）を参照。

8) 日本能率協会コンサルティング（2011）および Jasch（2009）など。

9) 中嶋（2007）。

上記の議論に加え，本章の目的は，組織におけるカーボン・マネジメントへのMFCAの貢献可能性を検討することにある。そして，カーボン会計マトリックス（Carbon Accounting Matrices：CAMs）と名づけた3種類のマトリックス表を構築することによって，改良型MFCAを提案する。CAMを構築するために，品質原価計算の領域で適用されてきた予防-評価-失敗（Prevention-Appraisal-Failure：PAF）コスト分類法を，MFCAに適用する。

この目的を達成するために，第1に既存のMFCAの長所と短所を簡潔に議論した後，カーボン・マネジメントという観点からMFCAの領域における先行研究をレビューする（第1節）。第2に，カーボン・マネジメントという観点から会計問題を議論する（第2節）。第3に，品質原価計算と呼ばれる予見的な管理会計手法の1つに焦点をあて，環境マネジメント全般の観点からこの原価計算手法を再検討し，PAF法によるコスト分類を明確にする（第3節）。第4に，PAF法を改良型MFCAモデルに取り入れる前に，予算管理手法の役立ちにも焦点をあて，既存のMFCAとPAF法とを統合させた改良型MFCAモデルを新たに提案する（第4節）。そして最後に，提案された改良型MFCAモデルの役立ちと課題を明らかにし，本章を結ぶ。

1. MFCAの先行研究レビュー

1-1 既存のMFCAの長所と短所

既述したように，MFCAは環境管理会計ツールの中で最も普及している手法の1つであり，ISO14051として国際標準化もなされている。本節では，既存のMFCAの長所と短所を明らかにするために，MFCAにかかわるいくつかの先行研究をレビューする。

先行研究を検討する前に，MFCAの基礎概念を簡単に概観する。ISO14051によれば，MFCAは，「プロセス又は生産ラインにおけるマテリアルのフロー及びストックを，物量単位で定量化し，かつ，貨幣単位で算定するツール」[10]

---

10) ISO (2011) par. 3. 15.

と定義される。MFCA はまた,「組織のマテリアルとエネルギーの使用実務の
潜在的な環境上と財務上の帰結を,組織がより良く理解するのを支援するとと
もに,その実務を変化させることにより環境と財務の双方の改善を達成する機
会を組織が探究する支援をする」[11]ことが期待されている。それゆえ,MFCA
は,組織の生産プロセスを透明化するのに貢献する環境管理会計ツールの1つ
として考慮されうる。MFCA の導入は,環境保全とコスト節約という点から,
組織の生産プロセスの透明性を改善する重要な役割を担っている。

　MFCA は当初,IMU により提案され,その基礎概念と手法は,Strobel and
Redmann(2000)おいて詳述されている。そこで提案されている MFCA の手法
を,日本の環境会計研究者が紹介し,国際的に議論されるようになった。たと
えば,中嶌・國部(2002,2008)は,MFCA の理論を体系化し,MFCA の実務
への適用可能性を検証している。国際的に概観すれば,国際会計士連盟
(International Federation of Accountants:IFAC)が,環境管理会計のガイダンス文書
を発行し,その中で,MFCA は,プロセス管理の領域における環境管理会計
の代表的手法として位置づけている[12]。

　MFCA のケース・スタディも数多く見受けられる。日本企業における
MFCA の導入初期の実態については,Kokubu and Nakajima(2004)において紹
介されている。そこでは,日本において,経産省が MFCA の企業への導入を
推進していること,ケース・スタディを通じて,もはや改善の余地がないと考
えられてきた日本企業においても MFCA を導入することでさらなる改善を図
れる可能性が示せたこと,そして,企業において環境負荷の削減と経済的ベネ
フィットの創出という共益関係が明らかになったことが示されている。企業の
環境担当者などの実務家もまた,自社における MFCA の導入の効果と課題を
明らかにするような論文などを発表している[13]。

---

11)　ISO(2011)p. v.
12)　IFAC(2005)および Jasch(2009)を参照。
13)　日東電工(古川,2007),キヤノン(安城,2007),三菱田辺製薬(河野,2007),
　　積水化学(沼田,2007)などがある。

上述したように，MFCA 関連の諸研究の蓄積を通じて，既存の MFCA の長所と短所が明らかにされてきている。諸研究，特にケース・スタディを通じて共通して指摘される MFCA の長所としては，MFCA 導入企業において，自社（対象工程）の環境負荷の現状を物量のみならず金額でも明らかにすることができ，結果として，環境負荷の低減と経済的便益の創出の双方をもたらしたという点である。

その一方で，先行研究からは MFCA のいくつかの限界が指摘されている[14]。その1つは，マテリアルコストなどの既存の費用を削減することが短期的利益の創出につながることから，MFCA の導入によってマテリアルロスの削減を経営層に動機づける一方，MFCA の下では，環境保全活動などの自主的な予防活動に従事するというインセンティブを経営層にもたらす力に欠けるところがあるという指摘である。さらに，これらの予防的な環境保全活動は，短期的な利益の創出と直接的には結びつかない可能性が高い。それゆえ，MFCA は，地球温暖化といった環境問題を防止する活動に直接的に寄与するとはいえないと考えられる。MFCA における各物量センターで発生するエネルギーコストはエネルギー消費量をベースに製品に配賦される[15]ので，MFCA は，火力発電から再生可能エネルギー資源への転換といった，エネルギー資源の変更のための動機づけを経営層にもたらすことは難しいと想定される。

また，MFCA の大半のケース・スタディは製造プロセスに焦点を当てており，MFCA は，その製造プロセスの可視化に貢献している。しかし，それだけでは，経営層が，MFCA による情報を用いて，より具体的な改善計画や意思決定を行うことは難しいと考えられる。それゆえ，本章では，予防的活動の実行を経営層に動機づけるような MFCA を検討し，提案したいと考える。

---

14) たとえば中嶌（2007）には MFCA の限界が分かりやすく整理されている。

15) 中嶌（2007）。

1-2 カーボン・マネジメントのための MFCA の可能性

ISO14051 に代表される，標準化され普及しつつある MFCA の手法は，廃棄物を中心としたマテリアルフローに焦点をあて，製品とマテリアルロスにどのようにコストを配賦するかという問題に応えるものである。一方，初期の MFCA 理論モデルである Strobel and Redmann（2000）では，物量によるマテリアルだけでなく，熱やガスの放出といった廃物もまた考慮の対象としている。いい換えると，Strobel and Redmann（2000）は，マテリアルロスが，固形廃棄物，廃水，および大気汚染物質の放出に分類されるべきと主張している。さらに，エネルギー消費は，CO_2の主な排出源であり，マテリアルの範疇に入れられている。

したがって，根本的な MFCA の思考は，企業活動によるエネルギー消費の明確化と結びつけられうるものと解することができる。このように考えると，MFCA は，企業の諸活動におけるエネルギー消費の測定を通じて，企業の CO_2排出プロセスを可視化することに貢献しうると捉えられる。このことは，MFCA が，カーボン・マネジメントに役立つ可能性があることを示唆している。

1-3 カーボン・マネジメントのための MFCA の先行研究レビュー

近年の研究では，カーボン・マネジメントの領域において情報を活用するために，MFCA を改良するいくつかの方法が提案されてきている。古川（2009）は，製品 1 単位当たりの CO_2排出量を用いて MFCA 手法を拡張させることを提案している。具体的には，マテリアルとエネルギーのインプットとアウトプットの量を，それぞれ単位当たり CO_2排出量に乗じて CO_2排出量換算する。この方法を用いることで，マテリアルフローに即して CO_2排出量を可視化することができるとしている。

國部ほか（2012）では，MFCA とカーボンフットプリント（以下，CFP）との統合を提案している。この改良型 MFCA モデルは，原材料の調達段階から廃棄段階に至るまでのマテリアルロス情報と MFCA 情報を結びつけようとする

ものである。そこではまず，MFCA と CFP の対象とするバウンダリや測定方法が異なることを踏まえた上で，CFP から MFCA へと展開することの有用性を明らかにしている。テープを生産する仮想のライフサイクルを数値化し，テープ 1 単位当たりの正の製品と負の製品（マテリアルロス）の CFP を求める。その後，この CFP 情報を改善活動に役立てるために MFCA との統合が図られる。具体的には，CFP 計算を MFCA の対象とする製造プロセスにおける正の製品とマテリアルロスとに分けて金額評価し，最終的に，CFP 情報では明らかにされなかったテープ 1 単位当たりの正の製品とマテリアルロスの金額と CFP が明らかになったことが示されている。

　上述した 2 つの研究は，カーボン排出情報の可視化とカーボン排出関連のコストを明らかにして企業を改善行動へと動機づけるのに寄与する一方で，具体的にどのような改善行動がとられ，その結果がどうなったかというところまでは関連づけられていない。

　その一方で，伊藤（2010）は，カーボン排出削減に向けた具体的な改善行動に結びつけることを目的とした改良型 MFCA モデルの提案を行っている。そこでも，上述した國部ほか（2012）と同様に，MFCA と CFP とを関連づけようと努め，両者を結びつける情報システムの構築を大手情報システム会社とともに検討している。そこで採用される MFCA モデルでは，環境予算の枠組みを活用しており，後述する通り，当該枠組みは GHG 排出量の具体的な削減行動を立案するのに活用されるものである。このモデルでは，各物量センターに対して GHG 排出量と発生コストを測定する。この点で，当該モデルは，より環境に適合するような意思決定へと経営者を向かわせるように，MFCA 情報を CFP 情報に統合するものといえる。

　本章で提唱する，カーボン・マネジメントのための新たな MFCA モデルの方向性は，伊藤（2010）によって提案されている考え方に近い。伊藤（2010）では 2 つの会計システムを取り上げている。すなわち，1 つが各物量センターにおけるカーボン排出情報を組み入れた MFCA ベースの情報システムであり，いま 1 つが，MFCA に即しで作成された環境予算システムである。しかし，

両者の会計システムの関係があまり明らかになっていない点が課題と考えられる。

以上から，カーボン・マネジメントのための MFCA に関する先行研究には 2 つの流れがあると考えられる。1 つは，CO_2 排出量をマテリアルフローに即して可視化をしていくという方向性である[16]。もう 1 つの流れは伊藤（2010）であり，そこでは，経営層に対してより効率的な意思決定を働きかけるように MFCA システムを構築するというものである。それゆえ，より効果的なカーボン・マネジメントのためには，既存の MFCA は，より具体的な改善計画を立案し，実行することができるよう経営層に働きかけるようなシステムを組み入れる必要があると考えられる。

2. カーボン・マネジメントにかかわる会計問題

組織のカーボン・マネジメントに貢献すると期待される MFCA の基礎概念は，すでに前節において概説した。本節では，カーボン・マネジメントにかかわる会計問題を明らかにし，MFCA を含む管理会計が考慮すべき会計の対象範囲を明らかにする。

カーボン・マネジメントにかかわる会計についての先行研究は，近年，数多くなってきた。Stechemesser and Guenther（2012）は，129 のカーボン会計研究をレビューし，体系的な方法でそれらを分類した。

ここで重要な点は，これらの会計ツールが，組織におけるマネジメントツールとして的確に機能するかどうかということである。Burritt et al.（2011）は，カーボン・マネジメントに対する会計に関する初期の研究であるが，彼らは，カーボン管理会計（carbon management accounting：CMA）を描写するために，Schaltegger and Burritt（2000）により提案されている環境会計フレームワークを適用している（表 7-1 参照）。Burritt et al.（2011）は，ドイツ証券取引所（DAX）に上場されているドイツを代表する企業 10 社により採用されているカーボン

16）　本章で取り上げた國部ほか（2012）や古川（2009）の研究が該当する。

表7-1　カーボンマネジメント会計の分類（フレームワーク）

カーボン管理会計（CMA）フレームワーク

		貨幣カーボン管理会計		物量カーボン管理会計	
		短期的	長期的	短期的	長期的
過去志向	経常的な情報	1. カーボンコスト会計（例：排出枠の売却益や取得コストなど）	2. カーボン資本支出会計（例：カーボン削減技術に対する毎年の資本支出に関するデータ収集など）	3. カーボンフロー会計（例：生産に関わる日々のカーボンフロー情報の収集など）	4. カーボン資本インパクト会計（例：10年間における事業のカーボンフットプリント削減量の計算など）
	臨時的・特別な情報	5. 短期カーボンコスト会計を踏まえた意思決定に対する事後評価（例：オフィスにおける長寿命蛍光灯への切り替えに伴う毎月の節約額の評価など）	6. カーボン排出量削減投資の事後評価（例：工場における太陽光発電への投資による節約額の評価。また、製品ミックスの一部としての新たなカーボン効率的な自動車の生産への投資によるライフサイクルを通じた節約額の確認など）	7. 短期的なカーボン排出による影響の事後評価（例：短期的カーボン削減計画の一環として、役員の出張距離や離職数の削減に関する情報収集など）	8. 長期的なカーボン投資評価の事後評価（例：製品の配送のためのカーボン削減型物流ネットワークの構築に対する投資により達成されたカーボン削減量の検証など）
将来志向	経常的な情報	9. 貨幣カーボン業務予算（例：電力消費に関連するカーボン削減から得られる予想月次節約額など）	10. 長期貨幣カーボン財務計画（例：恒久的に企業のカーボンフットプリントを削減するための計画から得られる将来の財務的便益の予測など）	11. 物量カーボン予算（例：社員に対する環境教育の導入により、商業ビルから排出されるCO_2の予想削減量など）	12. 長期物量カーボン削減計画（例：R&D部門により生み出されるプロジェクトからの予想CO_2削減量など）
	臨時的・特別な情報	13. カーボンコスト会計（例：環境負荷の高い製品のCO_2関連コストが価格に含まれる場合の、次期の収益額の変化の計算など）	14. 貨幣カーボン削減投資評価（例：CDMプロジェクトへの投資から生み出されると予想される便益の評価）	15. カーボン影響予算（例：次期に期待されるプロジェクトのCO_2削減効果の考慮など）	16. 物量環境投資評価（例：環境配慮投資のCO_2削減効果の総量計算など）

（出所）Burritt *et al.* (2011) p. 82.

会計実務を調査している。このインタビューにもとづく調査は，カーボン会計実務の多様性を明らかにし，調査対象企業が，カーボン会計を効率的に構築できていないばかりか，その潜在性や重要性を十分に認識していないことを示唆している。その上で，Burritt らは，物量情報と貨幣情報を統合した会計手法が必要であるとしている。彼らはまた，事業機会と競争優位の創出のためにも，カーボン・マネジメントとカーボン会計が必要であることを指摘している。

　Schaltegger and Csutora（2012）は，表 7-1 に示した CMA フレームワークを用いて，より具体的にいくつかの CMA 手法を検討している。彼らの研究は，経営層による情報ニーズと課題を明らかにし，経営層のニーズに合致した適切な CMA ツールの開発を求めている。また，まだ表 7-1 には表れていないような新たな CMA フレームワークの必要性も合わせて認識している。

　カーボン・マネジメントが組織の意思決定において役に立つために，Schaltegger and Csutora（2012）は，GHG プロトコル[17]を参照し，異なる範囲を対象としたカーボン・マネジメントの導入を示唆している。GHG プロトコルは，スコープ 1〜3 の 3 つのレベルの GHG 排出を識別している。スコープ 1 の GHG 排出は，組織内部の生産プロセスからの直接排出であり，伝統的な管理会計に依拠した CMA の範囲に含まれる。スコープ 2 の GHG 排出は，エネルギー消費などを通じた間接的な排出であり，エネルギーサプライチェーンに依拠した CMA の範疇に入る。スコープ 3 の GHG 排出は，製品・サービスの全ライフサイクルにわたる間接的な GHG 排出である。この情報は，ライフサイクルベースの CMA を導入することを通じて生み出されるが，既存の CMA フレームワーク（表 7-1 参照）を超えて，範囲の拡張された新たな CMA 手法が必要となると指摘される。

---

17)　GHG プロトコルは，1998 年に世界環境経済人会議（Wourld Business Council for Sustainable Development：WBCSD）と世界資源研究所（World Resource Institute：WRI）との共同で設定されたものである。その目的は，国際的に通用する GHG 排出量の算定と報告のための基準の開発とその利用促進を図ることにある。以上，Greenhouse Gas Protocol（2004）参照。

図 7-1　温室効果ガスの測定とカーボンマネジメント会計手法の範囲

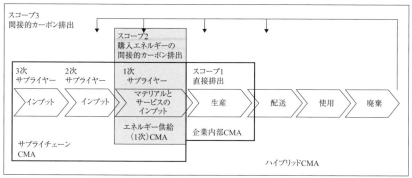

※CMA：カーボンマネジメント会計
(出所) Schaltegger and Csutora (2012) p. 11.

　図 7-1 は，Schaltegger and Csutora (2012) における CMA の提案の概略を示したものである。彼らの提案した CMA は，企業レベルの CMA，エネルギー供給レベルの CMA，およびサプライチェーン CMA であり，さらに，これらとライフサイクル全体を考慮したハイブリッド CMA である。低炭素の調達と生産活動を監視し，保証し，そして確実にするために，サプライチェーンやライフサイクルの考え方が取り入れられている。それゆえ，全サプライチェーンのカーボン排出やその影響を捕捉するために，CMA は，サプライチェーンの中心に位置する組み立てメーカーなどの企業による GHG の直接排出（スコープ 1）だけでなく，サプライチェーンの上流に位置する他の経営主体による排出も考慮する必要がある（スコープ 2 と 3 の一部）。この種の CMA はサプライチェーン CMA と名づけられている。
　Schaltegger and Csutora (2012) ではさらに，ライフサイクル全体の下流に位置するスコープ 3 の GHG 排出についても特別な考慮を払い，会計的に捉える必要性を主張している。この種の CMA はハイブリッド CMA と名づけられ，それは「現時点では直接的に測定されていない GHG 排出フローを推計するために，貨幣投入産出分析と物量環境勘定とを統合したものである」[18]。サプラ

---

18) Schaltegger and Csutora (2012) p. 12.

イチェーン CMA とハイブリッド CMA は、「データの正確性と低コストでの
データ利用可能性との間でのトレードオフ問題」[19]に直面すると指摘される。
最終的に、彼らは、たとえば、経済全体を対象とした投入産出会計[20]と国連
統計局により提案されている環境経済会計[21]といったマクロ環境会計分野の
手法と経験を用いることで、このトレードオフを克服できる可能性があるとし
ている。

　彼らの提案する CMA は、個別企業というミクロレベルから経済全体という
マクロレベル、またはミクロとマクロの中間のメソレベルに及んでいる。地球
温暖化という問題自体は極めて広範囲に及ぶ事象であるため、ミクロの経済主
体によるカーボン最小化活動と、問題全体を広範囲から捉えるマクロレベルの
情報収集とを統合する必要があると考えられる。Schaltegger and Csutora
(2012) における考え方は、ミクロとマクロという 2 つの異なる CMA の範囲
を橋渡しするものとして期待される。しかし、この新たな CMA の具体的な手
法については、将来の課題とされている。

　先行研究で考えられている大半の CMA ツールは、貨幣情報を物量情報と連
携させようと努めている。しかし、これらの CMA ツールと将来志向のツール
との間の関係を論ずる研究は少ない。一方で、組織が、カーボン・マネジメン
トを含めた社会・環境問題を、日々の経営意思決定に含めるべきことが指摘さ
れている[22]。さらに、「安定した先進的な企業において気候変動に対するリス
クと機会をより良く統合することは、企業価値を 80％ほど上昇させる可能性
がある[23]」とも指摘されている。Burritt et al.（2011）で指摘されているよう
に、組織のカーボン・マネジメントを通じた新たな事業機会と競争優位の創出

---

19)　Schaltegger and Csutora（2012）p. 12.
20)　たとえば、投入産出分析を開発した Leontief（1936）があり、現在では、環境問題
　　に特化した投入産出分析も行われている。
21)　たとえば、一国全体の経済活動と環境問題との関係を明らかにする環境経済統合
　　会計の取り組みがある。具体的には EC et al.（2012）を参照。
22)　たとえば、Epstein（2008）など。
23)　Anastasi（2011）p. 85.

第7章 カーボン・マネジメントのためのマテリアルフローコスト会計　165

にかかわって予防的な観点を強調することが重要である。それゆえ，企業は，予防的（事前的）活動と対症療法的（事後的）活動の双方を実施することになる。カーボン・マネジメントにかかわる日々の効果的な意思決定を行うために，過去志向と将来志向の双方（表7-1参照）のCMAツールが必要となる。

　既述した通り，Schaltegger and Csutora（2012）では，企業は，全ライフサイクル，さらにいえば全バリューチェーンを通じたカーボン排出を考慮すべきことを主張している。また，伊藤（2010）と國部ほか（2012）においても，MFCAは，製品やプロセスの全ライフサイクルに対して生み出されるカーボン排出情報と統合されるべきとされている。それゆえ，MFCAは，カーボン排出量とそれに関連するコストを可視化するのに貢献すべきというだけでなく，あらゆるシステムは，より予防的かつ具体的な改善活動を組織が行うことができるように設計されるべきであるといえる。

　MFCAが環境負荷の低減と財務的ベネフィットの創出の双方にかかわる意思決定支援ツールとして機能するためには，予防的活動と現在および将来のコスト削減とを統合させることが有益であると考えられる。経営層がMFCAを予防的マネジメントツールとして捉えれば，彼らは，特殊原価調査のような1回限りの管理ツールとしてよりもむしろ，日々の環境・カーボン・マネジメントツールとしてMFCAを採用するであろう。

　上述したように，MFCAをすでに導入している組織は，マテリアルロスの削減を通じてコストの節約というベネフィットを享受している。それゆえ，企業が既存のMFCA手法を通じて得られた情報を活用している場合，経営層は，たとえば，より高価なエネルギー源を用いて作られた電力を購入しようとは思わないであろう。もし経営層が，経済的ベネフィットとコストに対して予防的な手法を結びつけて考えていれば，その企業での行動は，より環境に適合したものになろう。よって，PAFによるコスト分類を改良型のMFCAに採用することが提案されるのである。

3. 予防・評価・失敗（PAF）コスト分類アプローチ

3-1 PAF アプローチの検討

PAF コスト分類は，もともと品質原価計算の分野で用いられてきた。品質原価計算は，コスト削減と品質改善を両立させることを目指した会計アプローチである。PAF アプローチは，Feigenbaum（1956；1961）により提唱されたコスト分類法である。品質原価計算の領域において，予防コストは，品質不良の発生を生産の初期段階において防止する際に発生するコストである。評価コストは，企業や製品の品質レベルを維持するために発生するコストであり，失敗コストは，企業の品質基準に合致しない原材料と製品不良にかかわるコストである。失敗コストは，2 つのカテゴリに再分類される。すなわち，内部失敗コストと外部失敗コストである。前者は，出荷前に検出された不良品に対して発生するコスト（たとえば，スクラップ，損傷，および再加工にかかわるコスト）であり，後者は，製品が販売されたのちに発生するコスト（たとえば，苦情処理とリコールに関連するコスト）である。

　品質マネジメントと環境マネジメントの目的は，ともに，生産された製品・サービスをある一定水準の質に保つことである。それゆえ，2 つのマネジメント種類は，密接に関連していると考えられる。とりわけ，環境コストと品質コストはいずれも質の確保にかかわるという共通の性質を有しているので，品質原価計算のフレームワークを用いることは，環境問題に拡張させうる有益なアプローチとしてみることができる。この領域の会計は，環境品質原価計算と呼ばれる。

3-2 環境品質原価計算

　環境品質原価計算の分野で特筆すべき研究は，Diependaal and de Walle（1994）および Hughes and Willis（1995）であろう。双方の研究は，品質マネジメントと環境マネジメントとを同じ次元で考察している。そこで採用される原価計算構造は 3 つのステップから成る。第 1 のステップは，PAF アプローチ

第7章　カーボン・マネジメントのためのマテリアルフローコスト会計　167

表7-2　環境を考慮して再分類されたPAF法

分類	定義
環境保全コスト	環境問題の発生を予防し，将来の支出を減少させる目的で，事前に支出される費用。(環境マネジメントシステム運営費，公害対策費，環境関連投資プロジェクト，グリーン調達やDfE関連の差額原価，リサイクル対策費，環境関連保険など)
環境評価コスト	企業活動が環境に及ぼす影響をモニターしたり，環境に重大な影響を及ぼす製品が設計・開発・出荷されることのないよう点検，検査するための費用。(LCA/EIA関連費用，毒性試験，その他点検，検査費など)
内部負担環境ロス	環境保全対策や検査等が不十分であるために，企業が被る損失。(廃棄部材費もしくはその評価額，廃棄物処理費，汚染処理費，製品の回収・再資源化費用，賠償コスト，光熱水道・包装等のコストについて科学的・合理的に見積もられた目標金額からのかい離額など。)
外部負担環境ロス	環境保全対策や検査等の不備により，地域社会や住民が被る損失。(CO_2, NO_x, フロン等の環境有害物質の放出などによる大気汚染，土壌汚染，水質汚濁など現時点で負担者が特定できない環境負荷を含む)。

(出所) 伊藤 (2004) 123ページ。

を用いて環境コストを分類することである。第2ステップは，企業の環境保全活動の経済的，生態学的効率性を分析することである。そして，最後のステップは，経営層による意思決定に用いられうる環境対策に関する情報を創出することである。

伊藤 (2004) は，Huges and Willis (1995) をベースに，PAF法を環境マネジメントによりフィットするように再分類しており，表7-2が，再分類されたPAF法の各項目を要約したものである。

環境保全コストと環境評価コストは，PAF法における予防コストと評価コストに対応し，内部および外部負担環境ロスは，失敗コストに対応するものである。環境品質原価計算は，企業全体や生産プロセス全体を想定しているのに対し，本章では，各生産プロセスと各ライフサイクルステージを明らかにすることを想定している。

4. カーボン・マネジメントのための改良型 MFCA

前節までの議論において，既存の MFCA 手法は過去志向ツールであり，より効果的なカーボン・マネジメントを実行するための具体的な改善活動の計画へと結びつけるのは難しいと指摘した。そして，PAF 法が，既存の MFCA の短所を克服するのに貢献しうるとした。なぜなら，事後的コストを事前的コストと連携させることが，より予防的な環境保全活動へと企業を向かわせるであろうと考えられるからである。

しかし，MFCA の他の短所，すなわち具体的な改善活動との連携が弱いこと，を克服するために，MFCA は PAF 法と統合させるだけでなく，マネジメントシステムともかかわらせる方が望ましい。その可能性を有するマネジメントシステムの1つは，予算管理である。

本節では，組織のカーボン・マネジメントに寄与すると期待される改良型 MFCA モデルを提案することにある。それゆえ，既存の MFCA において採用されるコスト分類法を，PAF 法と関連づけるとともに，予算管理システムともかかわらせる。

カーボン・マネジメントに資する改良型の MFCA モデルを提案する前に，カーボン・マネジメントの観点から，予算管理の重要性について次項において確認しておこう。

4-1 予算管理思考の有用性

一般に，予算は，(a) 特定の期間に対する経営層による行動計画の定量的表明であり，かつ (b) 当該計画を実施するのに必要となる事項を調整する助けとなるものと理解されており[24]，日々の通常の意思決定に貢献するものである。さらに，予算の機能として一般に以下の4点が知られている[25]。

---

24) Horngren *et al.*（2003）.

25) Horngren *et al.*（2003）.

・戦略的計画の策定と計画の実施

・業績を判断するフレームワークの提供

・経営管理者と従業員の動機づけ

・企業の部門間での調整とコミュニケーションの促進

　これらの予算の機能をカーボン・マネジメントの観点から検討すると，まず1番目の計画という機能に関していえば，予算管理は，経営管理者が中長期のカーボン削減目標を達成するための道のりを記述する助けとなる。上記の2番目（業績評価）と3番目（動機づけ）に記した予算の機能に関していえば，各物量センターや部門におけるカーボン削減活動の評価を通じて，予算は，経営管理者や経営層がより良い改善活動の実施へと向かわせる助けとなる。そして，各物量センターなどで予算管理を通じてカーボン削減にかかわる業績評価システムを導入することにより，各物量センターの責任者はカーボン排出の削減を動機づけられると期待される。予算の4番目の機能（調整とコミュニケーション）に関していえば，予算は，経営管理者と従業員との間のコミュニケーションを通じて水平的・垂直的調整を促進する。このことをカーボン・マネジメントの観点から眺めると，カーボン・マネジメントそれ自体，全ライフサイクルを対象とした思考が重要となるので，企業のバリューチェーンの上流，中流および下流に位置するすべての経済主体と密接な関係を構築する必要がある。その際に，予算管理は，この関係性の構築を支援する助けとなりうる。

　上述した予算の機能に即していえば，予算は営利企業における通常の業務において不可欠の仕組みである[26]。通常の事業活動は，必然的に環境資源や環境の汚染浄化機能を消費しているので，この予算概念は，希少な環境資源と環境の汚染浄化機能を管理するのに必要であろう。さらに，企業が実践するカー

---

26)　ただし近年では，予算編成に要するコストにベネフィットが見合わないこと，予算と戦略の連動性が乏しいこと，予算制約に伴い環境の変化に対応しづらいこと，前年度予算が予算のベースとなることなどを理由に「予算不要論」（beyond budgeting）が展開されている（Hope and Fraser, 2003）。しかし，本章では，カーボン・マネジメントにおける予算の考え方の重要性を鑑み，この立場をとらない。

ボン・マネジメント活動は，通常，ヒト，モノ，カネといった経済的資源を大量に消費することによってなされるので，これらの活動についての予算もまた，これらの活動の適切な実行には不可欠といえよう。

ここでの重要な点は，企業予算が，計画，統制および調整という役割ないし機能を遂行することにより，内部管理に役立つという点である。カーボン・マネジメント活動の観点から，予算は，ある期間の開始前に設定された目標，すなわちカーボン削減目標など，を達成するために編成される必要がある。

予算管理ではPDCAサイクルが内包されているので，この管理システムは，たとえ予算が過去情報に依拠して作成されたとしても，経営層に対し将来志向の意思決定を支援すると指摘されている[27]。より将来志向の考え方を促進し，経営層に対してより予防的または事前的な活動の実施を動機づけるために，PAF法を予算管理と統合させることを提案したい。

4-2　カーボン・コスト・マトリックスの提案

伊藤（2004）とIto et al.（2006）では，予算管理システムとPAF法との統合モデルが提案されている。そこでは，環境予算マトリックスと名づけられたスプレッドシートを用いた環境予算システムが導入されている。環境予算マトリックスは，環境予算編成プロセスにおいて優先順位を決定するツールとして機能し，予防コストと評価コストを内部および外部失敗ロスと関係づけられるよう工夫されている。環境予算マトリックスの長所は，経営層が事後的活動と事前的活動との間のトレードオフ関係を考慮できる点にある。それゆえ，環境予算マトリックスは，環境保全活動（予防活動と評価活動）を経営層が考慮する支援となる。しかし，環境予算マトリックスの作成は，予算年度における環境保全活動の優先順位付けへの貢献が強調されているので，カーボン削減活動を行うよう，経営層を動機づけるためには，PDCAマネジメントシステムが環境予算マトリックスに組み込まれるべきであろう。

27）　たとえば，Burritt and Schaltegger（2001）を参照。

第7章　カーボン・マネジメントのためのマテリアルフローコスト会計　171

表7-3　カーボン会計マトリックスの仮設モデル

パネルA：MFCA予算マトリックス　　　　　　　　　　　　　（単位；通貨単位，t-CO$_2$）

活動／製品・ロス項目		VC1				VC2				···	総コスト／排出量
		QC1	QC2	···	小計	QC4	QC5	···	小計	···	
製品	マテリアルコスト			···				···		···	
	システムコスト			···				···		···	
	エネルギーコスト			···				···		···	
マテリアルロス（内部負担環境ロス）	マテリアルコスト			···				···		···	
	システムコスト			···				···		···	
	エネルギーコスト			···				···		···	
	廃棄物管理コスト			···				···		···	
合計コスト				···				···		···	
外部負担環境ロス	スコープ1排出（t-CO$_2$）			···				···		···	
	スコープ2排出（t-CO$_2$）			···				···		···	

＊QC：物量センター
　VC：バリューチェーン
（出所）筆者作成。

　以上から，われわれは，PAF法とPDCA経営管理サイクルを採用し，カーボン・マネジメントのための予算管理手法を再構成し，新たなカーボン・マネジメントのフレームワークを構築する。このフレームワークは，カーボン会計マトリックス（CAM）と呼ばれる行列表から成る。CAMは，MFCA予算マトリックス，MFCA結果マトリックスおよびコスト・ベネフィットマトリックスから構成されるが，表7-3は，その概念を図示したものである。

　MFCA予算マトリックスとMFCA結果マトリックス（表7-3パネルAとBを

172

表7-3　カーボン会計マト

パネル B：MFCA 結果マトリックス

| 活動 | | VC1 | | | | | | | | | |
| 製品・ロス項目 | | QC1 | | | QC2 | | | ⋯ | Sub total | | |
		予算	実績	差異	予算	実績	差異		予算	実績	差異
製品	マテリアルコスト							⋯			
	システムコスト							⋯			
	エネルギーコスト							⋯			
マテリアルロス（内部負担環境ロス）	マテリアルコスト							⋯			
	システムコスト							⋯			
	エネルギーコスト							⋯			
	廃棄物管理コスト							⋯			
合計コスト								⋯			
外部負担環境ロス	スコープ1排出（t-CO$_2$）							⋯			
	スコープ2排出（t-CO$_2$）							⋯			

（出所）筆者作成。

参照）に関しては，製品原価とマテリアルロスが，各バリューチェーン（以下，VC）に即して MFCA 手法を適用して計算されている。各 VC は，いくつかの物量センターに細分化される。なお，物量センターは，「インプット及びアウトプットを物量単位で定量化及び貨幣単位で算定する，プロセスの選択された一部分又は複数の部分[28]」と定義される。

　製品原価とマテリアルロスはともに，マテリアルコスト，システムコストお

28）　ISO (2011) par. 3. 20.

リックスの仮設モデル

（単位；通貨単位, $t\text{-}CO_2$）

VC2									...	総コスト/排出量		
QC4			QC5			...	Sub total		...			
予算	実績	差異	予算	実績	差異		予算	実績	差異	予算	実績	差異
						...			...			
						...			...			
						...			...			
						...			...			
						...			...			
						...			...			
						...			...			
						...			...			
						...			...			
						...			...			

よびエネルギーコストから構成される。マテリアルロスは，表7-2に示した環境版の PAF 法に則していえば，内部負担環境ロスに該当する。GHG 排出量は，各物量センターと VC に対して計算され，PAF 法でいえば，外部負担環境ロスに相当する。したがって，表7-3の「製品」行と「マテリアルロス」行は，もともと，MFCA により計算されるものである。他方，2 つの MFCA マトリックス（表7-3 パネル A と B）の最終行は，外部負担環境ロスとして CO_2 排出量が物量にて測定・表示される。

　表7-3 パネル A と B の表頭における VC1，VC2…VCn は，各経済主体また

表7-3　カーボン会計マトリックスの仮設モデル

パネルC：コスト・ベネフィットマトリックス　　　　　　　　　　　　　　　（単位：通貨単位）

		環境保全活動					合計
		対策1	対策2	対策3	対策4	対策n	
環境保全コスト（事前コスト）							
Δマテリアルロス	マテリアルコスト削減額						
	システムコスト削減額						
	エネルギーコスト削減額						
	廃棄物処理コスト削減額						
Δ外部負担環境ロス	スコープ1排出削減量（t-CO$_2$）						
	スコープ2排出削減量（t-CO$_2$）						

（出所）筆者作成。

はVCに対するスコープ1と2のGHG排出量を含む，事前的および事後的MFCA情報が表示される。VCには多くの経済主体が含まれ得るため，1つのVCまたは1つの経済主体に対する各マトリックスは，連結されることが想定されている。理想的には，上流のサプライヤーから最終組立企業のマトリックスが結合されているのであれば，そのマトリックスから提供される情報は，サプライチェーンMFCAマトリックスとして理解できる。

究極的には，MFCAマトリックスが，使用段階と廃棄段階でも作成され，サプライチェーンMFCAマトリックスと結合されるなら，MFCAマトリックスは全バリューチェーンMFCAマトリックスとして完成する。この全バリューチェーンに対するMFCAマトリックスは，結果として，各VCにおけるスコープ1と2を合計することで，スコープ3のGHG排出をカバーする情報を産出する。しかし，VCの下流段階にかかわる情報は，環境経済統合会計や投入産出表といったマクロ環境会計システムを通じて産出される情報に依存することになる。この点において，全バリューチェーンに対するMFCAマトリックスは，Schategger and Csutora（2012）の提案するハイブリッドカーボン管理会計に対応する。

MFCAマトリックスは，MFCA予算マトリックスとMFCA結果マトリック

スという2つの表から構成される。MFCA予算マトリックス（表7-3パネルA）は，環境保全活動を遂行する前に経営層により作成される。このことは，MFCA予算マトリックスが，企業が次期に実施する予定の環境保全計画の会計的表現であることを意味している。他方，MFCA結果マトリックスは，環境保全活動の実施後に作成される。このマトリックスは，MFCA予算マトリックスにおける各環境保全活動に，「実績」と「差異」という2つの行が加えられた形式となっている。

　MFCA予算マトリックスは，環境予算と同様の利点を有していると考えられる。すなわち，第4-1節において指摘した予算の有する4つの機能を踏まえると，MFCA予算マトリックスは，GHG排出削減目標を達成するための事前的活動と事後的活動との両者を考慮に入れることを経営層に促す役割を有すると解することができる。また，このマトリックスは，計画された環境保全活動，推計された環境保全コスト・ロスおよび物量によるGHG排出量という3者の間の相互関係を，経営層が識別できる助けとなりうるのである。

　MFCA結果マトリックスは，物量センターとVCが，環境的にまたは財務的に問題があるかどうかを，経営層が判断する助けとなるものであり，そこでは，各環境保全活動に対する予算差異に関連する情報が提供される。たとえば，経営層は，どの物量センターが，内部や外部負担環境ロスの生成に寄与しているのかを見つけることができる。それゆえ，経営層は，対処すべき生産の重要ポイントを合理的に選別することができる。その後，経営層は，予防的活動として捉えられうる環境保全活動を計画し，実行することができるようになるわけである。

　つぎに，もう1つのマトリックスであるコスト・ベネフィットマトリックス（表7-3パネルC参照）について説明する。このマトリックスは，過去の会計期間を通じて実施された各環境保全活動を記録するものである。また，各環境保全活動の結果としての内部負担環境ロスないしマテリアルロスおよび外部負担環境ロスないしGHG排出量についても記録される。環境保全活動に関連して発生するコストは環境保全コストと呼ばれ，PAF法における予防・評価コス

図7-2 MFCA予算マトリックス，MFCA結果マトリックスおよびコスト・ベネフィットマトリックスの関係

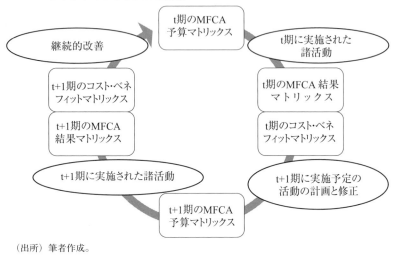

（出所）筆者作成。

トに対応する。たとえば，照明を高効率バルブに交換することは，電気代の節約とGHG排出量の削減に貢献するが，こうした情報は，このマトリックスの各セルに記録される。

図7-2は，MFCA予算マトリックス，MFCA結果マトリックスおよびコスト・ベネフィットマトリックスの関係を説明したものである。t期のMFCA予算マトリックスで規定された諸活動が実施され，その結果が，MFCA結果マトリックスに反映される。このマトリックスは，予算値，実績値および発生コストの予算差異を表示するが，これらのデータは，各物量センターやVCに対してMFCAが適用されることで測定される。さらに，内部負担環境ロス（すなわち，マテリアルロス）と外部負担環境ロス（すなわち，スコープ1と2のGHG排出量）にかかわる予算差異は，MFCA結果マトリックスにおいて明らかにされる。MFCA結果マトリックスは，t期を通じて行われた諸活動を考慮した製品原価，マテリアルロスとそのコストおよびGHG排出量を明らかにする。

t期に行われた事前的な環境保全活動を通じて生み出されたベネフィットは，コスト・ベネフィットマトリックスにおいて明らかにされる。経営層は，

第7章 カーボン・マネジメントのためのマテリアルフローコスト会計 177

このマトリックスを活用してマテリアルロスの削減額と GHG の排出削減量を理解することができる。

　以上から，経営層は，t 期の MFCA 結果マトリックスにおいて記録された情報を用いて，各物量センターにおいて実現した節約額と GHG 排出削減量と，実施した環境保全対策とを対応づけて検討することになる。t 期のコスト・ベネフィットマトリックスにおける情報は，経営層が，t + 1 期に実施するであろう各環境保全対策の改善計画を考慮する際に利用される。要約すれば，上述の 2 種類の MFCA マトリックスを作成することは，t + 1 期に行われる改善活動を反映している t + 1 期の MFCA 予算マトリックスの作成へと動機づけることになる。このカーボン・マネジメントプロセスを繰り返していくことにより，環境保全活動と生産活動の双方における継続的な改善が達成されていくものと期待される。

　MFCA は特殊原価調査のように 1 回限りのマネジメントツールとして利用されるだけでなく，継続的な GHG 排出削減に貢献し，予防的な事前的活動の計画と実施とマテリアルコストなどの事後的コストとを連携させる，経常的なマネジメントツールでもある。よって，CAM は，経営層に対して，GHG 排出とマテリアルフローコスト[29]の双方を削減するのに役立つツールとして期待されるのである。

　表 7-3 に示した仮設的な CAM は，単一の生産工程を考慮しているが，各 MFCA マトリックスの表頭に記述した各 VC は，異なるライフサイクル段階の情報と結びつけることで，製品・サービスの全ライフサイクルへと拡張させることが理論上可能である。一般に，製品・サービスのライフサイクルは，資源採取から始まり，いくつかのサプライヤーによる加工，組立企業での生産，輸送業者による配送，顧客による使用，そして廃棄またはリサイクルという形で終結する。それゆえ，製品・サービスのライフサイクルは，上流，生産および

---

29)　本章では便宜的に，マテリアルコスト，システムコスト，エネルギーコストおよび廃棄物管理コストを総称してマテリアルフローコストと称する。

下流の各段階から構成される。もしCAMが，ライフサイクル全体を構成する各経済主体により作成されるのであれば，ライフサイクルベースのCAMの作成を通じて，事前的活動の増加と事後的コストの減少との間の関係，および，コスト削減とカーボン排出削減との間の関係を明らかにすることができるであろう。

　お わ り に

　企業が低炭素生産を達成するために，本章では，PAF法と予算管理手法を活用した改良型MFCAフレームワークを提案した。このフレームワークはCAMと名づけられた。MFCA手続きの文脈において事前的活動とその結果としてのマテリアルフローコストとロスとの関係を明らかにすることが有益と考えられる。なぜなら，CAMに含まれる3種類のマトリックスは，環境負荷の創出につながる事後的コストと，これらの負荷を削減することにつながる事前的コストとの間の関係を明らかにするからである。これらの関係を踏まえ，経営層は，外部負担環境ロスとして代表されるカーボン排出の削減に向けて行動を起こすことができる。さらに，経営層は，自社のカーボン・マネジメント実務が改善しているかどうかを判断することもでき，結果として，CAMは，MFCAの短所を克服することに寄与すると期待されるのである。

　すでに，各VCにおけるスコープ1および2のGHG排出の測定を通じて，結果としてスコープ3のGHG情報がもたらされることを指摘した。つまり，製品ライフサイクルに含まれる異なる経済主体のCAMが積み上げられていくことで，カーボン排出とカーボン排出削減活動との関係を明確にできるのである。このことこそ，CAMが，スコープ3のGHG排出に関するカーボンコスト情報を統合する可能性を有している理由である。こうした考慮の下，CAMの会計実体は，ライフサイクルだけでなく，将来的には，地域や国家へと拡張していくことが望まれる。ミクロの経済実体でのCAMを積み上げていくことの重要性を明らかにする前に，まずは，個別の企業に対してCAMを適用し，カーボン排出の削減に関連する経営意思決定へのCAMの役立ちを検証するこ

とが，われわれの次のゴールとなる。このようなケース・スタディを通じて，仮設モデルにとどまる今回の提案により具体性を持たせていくことが必要と考えている。

（謝辞）本章は，平成 26 年度日本学術振興会科研員「基盤研究（B）」（課題番号：25285137），「基盤研究（C）」（課題番号：26380602），および同（課題番号：25380618）による研究成果の一部である。

参 考 文 献

安城泰雄（2007）「キヤノンにおけるマテリアルフローコスト会計の導入」『企業会計』59（11），40-47 ページ。

伊藤嘉博（2004）「環境予算マトリックス」國部克彦編著・経済産業省産業技術環境局監修『環境管理会計入門—理論と実践—』産業環境管理協会，116-137 ページ。

伊藤嘉博（2010）「環境配慮型業務改善を支援する環境管理会計—マテリアルフローコスト会計の深化と拡張の方向性—」日本会計研究学会特別委員会「環境経営意思決定と会計システムに関する研究」（國部克彦委員長）『最終報告書』日本会計研究学会，46-57 ページ。

河野裕司（2007）「田辺製薬におけるマテリアルフローコスト会計の導入と展開」『企業会計』59（11），48-55 ページ。

経済産業省（2002）『環境管理会計手法ワークブック』経済産業省。

國部克彦・渕上智子・山田明寿（2012）「MFCA と CFP の統合モデルの開発」『環境管理』48（2），66-76 ページ。

中嶌道靖・國部克彦（2002）『マテリアルフローコスト会計—環境管理会計の革新的手法—』日本経済新聞社。

中嶌道靖（2007）「マテリアルフローコスト会計（MFCA）の新展開— MFCA におけるエネルギー分析への展開および既存の生産管理（TPM を題材に）に対する MFCA の意義について—」関西大学経済・政治研究所企業と社会の制度転換研究班編『企業情報と社会の制度転換 II』関西大学経済・政治研究所研究叢書第 146 冊，27-53 ページ。

中嶌道靖・國部克彦（2008）『マテリアルフローコスト会計—環境管理会計の革新的手法—（第 2 版）』日本経済新聞出版社。

日本能率協会コンサルティング（2011）『平成 22 年度経済産業省委託事業 マテリアルフローコスト会計— MFCA 事例集 2011—』日本能率協会コンサルティング。

沼田雅史（2007）「積水化学グループにおけるマテリアルフローコスト会計導入への取り組み」『企業会計』59（11），56-62 ページ。

古川芳邦（2007）「マネジメントツールとしてのマテリアルフローコスト会計—企業の実践と ISO 化の展望—」『企業会計』59（11），33-39 ページ．

古川芳邦（2009）「マテリアルフローコスト会計—その手法的特徴とカーボン・マネジメントへの応用展開—」藤井良広編著『カーボン債務の理論と実務—算定・評価・開示・マネジメント—』中央経済社，121-147 ページ。

Anastasi, E., 2011, Green Business and Green Values: A Perspective from Government, Pitelis, C. N., Keenan, J. and Pryce, V. (eds), *Green Business, Green Values, and Sustainability*, Routledge, New York, pp. 81-93.

Bennett, M., Schaltegger, S. and Zvezdov, D., 2013, *Exploring Corporate Practices in Management Accounting for Sustainability*, ICAEW, London.

Burritt, R. and Schaltegger, S., 2001, *Eco-Efficiency in Corporate Budgeting*, Center for Sustainability Management, University of Lueneburg, Lüneburg.

Burritt, R. L., Hahn, T. and Schaltegger, S., 2002, Towards a Comprehensive Framework for Environmental Management Accounting: Links between Business Actors and Environmental Management Tools, *Australian Accounting Review*, 12 (2), pp. 39-50.

Burritt, R. L., Schaltegger, S. and Zvezdov, D., 2011, Carbon Management Accounting: Explaining Practice in Leading German Companies, *Australian Accounting Review*, 55 (21), pp. 80-98.

Diependaal, M. J. and de Walle, F. B., 1994, A Model for Environmental Costs for Corporations (MEC), *Waste Management & Research*, 12 (5), pp. 429-439.

EC (European Commission), FAO (Food and Agriculture Organization), IMF (International Monetary Fund), OECD (Organisation for Economic Cooperation and Development, United Nations and World Bank, 2012, *System of Environmental-Economic Accounting: Central Framework*.

Epstein, M. J., 2008, *Making Sustainability Work: Best Practices in Managing and Measuring Corporate Social, Environmental, and Economic Impacts*, Greenleaf Publishing, Sheffeild.

Feigenbaum, A. V. , 1956, Control (design + material + product + process) ÷ Costs (inspection + rejects) × Customer Satisfaction = Total Quality Control, *Harvard Business Review*, 34 (6), pp. 93-101.

Feigenbaum, A. V. , 1961, *Total Quality Control: Engineering and Management*, McGraw-Hill, New York.

Greenhouse Gas Protocol, 2004, *A Corporate Accounting and Reporting Standards, Rev. ed.*, World Business Council for Sustainable Development and World Resources Institute.

Hope, J. and R. Fraser, 2003, *Beyond Budgeting: How Managers Can Break Free from the Annual Performance Trap*, Harvard Business School Press, Boston（清水孝監訳（2005）『脱予算経営』生産性出版）.

Horngren, C., Dartar, S. M. and Foster, G., 2003, *Cost Accounting: A Managerial Emphasis 11th edition*, Prentice Hall, New Jersey.

Hughes, S. B. and Willis, D. M., 1995, How Quality Control Concepts can Reduce Environmental Expenditures, *Journal of Cost Management*, 9 (2), pp. 15-19.

IFAC (International Federation of Accountants), 2005, *International Guidance Document, Environmental Management Accounting*, IFAC, New York.

第7章 カーボン・マネジメントのためのマテリアルフローコスト会計 181

IPCC (Intergovernmental Panel on Climate Change), 2013, *Climate Change 2013: The Physical Science Basis,* Cambridge University Press, New York.

ISO (International Organization for Standardization), 2004, ISO14001:2004, *Environmental Management Systems– Requirements with Guidance for Use,* Second ed., ISO, Geneva.

ISO, 2011, ISO14051: 2011 (E), *Environmental Management – Material Flow Cost Accounting – General Framework,* First ed., ISO, Geneva（日本工業標準調査会（2012）『JIS Q 14051：2012（ISO14051：2011）環境マネジメント—マテリアルフローコスト会計— 一般的枠組み』日本規格協会）.

Ito, Y., Yagi, H. and Omori, A., 2006, The Green-Budget Matrix Model: Theory and Cases in Japanese Companies, Schaltegger, S., Bennett, M. and Burritt, R. (eds.), *Sustainability Accounting and Reporting,* Springer, Dordrecht, pp. 355‑372.

Jäger, J., 2007, *Our Planet: How Much More Can Earth Take?,* Haus Publishing, London.

Jasch, C., 2009, *Environmental and Material Flow Cost Accounting: Principles and Procedures,* Springer.

Kokubu, K. and Nakajima, M., 2004, Sustainable Accounting Initiatives in Japan: Pilot Projects of Material Flow Cost Accounting, Seiler-Hausmann, J. D., Liedtke, C., von Weizsäcker, E. U. (eds.), *Eco-Efficiency and Beyond: Towards the Sustainable Enterprise,* Greenleaf Publishing, Sheffield, pp. 100‑112.

Leontief, W. W., 1936, Quantitative Input and Output Relations in the Economic System of the United States, *The Review of Economic Statistics,* 18 (3), pp. 105‑125.

Nakajima, M., 2010, Environmental Management Accounting for Sustainable Manufacturing: Establishing Management System of Material Flow Cost Accounting (MFCA), *Kansai University Review of Business and Commerce* 12, pp. 41‑58.

Schaltegger, S. and Burritt, R. L., 2000, *Contemporary Environmental Accounting: Issues, Concepts and Practice,* Greenleaf Publishing, Sheffield.

Schaltegger, S. and Burritt, R., 2000, *Contemporary Environmental Accounting: Issues, Concepts and Practices,* Greenleaf Publishing, Sheffield.

Schaltegger, S., Burritt, R. L. and Petersen, H., 2003, *An Introduction to Corporate Environmental Management: Striving for Sustainability,* Greenleaf Publishing, Sheffield.

Schaltegger, S. and Csutora, M., 2012, Carbon Accounting for Sustainability and Management: Status Quo and Challenges, *Journal of Cleaner Production,* 12, pp. 1‑16.

Stechemesser, K. and Guenther, E., 2012, Carbon Accounting: A Systematic Literature Review, *Journal of Cleaner Production,* 36, pp. 17‑38.

Strobel, M. and Redmann, C., 2000, *Flow Cost Accounting: Cutting Costs and Relieving Stress on the Environment by Means of an Accounting Approach Based on the Actual Flow of Materials,* Institut für Management und Umwelt, Augsburg.

UNDSD (United Nations Division for Sustainable Development), 2001, *Environmental Management Accounting: Procedures and Principles,* United Nations Publications, New York.

第 8 章

森林会計・林業会計と持続可能性

は じ め に

持続可能性（sustainability）という考え方が，森林・林業を対象とする会計・簿記（森林会計・林業会計），とりわけ森林資産を対象とした会計処理に影響を与えている。本章は，森林会計・林業会計のモデル及び実務を取りあげて，持続可能性に基づくストックとフローの考え方が森林資産の会計処理にどのように反映されているのかを考察し，森林・林業の会計理論を明らかにする。

具体的には，まず始めに，保続性原則（Nachhaltigkeit）・法正林（Normalwald）や持続可能な森林管理（sustainable forest management）という森林・林業における持続可能性の概念を説明する。続いて，森林会計・林業会計のモデル及び実務として，国有林野事業特別会計（国有林野会計と略す）が 1972 年度まで採用していた蓄積経理方式，日本林業経営者協会が 1971 年・1978 年に発表した林業会計基準・準則，全国森林整備協会が 2011 年に発表した林業公社会計基準を取りあげる。

法人税や所得税における林業の取り扱いによると，植林や保育・間伐等に要する経費は原則としては資産化されて，これが生育し伐採されたときに，林産物収入に対応する売上原価となる（取得原価方式）。このような税法基準が民有林の簿記実務に与える影響について，筆者は過去に検討した[1]。本章は，森林

会計・林業会計のモデル及び実務が，森林資産に係るストックとフローをどのように捉えているかを整理して，取得原価方式との対比において，森林・林業の会計理論と持続可能性との関係を考察する。

結論からいえば，森林・林業の会計理論と持続可能性との関係として，以下の事項を明らかにすることができた。すなわち森林会計・林業会計は，法正林・法正蓄積や森林生態系等，持続可能性に基づくストック概念の保全を図り，そのストックを森林資産として評価対象としている。また，ストックの保全にかかるコストと，ストックの保全から生み出されるベネフィット（森林の多面的な機能）というフローの対応関係を，損益計算の構造において，あるいは，損益計算及び注記を含め財務報告全体において反映させている。

森林会計・林業会計における持続可能性に基づくストック・フローモデルは，国際的サプライチェーン（SC：Supply Chain）を対象とした環境会計（environmental accounting），地域的 SC や産業クラスターを対象としたメソ会計（meso-accounting）の開発に有効な示唆を与えるものと期待される。

1. 森林・林業における持続可能性

1-1 保続性原則と法正林の概念

日本の森林管理では，森林の長期的な整備・経営管理計画（森林計画）の作成について，明治期にドイツから森林経理学（Forsteinrichtung）が導入されて以降，その理念を，国有林野事業や森林所有者等は基本的に変更のないまま用いている。森林経理（Forsteinrichten）という言葉の意味は，「経営森林を一つの生産組織と考え，この生産組織を整序する」[2] ことであり，生産組織の整序のためには，「林木育成の長期性その他の森林の特質に立脚して，長期的観点に立った体系的な森林施業を継続的に実施することが必要」[3] とされる。森林経理学の実践的適用が，森林計画の作成ということになる。

---

1) 丸山（2014），157-163 ページ。
2) 南雲・岡（2002），3 ページ。
3) 南雲・岡（2002），3 ページ。

第8章　森林会計・林業会計と持続可能性　185

　森林経理学は森林管理の目的をいくつかの指導原則として体系化するが[4]，それらの指導原則のうち，森林管理における独自なものとして，中心となるのが保続性原則である[5]。保続性原則は，将来にわたって伐採（木材生産）が毎年均等に継続できるような森林管理（収穫の保続）を求める指導原則である[6]。また，主として保続性原則に関係し，森林経理学において基本理念となるのが法正林の概念である。

　法正林とは，収穫の保続を実現する条件を備えた森林のことで[7]，具体的には，齢級分配，林分配置，立木蓄積，成長量を法正状態の条件とする。法正齢級分配とは，各林齢の森林区画（林分）が[8]，林木（樹木）が成長して伐採できるようになるまでの年数（伐期齢）に等しい数だけそろっていて，それらが同面積ずつ存在することをいう。法正林分配置とは，伐採によって周囲に風害，直射日光等の被害を与えたり，搬出の際に隣接の林分に損傷を与えたりしないような位置関係が林分相互で保たれていることをいう。

　齢級分配と林分配置が法正状態にある森林においては，そこにある立木蓄積，すなわち立木[9]の容積（材積）が法正蓄積であり，各林齢の毎年の成長量（連年成長量）の合計（総連年成長量）が法正成長量である。法正林では，総連年成長量＝生育期間あたりの平均成長量（総伐期平均成長量）＝伐採時期にある林

---

4)　例えば，南雲・岡（2002）は，森林管理の目的を7つの指導原則として体系化している。7つの指導原則は公共性原則，経済性原則，生産性原則，収益性原則，保続性原則，合自然性原則，国土保全原則である。南雲・岡（2002），6-10ページ。

5)　保続性原則は，①毎年の伐採量（木材収穫）を均等にすること，②造林・保育・間伐・主伐等といった一連の施業を継続して行うこと，③森林からの毎年の収入が均等になるよう，かつ継続できるようにすること，そして，④生産資本たる立木蓄積を維持すること，という4つの見解に大別される。南雲・岡（2002），7-8ページ。

6)　南雲・岡（2002），3ページ。

7)　南雲・岡（2002），11ページ。

8)　実務では，林齢に代えて，1〜5年生をⅠ齢級，6〜10年生をⅡ齢級というように，林齢を5年刻みでひとくくりにした齢級が用いられる。

9)　樹木のうち，立木ニ関スル法律（立木法）の適用対象となるものを立木という。立木法は第一条において立木を，「一筆ノ土地又ハ一筆ノ土地ノ一部分ニ生立スル樹木ノ集団ニシテ其ノ所有者カ本法ニ依リ所有権保存ノ登記ヲ受ケタルモノ」と定義する。

分の材積（伐期材積）という関係が成立する[10]。伐採時期になった林分を伐採することは毎年の成長量を収穫するということであり，成長量を維持できるだけの造林（植林等により森林を新たに造成すること）によって，生産資本たる立木蓄積が一定に保全できる。

1-2　持続可能な森林管理の概念

　森林生態系（森林における生き物や空気・水等との共存関係）を保全しながら，森林に対する人々の多種多様なニーズを将来にわたって満たしていこうという考え方は，日本を始め世界各国における森林・林業政策の基本理念となっている。このような考え方を，持続可能な森林管理という。持続可能な森林管理は，1992 年の地球サミットで採択された「森林に関する原則声明（The Declaration of Forest Principle)」，すなわち United Nations（1992）によって打ち出された考え方である。日本はモントリオール・プロセスに参加して，基準や指標の決定等，具体的なフォローアップ作業を進めている。

　人々が森林に寄せるニーズは，森林の多面的な機能として，継続的・安定的な木材生産や木質系バイオマス供給という物質生産機能と，温暖化の抑制，土砂災害や洪水・渇水の防止（水源かん養）等の公益的機能に分類・整理できる[11]。

　例えば，温暖化の抑制という公益的機能は，森林が光合成により，温暖化の原因である CO_2 を吸収・炭素を固定することによる。また，土砂災害防止は，森林の下層植生や落枝落葉が地表の浸食を抑制するとともに，森林の林木（樹木）が根を張り巡らすことによって土砂の崩壊を防ぐ機能である。

　森林の多面的な機能は，樹冠・幹・根系等の林木（樹木）全体を始め，落葉・落枝，下層植生，地中小動物・土壌微生物の活動等が有機的に結びつくことによって高度に発揮される。主伐・間伐等の木材生産を通じた森林整備は，

---

10)　南雲・岡（2002），17 ページ。
11)　日本学術会議（2001），60-63 ページ，三菱総合研究所（2001），24-56 ページ。

第8章　森林会計・林業会計と持続可能性　187

表 8-1　森林・林業における持続可能性とフローとストックの概念

		保続性原則	持続可能な森林管理
ストック概念		法正林・法正蓄積	森林生態系
フローの対応関係	コスト	造林に要するコスト	森林保全に要するコスト
	ベネフィット	伐採による立木・丸太の販売収入（林産物収入）	物質生産機能　公益的機能

（出所）筆者作成。

　森林生態系における物質生産・循環を促進するので，林木（樹木）の成長を促すと同時に下層植生を豊富にする。落葉・落枝や枯死等，有機物の地表への供給量も多くなり，これらの有機物を分解還元する小動物・微生物も活発に活動するようになる。このような連鎖関係は，物質生産機能や公益的機能が多面的に存在すること，その高度な発揮が木材生産と結びついていることを説明している[12]。

　森林生態系における連鎖関係にみるように，森林の多面的な機能は旺盛な林木（樹木）の成長に帰着し，林木（樹木）の成長は木材生産と結びついている。このような関係に基づくと，保続性原則を中心とする森林経理学の指導原則は，木材生産を重視してはいるものの，持続可能な森林管理と同じことを求めていると考えられる[13]。すなわち保続性原則は，収穫の保続のために，伐採と造林の均衡を通じて，生産資本たる立木蓄積を保全しようというものだが，森林の多面的な機能が重視される現在においては，森林生態系を保全して，将来にわたって多面的な機能を高度に発揮できるようにすることと理解できる。

　森林・林業において持続可能性に基づくストックとフローの概念は，表 8-1 のようにまとめることができる。すなわち保続性原則に基づくストックは法正林・法正蓄積であり，主伐・間伐による立木・丸太の販売収入（林産物収入）と，伐採跡地等の造林に要するコストとの対応が，フローの対応関係ということになる。また，持続可能な森林管理に基づくストックは森林生態系であり，

---

12)　林野庁（1972），96-98 ページ。
13)　南雲・岡（2002），8 ページ，10 ページ。

その保全のために要するコストと，森林生態系から生み出される物質生産機能や公益的機能との対応が，フローの対応関係となる。

保続性原則・法正林や持続可能な森林管理に基づくストックとフローを，森林資産の会計処理に反映した事例として，国有林野会計において，1972年度まで採用されていた蓄積経理方式，日本林業経営者協会が1971年・1978年に発表した林業会計基準・準則，全国森林整備協会が2011年に発表した林業公社会計基準がある。

2. 国有林野事業特別会計の蓄積経理方式

農林省山林局・宮内省帝室林野局・内務省北海道庁に分けて所管されてきた国有林は，1947年に農林省の所管に統一された（林政統一）。国有林の経営管理にあたっては[14]，同年に成立した国有林野事業特別会計法（国有林特会法と略す）に基づき，独立採算の特別会計制度（国有林野会計）が採用された[15]。

国有林野会計においては，企業的運営による損益計算と，複式簿記を用いた発生主義会計が採用されてきた。国有林野会計の会計手続を規定する国有林野事業特別会計経理規程（経理規程と略す）は[16]，民間企業における一般に公正妥当と認められた会計処理（企業会計原則）におおむね準拠している[17]。

---

14)　林野庁「第64次国有林野事業統計書（平成23年度）」によると，国有林の面積は758万haに及ぶ（2012年4月1日現在）。

15)　国有林野会計は1947年の成立から2008年度まで国有林特会法を根拠としてきたが，国有林特会法は2009年4月1日をもって廃止になり，特別会計に関する法律（特別会計法）に統合された。2009年度から2012年度までは，特別会計法の第2章第12節 国有林野事業特別会計（第158～171条）を根拠としてきた。国有林野会計は2012年度をもって廃止されて，一般会計に統合された。

16)　国有林野会計は，国有林野事業特別会計計理規程（1948年，農林省訓令第113号，計理規程と略す）と営林局署会計事務規定（1954年，農林省訓令第101号）に基づき，収入・支出を単式簿記で記録し，決算時に損益計算を行っていた。1956年の国有林野事業特別会計法施行令の改正によって，伝票会計方式の複式簿記を行うようになり，1957年に旧 経理規程（1957年，農林省訓令第11号）が制定された。1969年には，旧 経理規程が廃止になり，新 経理規程（1969年，農林省訓令第34号）が制定された。

17)　国有林野会計の財務諸表は，国有林野事業統計書において開示される。

第8章　森林会計・林業会計と持続可能性　189

　国有林野会計は，1972年度まで，森林資産（立木資産）の会計処理で蓄積経理方式を採用していた[18]。蓄積経理方式は保続性原則を論拠としており，法正林における立木蓄積（法正蓄積）と，会計上の恒常在高（基準量）の概念を結びつけて，固定資産である森林資産の会計処理に恒常在高法を用いる[19]。

　恒常在高法は棚卸資産の貸借対照表価額の算定方法のひとつで，基準棚卸法とも呼ばれる[20]。これは，企業が生産・販売活動を展開するうえで最低限必要な棚卸資産を基準量とし，基準量に対しては，基準棚卸法を採用したときの原価を適用し，価格の変動に関係なくその価額で評価していく方法である。

　国有林野会計が，固定資産である森林資産に，棚卸資産の貸借対照表価額の算定方法である基準棚卸法を採用したのは，①伐採超過による立木蓄積の侵食を計算的に明確にし，このような資本侵食による収入を損益計算から排除しようとしたから[21]，②恒常在高法を用いることで，利益計算からインフレの影響を排除して資本維持を図ったからである。

　国有林野会計の1972年度（1972年4月1日〜1973年3月31日）の貸借対照表及び損益計算書から森林資産に関係する勘定科目・金額を抜粋すると，貸借対照表は表8-2のように[22]，損益計算書は表8-3のようになる。表8-2の資産勘定のうち，造林事業に関係するのは立木竹勘定である。土地（林地）と林木

---

18)　経理規程は立木資産という名称を用いるが，本章は森林資産という名称で統一する。

19)　「林学上蓄積（立木資産）は，伐採・造林の均衡を通じて構成単位である林木は年々更新されるが，全体としては一定に保持されるという法正林の思想と，一定に保持される蓄積に会計上の恒常在高の概念を導入し，立木資産の計理を恒常在高法によって行おうとする」。林野庁　監修（1990），245ページ。

20)　基準棚卸法は，企業会計原則及び連続意見書第四「棚卸資産の評価について」において，選択できる算定方法となっているが，企業会計基準第9号「棚卸資産の評価に関する会計基準」では削除された。

21)　篠田（1953），166ページ。

22)　製品勘定は，伐採・搬出プロセスである製品生産事業の生産品であり，仕掛品勘定は，製品生産事業における生産途中の原価である。また，苗木及び種子勘定は，植付・播種等に用いる種苗生産事業の生産品である。製品生産事業及び種苗生産事業では原価計算が行われる。

190

表 8-2　蓄積経理方式の貸借対照表

1972 年度：1973 年 3 月 31 日現在　　　　単位（金額：千円）

				借入資本		⋮
流動資産	⋮	⋮	自己資本	⋮	⋮	⋮
	製品	4,942,062				
	仕掛品	1,434,192		資本剰余金		
	苗木及種子	12,087,501		再評価剰余金		588,740,701
	⋮	⋮		蓄積検討差額		132,635,059
固定資産	⋮	⋮		⋮		⋮
	土地	56,456,274		⋮		⋮
	立木竹	584,730,860	調整勘定	⋮		⋮
	⋮	⋮		造林調整勘定		7,631,348
	本年度損失	4,325,865		伐採調整勘定		22,230,504
		1,017,851,989				1,017,851,989

（出所）林野庁（1973）『第 25 次 昭和 48 年 国有林野事業統計書（昭和 47 年度）』，284-289 ページをもとに筆者作成。

表 8-3　蓄積経理方式の損益計算書

1972 年度：1972 年 4 月 1 日〜1973 年 3 月 31 日　単位（金額：千円）

費用	経営費	98,309,437	収益	売上高	166,982,850
	⋮	⋮		⋮	⋮
	造林不足	6,388,617		⋮	⋮
	伐採超過	10,710,277			
	⋮	⋮		本年度損失	4,325,865
		182,145,883			182,145,883

（出所）林野庁（1973）『第 25 次 昭和 48 年 国有林野事業統計書（昭和 47 年度）』，278-282 ページをもとに筆者作成。

（樹木）は一体として林木（樹木）を成長させる能力を持つと考えられるが，蓄積経理方式において，これらは分けて集計される[23]。

　森林資産の収益認識は，販売という外部との取引が発生したとき認識する実現主義である。表 8-3 における売上高は，伐採しないで立木のまま譲渡する立木販売と，伐採・搬出プロセス（国有林野会計における製品生産事業）を経て丸太

23）　新たな地域施業計画をたてたとき，その計画の期間の期首に，立木竹勘定の基準量の価額は，実際の棚卸高（立木蓄積）と，国有財産台帳により計算した単価に基づき修正される。

第 8 章　森林会計・林業会計と持続可能性　191

表 8-4　蓄積経理方式における調整勘定

区分	損益計算書	貸借対照表
標準年伐採量に対して伐採が超過したとき	伐採超過勘定（借方）	伐採調整勘定（貸方）
標準年伐採量に対して伐採が不足したとき	伐採不足勘定（貸方）	伐採調整勘定（借方）
標準年造林量に対して造林が超過したとき	造林超過勘定（貸方）	造林調整勘定（借方）
標準年造林量に対して造林が不足したとき	造林不足勘定（借方）	造林調整勘定（貸方）

（出所）林野庁 監修（1971）『国有林野事業特別会計経理規程の解説』大成出版社，274 ページより引用。

にして販売する製品販売をあわせた林産物収入である。他方，売上高に対応する費用は，当期の植林や保育管理等に要する造林費であり，表 8-3 において経営費に計上されている。

保続性原則に基づく地域別の森林計画（地域施業計画）に定めた標準伐採量の通りに伐採し，これに見合う標準造林量だけ造林を行えば，立木蓄積は変わらないと考えられる。これらの標準量を，期間計算のために，計画期間（10年）で除したものが，標準年伐採量及び標準年造林量である。標準年伐採量と同じ量を伐採・販売した売上高には，標準年造林量を造林するのに要した造林費が対応する[24]。

現実には伐採超過・伐採不足・造林超過・造林不足が生じてくるから，表 8-4 にまとめたように調整勘定が用いられる[25]。すなわち伐採超過はそれに対応する売上高を利益から控除し，伐採不足は基準量の原価を利益に加算する。また，造林超過はそれに対応する造林に要する経費を利益に加算し，造林不足は控除する。

---

24)　林野庁 監修（1971），247-248 ページ。
25)　蓄積経理方式の導入当初，伐採超過・造林超過・造林不足に対して，減価償却引当金勘定を用いる引当金方式が採用されていたが，1956 年度からは，伐採超過・伐採不足・造林超過・造林不足に対して，調整勘定が用いられるようになった。槇（1958），28-44 ページ，111-119 ページ。

表 8-3 の損益計算書には，借方項目として，造林不足勘定と伐採超過勘定が
ある。また，表 8-2 の貸借対照表には，貸方の調整勘定として，造林調整勘定
と伐採調整勘定がある。これらの調整勘定は，立木竹勘定に対する評価勘定と
いえる。新たな地域施業計画をたてたときは，その計画の期間の期首に，立木
竹勘定の基準量の価額は，調整勘定の残高を用いて修正される。この修正は，
理論上は，調整勘定の借方残と立木蓄積の価額の増加，調整勘定の貸方残と立
木蓄積の価額の減少という組み合わせとなる。実際には，実地調査との差異が
生じるから，前計画時の在高との差及び調整勘定の残高は蓄積検討差額（資本
剰余金）として精算される[26]。

1972 年度を例にとれば，蓄積経理方式の損益計算式は，次式のようになる。

損益＝売上高－｜造林費＋伐採超過＋造林不足＋販売費・一般管理費等｜

国有林野会計の成立時，戦争需要と復興需要を満たすための乱伐で森林は荒
廃しており，法正林・法正蓄積の条件を満たしていなかったが，森林計画の作
成は保続性原則に基づき法正林・法正蓄積を目標として，荒廃した森林の早急
な回復を主眼としていた[27]。他方，資金を自己調達して運営を行うという特
別会計の資金的制約のなかで，森林計画より増伐が促進，造林が制限される状
態にあった。利益の内部留保や資本充実の仕組みがないなか，蓄積経理方式
は，一般会計への繰り入れを制限し，資金を内部留保するのに役立った[28]。

国有林野会計は 1973 年度から，企業的経営への諸制度改善の一環とし
て[29]，蓄積経理方式にかわり取得原価方式を採用した。取得原価方式では，
当期の造林費は資産化されて，これが生育し伐採されたときに，売上高に対応

---

26)　調整勘定の精算に関しては，槇（1958）が詳しい。槇（1958），112-117 ページ，
　　　125-129 ページ。
27)　林野庁 監修（1970），3 ページ，篠田（1953），168 ページ。
28)　野中（2006），71-72 ページ。
29)　1965 年 3 月に中央森林審議会が取りまとめた「最近の社会経済情勢の推移に対応
　　　する国有林野事業の果たすべき役割及びそのための経営のあり方」に関する答申と，
　　　1972 年 12 月に林政審議会が取りまとめた「国有林野事業の改善について」の答申に
　　　基づく。

する売上原価となる。取得原価方式が採用された理由は，①民間企業と同じように企業会計原則に準拠した立木資産の会計処理を行うため，②造林支出を実態に即して資本的支出とすることで，森林の造成プロセスとして，長期借入金の担保財産を明確に把握できるような会計処理の方式とするためである[30]。

3. 日本林業経営者協会による林業会計基準・準則

日本林業経営者協会は 1969 年 10 月に林業会計制度研究会を設置し，企業会計原則を踏まえた林業会計準則の作成に取り組み始め，1971 年 11 月に「林業会計の基準（林経協林業会計制度研究会試案）」[31]を発表した。林業会計の基準は，林業会計の基本原理，林業会計基準，注解から構成される。そして，1978 年 12 月には，林業会計基準の加筆修正とともに[32]，「林業財務諸表準則―準則第一―」[33]と「林業会計準則―準則第二―」[34]が発表された（本章は，林業会計の基準と 2 つの準則をあわせて林業会計基準・準則と呼称する）。

林業会計の基本原理は，林業会計についての基本的な考え方を示したもので，この考え方を，林業会計基準は実際の会計処理に反映させる。そして，林業会計基準における会計処理の大綱に基づき，具体的な会計処理の方法や，勘定科目の表示方法，財務諸表の様式等を説明するために，2 つの準則が設定された。

なお，林業会計基準は，林業の特異性のため，一般企業の会計処理基準では取り扱うことができない特殊の事項を定めるもので，林業会計基準に定めのない事項は，企業会計原則に準拠することとなっている[35]。また，林業会計基準は，株式会社等の会社形態とともに，個人経営であっても，家計と経営が区分される企業的経営が適用対象とされる[36]。

---

30) 林野庁経理課決算班（1973），7 ページ，林野庁監修（1990），245-246 ページ。
31) 岡（1971），2-11 ページ。
32) 日本林業経営者協会（1978a），23-26 ページ。
33) 日本林業経営者協会（1978b），27-37 ページ。
34) 日本林業経営者協会（1978c），38-61 ページ。
35) 岡（1971），5 ページ，（1978），6 ページ。

表 8-5 　林業会計基準・準則に基づく貸借対照表
○年度：○年 12 月 31 日 　　　　単位（金額：千円）

流動資産		⋮	⋮	流動負債		⋮	⋮
	購入立木		60		植林引当金		20（対象面積○ ha）
		⋮	⋮			⋮	⋮
固定資産	有形固定資産					⋮	⋮
	造林地		90（対象面積○ ha）		資本		
		⋮	⋮				
	土地		30				
		⋮	⋮				
		⋮	⋮				
			1,350				1,350

　（出所）日本林業経営者協会（1978）「林業財務諸表準則―準則第一―」，31-34 ページ，
　　　　「林業会計準則―準則第二―」，52-53 ページ，55-58 ページ，『林経協月報』，
　　　　No.207，社団法人日本林業経営者協会．をもとに筆者作成。

　林業会計基準・準則に基づき作成される貸借対照表及び損益計算書から，森林資産に関係する勘定科目を抜粋すると，貸借対照表は表 8-5 のように，損益計算書は表 8-6 のようになる。

　林業会計基準・準則によると，貸借対照表において森林資産は，表 8-5 の固定資産の造林地勘定に集計される。造林地は，「土地が，植林されている林木……と一体になって発揮する林木を成長させる能力」[37]，すなわち林木成長能力（に投下されている資本）であり，土地の取得価額と，「その土地に生立している林木と同一のものを造成するとした場合に要する植林支出相当額」[38]の合計として測定される。

　売却価値を持つ林木（樹木）が生えている森林を購入した場合，造林地の測定額（土地の取得価額＋植林支出相当額）を超えて購入代価・付随費用等が支払われるならば，この支払い超過が流動資産の購入立木勘定に集計される。売却

---

36)　岡（1971），5 ページ，（1978），6 ページ。

37)　日本林業経営者協会（1978b），24 ページ。

38)　日本林業経営者協会（1978a），7 ページ。

第 8 章　森林会計・林業会計と持続可能性　195

表 8-6　林業会計基準・準則に基づく損益計算書
〇年度：〇年 1 月 1 日〜〇年 12 月 31 日　　単位（金額：千円）

営業費用			営業収益		
売上原価				売上高	
	丸太売上原価	200		丸太売上高	500
	立木売上原価	110		立木売上高	300
	⋮	⋮		⋮	⋮
	販売費	⋮		⋮	⋮
	維持管理費	⋮			
	森林維持費	85			
	保育管理費	45			
	一般管理費	⋮			
	⋮	⋮			
税引前当期純利益		120			
		1,010			1,010

（出所）日本林業経営者協会（1978）「林業財務諸表準則—準則第一—」, 34-36 ページ,
「林業会計準則—準則第二—」, 54 ページ, 58-60 ページ, 『林経協月報』,
No.207, 社団法人日本林業経営者協会. をもとに筆者作成。

価値を持つ林木（樹木）が生えていない森林を購入した場合，その取得価額は
すべて土地勘定に集計される。また，新たに植林をして森林を造成した場合，
その面積の分だけ土地の価額が減り（土地勘定から造林地勘定へ振り替え），その
価額と植林支出額の合計が，造林地の価額となる。造林地は伐採や植林によっ
てその価額は変動しないが，天災・地災等により成長能力を喪失し，回復の見
込みがないと認められる場合，その面積に対応する部分が造林地から控除され
る。

　伐採跡地の植林面積が，その伐採跡地の面積を下回る場合（植林不足），植林
不足の解消に要する支出額を見積り，これが植林引当金として計上される。植
林引当金が流動負債として設定できるのは，当期の植林不足を解消するため短
期間に実際の支出が行われることが予定されているから，また，植林支出の原
因となる事実は当期に既に存在していて，かつその金額を合理的に見積もるこ
とができるからである。植林引当金の設定により林木成長能力は，当初のまま
維持されているものとみなされるから，植林不足によって造林地の減額は行わ
れない。

林業会計基準・準則では，林木成長能力の維持に基づき，「森林からの収益
で，林業経営に必要な費用がおおむねまかなえるような状態の」保続経営が想
定されている[39]。保続経営において，林木成長能力の維持から生み出される
収益は，伐採しないで林木（樹木）のまま販売したり（立木売り），伐採・搬出
プロセスを経てから丸太として販売したり等による林産物収入であり，表8-6
の損益計算書では営業収益の売上高の科目に表示される。森林資産の収益認識
は，外部との取引が発生したとき認識する実現主義である。

他方，保続経営における費用として，表8-6の損益計算書には，営業費用の
売上原価・販売費・維持管理費・一般管理費が計上されている。

売上原価が計上されるのは，購入立木を販売した場合だけであり，販売量に
対応する価額が購入立木勘定から売上原価に振り替えられる。また，維持管理
費は，森林維持費と保育管理費に分けられる。森林維持費は，苗木代・植付け
等，伐採跡地の植林のための支出であり，保育管理費は，下刈・除伐・枝打等
に要する支出である。植林不足がある場合，植林引当金の見積額が森林維持費
に計上される。なお，前期より繰り越された植林引当金は，当期末にその全額
が取り崩される。

林業会計基準・準則の枠組みに基づけば，林木成長能力の維持から生み出さ
れる収益は，伐採から得られる林産物収入であり，林木成長能力を維持するた
めの費用は，毎年の植林に要する森林維持費である。すなわち「毎年部分的に
行われる植林は，伐採によって喪失した成長能力を補充するためのものであ
り，あたかも機械設備の破損部品を補充するのと同じである」[40]。

4. 全国森林整備協会による林業公社会計基準

4-1 森林資産の測定と減損処理

林業公社は，「計画的な森林資源の造成や山村の振興等を目的として、地方

---

39) 岡（1971），3ページ，（1978），4ページ。
40) 岡（1971），7ページ，（1978），8ページ。

第8章　森林会計・林業会計と持続可能性　197

公共団体等の出資により設立された公益法人」[41)]である。資金上の制約から森林所有者による森林整備が進みにくい地域を対象に，分収方式によって森林整備を行ってきた。分収方式は，分収林特別措置法に基づき，林業公社が森林所有者から土地を借りて森林を造林，あるいは，育林し，将来的に林木（樹木）が成長してその伐採時に立木・丸太の販売による収益を森林所有者と一定の割合で分け合う（分収する）制度である[42)]。分収方式でつくられた森林を分収林という。

　林業公社は，基本的に自己資本がないから，森林整備に対する投資をほぼすべて借入金により賄っていて，借入金の返済は，伐採時に（森林所有者と分け合った）立木・丸太の販売による収益によって行われる。この借入金は地方自治体によって損失保証がなされているから，長期的な木材価格の低迷や生産性の低い林業の高コスト構造が，将来の投資回収に対する懸念として，地方自治体の財政に影響を与えている。

　このような状況において，2007年6月に「地方公共団体の財政の健全化に関する法律」，2008年4月に「損失補償債務等に係る一般会計等負担見込額の算定に関する基準」が告示された。地方自治体の損失補償債務を算定するために，林業公社が抱える森林資産（立木資産）の"含み損"を明らかにすることが要求されるようになった。

　2008年12月には，「債務調整等に関する調査研究会」が報告書として「第三セクター、地方公社及び公営企業の抜本的改革の推進について」を発表した。また，2009年6月には，「林業公社の経営対策等に関する検討会」が最終報告書を発表した。これらは，林業公社の経営改革とともに，経営状況の実態を把握・開示することを要求している。特に後者は，林業公社に対して，公益法人制度改革関連三法[43)]を受けて2008年4月に改正された新「公益法人会計

---

41)　林野庁（2013），90-91ページ。
42)　分収方式には，植栽時に契約を結ぶ分収造林と，生育途上の森林を対象として契約を結ぶ分収育林がある。
43)　公益法人制度改革関連三法とは，一般社団法人及び一般財団法人に関する法律

基準」の早期適用と，投資を行ってから利益を得るまでの期間が長期にわたるという林業の特殊性を踏まえた森林資産の具体的な評価方法の検討，そして，利害関係者への適切な情報開示を要求している。

こうした流れを受けて，全国森林整備協会は，2010年7月に「林業公社会計基準の策定について（中間報告）―森林資産に係る会計処理について―」を発表した。そして，2011年3月には，最終報告として「林業公社会計基準」を発表した（2012年3月に改訂）[44]。

林業公社会計基準に基づき作成された公益社団法人おかやまの森整備公社の2012年度（2012年4月1日～2013年3月31日）の貸借対照表及び正味財産増減計算書（企業会計における損益計算書に相当する）から[45]，森林資産に関係する勘定科目・金額を抜粋すると，貸借対照表は表8-7のように，正味財産増減計算書は表8-8のようになる。

林業公社会計基準において，森林資産（立木資産）は，固定資産である森林資産と，流動資産である販売用森林資産に分かれる。林業公社のビジネスモデルは分収林の経営であり，森林所有者から土地を借りて造林・育林をしているから，貸借対照表には，事務所用地等を除き土地勘定は存在しない。

森林資産は，「多面的な公益的機能の提供という公共的な目的を持つ社会基盤資産」[46]であり，固定資産の性質を持つ。森林資産は，主伐が決定したとき販売用森林資産としてその性質が変化して，流動資産に振り替えられる。な

（法人法），公益社団法人及び公益財団法人の認定等に関する法律（認定法），一般社団法人及び一般財団法人に関する法律及び公益社団法人及び公益財団法人の認定等に関する法律の施行に伴う関係法律の整備等に関する法律（整備法）のこと。これらは，2008年12月に施行された。

44) 林業公社会計基準は，「林業公社会計基準の制定について」，「林業公社会計基準（会計基準・注解）」，「財務諸表標準様式」，「勘定科目分類基準」，「林業公社会計基準に係る実務指針」から構成される。

45) おかやまの森整備公社は24,900ha（2010年3月29日現在）の分収林を管理する日本で最大の林業公社で（全国森林整備協会林業公社会計基準策定委員会（2010），28ページ。），2011年度（2011年4月1日～2012年3月31日）から林業公社会計基準に基づく財務諸表を作成・公表している。

46) 全国森林整備協会林業公社会計基準策定委員会（2012），7ページ。

第 8 章　森林会計・林業会計と持続可能性　199

表 8-7　林業公社会計基準に基づく貸借対照表（おかやまの森整備公社）

2013 年 3 月 31 日現在　　　　　　単位（金額：円）

流動資産		販売用森林資産	79,707	流動負債		⋮
			⋮			
固定資産	特定資産	森林原価形成補助金資産	1,324,120,202	正味財産	固定負債	⋮
					指定正味財産	⋮
	その他	森林資産	65,245,157,169		補助金	1,324,120,202
		⋮	⋮		一般正味財産	⋮
			68,071,583,711			68,071,583,711

（出所）公益社団法人 おかやまの森整備公社 2012 年度（2012 年 4 月 1 日〜2013 年 3 月 31 日）「貸借対照表」より筆者作成。

お，主伐が決定したときとは，林業公社の事業計画（森林施業計画等[47]）や予算等において，主伐（長期施業計画等における計画的な利用間伐を含む）の意思決定がなされた場合をいう。

　森林資産及び販売用森林資産は取得原価で測定される。森林資産の取得原価は，造林・育林という長期にわたる森林整備に要した直接事業費及び間接事業費等から，森林整備に係る収入を控除した実事業費である（実事業費の累積）。直接事業費は植栽や保育等に要する費用であり，間接事業費は，減価償却費，分収方式による森林所有者の分け前（分収交付金），支払利息，管理費の配賦額等である。また，森林整備に係る収入とは，補助金（資産形成補助金を直接減額する場合）や間伐収入等（合理的に配分された受取利息等を含む）である。森林資産の取得原価は，4-2 において説明するが，決算において損益計算を経たうえで森林資産勘定に振り替えられる。

　資産形成補助金は，森林資産に係る直接的な補助金のことである。林業公社会計基準は，公益法人会計基準の補助金の会計処理に準拠し，資産形成補助金

47）　森林法の改正によって，2012 年 4 月から森林施業計画は森林経営計画に制度変更になった。

表 8-8 林業公社会計基準に基づく正味財産増減計算書（おかやまの森整備公社）
2012 年 4 月 1 日～2013 年 3 月 31 日　　　単位（金額：円）
一般正味財産増減の部

経常費用	販売用資産原価	20,350,288	経常収益	森林整備事業収益	1,667,774,490
	森林整備事業費	1,090,777,620			
	：	：		：	：
	森林資産勘定振替前当期経常増減	556,646,582			
		1,682,408,159			1,682,408,159
	当期経常増減	1,073,800,045		森林資産勘定振替前当期経常増減	556,646,582
				森林資産勘定振替額	517,153,463
		1,073,800,045			1,073,800,045
経常外費用	：	：		当期経常増減	1,073,800,045
	販売用資産評価損	58,885,396			
	減損損失	246,573,933			
	：	：		経常外収益	：
	当期一般正味財産増減額	661,115,264			
		1,081,116,815			1,081,116,815

指定正味財産増減の部
（省略）

（出所）公益社団法人 おかやまの森整備公社 2012 年度（2012 年 4 月 1 日～2013 年 3 月 31 日）
「正味財産増減計算書」より筆者作成。

を正味財産の部の指定正味財産に計上し，その同額を資産の部の特定資産（特定の目的のために使途等に制約を課した資産）として森林原価形成補助金資産に計上することを原則とする。しかし，過去に多数の林業公社が取得原価から資産形成補助金を直接減額する方式（直接減額方式）を採用してきた実態を考慮して，直接減額方式を容認している[48]。資産形成補助金は，販売用資産として主伐により伐採されることとなったとき（主伐が決定したとき・目的達成による解除），指定正味財産から一般正味財産に振り替えられる。

48）おかやまの森整備公社は，林業公社会計基準が適用となった 2011 年度以降に受け取った資産形成補助金を，特定資産及び指定正味財産に計上するが，2010 年度以前の受け取り分については直接減額方式を継続している。

林業公社会計基準は，固定資産としての森林資産を単なる林木（樹木）の集合として考えるのではなく，多面的な公益的機能を有する社会基盤資産と捉えている。そのため，例えば，災害，火災や獣被害等により公益的機能が著しく低下して，その回復の見込みがない場合（サービス提供能力の著しい低下），機能回復等に要する費用相当価額が減損損失となる。

森林資産の減損損失は，正味財産増減計算書において，経常外費用に計上される。また，貸借対照表において，森林資産は，取得原価から減損損失累計額を直接控除して表示し，財務諸表に対する注記において，減損処理の対象となる森林資産グループに対して，取得原価から減損損失累計額が控除される。

また，主伐時期に応じた一定の林齢に達した森林資産（流動資産としての販売用森林資産）は[49]，将来の丸太の販売収入（主伐収入）を基礎とした正味売却価額[50]が著しく下落[51]したとき（将来の経済的便益が著しく下落したとき），その回復の見込みがあると認められる場合を除き，資産価額が取得原価から正味売却価額まで減額される。このような減損処理にともない，正味財産増減計算書において経常外費用「販売用資産評価損」が計上，貸借対照表において，販売用資産評価損が販売用森林資産から直接控除して表示される。

4-2　森林整備におけるコストとベネフィットの対応関係

林業公社会計基準には，森林整備のコストと，森林が生み出す多面的なサービスを効果（ベネフィット）として対比させる，という特徴がある。具体的には，①毎期の森林整備に係る費用と収入を正味財産増減計算書に計上し，そこ

---

49)　主伐時期に応じた一定の林齢は，森林施業計画等において主伐時期が明確になった時点であり，評価損の計上にあたっては，森林施業計画等において主伐計画が位置付けられた森林資産をその対象とする。

50)　正味売却価額は，現在の丸太の市場価格を基礎として，将来の立木材積から販売収入を算定し，その販売収入から今後の実事業費（事業費から関連する収入を差し引いた額）及び分収交付金を控除した価額をいう。

51)　正味売却価額の著しい下落とは，時価が帳簿価額から概ね50％を超えて下落している場合をいう。

から取得原価を貸借対照表の森林資産勘定に振り替えることと[52]，②財務諸表に対する注記として，森林の公益的機能の「サービス提供能力」の経済評価（公益的機能評価額）を記載することとに分けられる。すなわち林業公社会計基準はコストとベネフィットの対応関係を，（公益的機能による毎期のサービスについては注記を通じて）損益計算及び財務報告全体において反映しようとしている。

表8-8の正味財産増減計算書において，植栽や保育等に要する直接事業費，減価償却費や分収交付金等の間接事業費等，毎期の森林整備に係る経常的に発生する費用は，正味財産増減計算書の一般正味財産増減の部の経常費用「森林整備事業費」に計上される。これは，森林整備に要するコストである。また，経常費用には，販売用森林資産勘定から振り替えられる主伐による売上原価と販売経費が「販売用資産原価」として計上される[53]。

森林から生み出されるベネフィットのうち，林産物収入や受取補助金等，毎期の森林整備に係る経常的に発生する収入は，経常収益「森林整備事業収益」に計上される。森林資産の収益認識は，販売という外部との取引が発生したとき認識する実現主義である。このようにして，経常収益から経常費用を差し引く形で「森林資産勘定振替前当期経常増減（振替前経常増減と略す）」が計算される。

そして，振替前経常増減に，付属明細書における「当期の森林資産取得原価算定明細表」によって計算した森林資産の取得原価を，「森林資産勘定振替額」

---

52) 「実事業費を森林資産勘定に直接的に繰り入れた場合には，超長期の事業期間にわたって正味財産増減計算書上に，森林整備事業に係る費用・収入が一切計上されないこととなる。……このような会計処理による財務諸表は，その森林事業活動の成果の把握ないし多面的な公益的機能の達成状況の情報開示が困難となるなど，必ずしも林業公社固有の財務・経営状況の適切な情報提供とは成り難く，財務諸表の本来の目的を損なう結果となる。」全国森林整備協会林業公社会計基準策定委員会（2012），7ページ。

53) 林業公社会計基準の財務諸表標準様式によると，正味財産増減計算書において，販売用資産原価は森林整備事業費に含まれるが，表8-8では区分して計上されている。

として加算して（すなわち森林資産勘定に振り替える形で）「当期経常増減額」が計算される。森林資産勘定への取得原価の振り替えと，主伐にともなう販売用資産原価の計上は，森林整備におけるコストとベネフィットを対応させつつ，取得原価会計との整合性を図るための手続きである。

さて，森林整備のコストと，森林が生み出す多面的なサービス（ベネフィット）との対応関係は，表8-9のように整理することができる。表8-9では，表8-8の経常増減の部（当期経常増減の計算）における経常収益と経常費用について，その性質に応じて区分しての対応が図られている。すなわち経常収益に関して，森林整備事業収益を主伐収入等と受取補助金に分けて[54]，主伐収入等と，森林整備事業費の対応が図られる。差額Aは，受取補助金を含まない森林整備事業に係る純損失である。

差額Aに，森林資産の取得原価（森林資産勘定振替額）を森林資産勘定へ振り替える，販売用資産原価を販売用資産勘定から振り替える等して，差額Bが計算される。差額Bは，当期の森林整備事業費を資産化して，これが生育し伐採されたときに，主伐収入等に対応する売上原価とするとしたときの森林整備事業の純損失である。差額A及び差額Bいずれをみても，補助金がなければ，森林整備事業は赤字である。差額Bに，受取補助金及び法人会計を加除することによって，当期経常増減が計算される。

また，表8-9は，表8-8の経常増減の部（当期経常増減の計算）の下に，差額Aの計算に続ける形で，森林の公益的機能評価額をベネフィットとして，森林整備に要するコストと対応させて，純ベネフィットが計算されている。これは，財務報告全体における森林整備に係るコストとベネフィットの対応を，計算書のフォーマットに結びつけて表示しようと筆者が試みたものである。

森林整備におけるコストとベネフィットの対応関係において，コストは実際に発生する費用として正味財産増減計算書に計上できるが，多面的なベネフィ

---

54) 受取補助金等は，県借入金返済補助金収益が10億6,700万円，運営補助金収益が7,737万8千円，素材販売経費助成金収益が334万9,879円である。このうち運営補助金収益には，法人会計（管理費）に属する1,463万3,669円が含まれる。

表 8-9　林業公社会計基準におけるコストとベネフィットの対応関係（おかやまの森整備公社）

2012 年 4 月 1 日～2013 年 3 月 31 日　　　　単位（金額：円）

正味財産増減計算書（一般正味財産増減の部）

経常費用	森林整備事業費	1,090,777,620	経常収益	森林整備事業収益（主伐収入等）	534,680,280
				A	556,097,340
		1,090,777,620			1,090,777,620
経常費用	A	556,097,340		森林資産勘定振替額	517,153,463
	販売用資産原価	20,350,288		B	59,294,165
		576,447,628			576,447,628
経常費用	B	59,294,165	経常収益	森林整備事業収益（受取補助金）	1,133,094,210
	法人会計（管理費）	14,633,669		法人会計（受取補助金）	14,633,669
当期経常増減		1,073,800,045			
		1,147,727,879			1,147,727,879
	A	556,097,340	森林の公益的機能評価額	水源かん養 洪水緩和（洪水防止）	7,500,000,000
				水資源貯留（流域貯留）	3,600,000,000
				水質浄化	7,600,000,000
				表面侵食防止（土砂流出防止）	31,700,000,000
純ベネフィット		65,143,902,660		表層崩壊防止（土砂崩壊防止）	8,200,000,000
				二酸化炭素吸収	1,200,000,000
				化石燃料代替	400,000,000
				野生鳥獣保護	3,700,000,000
				保健休養	1,800,000,000
		65,700,000,000			65,700,000,000

（財務諸表に対する注記より　合計657億円）

（出所）公益社団法人 おかやまの森整備公社 2012 年度（2012 年 4 月 1 日～2013 年 3 月 31 日）「正味財産増減計算書」,「正味財産増減計算書内訳表」,「財務諸表に対する注記」より筆者作成。

第8章 森林会計・林業会計と持続可能性 205

ットのうち実際の収入として正味財産増減計算書に計上できるのは，主伐収入
を始めとする一部である。そこで，林業公社会計基準は，財務諸表に対する注
記として，森林の公益的機能評価額（貨幣評価・年額）を，利害関係者への有用
な情報として提供しようとする。

森林の公益的機能評価額について，林業公社会計基準は当面の間，日本学術
会議による2001年の答申『地球環境・人間生活にかかわる農業及び森林の多
面的な機能の評価について（答申）』の評価手法を参考に算出した推計を開示
することとしている[55]。表8-9にまとめたように，おかやまの森整備公社の
2012年度を事例として取りあげると，その年間あたりの公益的機能評価額は，
（物理的な機能を中心に貨幣評価が可能な一部に限ってだが）657億円／年と計算さ
れる。

657億円／年という評価額は，森林から生み出されるベネフィットの仮想的
な推計に過ぎないが，経常収益の50倍に近い巨額なものである。表8-9にみ
るように，主伐収入等だけを考えれば，林業公社の経営は赤字かもしれない
が，森林・林業が果たしている社会的役割に適切な対価が（その一部でも）支
払われる場合，黒字化できると考えられる。

なお，森林の公益的機能評価額の推計は，林野庁による1972年の試み[56]が
最初である。その後，地球温暖化を始め地球環境問題が深刻化して，公益的機
能に対する人々の関心が高まり，また，公益的機能に関するさまざまな研究が
行われてきたことを踏まえて，林野庁は1972年の推計のやり方を基本的に踏
襲しつつ，評価項目の追加や算出手法の見直しを行い，日本学術会議に委託す
る形で，2001年に新たな推計を行った[57]。

---

55) 全国森林整備協会林業公社会計基準策定委員会（2012），28ページ。
56) 森林の公益的機能評価額の具体的な推計方法は，林野庁（1972）を参照。なお，
中間報告となっているが，最終報告にあたるものは存在しない。林野庁（1972），
21-68ページ。
57) 2001年の公益的機能評価額の推計は，日本学術会議（2001）を参照。なお，具体
的な推計方法の説明は，三菱総合研究所（2001）が詳しい。日本学術会議（2001），
56-90ページ，三菱総合研究所（2001），39-56ページ。

地方自治体は森林の公益的機能評価額を，林野庁による 2001 年の推計のやり方をもとに試算しており，例えば，岡山県は県内の森林の公益的機能評価額を，484,500ha を対象面積として 1 兆 3,054 億円／年と試算している[58]。おかやまの森整備公社の表 8-9 の公益的機能評価額（24,340ha を対象として 657 億円／年）は，岡山県の評価額から面積按分により計算した数値である[59]。

おわりに

森林・林業には，保続性原則・法正林や持続可能な森林管理という持続可能性が本質的に備わっている。森林・林業において持続可能性に基づくストックとフローの概念は，表 8-1 のようにまとめることができた。保続性原則に基づくストックは法正林・法正蓄積であり，その保全によって，伐採による林産物収入が毎期生み出される。他方，ストックを保全するために，伐採跡地等の造林に毎期コストが必要になる。持続可能な森林管理に基づくストックは森林生態系であり，その保全に毎期コストをかけることによって，物質生産機能や多様な公益的機能が毎期生み出される。

持続可能性に基づくストックとフローの概念は，森林会計・林業会計において，現在にいたるまで息づいている。森林会計・林業会計は，ストックの保全を図りつつ，コストとベネフィットの対応関係（フローの対応関係）を分析する会計モデルである。本章は森林会計・林業会計のモデルとして，国有林野会計が 1972 年度まで採用していた蓄積経理方式，日本林業経営者協会が 1971 年・1978 年に発表した林業会計基準・準則，全国森林整備協会が 2011 年に発表した林業公社会計基準を取りあげた。これらのモデルに関して，持続可能性に基づくストック概念及びその測定，フローの対応関係を表 8-10 のようにまとめ

---

58) 岡山県の公益的機能評価額は，「暮らしを守る森林の働き（森林と木のミニ講座 H18 年 11 月）」（http://www.pref.okayama.jp/uploaded/life/20737_189900_misc.pdf）に基づく。

59) 例えば，表 8-9 の表面侵食防止機能（317 億円／年）は，岡山県の評価額（6,308 億円／年）を対象面積 484,500ha で除して，これに，おかやまの森整備公社の分収林面積 24,340ha を乗じて計算される。

第8章　森林会計・林業会計と持続可能性　207

表 8-10　森林会計・林業会計におけるストック概念及びその測定，コストとベネフィットの対応関係

	ストック概念	ストックの測定	フローの対応関係	
			コスト	ベネフィット
蓄積経理方式	法正林・法正蓄積	立木竹勘定（林木）恒常在高法で測定	植林や保育管理等に要する造林費	林産物収入
林業会計基準・準則（日本林業経営者協会）	林木成長能力	造林地勘定（土地＋林木）　土地の取得価額＋植林支出額で測定	植林に要する森林維持費	林産物収入
林業公社会計基準	公共的な社会基盤（森林生態系）	森林資産勘定（林木）　（損益計算を経た）取得原価で測定	植林・保育等に要する森林整備費	林産物収入＋公益的機能評価額

（出所）筆者作成。

ることができる。

　蓄積経理方式においては，林木（樹木）が森林資産となり，固定資産である森林資産（立木竹勘定）に，棚卸資産の評価方法である恒常在高法（基準棚卸法）が採用される。蓄積経理方式において保全すべきストックは法正林であり，法正林における立木蓄積（法正蓄積）が恒常在高法の基準量となる。また，蓄積経理方式は，保続性原則に基づくフローの対応関係を反映できるように，主伐・間伐による立木・丸太の販売収入（林産物収入）と，当期の植林や保育管理等に要する造林費を対応させる。

　林業会計基準・準則においては，保全すべきストックは林木成長能力であり，林木成長能力に対して造林地という資産勘定が設定される（造林地勘定が森林資産を表す）。造林地は土地の取得原価と植林支出額をもって測定される。1-2 において説明したように，森林生態系における連鎖関係を考えれば，林木成長能力の維持は森林生態系の保全といい換えることができるから，林業会計基準・準則は，ストック概念とその測定において，持続可能な森林管理の概念に基づいていると考えられる。

　また，林業会計基準・準則は，伐採から得られる林産物収入と，伐採による

林木成長能力の破損・損失を回復するための植林に要する費用（森林維持費）を対応させる。このような収益と費用の対応関係は，機械設備の修繕費を例として説明されるが，実際は，取替法に近い会計処理であり，保続性原則に基づくフローの対応関係を反映した（あるいは，持続可能な森林管理に基づくフローの対応関係を，ベネフィットについて部分的に考慮した）モデルといえる。

　林業公社会計基準において，森林資産は，多面的な公益的機能の提供という公共的な目的を持つ社会基盤資産であり，その本質は，物質生産機能や多様な公益的機能を生み出す森林生態系と考えられる。このように考えれば，林業公社会計基準において保全すべきストックは森林生態系である。森林生態系は（損益計算を経る形で）取得原価で測定，森林資産として表示される。但し，公益的機能によるサービス提供能力が著しく低下した場合，減損損失が取得原価から控除される。林業公社会計基準は，ストック概念とその測定において，持続可能な森林管理の概念に基づいている。

　また，林業公社会計基準は，持続可能な森林管理に基づくフローの対応関係を反映できるように，森林資産の取得原価について損益計算を経た資産勘定への振り替えと，森林の公益的機能評価額の注記を求めている。すなわち林業公社会計基準は財務報告全体で，植栽や保育等，毎期の森林整備に係る経常的に発生する費用（森林生態系の保全に要するコスト）と，伐採から得られる林産物収入及び公益的機能評価額（森林生態系の保全から生み出されるベネフィット）を対応させている。

　蓄積経理方式，林業会計基準・準則，林業公社会計基準は，森林を構成する土地や林木（樹木）等を単純に評価するのではなく，森林資産として，法正林・法正蓄積や森林生態系等というストック概念を評価対象とする。森林生態系における連鎖関係や，森林の多面的な機能が重視される現在の状況を考え合わせると，法正蓄積の維持・林木成長能力の維持・森林生態系の保全は本質的には同じ要求といえるから，蓄積経理方式，林業会計基準・準則，林業公社会計基準において，ストック概念とその測定は（細かい表現や手続き等に違いはあるが）本質的には同じと考えられる。

持続可能性に基づくストックの概念を反映する森林資産の対象と資産評価には，若干の課題が残っているように思われる。すなわち蓄積経理方式や林業公社会計基準は，（林業公社会計基準は分収林方式のため仕方ないことではあるが）土地（林地）と林木（樹木）を切り離して，林木（樹木）を森林資産の対象としてストックの保全を図っている。森林は土地（林地）と林木（樹木）が一体となって多面的な機能を発揮するから，林業会計基準・準則における造林地勘定のように，森林会計・林業会計は，土地（林地）と林木（樹木）を合わせ一体として評価対象とする方が適切と考えられる。また，蓄積経理方式，林業会計基準・準則，林業公社会計基準はいずれも，森林資産の測定に際し取得原価を用いている[60]。森林・林業においては，植林から伐採まで数十年かかるという長期性があるために，取得原価が，持続可能性に基づくストックの価値を表す適切な評価額となるかについては検討が必要である。

また，蓄積経理方式，林業会計基準・準則，林業公社会計基準はいずれも，損益計算の構造に，保続性原則あるいは持続可能な森林管理に基づくフローの対応関係を反映させている。保続性原則を中心とする森林経理学の指導原則が，木材生産を重視してはいるものの，持続可能な森林管理と同じことを求めていると考えるならば，ベネフィットとして，蓄積経理方式，林業会計基準・準則のように，林産物収入という実現収益のみを対象とするのか，あるいは，林業公社会計基準のように，注記等を利用して公益的機能評価額をも（仮想的にではあるが）含めるのかの違いがあるにすぎない。財務報告という制度において，公益的機能評価額という仮想的なベネフィットを損益計算に直接結びつけることが難しい場合，この問題は，伝統的会計の枠組みを飛び越えて環境会計という新たな枠組みを利用することによって解決できると考えられる。森林・林業において，持続可能性に基づくフローの対応関係を反映できる環境会計の開発を図るのは課題となる。

---

60) 蓄積経理方式における基準量の価額は，国有財産台帳に基づき計算されているから，取得原価といえるかは検討が必要である。

ところで，製造業を中心に数多くの企業において導入が図られている環境会計は，マテリアルフローに基づくコスト分析[61]や環境影響評価[62]，あるいは，環境保全活動に係るコストベネフィット分析[63]等である。環境会計のモデル開発及び実務での活用にあたっては，フローの側面が重視されてきた。近年は，例えば，紙・パルプ及び木製品における森林認証の導入や[64]，US SEC（U. S. Securities and Exchange Commission）による紛争鉱物（conflict minerals）に係る開示規則の採択等[65]，企業は，SC を通じた実態把握のための調査とその客観性のある検証を迫られている。環境会計において，海外取引を通じた国際的 SC を評価・分析するため，特に化石資源・鉱物資源や再生可能資源等に係わる持続可能性と結びつけたモデルの開発が課題となっている。

また，森林・林業や水道事業，バイオマス事業等を対象とする地域的 SC や産業クラスターにおいて，その評価・分析がメソ会計として展開されるようになってきた。例えば，森林生態系の保全によって水源かん養や土砂災害防止等が図れるように，地域の環境ストックの保全は地域環境・地域社会に深く結びついているから，メソ会計においては，環境ストックの保全と，その利用にともなう地域のマテリアルフロー及び経済循環とを関連させた循環モデルの開発が課題となっている。

61）　マテリアルフローに基づくコスト分析としては，マテリアルフローコスト会計（MFCA：Material Flow Cost Accounting）が代表的である。

62）　マテリアルフローに基づく環境影響評価としては，製品ライフサイクルアセスメント（LCA：Life Cycle Assessment）が代表的である。

63）　環境保全活動に係るコストベネフィット分析としては，環境省による「環境会計ガイドライン」に基づく環境会計の枠組みが代表的である。

64）　森林認証制度は，独立した第三者機関が一定の基準に基づいて，持続可能な森林管理を行っている森林や経営体を認証するしくみである。代表的なものとして，森林管理協議会（FSC：Forest Stewardship Council）や，緑の循環認証会議（SGEC：Sustainable Green Ecosystem Council）による森林認証制度がある。

65）　2012 年 8 月，SEC は金融規制改革法の第 1502 条に係る開示規則を採択した。これは，米国に上場している企業を対象としており，規制対象鉱物を使用している企業は，毎年の紛争鉱物の使用について SEC に報告することが義務づけられるようになった。

本章が森林会計・林業会計のモデル及び実務のケーススタディから明らかにした持続可能性に基づくストックとフローの考え方は，環境会計やメソ会計において，保全すべきストック概念やその測定，ストックとフローの関係を検討するにあたって，有用な示唆を与えてくれる。次稿では，森林・林業及び木質系バイオマス事業を事例として，環境会計やメソ会計におけるストック・フローモデルの開発を試みる。

〔付記〕
　本章は，JSPS 科研費「基盤研究（C）」（課題番号：25380618），「基盤研究（B）」（課題番号：25285137）による研究成果の一部である。

参 考 文 献

岡和男（1971）「林業会計基準について」『林経協月報』，No.122，2-11 ページ，社団法人日本林業経営者協会。

岡和男（1978）「林業会計基準について」『林経協月報』，No.207，4-9 ページ，社団法人日本林業経営者協会。

公益社団法人 おかやまの森整備公社（2013）「平成 24 年度 事業及び財務状況」（http://www.okayamanomoriseibikousha.or.jp/koukai/zyouhou.html），2013 年 7 月 31 日閲覧。

篠田六郎（1953）『国有林野會計―公企業會計 I』中央経済社。

全国森林整備協会林業公社会計基準策定委員会（2010）「林業公社会計基準の策定について（中間報告）―森林資産に係る会計処理について―」。

全国森林整備協会林業公社会計基準策定委員会（2012）「林業公社会計基準（2012 年 3 月改訂）」。

南雲秀次郎・岡和夫（2002）『森林経理学』森林計画学会出版局。

日本学術会議（2001）『地球環境・人間生活にかかわる農業及び森林の多面的な機能の評価について（答申）』。

日本林業経営者協会（1978a）「林業会計の基準」『林経協月報』，No.207，23-26 ページ，社団法人日本林業経営者協会。

日本林業経営者協会（1978b）「林業財務諸表準則―準則第一」『林経協月報』，No.207，27-37 ページ，社団法人日本林業経営者協会。

日本林業経営者協会（1978c）「林業会計準則―準則第二」『林経協月報』，No.207，38-61 ページ，社団法人日本林業経営者協会。

野中郁江（2006）『国有林会計論』筑波書房。

槇 重博（1958）『国有林の蓄積経理』日本林業調査会。

丸山佳久（2014）「農業関連上場企業（モデル 5）の分析―民有林における立木資産の会計処理の考察―」戸田龍介 編著『農業発展に向けた簿記の役割―農業者のモデル別分析と提言―』，155-166 ページ，中央経済社。

三菱総合研究所（2001）「地球環境・人間生活にかかわる農業及び森林の多面的な機能の評価に関する調査研究報告書」。

林野庁 監修（1970）『国有林野経営規程の解説』地球出版。

林野庁 監修（1971）『国有林野事業特別会計経理規程の解説』大成出版社。

林野庁（1972）「森林の公益的機能に関する費用分担および公益的機能の計量、評価ならびに多面的機能の高度発揮の上から望ましい森林について（中間報告）」。

林野庁（1973）『第25次 昭和48年国有林野事業統計書（昭和47年度)』。

林野庁 監修（1990）『国有林野事業特別会計経理規程の解説』大成出版社。

林野庁（2013）「平成24年度 森林及び林業の動向」『平成24年度 森林・林業白書』（http://www.rinya.maff.go.jp/j/kikaku/hakusyo/24hakusyo/zenbun.html)，2013年7月31日閲覧。

林野庁経理課決算班（1973）「立木資産の計理について（一)」『林野通信』第267号，6-9ページ，林野弘済会。

United Nations (1992), *REPORT OF THE UNITED NATIONS CONFERENCE ON ENVIRONMENT AND DEVELOPMENT, Annex III, NON-LEGALLY BINDING AUTHORITATIVE STATEMENT OF PRINCIPLES FOR A GLOBAL CONSENSUS ON THE MANAGEMENT, CONSERVATION AND SUSTAINABLE DEVELOPMENT OF ALL TYPES OF FORESTS*, United Nations.

第 9 章

食料産業クラスター政策・事業のための
戦略的マネジメントモデル

1. 産業クラスターの概念

産業クラスター（Industrial Cluster）は，欧米では，IT クラスター，ワインク
ラスター，バイオ・クラスター等のように，代表的なクラスター事業が数多く
存在している[1]。日本でも，経済産業省が 2001 年に，国内外での競争力およ
び市場の獲得や地域経済の活性化に対応させながら，各地にさまざまな産業を
残していくことを目的とした事業化政策として，「産業クラスター計画」を公
表した[2]。この政策を契機として，各地では産業クラスター事業が本格的に開
始された。

産業クラスターの概念は多様であるが，その中でもポーター（1998）のクラ
スター概念を参考にしているものが多いと考えられる[3]。産業クラスター研究

---

1) 欧米における産業クラスターの先進事例については次の文献を参照されたい。石
倉洋子・藤田昌久・前田昇・金井一頼・山崎朗（2003）『日本の産業クラスター戦
略—地域における競争優位の確立—』有斐閣，129-174 ページ。
2) 二神恭一・高山貢・高橋賢（2014）『地域再生のための経営と会計—産業クラスタ
ーの可能性—』中央経済社，41 ページ。
3) ポーター（1998）は，クラスターを「特定分野における関連企業，専門性の高い
供給，サービス提供者，関連業界に属する企業，関連機関（大学，業界団体など）
が地理的に集中し，競争しつつ同時に協力しつつある状態」と定義している（Porter,
M. (1998), *ON COMPETITION*, Harvard Business School Press, pp. 197-198（竹内弘高

会（2005）は，「相互に関連し合う一定の産業群において，地理的に近接する企業群，大学・研究機関，産業支援機関，ネットワーク組織，技術移転機関・産学連携仲介機関，専門家群といった行動主体が，それぞれの地域が有している魅力を誘因として集まったもの」と定義している[4]。また，経済産業省（2006）は，「これまでの縦割りで一方的な関係，或いは，単に地理的に近接しているのみで相互に無関係な状態から脱却して，地域の中堅・中小企業，大学及び公的機関等が網の目のようになった水平的なネットワークを形成し，知的資産・経営資産などを相互に活用しつつ，産学官及び企業間連携を進展させることで，新事業が次々と生み出されるような事業環境が整備されること，そして，この結果として競争優位を持つ産業が核となって広域的な産業集積が進む状態」と定義している[5]。

　二神（2008）によれば，産業クラスターは，図 9-1 に示されているように，イノベーション・メカニズムを有しているという点から，比較的狭い特定地域に相互に関連している組織群を意味する「産業集積」や[6]，「サプライチェーン（Supply Chain：SC)」のような企業間あるいは組織間連携とは概念的に異なるものであると指摘している[7]。

　また，山﨑（2005）は，「企業単位で構成されるサプライチェーンを超えて，地域全体（地域内あるいは地域内・外）のサプライチェーンを構築することがクラスター戦略の核心である」と述べている[8]。図 9-1 と関連させれば，イノベーション創出を主な目的とした地域サプライチェーン（Regional Supply chain：

　（1999）『競争戦略論Ⅱ』ダイヤモンド社，67 ページ))。

4)　産業クラスター研究会（2005）『産業クラスター研究会報告書』12 ページ。

5)　経済産業省（2006）『産業クラスター第Ⅱ期中期計画』，1 ページ。

6)　産業集積の概念については，次の文献を参照されたい。伊丹敬之・松島茂・橘川武郎（1998）『産業集積の本質—柔軟な分業・集積の条件』有斐閣，2 ページ。中小企業庁（2000）『中小企業白書— IT 革命・資金戦略・創業環境—』，267 ページ。

7)　二神恭一（2008）『産業クラスターの経営学—メゾ・レベルの経営学への挑戦—』中央経済社，137 ページ。二神恭一・高山貢・高橋賢（2014），前掲書，41 ページ。

8)　山﨑朗（2005）「産業クラスターの意義と現代的課題」『組織科学』第 38 巻第 3 号，11 ページ。

図9-1　産業クラスター概念の位置づけ

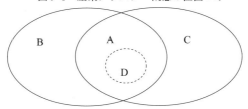

A：産業クラスター
B：産業集積
C：企業間関係ないし組織間関係
D：イノベーション・メカニズムを持つ部分

（出所）二神恭一・高山貢・高橋賢（2014）『地域再生のための経営と会計―産業クラスターの可能性―』中央経済社，12ページ。

RSC）のような連携組織体が産業クラスターであると考えられる。

以上から，本研究では，産業クラスターを，事業対象地域内あるいは地域内・外の同業種または異業種の組織から構成された行動主体（事業関係者）が相互に関連しながら，何らかのイノベーション創出のための当該事業の目的・目標を共有して産業集積を進化させるとともに，その地域の活性化や競争優位の確保を実現していくネットワーク組織体あるいはRSCである，と定義する。

2．産業クラスターの意義

先述の産業クラスターの目的を達成させるためのミッションについては，経済産業省は，表9-1の「イノベーションを促進する事業環境の整備」，「国家戦略に沿った新産業の創出」，「地域振興との相乗効果の現出」を設定している。また，これらのミッションに基づいて産業クラスターを実現していくための究極的な目標については，表9-2の「イノベーションの連鎖反応」，「産業の最適化と環境変化耐性の強化」，「ブランド化による国際的集積の加速化・高質化」が設定されている[9]。

9）表9-2に示されている目標は，産業クラスター研究会（2005）で提示された産業

表 9-1　産業クラスターにおける 3 つのミッション

ミッション	内容
イノベーションを促進する事業環境の整備	産学官の新事業創出に向けたイノベーティブな活動を促進するために，広域的な産学官連携に係るネットワーク・システムの整備，その他創業，新事業展開，事業提携，経営革新に係る支援制度の活用促進を始めとする事業環境を整備する。
国家戦略に沿った新産業の創出	「新経済成長戦略」，「新産業創造戦略」等において国家戦略上の重要分野として定められた新規産業について，この萌芽を地域で発掘して伸ばすとともに，国際競争力を持つ産業となるよう支援し，地域でしっかりと根付かせる。
地域振興との相乗効果の現出	地域経済の自立化を目的として地域の行政等が主体となって行う地域産業振興と連携することで，新産業・新事業創出の効果を高めるとともに，国と地域との間で政策遂行の相乗効果をあげる。

（出所）経済産業省（2006），前掲書，2 ページより作成。

　産業クラスター政策では，各地で表 9-1 および表 9-2 に基づくミッションや目標を設定し，これらを達成していくことによって，欧米のようなイノベーションが恒常的に創出していくクラスターを実現できることが示されている。また，こうして実現されたクラスターは，図 9-2 に示されている①から⑤の効果を創出し，それによって地域を活性化させることが可能となる。その結果，このクラスターは，地域に根付いた「事業（ビジネス）」として展開させることができる。

3.　食料産業クラスター政策・事業の現状と問題

　経済産業省が公表した「産業クラスター計画」以降，文部科学省において知的クラスター創生事業（2002 年），また，農林水産省において食料産業クラスター推進事業（2005 年）が開始された。本研究で注目する食料産業クラスターの取組みは，現在各地で行われている農商工連携や 6 次産業化にも引き継がれ

　クラスターの意義，つまり「①学部経済効果」，「②イノベーションの連鎖」，「③地域ブランド化の集積の加速化・高質化」を参考にしていると考えられる（産業クラスター研究会（2005），前掲書，12-14 ページ）。

第 9 章　食料産業クラスター政策・事業のための戦略的マネジメントモデル　217

表 9-2　産業クラスターの究極的目標

目標	内容
イノベーションの連鎖反応	1) 産業クラスター形成の過程では，企業や行政機関等幅広い主体が集まり，コアパーソン・コアグループを中心に地域産業に係る戦略やシナリオを検討し，作成することで，地域で共通の問題意識が醸成される。 2) 地理的にも心理的にも近い間柄であり，個人的な信頼関係を基礎とした（人的）ネットワークが中心となって一種のコア／拠点が形成され，また，それを含んだ広域的なネットワークに発展して産業クラスターが形成される。 3) 1) や 2) が基礎となって，各構成主体の有する技術やノウハウ等が，張り巡らされた柔軟で水平的なネットワークを通じて縦横に流通し，知識等の融合が引き起こされる。 4) 域外との連携による新たな知的資源が導入され，また，異なる産業間の知的連鎖によるシナジー効果が生まれて，一層イノベーションが加速化される。 5) 地域的な産業クラスターの形成活動によって生み出されるイノベーションの波が他地域のクラスターにも刺激を与え，相互作用によって日本全国に広がる。
産業の最適化と環境変化耐性の強化	1) 産業クラスターの発達によってイノベーションが活性化することにより，固定的であった既存の産業集積にダイナミズムが生まれ，人材，技術，資本の流動化が活発化する。 2) 企業のコア分野の重点強化・事業提携，非コア分野のアウトソーシング化，非効率部門の再編成等が行われることにより，企業組織のスリム化，効率的な再編成，関連企業間での準組織的関係の構築・解消等が繰り返される。 3) 産業編成が絶えず変化して進化することにより，地域における産業構成の最適化が行われ，また，事業環境の変化に対して迅速かつ機動的な対応ができるようなファンダメンタルが強化されるために，当該地域に存する産業が国際的な競争優位を確保することが容易となる。
ブランド化による国際的集積の加速化・高質化	1) 信頼と協力の（人的）ネットワークが触媒となって，地域の求心力を高めることにより，相互に関連し合う一定の産業分野に係る企業群，大学・研究機関，専門家群といった行動主体が集まり，一種の拠点が形成されて対外的な露出度が増加する。 2) 地域の産学官・産産・異業種連携活動がメディアを通して有名になったり，生み出された商品及びサービスが一定の評価を獲得して国内外に紹介されたりすることを通じて，当該地域の産業クラスターの国内外での知名度・認知度を向上させ，地域の国際ブランド化が進んでいく。 3) 1) と 2) を通じて，当該地域の企業は国内外からの引き合いが増え，また，製品・サービスの質が高い，あるいは，取引リスクが極めて低いといった評価を受けることで，取引機会が増大し，商談成立確率が向上するとともに，当該地域における企業誘致や人材確保の成功確率も上がる。 4) 地域の国際ブランド化によって，形成された産業クラスターがさらに求心力を高め，世界中から企業，人材，投資を集めることにより，産業の国際的な集積を加速化・高質化させる。

（出所）経済産業省（2006），前掲書，3-4 ページより作成。

図 9-2 産業クラスターに関わる5つの効果

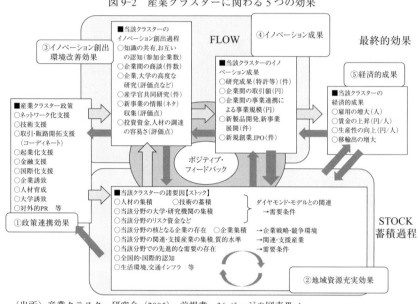

(出所) 産業クラスター研究会 (2005), 前掲書, 36 ページの図表Ⅲ-1。

ている。

食料産業クラスター政策・事業は, 食や農業を基盤としたイノベーション創出とそれによる地域活性化を図っていく食農連携促進事業への推進や TPP (環太平洋戦略的経済連携協定) への対応が期待されている[10]。こうした取組みは現在, 北海道, 青森県, 熊本県等において「事業 (ビジネス)」として実施され, これらの地域に図9-2のような効果をもたらしている。

しかし, このような政策が, 地域に根ざした「事業 (ビジネス)」展開を推進させる有効的なものになっているとはいえないのが現状である。その理由は, 会計検査院が 2011 年に, 全国の都道府県に設置されている食料産業クラスター協議会のうち 32 カ所を対象に行った『食農連携事業による新商品の開発等について』という検査結果 (表9-3) から理解することができる[11]。

---

10) 本間正義 (2013)「経済教室 TPP 参加への環境整備下 農業の国際化の好機に」『日本経済新聞社』, 2013 年 4 月 4 日, 24 面。
11) 表9-3 および表9-4の分析については, 次の文献を参考に整理している。金藤正

第 9 章　食料産業クラスター政策・事業のための戦略的マネジメントモデル　219

表 9-3　新商品開発等の状況に関する検査結果

新商品の開発等の状況	新商品の開発等（件）	事業費（千円）	国庫補助金相当額（千円）
新商品の開発等が順調に実施されていなかったもの	106 （61.3%）	495,988	247,304
開発できなかったもの又は開発したものの製造・販売できなかったもの	54 （31.2%）	255,029	127,137
事業完了年度の翌年度から 3 年以内に製造・販売を中止していたもの	12 （6.9%）	30,866	15,433
主要原材料の使用量及び新商品の販売額の達成率が 30% 未満のもの	40 （23.1%）	210,092	104,734
主要原材料の使用量又は新商品の販売額の達成率が 30% 以上 100% 未満のもの	37 （21.4%）	126,715	62,758
主要原材料の使用量又は新商品の販売額の達成率が 100% 以上のもの	30 （17.3%）	84,683	41,993
うち主要原材料の使用量又は新商品の販売額のいずれかの達成率が 100% 以上のもの	21 （12.1%）	56,259	28,100
うち主要原材料の使用量及び新商品の販売額の達成率が 100% 以上のもの	9 （5.2%）	28,424	13,892
小　　計	173 （100%）	707,387	352,057
平成 21 年度事業のため，事業成果報告書等の提出期限が到来していないもの	34	144,993	72,256
合　　計	207	852,380	424,313

（注 1）　「達成率が 30% 以上 100% 未満のもの」及び「達成率が 100% 以上のもの」は，主要原材料の使用量又は新商品の販売額の達成率のうち，いずれか高い方の率で分類した。
（注 2）　事業費及び国庫補助金相当額は，単位未満を切り捨てているため，合計欄の金額と一致しない。
（出所）　会計検査院（2011）『食農連携事業による新商品の開発等について』3 ページ。

　表 9-3 に示された検査結果から，2005 年度から 2009 年度までに実施された新商品の開発等 173 件のうち，「開発できなかったもの又は開発したものの製造・販売できなかったもの」が 54 件（31.2%），「事業完了年度の翌年度から 3 年以内に製造・販売を中止していたもの」が 12 件（6.9%），「主要原材料の使

　　直・岩田一哲・高山貢（2014）「食料産業クラスター事業の展開方法―青森県りんご産業を中心として―」『地域デザイン』第 4 号，67-69 ページ。

表 9-4　表 9-3 の結果に対する会計検査院の指摘点

ア　協議会及びコア企業において，主要原材料の仕入先の確保，製造過程における技術的な課題の解決策，販売価格の設定，事業の実施体制等について調査・検討を十分に行っていないこと
イ　地方農政局において，事業実施計画書の審査に当たり協議会やコア企業による新商品の開発等に関する取組内容について十分に審査していないこと及び協議会から事業実績報告書，事業成果報告書等の提出を受けているのに，事業完了後の新商品の販売状況等について十分に把握しておらず，改善に向けた指導をほとんど行っていないこと
ウ　貴省本省において，事業実施主体の採択に当たり，新商品の開発等に関する事業実施前の調査・検討状況等について事前の審査を十分に行っていないこと

※貴省とは「農林水産省」のことである。
(出所) 会計検査院 (2011)，前掲書，6 ページをもとに筆者作成。

用量及び新商品の販売額の達成率が 30％未満のもの」が 40 件 (23.1％) であり，「主要原材料の使用量及び新商品の販売額のいずれも目標に達成している事業 (達成率が 100％以上のもの)」はわずか 9 件 (5.2％) であることが理解できる。

　このように，日本各地で実施された食料産業クラスター事業は，農林水産省の補助金が有効的に利活用されず，地域への活性化にほとんど結びついていない実態が理解できよう。会計検査院は，この事業が表 9-3 のようになった原因とも考えられる指摘点を表 9-4 のように示している。

　表 9-4 の指摘点から，各地に設置され，コーディネーター[12]やその支援組織であったクラスター事業のコア組織 (協議会や企業) が同事業を支援するための能力を有していなかったことにより，事業化にあたって必要な目的・目標等に関する各種情報が事業関係者に共有化できていなかった，イノベーションを創出し，具体的な成果を生み出す事業を計画・実行していく十分な体制が整

---

12)　コーディネーターとは，「事業関係組織間の連携調整 (合意形成) を図りながら，事業対象地域の活性化策を考慮に入れたクラスター形成のための戦略・計画を立案・設定していくとともに，形成後のクラスター事業を有効的かつ効率的に運営・管理していく活動を主体的に行う個人または組織 (クラスター協議会等の専門家集団)」である (金藤正直・岩田一哲 (2013)，「食料産業クラスターを対象としたバランス・スコアカードの適用可能性」『企業会計』 Vol.65 No.10, 125 ページ)。

表9-5　食料産業クラスターで今後事業を展開させるために必要とされる要件

・6次産業化への政策シフトの影響によるマーケティングが不十分であったこと

・補助金・助成金等の資金のショートの影響によるコーディネーターの継続的関与や新製品の試行・販売への継続性といった問題が生じたこと

備されていなかった，そして，事業化のためのシミュレーションや事業時のモニタリングができていなかったために，食料産業クラスターが「事業（ビジネス）」として十分に機能しなかったことが理解できる。

　また，表9-3や表9-4に示された結果については，著者が実施した食料産業クラスターのコーディネーター調査の中の「クラスター事業を今後さらに展開していくためにはどのようなことが必要だと思われますか？」という自由記述質問への回答結果（表9-5）からも理解できる[13]。すなわち，コーディネーターが，クラスター事業の参加・計画時から終了時まで事業関係者の取組みを促進・支援していくためには，新たな政策への変更に左右されないように，消費者ニーズを継続的に把握し，それを製品開発や販路開拓等に活かしていくためのマーケティング，事業を継続して運営していくための資金（財務）管理，そして，経済環境や政策の変更にも瞬時に対応できるマネジメント能力が必要である，という点である。

　以上の調査結果から，食料産業クラスター政策・事業が，地域活性化にほとんど繋がっていないことが明らかになったが，日本各地では現在，食料産業クラスターを引き継ぐ形で農商工連携や6次産業化への取組みも行われている。コーディネーターを行う個人または組織が，これらの事業を闇雲に進めていけば，将来的には表9-3〜表9-5と同じ状況になることが予想される。このような状況を繰り返さないためには，まずは，表9-3〜表9-5を改善していくことが可能なマネジメントモデルを導入し，これらの事業を有効的かつ効率的に進めていくべきである。すなわち，クラスター全体の状況（面）とともに，それ

13）　この調査結果とその分析については，次の文献を参考に整理している。金藤正直・岩田一哲（2013），前掲論文，126-127ページ。二神恭一・高山貢・高橋賢（2014），前掲書，170-171ページ。

に参加している個々の事業関係者による活動状況（点）を把握しながら，戦略的にクラスター事業を運営・管理していく仕組みである。

そこで，次章では，SCの最適化を行っていくための手法であるサプライチェーン・マネジメント（Supply Chain Management：SCM）の概念に基づいて，コーディネーターに対して有用なネットワーク組織体あるいはRSCとしてのクラスターのマネジメントモデルを検討する。

4. サプライチェーン・マネジメントを用いた食料産業クラスターマネジメントモデル

(1) 産業クラスターマネジメントモデル[14]

SCMとは，製品や食品等の生産メーカーが，顧客価値の創造，利益拡大，環境マージン向上に対応していくために[15]，サプライヤーや顧客とのパートナーシップを築き，原材料の調達から，製造，販売，輸送，サービス（製品修理・改善等）等といった個々のバリューチェーン（Value Chain：VC）[16]から構成されるSCに流れる，あるいはそこで利用されるマテリアル，マネー，（環境）情報を，有効的かつ効率的に管理していくための経営管理手法である[17]。RSC

---

14) ここの内容については，次の文献を参考に整理している。二神恭一・高山貢・高橋賢（2014），前掲書，41-52ページ。

15) 環境マージンとは，毎期に削減・抑制される環境負荷物質の排出量（環境保全効果）と環境コスト（経済効果）と定義する。

16) バリューチェーンとは，サプライヤーからの資材調達から最終消費者が製品を手にするまでの価値創造を形成する特定の企業内プロセスの鎖であり，そこでは，個々に活動していたプロセスを1つにまとめ，コスト削減を実現しながら，顧客に対する製品あるいはサービスへの満足感，つまり，顧客が生産メーカーの提供する製品・サービスに対して進んで支払う金額（売上額）を示す価値（value）の創造活動が行われる（Porter, M. E. (1985), Competitive Advantage: Creating and Sustaining Superior Performance, The Free Press, pp. 33-39. 土岐坤・中辻萬次・小野寺武夫 訳（1985）『競争優位の戦略―いかに高業績を持続させるか―』ダイヤモンド社，45-51ページ）。

17) SCMの概念定義については次の文献を参考にしている。Handfield, R. B., and E. L. Nichols. JR (1999), Introduction to Supply chain Management, Prentice Hall, pp. 1-5（新日本製鐵（株）EI事業部（1999）『サプライチェーンマネジメント概論』株式会社ピア

表9-6　マークセンによる産業集積の分類

形態名	内容
①マーシャル型	事業対象地域内の中小企業が水平的に連携した形態
②ハブ・アンド・スポーク型	事業対象地域内に主要企業（大企業）が同地域内の中小企業や地域外の大企業および中小企業と連携した形態
③サテライト・プラットフォーム型	地域外の企業（オフィスや工場）が事業対象地域内に設置したオフィスや工場（支店）が地域外の主要企業と連携した形態
④国家主導型	事業対象地域内の主要な行政組織が中心となって同地域の企業や研究機関等と連携した形態

としての産業クラスターのマネジメントでは，このSCMに基づいて，クラスター全体（面）と事業に参加している個別企業（点）を最適化させることが重要になる。

　しかし，産業クラスターの形態については，産業集積のパターンを提示したマークセン（1996）によれば，各国の先行研究や先進事例の検討を通じて，表9-6のように4種類に分類している[18]。すなわち，①マーシャル型産業地域（marshallian industrial district），②ハブ・アンド・スポーク型産業地域（hub-and-spoke district），③サテライト・プラットフォーム型産業地域（satellite platform district），④国家主導型産業地域（state-centered district）である。

　このように，産業クラスターは，SCのような企業間の水平的な連携事業体だけではなく，垂直的な連携事業体からも構成されるネットワーク組織体になっている。そのために，コーディネーターが，産業クラスターへの参加組織を特定しながらマネジメントすべき視点を明確にし，最適化させることは決して

ソン・エデュケーション，1-6ページ）．二神恭一・高山貢・高橋賢（2014），前掲書，44-47ページ。

[18]　Markusen, A. (1996), "Sticky Places in Slippery Space: A Typology of Industrial Districts", *Economic Geography*, 72 (3), pp. 296-297. なお，マークセンの見解については，次の文献でも産業クラスターのタイプや性質という点から取り上げられている。二神恭一（2008），前掲書，15-20ページ。高橋賢（2011a）「バランス・スコアカードの産業クラスターへの適用」『横浜国際社会科学研究』第15巻第6号，16-18ページ。

容易なことではない。

そこで，田中（2004）が VC に基づいて提示した産業クラスターにおけるネットワークの構成主体とその機能に関する考察に基づいて[19]，産業クラスターにおけるマネジメントの対象組織を明確にしながら最適化していくモデルを表わせば，図 9-3 のように示すことができる。

コーディネーターは，図 9-3 のモデルを用いることによって，ネットワーク組織体の構成組織とその活動内容を詳細に把握できるために，重点的にマネジメントすべき対象範囲とそこで発生したマテリアルおよびマネーの両フローを明らかにすることが容易になる[20]。また，両フローと関連させて得られる各種情報を（環境）情報フローとして個別組織ごとに把握できるために[21]，クラスターの構成組織やその組織全体で顧客価値の創造，利益拡大，環境マージンをさらに高めていく可能性を検討しやすくなると考えられる。

次節では，図 9-3 に基づいて食料産業クラスターマネジメントモデルを検討していくが，ここでは，先述の表 9-4 と類似した原因によって短期間で終了した青森県のりんご産業クラスター事業に注目し，今後その事業を新たに展開していくために活かしていくモデルを提案していく。

（2）　食料産業クラスターマネジメントへの適用可能性―青森県のりんご産業クラスターを中心として―

りんごの産地である青森県では，りんごの年度別・品種別生産量や販売数量は年々減少している。また，その販売価格・金額も下がっているのが現状である[22]。この原因については，生産面と販売面から次のように整理できる。ま

---

19)　田中史人（2004）『地域企業論―地域産業ネットワークと地域発ベンチャーの創造―』同文舘出版，14-19 ページ。

20)　マテリアルフローは，製品・商品および資材自体の流れや環境負荷物質の排出量，マネーフローは，このマテリアルフローから発生する金の流れである。

21)　（環境）情報フローは，20)に示した 2 つのフローに関係する情報の流れである。

22)　りんごの生産面と販売面の原因については次のホームページを参照されたい。青森県りんご果樹課「データで見るりんご」〈http: //www. pref. aomori. lg. jp/sangyo/agri/ringo-data.html〉（閲覧日：2014 年 5 月 8 日）。

第9章　食料産業クラスター政策・事業のための戦略的マネジメントモデル　225

図9-3　バリューチェーンに基づく産業クラスターにおけるネットワーク組織体の構成組織（構成主体）とその機能

		主活動					支援活動			
		購買物流	製造	出荷物流	販売・マーケティング	サービス	調達	技術開発	人事・労務管理	全体管理
企業	1次産業	△	●※2	△	○	○	△	○	△	△
	建設業	△	●※2	△	○	○	△	○	△	△
	製造業	△	●※2	△	○	○	△	○	△	△
	商業	●※1	△	●※3	●※4	●※5	○	○	△	△
	運輸・通信業	●※1	△	●※3	●※4	●※5	△	○	△	△
	金融業	△	△	△	△	○	●※6	○	△	△
	サービス業	△	△	△	●※4	●※5	△	○	△	△
支援組織	自治体等	△	△	△	△	○	△	●※7	●※8	○
	商工会議所等	△	△	△	●※4	○	△	○	△	○
	教育・研究機関	△	△	△	△	○	△	●※7	●※8	○
中間組織（コーディネート組織）		○	○	○	○	○	●※6	○	○	●※9

(注)　●＝ネットワークの中で，価値創造活動を主体的に行う構成主体
　　　○＝ネットワークとして活動に参加する構成主体
　　　△＝自社内では当然行わなければならない価値創造活動であるが，ネットワークの中ではその活動はそれほど重要視されない構成主体
　　　中間組織＝ネットワークコーディネーター組織（ネットワークと外部組織とのインターフェースを担う組織）
　　　※1＝地域内・外から製品の原材料を調達するということから，その業務が本業である商業（主に卸売業）と運輸・通信業（主に貨物運送業，倉庫業）が中心となる。
　　　※2＝最終製品としての生産材・消費財を実在化させるすべての工程が含まれるために，第1次産業，事業活動に伴う構造物等の建築を担う建設業，そして，中心的な生産活動を担う製造業が中心となる。
　　　※3＝製造の下流工程を位置する活動であるために，小売業等を含めた商業全般と運輸・通信業（主に貨物運送業，倉庫業）が中心となる。
　　　※4＝マーケティング活動については，構成主体のほとんどがネットワーク内でのそれぞれの役割を担う。しかし，販売に関する活動であるために，その中心的な役割については，マーチャンダイジング活動を得意とする商業全般，運輸・通信業（主に電気通信業），サービス業（主に放送業，広告業）が担う。また，商工会議所等は，地域産業ネットワーク（産業クラスター）の知名度アップという活動で中心的な役割が求められる。
　　　※5＝サービス活動については，マーケティング活動と同じように構成主体のほとんどがその役割の一部を担うことが求められるが，ユーザーとのインターフェースを担うという点においては，商業，運輸・通信業，サービス業のうち，最終消費者の動向を直接感じ取れる業種が中心的な活動を担うことになる。
　　　※6＝資本の調達・運用といった財務活動として考える場合，地域の金融業が中心的な役割を担う。また，外部組織との調達活動におけるインターフェースという点から，中間組織がこの活動における全般的なコントロールを行うことになる（この活動について

は，その他に，たとえば，機械設備の調達活動であれば，購買物流活動と同じ主体が
関係し，また，人材の調達活動であれば，支援組織が関係してくると考えられる）。

※7＝品質管理や生産技術に関する活動には，構成主体がそれぞれの役割において関与して
いくことが重要になるが，ここでは支援活動ということから，自治体等における公設
試験研究機関や大学等の教育・研究機関，そして，商工会議所等における技術支援等
が中心的な役割を担うことになる。

※8＝この活動では，すべての構成主体が個別に実施しなければならないが，人材・教育支
援という点から考えれば，自治体，商工会議所，教育・研究機関がその役割を担い，
当該地域固有の技術や技能等に関する人材育成や能力開発を行うことが有効的であ
る。

※9＝全般管理については，主活動で行う活動全体の統括や調整と同じように，ネットワー
ク組織の全般的な統括・調整活動を行う中間組織が中心的な役割を担うことになる。

（出所）二神恭一・高山貢・高橋賢（2014），前掲書，48-49ページ。

ず，生産面の原因が，栽培面積の減少や栽培の歴史が古いことから樹の老齢化
等による生産力の低迷，生産者の高齢化や後継者不足によって果樹園の運営お
よび管理が困難であること，そして，地球温暖化（異常気象）による果実の質
への悪影響である。次いで，販売面の原因が，長引く景気低迷による青果物全
般の消費停滞や安い農産物の急増，国内産地および果樹以外の食品との競合激
化，そして，円高や福島第一原子力発電所事故による風評被害のための販売価
格や輸出量の低下である。

青森県は，こうしたりんご産業の現状を打開していくために，地域内の資源
を有効的に利活用・融合することによって新たな製品，技術，アイディア等と
いったイノベーションを創出し，新たな事業および産業の展開やそのイノベー
ションの連鎖を地域内・外に波及させていく産業クラスターに注目した。この
取組みは，青森県農林水産部りんご果樹課が2003年に，青森県農政課による
「『食』の産業クラスター創造基礎調査研究」（2000年）や青森県商工会議所連
合会・あおもり産業振興懇話会による『りんごのウインブルドンを目指して―
りんごクラスター高度化のための情報戦略プロジェクト―』（2002年）に基づ
いて，『青森県りんご産業クラスター創造アクションプラン』（以下，アクショ
ンプラン）を公表して以降，本格化した[23]。

このアクションプランには，グローバル化への対応や地域の自立が可能にな

23）　青森県（2003）『青森県りんご産業クラスター創造アクションプラン』，序文。

表9-7　りんご産業クラスター事業が「事業（ビジネス）」として機能しなかった原因

・クラスター事業全体の目的やその目的を達成するための下位目的の浸透が不十分で あったこと
・事業のコアとなる組織や関係者の役割が不明確であったこと
・事業関係者による事業化自体への認識や方向性が一致していなかったこと
・事業に対する認識
・評価が関係者によって分かれていたこと

る新たな地域経済・社会システムを構築していくために，当該地域の経営資源
をネットワーク化する中で動的な産業集積を図り，生果の生産からその加工や
流通の各プロセスにおける相乗効果を実現する，地域政策と産業政策を一体化
した産業クラスター形成の必要性と，クラスター事業での地域資源の有効的な
利活用によるゼロ・エミッションの実現可能性が示されている[24]。

　りんご産業クラスターの取組みは，アクションプラン公表後も研究会や分科
会が数回開催されたが，このプラン通りに「事業（ビジネス）」が展開されるこ
とはなかった。この原因については，著者が，当時のりんご産業クラスターの
事業関係者を対象に行ったアンケート調査の中の「りんごクラスター事業をさ
らに展開していくにはどのようなことが必要だ（必要だった）と思われます
か？」という自由記述質問への回答結果の分析（表9-7）からも明らかであ
る[25]。

　また，表9-7と同じアンケート調査で行った他の調査によれば，りんご産業
クラスター事業では，参加・計画時には多くの事業関係者が何らかの期待を持
って参加しているが，実行時や終了時になると，その期待が無くなっていった
ことから，各関係者のモチベーションが徐々に下がっていることが明らかにさ
れている。その主な原因が，先述の表9-4や表9-7の結果に示された内容であ

---

24)　青森県（2003），前掲書，3ページ。
25)　この調査結果とその分析については，次の文献を参考に整理している。金藤正直・
　　岩田一哲（2012）「青森県におけるりんご産業クラスター事業の問題とその改善策
　　(1)」『月刊れぢおん青森』Vol.34 No.404，28-29ページ。二神恭一・高山貢・高橋
　　賢（2014），前掲書，159-164ページ。

図9-4　図9-3に基づくりんご産業クラスターのマネジメントモデル
A　青森県におけるりんご生産・販売システム

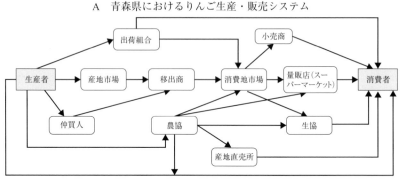

（出所）青森県農林水産部りんご果樹課，2013，21ページをもとに筆者作成。

ると考えられる。

　そこで，青森県におけるりんご産業の中心システムである生産・販売システムを参考にしながら，図9-3に基づくクラスターのマネジメントモデルを示せば，図9-4のように表わすことができる。

　青森県には，図9-4のAのりんご生産・販売システムに示されている生産者（りんご農家），りんご加工業者，農協，産地市場，りんご移出業者，小売・流通業者等以外に，自治体，商工会議所，金融機関，大学等の高等教育機関や公設試験研究機関といったりんご産業に関する組織が数多く存在している。これらの組織は，個々に連携しながらりんごの生産・販売を行っているにもかかわらず，りんご産業クラスターを新たな「事業（ビジネス）」として展開させることができなかった[26]。

　しかし，事業関係者は，事業参加・計画時にりんご産業の現状の打開策として産業クラスターに注目し，期待していたことから，コーディネーターが，短期間で終了した表9-7の原因に対応し，クラスター全体および個々の関係者の

---

26) 青森県においてりんご産業クラスターが「事業（ビジネス）」として機能しなかった原因については，表9-7に示された原因以外にも，既存の生産・販売システムが，新たな組織の事業参加を促進したり，その組織を加えた新たなネットワーク組織体にしていくための制約条件になっていたとも考えられる。

第9章　食料産業クラスター政策・事業のための戦略的マネジメントモデル　229

B　りんご産業クラスターのマネジメントモデル

	主活動					支援活動			
	購買物流	製造	出荷物流	販売・マーケティング	サービス	調達	技術開発	人事・労務管理	全体管理
生産者（りんご農家）	△	●※2	○	○	○	△	○	○	△
りんご加工業者	△	●※2	○	○	○	△	○	○	△
農協（JA）	●※1	●※2	●※3	●※4	●※5	●※6	○	○	○
商業A（産地市場，移出商，消費地市場，仲買人）	●※1	△	●※3	○	△	○	○	○	△
商業B（出荷組合）	●※1	△	●※3	○	○	○	○	○	△
商業C（小売商，量販店，生協，産地直売所）	○	△	○	●※4	●※5	△	○	○	△
運輸・通信業	○	△	●※3	○	○	○	○	○	△
金融業	△	△	△	○	○	●※6	○	○	△
サービス業	△	△	○	●※4	●※5	○	○	○	△
自治体等	△	△	△	●※4	●※5	○	●※7	●※8	○
商工会議所等	△	△	△	●※4	●※5	○	●※7	●※8	○
教育・研究機関	△	△	△	○	○	△	●※7	●※8	○
中間組織（コーディネート組織）	○	○	○	○	○	●※6	○	○	●※9

（注）●＝ネットワークの中で，価値創造活動を主体的に行う構成主体
　　　○＝ネットワークとして活動に参加する構成主体
　　　△＝自社内では当然行わなければならない価値創造活動であるが，ネットワークの中ではその活動はそれほど重要視されない構成主体
　　　中間組織＝ネットワークコーディネーター組織（ネットワークと外部組織とのインターフェースを担う組織）
　　　※1＝地域内からりんごを調達・貯蔵・配分することから，その業務に関わる農協，商業A・B，運輸・通信業（主に貨物運送業，倉庫業）が中心となる。
　　　※2＝最終製品である生産財・消費財を実在化させる組織が含まれるために，りんご農家，りんご加工業者，りんごの加工に関わる農協が中心となる。
　　　※3＝生産財・消費財を収集・保管し，バイヤーに届けるまでの業務であるために，その業務に関わる農協，商業A・B，運輸・通信業（主に貨物運送業，倉庫業）が中心となる。
　　　※4＝マーケティング活動については，構成主体のほとんどがネットワーク内でのそれぞれの役割を担う。しかし，販売に関する活動であるために，その中心的な役割については，マーチャンダイジング活動を得意とする農協，商業C，サービス業（広告・宣伝

業）が担う。また，自治体等や商工会議所等は，りんご産業やそのクラスター事業の知名度アップという活動で中心的な役割が求められる。

※5＝サービス活動については，マーケティング活動と同じように構成主体のほとんどがその役割の一部を担うことが求められるが，ユーザーとのインターフェースを担うという点においては，最終消費者の動向を直接感じ取れる組織である農協，商業C，サービス業（広告・宣伝業），が中心的な活動を担うことになる。また，自治体等や商工会議所等は，量販店等での販売の支援やトップセールス等によるりんごやその加工品の販売促進業務を行う。

※6＝りんご生産・加工に要する資本の調達・運用といった財務活動として考える場合，地域の金融業（農協や地方銀行）が中心的な役割を担う。また，外部組織との調達活動におけるインターフェースという点から，中間組織がこの活動における全般的なコントロールを行うことになる（この活動については，その他に，たとえば，機械設備の調達活動であれば，購買物流活動と同じ主体が関係し，また，人材の調達活動であれば，支援組織が関係してくる）。

※7＝りんごの品種改良，品質管理，生産・加工技術に関する活動には，構成主体がそれぞれの役割において関与していくことが重要になるが，ここでは支援活動ということから，公設試験研究機関や大学等の教育・研究機関，そして，自治体等や商工会議所等における技術支援等が中心的な役割を担うことになる。

※8＝この活動では，すべての構成主体が個別に実施しなければならないが，人材・教育支援という点から考えれば，自治体，商工会議所，教育・研究機関がその役割を担い，当該地域固有の技術や技能等に関する人材育成や能力開発を行うことが有効である。

※9＝全般管理については，主活動で行う活動全体の統括や調整と同じように，ネットワーク組織の全般的な統括・調整活動を行う中間組織が中心的な役割を担うことになる。

取組みを最適化していくためには，まずは，図9-4のBの視点からマネジメントモデルを構築していくことが必要である。なお，こうした事業化の方向性については，日本各地において現在検討されている食料産業クラスター，農商工連携，6次産業化の政策・事業でも，同じように展開していくべきであろう。

5．研究の成果と今後の課題

　経済産業省による「産業クラスター計画」を契機に展開された農林水産省の食料産業クラスターの取組みは，食農連携促進事業への推進やTPPへの対応が期待されているにもかかわらず，現在では，会計検査院や著者の調査結果に示されていたように，コーディネーターやその支援組織であったクラスター事業のコア組織（協議会や企業）が十分に機能していないことから，その多くが地域に根ざした「事業（ビジネス）」を推進させる有効的な政策になっていない。そこで，本研究では，事業のコアとなる個人や組織がコーディネーターとして，クラスターの取組みを事業全体（面）や個別組織（点）の視点から有効

的かつ効率的に運営・管理しながら，地域活性化のための「事業（ビジネス）」に繋げていくうえで利用すべき戦略的マネジメントモデルをSCMの視点から検討した。

しかし，本研究で提示されたマネジメントモデルは，クラスターを最適化させるためのロードマップの検討，事業関係者に提供・共有化させる各情報の収集・整理，事業時のモニタリング等の機能は有していない。そこで，この機能を補完していくためには，バランス・スコアカード（Balanced Scorecard：BSC）が有効的であろう。日本では現在，BSCの産業クラスターや食料産業クラスターへの適用可能性に関する研究が行われている[27]。

BSCは，SWOT分析に基づいて設定された事業化のための「ビジョンと戦略」を実現させるために，「財務」，「顧客」，「業務プロセス（内部プロセス）」，「人材と変革（学習と成長）」といった4つの視点をバランスさせ，業績評価を促していくためのマネジメントシステムである。また，クラスター事業に関する経済面や環境面だけではなく，社会面も加味してBSCを構築していく場合には，サステナビリティ・バランス・スコアカード（Sustainability Balanced Scorecard：SBSC）を用いたモデルも検討すべきであろう。

したがって，今後は，本研究で提示したマネジメントモデルとBSCあるいはSBSCを組み合わせた新たな戦略的マネジメントシステムを構築し，それを食料産業クラスター，農商工連携，6次産業化を実施している，あるいは実施検討中の地域に適用するとともに，その実効性について検討していくことが必要である。

（本研究は，科学研究費補助金　若手研究（B）研究課題番号（24730381）「地域資源の利活用事業を支援する環境会計モデルに関する研究」（2012年度—2014年度）の研究成果の一部である。）

---

27)　産業クラスターや食料産業クラスターへのバランス・スコアカードの適用可能性に関する研究については，次の文献を参照されたい。金藤正直・岩田一哲（2013），前掲論文，128-130ページ。二神恭一・高山貢・高橋賢（2014），前掲書，24-40ページ。

参 考 文 献

青森県（2003）『青森県りんご産業クラスター創造アクションプラン』。

石倉洋子・藤田昌久・前田昇・金井一賴・山﨑朗（2003）『日本の産業クラスター戦略—地域における競争優位の確立—』有斐閣。

伊丹敬之・松島茂・橘川武郎（1998）『産業集積の本質—柔軟な分業・集積の条件』有斐閣。

金藤正直・岩田一哲・高橋賢・内藤周子（2012）「青森県を対象とした産業クラスターの展開可能性」『月刊れぢおん青森』Vol.34 No.400，30-39 ページ。

金藤正直・岩田一哲（2012）「青森県におけるりんご産業クラスター事業の問題とその改善策（1）」『月刊れぢおん青森』Vol.34 No.404，20-29 ページ。

金藤正直・岩田一哲（2013）「食料産業クラスターを対象としたバランス・スコアカードの適用可能性」『企業会計』Vol.65 No.10，125-131 ページ。

金藤正直・岩田一哲・高山貢（2014）「食料産業クラスター事業の展開方法—青森県りんご産業を中心として—」『地域デザイン』第 4 号，65-86 ページ。

経済産業省（2006）『産業クラスター第Ⅱ期中期計画』。

経済産業省（2009）『産業クラスター計画』。

慶野征嵩（1991）「りんご出荷組合の組織と役割—須坂市と弘前市のりんご出荷組合の比較検討—」『農林業問題研究』第 103 号，57-72 ページ。

産業クラスター研究会（2005）『産業クラスター研究会報告書』。

社団法人食品需給研究センター［2010］『コーディネーターが目指す食料産業クラスターの本質〜食農連携による地域経済の活性化に向けて〜』。

高橋賢（2010）「産業クラスターの管理と会計—メゾ管理会計の構想—」『横浜経営研究』第 31 巻第 1 号，73-87 ページ。

高橋賢（2011a）「バランス・スコアカードの産業クラスターへの適用」『横浜国際社会科学研究』第 15 巻第 6 号，1-19 ページ。

高橋賢（2011b）「産業クラスターにおけるインフラ整備の評価と BSC」『横浜経営研究』第 32 巻第 2 号，1-15 ページ。

高橋賢（2011c）「産業クラスターへの管理会計の応用— BSC の適用可能性」『企業会計』Vol.63 No.10，78-83 ページ。

高橋賢（2012）「産業クラスターと戦略カスケードマップ」『横浜国際社会科学研究』第 17 巻第 2 号，1-11 ページ。

高橋賢（2013a）「産業クラスターへの管理会計技法の適用」『原価計算研究』Vol.37 No.1，117-126 ページ。

高橋賢（2013b）「食料産業クラスター政策の問題点」『横浜経営研究』第 34 巻第 2・3 号，35-47 ページ。

田中史人（2004）『地域企業論—地域産業ネットワークと地域発ベンチャーの創造—』同文舘出版。

中小企業庁（2000）『中小企業白書— IT 革命・資金戦略・創業環境—』。

西川太一郎（2008）『産業クラスター政策の展開』八千代出版。

二神恭一（2008）『産業クラスターの経営学—メゾ・レベルの経営学への挑戦—』中央経済社。

二神恭一・高山貢・高橋賢（2014）『地域再生のための経営と会計―産業クラスターの可能性―』中央経済社。

本間正義（2013）「経済教室　TPP参加への環境整備⑦　農業の国際化の好機に」『日本経済新聞社』, 2013年4月4日, 24面。

山崎朗（2005）「産業クラスターの意義と現代的課題」『組織科学』第38巻第3号, 4-14ページ。

吉川武男（2003）『バランス・スコアカード構築―基礎から運用までのパーフェクトガイド―』生産性出版。

Figge, F., T. Hahn, S. Schaltegger, and M. Wagner [2002], "The Sustainabilty Balanced Scorecard ― Linking Sustainability Management to Business Strategy," *Business Strategy and the Environment*, 11 (5), pp. 269-284.

Handfield, R. B., and E. L. Nichols. JR (1999), *Introduction to Supply chain Management*, Prentice Hall（新日本製鐵（株）EI事業部（1999）『サプライチェーンマネジメント概論』株式会社ピアソン・エデュケーション）.

Markusen, A. (1996), "Sticky Places in Slippery Space：A Typology of Industrial Districts", *Economic Geography,* 72 (3), pp. 293-313.

Porter, M. E. (1985), Competitive Advantage: Creating and Sustaining Superior Performance, The Free Press（土岐坤・中辻萬次・小野寺武夫　訳（1985）『競争優位の戦略―いかに高業績を持続させるか―』ダイヤモンド社）.

Porter, M. (1998), *ON COMPETITION,* Harvard Business School Press（竹内弘高（1999）『競争戦略論Ⅱ』ダイヤモンド社）.

第 10 章

フランスの生物多様性政策
——自然遺産勘定の応用的一側面——

は じ め に

フランスは，会計の枠組みを借りた環境統計の指針作りに注力し，1980 年代後半に，国立統計経済研究所 INSEE が中心となり，『自然遺産勘定』[1]をまとめたことで知られる。本書のとりまとめに関しては，関係省庁間の調整が行われ[2]，多くのアイディアが提出されたと考えられるが，その 1 つであると考えられる「野生生物の分布の勘定」構想は，土地勘定的発想で，動植物の賦存状況を定量的に表章しようとするものであった。筆者の知る限り，具体的な勘定作成には至っていないが，その後，欧州において生物多様性政策への取組みが強化されていく先駆をなし，諸地域における野生生物生息域の財産目録とも言うべき ZNIEFF（後述）と密接な関連をもつものであるといっても過言ではなかろう。

生物多様性政策と関係の深い森林政策，とくに私有林行政については，すで

---

1) INSEE (1986). なお，国連統計部の環境経済統合勘定（SEEA）2012 版は，「実験的なエコシステム勘定」という副題を擁し，その 4 章 5 節を「生物多様性の勘定」に当てている（EC, OECD, UN and World Bank（2013））。こうした最新の研究動向については他日を期したい。
2) 小池浩一郎（1986）。

に拙稿[3]において，林野制度および森林資源の歴史的展開を踏まえ，森林計画制度の形式的側面のみならず，税制・財政的裏付けを含め，また EU 林政とのかかわりを含め，詳述したところである。

生物多様性について重要なのは，「よりよく保全しつつより多くを生産する」という予定調和的なスローガンで知られる「環境のグルネル」（2007 年）である。先述の拙稿においてはこのスローガンの技術的可能性に疑問を呈し，エネルギー政策におけるバイオマス利用の促進が林業生産活動と親和的であるがゆえに，生物多様性が後回しにされる可能性を指摘した。

加えて，フランスにおいて多くの地域で盛行している択伐施業や，森林資源調査機関とモニタリングの充実を考えると，生物多様性にかかわって重要な「適応的管理」はフランスではすでに十分行われている，と主張し，国際的な要請を等閑視することも十分可能であると予想していた。もしフランスの林業関係者の対応が消極的であるならば，こうした政策論理を前面に出し，最小限のかかわりにとどめることも可能である。

筆者は，2011 年 10 月に，足早な日程ではあったが，パリ，ディジョン，ナンシーの 3 都市を回る機会を得た。限られた資料や面接調査からも，フランスが，「環境のグルネル」を契機に，この問題について真剣に議論を重ね，「リスク管理（洪水対策など）」「木材生産」「生物多様性の保全」の 3 つを鼎立させるための技術とそのための政策措置について重層的に検討してきたことが判り，その過程の一端をかいまみることができた。

生物多様性保全施策に着目した場合，林政一般と最も異なるのは，圏域の想定であろう。国を越えた EU 全体での意思決定の必要性は，生物多様性保全政策において，非常に高い。ここでは，国境を越えて移動する渡り鳥の存在に加えて，希少性を一国レベルのみでは評価できない，という思想から，EU の共通政策として，生息域指令や鳥類指令が出された時点が，（農村開発規則の中に林業助成が潜り込む形で）EU の共通林政とでも呼ぶべきものが実質的に出現す

3） 古井戸宏通（2010）。

るよりも 10 年以上先んじていたことを挙げるにとどめる。

また，生物多様性保全に配慮する政策構造に着目すると，林政は，所有権の制限と補償という枠組みにおいて，農政全体と比較して大きく異なる。フランス農政における環境配慮と所得補償については豊富な先行研究があり，林政研究もこうした研究の視点にとらわれがちである。農政との相異というこの論点は非常に重要であると考えるので，最後に触れたい。

本章では，フランスにおける生物多様性保全のための森林管理政策を，(1) 法制度・財政的側面，(2) 経営主体の対応，(3) 技術的問題，の 3 つの面から概観する。

ここで，全国森林調査・モニタリングデータを基礎とする各種統計指標や世論の動向，および欧州各国が精力的に取組んでいる「全国森林プログラム」は，上記の諸点のいずれにもかかわっている。これについてもフランスにおける事情について，適宜触れていきたい。

先述した，圏域としてどのようなレベルを想定するかという議論も，いずれの面にもかかわる問題であるが，これについての議論は限定せざるをえない。なお，「(2) 経営主体の対応」については，国・公有林を所管する林業公社（ブルゴーニュ地方の出先機関）で簡単な聞き取りを行うに留めた。とはいえ，AgroParisTech-Nancy（旧フランス山林学校）の協力により，フランス全体における規制区域の指定面積を所有タイプ別に知ることができたので，私有林の対応（積極的か消極的か）については，このマクロデータによって間接的に示すこととする。なお，フランスの海外領は生物多様性の上で重要だが，歴史・自然条件や社会経済構造が大きく異なるため，本章では扱わない。すなわち「フランス」はいわゆるフランス本土のみ[4]を指すこととする。

---

4) 欧州大陸部のフランス本土（周辺島嶼・コルシカ島などを含む）は，その地理的形状から，しばしば「六角形 Héxagone」と称される。正式名称は France métropolitaine である。

238

1. 法制度・財政的側面

1-1　施策のレベル・所管・所有・利害関係者

フランス環境省のC. バルトー氏（2011年10月当時。元・農務省林野局次長であり林野行政にも通暁）によると，生物多様性に関する国内施策のレベルとしては，国・レジオン・現場の3段階があり，林地所有には，国有林・市町村有林・私有林の3種類があり，政策の縦割り構造としては，環境行政と農林行政とがある。

たとえば，生物多様性保全に資する代表的な施策として，国立公園の中核域（cœur du parcs nationaux：以下 PN），国立自然保護区（réserves naturelles nationales：以下 RNN），ナチュラ2000（natura 2000：以下 n2k）があるが，行政所管の観点からするといずれも環境省が主体となる点では共通するものの，PN と RNN は，n2k と比べて性格が異なる。

PN と RNN は，一旦指定がなされると他省庁はこれを受け入れねばならず，非常に強い規制を土地所有者に対して課す制度である。したがって，事前に関係者や省庁間で多くの議論がなされる。すなわち，区域指定そのものが，自然科学的知見に加えて利害調整・交渉過程を通じてなされることになる。

n2k は，基本的には純粋に自然科学的な根拠に基づいて環境省がゾーニングを行うものであり，PN や RNN とは違って，区域指定の段階では関係者間の利害調整が行われない建前である[5]。n2k については，「契約型」n2k（n2k contrat）と「憲章型」n2k（n2k charte）の2種類があり，所有者にとっての得失が異なる。詳細は後述することとして，ここではn2kをめぐる環境行政と林野行政の関係を計数的に一瞥しておくと，環境省の所管する n2k は国土の 12.5％を占めている。このうち4割，すなわち国土の5％ほどが，n2k に指定された森林である。フランスの国土面積に占める森林の割合は27％であるから，森

---

5)　実際には地域の土地所有者の反対により，科学的なマップそのものが変更されることもあるという。

第10章　フランスの生物多様性政策　239

林のうち2割弱がn2kに指定されているという関係にある。環境省のレジオン
レベルの出先（DREAL）はn2kの推進役であり，管理目標を定める文書
DOCOBの作成に当たる。農務省林野局のレジオンレベルの出先（DRAAF）は
DREALと協力関係にあるが，森林管理はDOCOBに定められた管理方針に従
ってなされる[6]。

　環境法制などの定めるゾーニングには「場当たり的[7]」と批判されるほど多
くの種類があり，森林所有者の団体であるCNPPFらによる『私有林白書』
（2002）のなかで「フランス私有林における自由な管理を制限しうるゾーニン
グ制度のリスト」としてまとめられている（表10-1）[8]。

　林地に関しての，こうした規制は，国有林については国と林業公社の契約
（Contrat Etat-ONF）およびレジオンレベルの森林計画によって，私有林について
はレジオンレベルの森林計画などによってそれぞれなされる。

　環境省の考える生物多様性区域には，〈特筆すべき区域 biodiversité remarqu-
able〉と〈通常の区域 biodiversité ordinaire〉の区別があり，前者は，そのすべ
てではないが多くがなんらかのゾーニング規制（表10-1の「保護地域」）の対象
となっている。後者は，一切指定対象となっていない。

　ヘルシンキ・プロセスに準拠した「基準・指標」について，フランスの最新

6）　かつてゲッティンゲンの高等山林学校教授として森林経理学を講じており，在任
　中にヘッセン州の「自然保護契約 Vertragsnaturschutz」制度の運用にかかわったH. v.
　Sperber氏に対して2006年3月にヒアリングを行った際，氏が退職後旧東独国有林の
　払下げ入札により購入したMecklenburg - Vorpommern州（バルト海沿岸部）の平地
　林においてn2kの指定を申請したところ，州の林野行政官が現地を視察の上「基本
　的に財産造成目的の人工林であり，周辺部のブナを保残するという計画は，中心部
　の人工林木資産を護るだけであってFFH（独語でn2kの略称）の指定対象外である」
　と却下したので，氏は州の環境局長に訴えてあらためて環境局側の視察を受けたと
　ころ，FFHの指定対象となり補助金の受給が可能になったという氏自らの経験を語
　った。今回，バルトー氏にこの事例を挙げて質問したところ，フランスでは保全す
　べき生物相がDOCOBによって厳格に定められているので，このようなケースはあ
　りえないとの回答であった。なお，自然保護契約については，古井戸宏通（1999）
　を参照のこと。
7）　Buttoud（1999）．
8）　古井戸宏通（2010）の表4（114ページ）には一部誤りがあり，この表が正しい。

表 10-1 フランス私有林における自由な管理を制限しうるゾーニング制度のリスト（特記なき場合は 2002 年 12 月現在）

名称	指定の最終決定者	法的根拠	指定面積
自然遺産台帳（L'Inventaire du Patrimoine Naturel）			
ZICO（全欧鳥類保護地域）	国	1979 年 4 月 2 日の欧州指令	44000km^2，285 箇所
ZNIEFF（生態・動物相・植物相地域）	国・レジオン	環境法典 L411-5 条（2002 年 2 月 27 日の法律）	国土の 20%
保護地域（Zones des Protection）			
Natura 2000 指定地	国		
―ZPS（鳥類特別保護地域）		1979 年 4 月 2 日の欧州指令「鳥」	8015km^2，114 箇所
―ZSC（保全特別地域）		1992 年 5 月 21 日の欧州指令「生息域」	陸域 300 万 ha＋海域 50 万 ha，1166 箇所（提案段階）
国立公園	国	環境法典 L331-1 条	中核域 3683km^2＋周辺域 9222km^2，7 箇所
国立／レジオン立自然保護地域	国・レジオン	環境法典 L332-1 条	国立：106 地域
保安林	国	森林法典 L411-1 条	8 万 ha，75 箇所【1996 年現在】
ビオトープのアレテ	国	農村法典施行規制 R211-12 条	566 のアレテ【2001 年 1 月 1 日現在】
脆弱な自然空間	県	都市計画法典 L142-1 条（1987 年 4 月 22 日の法律および 2002 年 2 月 27 日の法律）	不明
海岸（保全）地域	国	都市計画法典 L142-1 条・同施行規則 R142-1 条，環境法典 L322-1 条以下（1986 年 1 月 3 日の法律および 2002 年 2 月 27 日の法律）	海岸保全院（le Conservatoire du littoral が 276 の土地を所得）
自然建造物および地区	国	環境法典 L341-1 条以下。施行規則はまだ法典化されていない	
―県の登録リストによる			5100 の登録アレテ
―「指定地域」指定			2700 の指定アレテ・指定デクレ
ZPPAUP（建築・都市・景観遺産保護地域）	国	1983 年 1 月 7 日の法律	190 箇所が承認される（1995 年現在）
狩猟および原生動物相保護地域（国立／県立）	国・県	環境法典 L422-27 条	不明
国土整備			

第 10 章　フランスの生物多様性政策　241

国土整備要綱（国レベル・レジオンレベル・県レベル）	国・レジオン・県	都市計画法典	
PLU（ローカルな土地計画）	コミューン	都市計画法典	
―自然的ゾーンないし農林的ゾーンは「ゾーン A」（農業ゾーン）および「ゾーン N」（自然・森林ゾーン）に区分指定される			
―その他のゾーン：保全樹林空間			
ZAC（集中整備ゾーン）および ZAD（特別整備ゾーン）	コミューン	都市計画法典 L311-1 条以下および I212-1 条以下	
不動産整備対策ゾーン	国	農村法典第 2 章第 1 篇，農村法典 L111-1 条以下	
―造林の規制			
景観指令	国	1993 年 1 月 8 日の法律	
予想可能自然リスク防止計画	国	環境法典 L562-1 条以下，1995 年 2 月 2 日の法律	
DFCI（森林防火ゾーン）	法の定める地理的範域	森林法典第 2 章第 3 篇，L321 条	
RTM（山地復旧ゾーン）	国	森林法典 L421-1～424-10条，および同施行令 R421-1～424-10 条	
―防止体制			
―コミューンの放牧			
― RTM の活用			
砂丘の固定	国	森林法典 L431-1 条および L432-4 条	
SDAGE（水整備管理指導要綱）および SAGE（水整備管理要綱）	国	環境法典 L212-1 条および L212-3 条以下	
取水保護区域	国	保険衛生法典 L20 条および L21 条	
開発ゾーン			
ペイ	国	1995 年 2 月 4 日の法律および 1999 年 6 月 25 日の法律	
国土森林憲章	国・地方自治体	森林法典 L12 条，2001 年 7月 9 日の法律	
PNR（地域自然公園）	国	環境法典 L333-1 条	61560km², 40 の公園
山地ゾーン	法の定める地理的範域	1985 年 1 月 9 日の法律	
造林セクター	国	森林法典 L541-41	

（出所）Forêt Privée Française (2002): pp. 92-96 を古井戸訳出（一部修正）。

報告書（2010年版）[9]をみると，制度的地域指定の有無とは別に，すべての森林を対象とした生物多様性にかかわる統計的指標を掲載している。たとえば，指標4.3.1はいわゆる老衰木立des îlots de sénescenceの占有面積によって表章されている。仮に樹種そのものが広範にみられる種であっても，老齢木のグループが生み出す特殊な生物相が価値をもつとされる。

　フランスの環境政策には，NGOも影響力をもっている。WWF，グリーンピース，地球の友のようなグローバルなNGO（のフランス支部）よりも，国内団体であるFNE（France Nature Environnement）が力をもっており，先述の「環境のグルネル」にもFNEが合意署名をしている。

1-2　生物多様性にかかわる林野関連法制の展開—フランス独自の取組み

　生物多様性に関する国際的な動きのなかで，フランスの取組みに直接影響を与えたのは，1993年と2010年の生物多様性条約であろう。加えて欧州森林保護閣僚会議（MCPFE）の動きも見逃せない。生物多様性にかかわるMCPFEの主要なトピックを整理すると第1回（ストラスブール，1990）が「酸性雨」，第2回（ヘルシンキ，1993）が「森林管理，基準・指標」，第3回（リスボン，1998）が「生物多様性」，第4回（ウィーン，2003）が「全国レベルの森林プログラムと生物多様性」である。

　すなわち1993年の生物多様性条約に端を発しつつ，フランス独自の取組みにとっての直接的な引き金となるのは2003年のMCPFEであり，これをうけて2004年2月に最初の国家生物多様性戦略（仏語略称：SNB 2004-2010）が採択され，2年後の2006年には，1）全国森林プログラム（仏語略称：PFN）の策定，2）SNBの改訂，3）SNBにもとづく森林行動計画（SNB-PAF，9月）の策定が行われるに至った。このうちPFN（Le Programme Forestier National 2006-2015）[10]は，「新たな認識の掌握」と題する第1節の1-3に「森林のもつ

---

9)　MAAPAR et IFN（2011）.
10)　「全国森林プログラム」National Forest Programme：英語略称NFPは，日本の「全国森林計画」とは内容が大きく異なるので，注意が必要である。EU非加盟国のスイ

生物多様性と生態的役割」,「提言」と題する第4節にも1款を割いて生物多様性について略述しており,これがSNB-PAFにも影響を与えたといわれる。一例として,先述の〈特筆すべき区域〉と〈通常の区域〉についてもこの第4節に書き込まれている。しかしながら,数年ごとに改訂されており,森林認証PEFCともリンクしている「基準指標報告書」[11]とは異なり,一度だけ作成されたPFNの存在は,林業関係者内でもほとんど知られておらず,2007年の「環境のグルネル」の後に完全に忘れ去られることとなった。

　再三言及してきた「環境のグルネル」は,サルコジ政権のイニシアティヴにより,関係者（地方自治体,社会経済アクター,NGO,サンディカ,国のそれぞれからメンバーの20％ずつを拠出）を糾合する参加プロセスを経て,「自然リスクへの配慮のもとで,よりよく保護しつつ,より多くを生産する」という原則合意に至ったものである。「より多く生産,よりよく保護」という明快なモットーは,一般国民にも広く知られるところとなり,その後の政策に影響を与えている。

　環境のグルネル合意にあたり,林業や森林管理について議論されたのは,当然ながら（バイオマス利用を含めた）用材生産と森林保護の両立可能性であり,具体的にはフランスの森林成長量に比べて量的に過小とされてきた年伐採量の増加目標であった。フランス林政にとって,植伐均衡に近づけるべく伐採活動を活性化することは長年の課題であり,気候変動を背景とするバイオマスエネルギー利用への関心のたかまりを追い風としていたが,生物多様性との関係があらためて焦点となった訳である。結局,2,000〜2,100万m³／年という数値で,林業関係者と環境NGOなどが合意に至る。

　森林分野においてグルネル合意を具現化する目的で関係閣僚に提出されたの

　　スにおいても,NFPはMCPFEに準拠する形で作成されている。山縣光晶・古井戸宏通（2007）の解題を参照のこと。MCPFEの第7回ワルシャワ宣言（MCPFE（2007））は,生物多様性保全に関する限り,フランス林政への影響が明確には読み取れない。

11)　1995年に最初に刊行された版は統計資料集の観が強かったが,その後分析的な指標が増加し,愛知議定書によって「指標4.6」が加えられた。

がルロワ上院議員報告（Rapport Leroy (2008)）[12]であり，1）森林・木材産業の活性化，2）建築における木材利用の推進，3）〈特筆すべき〉ならびに〈通常の〉森林における生物多様性の保護，4）認証の強化，という4つの柱を確立した。ルロワ報告の骨子は，「環境グルネルの実現に関する計画化法（法2009-967号）」の第34条に，列挙的にではあるが反映されている。

　その後2010年の生物多様性条約改定を挟んで，環境保全や生物多様性問題に関する世論調査と，公共事業による環境破壊を批判する内容の報告書が相次いで公表される。

　まず，Crédoc-SOeS の世論調査[13]をみると，生物多様性の認知度は，高学歴の回答者ほど高い。生物多様性に対する打撃としては，「特定種の絶滅（33%）」「自然環境の多様性の減少（22%）」「大気・水質の悪化（13%）」「気候変動（11%）」「生活の質の劣化（10%）」などとなっている。今日最も生物多様性の脅威となっている要因としては，「大気や水の汚染（26%）」「人為的な重大事故（20%）」「営農や水産業の集約化（18%）」「気候の変化（12%）」「自然空間の都市化と破壊（12%）」などとなっている。環境政策全体の中での優先度も，近年減少傾向にある「大気汚染対策」に比べ，「動植物の保護」は漸増傾向を見せている（図10-1）。

　この調査のなかで，「営農や水産業経営の集約化」[14]が今日生物多様性を脅かす要因として2割近い回答を得ていることに注目したい。また森林管理が選択項目にすら入っていない点も，後述する農政と林政との違いを示唆していよう。

　戦略分析センター CAS（Centre d'analyse stratégique）は2006年3月6日のデク

12）　Leroy（2008）を参照（Leroy は上院議員であり，実質的なプロジェクトリーダーは，S. Halley des Fontaines, C. Barthod の2氏である）。

13）　Roy（2010）。なお，ギャロップが欧州レベルで行った世論調査報告 EC（2010）との対比も興味深いが，ここではその存在を示すにとどめたい。

14）　「集約化 intensification」は経済学用語で，「粗放化」の対語である。生産要素（資本財・労働・土地）の生産過程における多投を意味するが，ここでは，農薬や化学肥料といった資本財の多投，すなわち資本集約化を意味している。

図 10-1 フランス世論における環境政策の優先度の変遷（1994～2010 年）
（「最優先課題」回答の変遷）

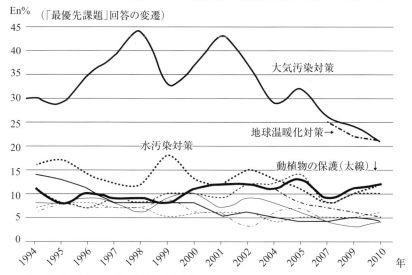

- La réduction de la pollution de l'air et de l'atmosphére
···· La lutte contre la pollution de l'eau, des riviéres et des lacs
- Le développement des technologies respectueuses de l'environnement
- La sauvegarde des plantes et des anlmaux
---- L'élimination et le tri des déchets
-·- La prévention des risques naturels**
- La lutte contre les risques de l' industrie nucléalre
-·- La lutte contre le réchauffement de la planète*
--- La protection des paysages
-·- La lutte contre le bruit

（注）図に範例を示していないその他の少数選択肢は「廃棄物の除去と分別」「自然リスクの予防」「原子力産業のリスク対策」「景観の保護」「騒音対策」である。

レによって首相直属の機関として設置された公的組織であり，持続可能な発展，社会問題，労働・雇用，経済・財政の4分野について，さまざまな分析・報告を行っている。この CAS が 2011 年 10 月 21 日に公表した報告『生物多様性を損なう公的助成の批判的評価』[15]は，公的助成のなかに，明確な意図の有無にかかわらず，「生息域の破壊や劣化をもたらす助成」「再生可能資源の過剰開発をもたらす助成」「環境汚染を引き起こす助成」「（外来）種の導入・散布

---

15) Centre d'analyse stratégique（2011）.

をもたらす助成」があると指摘し，それらの問題点を分析している。森林に関しては，フォンテーヌブロー国有林内を貫通する道路[16]など，道路政策に関する言及があるほか，森林管理に資する既存の優遇税制の強化を提言している。この林業税制の強化は，従来の林野行政で是とされてきた政策[17]について，生物多様性の観点からあらためて批判的に分析したものであり興味深いので，現時点で政策に反映されているかどうかは定かでないものの，ここで若干触れておく。

a. 相続ないし寄贈における譲渡所得税に関するモニション制度（租税一般法典791条）：相続税を4分の1に減額する制度として知られている。CAS報告では，一義的には森林の持続的管理に資するとしつつ，荒廃地や牧草地などにおいて生物多様性が豊かな土地が造林される可能性があるとし，特別に生態的な利益が大きい土地の造林については配慮が必要だと指摘している。

b. 林地における非建築地税TFNBの特例（租税一般法典1395条）：日本の固定資産税に相当するTFNBについて，植栽後30年間これを免除するものであり，2001年の森林基本法改正以降，要件が改正されている。CAS報告は，一義的には林分の保全と持続可能な森林管理に資すると評価しつつ，湿地帯のような環境グルネルで重視されている土地へのポプラ造林を助長する可能性があるとし，湿地帯をこの特例から除外することを提案している。

c. 農地造林助成：CAS報告は，一定の農地造林が，農学的に（瘠悪な土壌），環境的に（汚染された土地の改良），そして生物多様性にとっても正当化しうるとしつつも，粗放な農地などには豊かな生物多様性が認められる場合があるとし，農地造林助成は，生物多様性の価値を上回る価値を生み出す場合に限るべきであると提言している。牧草地についても同様であるとす

---

16) 具体例を後述する。

17) 古井戸宏通（2010）。

第 10 章　フランスの生物多様性政策　247

る。実際，一例としてロレーヌ州ヴォージュ県の農業会議所が進めている
超短伐期バイオマス造林が，農業生産に適さない痩悪土壌地で実験的に，
デンマークの先例にならって行われている[18]。泥炭地の多くは n2k の保
全類型に登録されているから，生物多様性の観点からみて価値の高い痩悪
土壌と低いものとがあることに CAS は注意を喚起したといえよう。

　CAS の 2011 年報告の概要は以上だが，遡って 2011 年 5 月には，生物多様
性条約の 2010 年改訂を受けて先述の SNB が首相により改訂された。この改訂
SNB の農林政策への影響は現時点では定かでないので，関連すると考えられ
る項目について触れるにとどめる。大きな目標として，a. 生物多様性を保護・
回復・強化・評価すること，b. 持続的かつ公平な利用を保証すること，c. こ
の目的のために，すべての人々およびすべての活動セクターの関与を成功させ
ること，の 3 点を挙げ，6 つの戦略目標と 20 の達成目標を設定した。林政に
関連するものを挙げると，戦略目標 B として「生物保護とそのキャパシティ
の改善」があり，その中に達成目標「4　種とその多様性の保護」「5　生態的
なインフラの構築（含・保護種のネットワーク）」「6　生態系とその機能の保護・
回復」が含まれる。このうち達成目標「5」は，日本の国有林における「緑の
回廊」にみられるような空間配置を意識しており，「緑と青の緯糸（よこいと）
Trame verte et bleue, TVB」と呼ばれる保護区域の設定が重視されている（写真
10-1）[19]。保護区域の細分化による弊害を克服することを目的とし，都市計画

---

18)　F. di Cintio (2009a)，および F. di Cintio (2009b)。TTCR は，超短伐期低林 Taillis à
　　Très Courte Rotation の略である。デンマークの事例は，ユトランド半島北端に近い農
　　村 Tylstrup における 1980 年代中葉以降の取組みが紹介されている。バイオマスエネ
　　ルギーの生産を目的として新たに造林を行う事業は，公的助成を行ったとしても，
　　このような農廃地の存在が前提となる。
19)　ナント市 Nantes 郊外の事例を説明した仏語動画が，環境省の TVB 公式サイトから
　　リンクされており，視聴できる。[http://www.dailymotion.com/video/xgr99e_nature-en-
　　ville-la-trame-verte-bleue-de-nantes-metropole_lifestyle] 都市近郊におけるこうした事例
　　については，都市計画行政との関連が強いと考えられる。先述の表 3-1 には「脆弱
　　な自然空間 Les espaces naturels sensibles」と呼ばれる都市計画法典に規定される制度
　　が含まれており，これにかかわって建築許可を要する建造物に対する 2% を上限とす
　　る県税を財源とすることが県知事の権限として認められている。林野行政には，レ

写真 10-1　TVB のイメージ。

（出所）SNB 2011-2020, p. 23.

を含むあらゆる関連土地利用行政を糾合するものであり，法的には 2011 年のデクレ 738 号（6 月 28 日）により国の TVB 委員会が規定され，デクレ 739 号（同日）によってレジオンの TVB 委員会が規定された。

また，戦略目標 C「公共財・生態資本への投資」に含まれる達成目標「9 生物多様性に資する財政的・人的資力の発展と継続」が，公的アクター（国・地方公共団体）のみならず民間セクター（企業や環境メセナによる資金協力）が，多年度にわたる計画の枠組みにおいて継続的な資金提供を行うことの重要性をうたっている。

一方，戦略目標 D「生物多様性の持続的かつ公平な利用の保証」には，達成目標「12　生物資源利用の持続性を保証すること」が掲げられており，EU の共通農業政策などの枠組みにおいて実現させるとしている。

生物多様性条約「愛知」（仏語略称：CDB）のターゲットと SNB2011-2020 の達成目標との対応関係は，以下のように整理されている[20]。

SNB 全体―CDB ターゲット 17，達成目標 1―ターゲット 1，達成目標 3―

ジオン単位の施策は存在するが，県が主体的にかかわることを法的に定めた制度が存在しない。SNB の実施にあたって地方公共団体が果たす（べき）役割についてまとめたものに，IUCN フランス委員会の報告書 UICN Comité Français（2010a）がある。

[20] Premier Ministre (2010): pp. 51-54.

ターゲット 2，達成目標 4—ターゲット 12・13，<u>達成目標 5—ターゲット 11</u>，達成目標 6—ターゲット 11・14・15，達成目標 7—ターゲット 2・3，達成目標 8—ターゲット 4・18・19，<u>達成目標 9—ターゲット 20</u>，達成目標 11—ターゲット 5・8・9・10，<u>達成目標 12—ターゲット 4・6・7</u>，達成目標 13—ターゲット 16，達成目標 14—ターゲット 3・17，達成目標 18—ターゲット 18・19。

このうち下線部の達成目標は，これまでに特記したものである。

なお，2006 年の SNB に対して，同年にその森林版である SNB-PAF が作成されたのは既述のとおりであるが，今般，2011 年の SNB 改訂に準拠した SNB-PAF の改訂が行われたかどうかは不明である。少なくとも関係者からそのような動きは聴かれなかった。

1-3　生物多様性を考慮した森林管理のための公的手法

1）初めに，政策的手法の種類を整理しておこう。

目的をみると，生物多様性に少しでもかかわるものと，生物多様性保全を明確に主目的とするものとに分けられる。このうち前者は，ほとんどの林野行政施策がかかわっており，拙稿において詳述したところである。これについては次節「1-4」で述べる。

後者をみる前に政策手法に着目すると，補助金，税制，緩やかな規制，強い規制，契約的手法，認証などがある。2001 年 5 月のジョスパン首相に対する報告書『ゾーニングから契約へ—将来に向けたひとつの戦略—』以降，規制的ゾーニングにおいては公衆参加過程の導入，新規制度としては契約的手法が重視されつつあるようにみえる。n2k については既に触れたように契約的手法が部分的に導入されており，S. アントンらによる分析論文があるので後述する。PN の中心域は先述のように非常に規制が強いものの，実態的に林業生産が困難な地域が多いため，国有林においては実務上，具体的な施業規制を定める文書は作成されていないという（バルトー氏）。

2）生物多様性にかかわる土地利用規制を具体的にみていこう。先にみた表 10-1 は，生物多様性に限らず，所有者にとってなんらかの制約となる制度全

250

表 10-2　フランス本土の自然保護地域（2010 年 1 月 1 日現在）

	指定箇所数	陸域の指定面積	海域の指定面積	対・国土面積比
APB	681	143015.91	44.39	0.26
CdL	500	96585.32	8086.22	0.18
PNR	44	7268242.37	0	13.25
RBD	166	23894.78	0	0.04
RBI	54	15400.4	0	0.03
RNN et RNC	152	151778.49	102664.45	0.28
PNM	1	0	342836.39	0
PN zone coeur	6	353693.42	1299.04	0.64
PN aire d'adhésion	5	955319.78	0	1.74
RAMSAR	29	695353.22	68244.57	1.27
Réserve de bio-sphère	9	1069335.71	53491.06	1.95
RNCFS	9	36549	0	0.06
計	1656	10809168.4	576666.12	

APB: arrêté de protection de biotope ｜ CdL: espace du Conservatoire du littoral ｜ PNR: parc natural régional ｜ RBD: réserve biologique dirigée ｜ RBI: réserve biologique intégrale ｜ RNN: réseve naturelle nationale ｜ RNC: réserve naturelle de Corse ｜ PNM: parc natural marin ｜ PN: parc national ｜ Ramsar: site Ramsar (zone humide d'importance internationale) ｜ RNCFS: réserve nationale de chasse et de faune sauvage
（出所）UICN Comité Français (2010b): p. 92.

般を，2002 年末の時点で整理したものであるが，IUCN フランス支部の報告書[21]に，生物多様性に関連する制度に絞り，2010 年初の指定状況データを示したものがあるので，これを表 10-2 に示す。

a. APB：ビオトープ保護のアレテによる指定域。国の法的規制制度。指定箇所は多いが面積は小さい。

b. CdL：海岸保全地域。指定箇所数は APB についで多いが面積はやはり小さい。

c. PNR：地域自然公園。レジオンの発意にもとづき国が指定する協定（憲章）制度。山本美穂らの研究[22]で知られる。農林地などの地域の生業によっ

21）　UICN Comité Français（2010b），とくに p. 91 以降の Annexe を参照した。

て生ずる景観を含めた地域全体を「公園」とみなすもので，地域振興的側面が強く，従って表 10-1 では「開発」のカテゴリーに含まれている。面積的にも国土面積の 13% 超を占め，この表中で最大である。

d. RBD：監督される生物保護区域。国の法的規制制度（農務省と環境省にまたがるアレテによる）。166 箇所，2.4 万 ha。

e. RBI：統合的生物保護区域。国の法的規制制度（農務省と環境省にまたがるアレテによる）。箇所数は RBD の 3 分の 1，面積は RBD の 7 分の 1 程度である。「d.」の RBD が稀少な生息域を積極的に保護するのに対して，RBI は人為を加えず生態系の自然な動態に委ねるものである。

f. RNN と RNC：全国自然保護区域（コルシカのみ RNC）。国の法規ならびに管理協定による。生物多様性保全の主要施策の 1 つであり，指定箇所は 150 余，面積は，陸域だけで 15.2 万 ha におよぶ。なお，表には示されていないが，レジオンレベルの RNR も重要で，後述する ZNIEFF（生物相のインベントリー制度，表 10-1 参照）にもとづいた保全を目指している。

g. PNM：海洋国立公園。指定域はすべて海洋であり，本章の扱う林野政策とは直接関係がない。

h. PN zone coeur：国立公園中核域。国の規制制度。箇所数は 6 箇所にすぎないが，規制の強さから考えて，35.4 万 ha におよぶことは特筆すべきであろう。

i. PN aire d'adhésion：国立公園周辺域。国の協定（憲章）制度。5 箇所，96 万 ha で，「h.」のコアゾーンの 3 倍近い面積を占める。

j. RAMSAR：ラムサール条約の指定する湿地域。国が管理協定を策定する。陸域のみで 70 万 ha 近く，海域は意外と少ない。

k. Réserve de biosphère：生物圏保護区。ユネスコによる MAB プログラムの国際審議会の決定に従う。9 箇所にすぎないが，面積的には陸域のみで 107 万 ha であり，PNR を除けば最大である。

---

22) 山本美穂ほか（2009）。

l. RNCFS：全国狩猟・野生動物保護区。環境法典 L422-27 条に規定され，国（県知事）の法規制（アレテ）による制度。渡り鳥の生息数管理など。

さらに，表 10-2 には含まれて居らず，表 10-1 に含まれている区域区分で，生物多様性にかかわると思われるものを補足的に追加しておこう。

m. ZNIEFF[23]：表 10-1 では「自然遺産台帳」という類型に含まれる。「生態・動物相・植物相地域（以下，ZNIEFF という）」は，環境法典にもとづき国土の 2 割を指定していることがみてとれる。この制度の導入は 1982 年のことであり，希少種や絶滅危惧種の群落地や生息地が指定される。貴重な種を保護する小規模なゾーンである ZNIEFF 1 と，生物多様性の良好な作用にとって鍵となる大規模なゾーンである ZNIEFF 2 に区分される。ただし貴重な生息地の存在確認を行うことが目的で，区域指定による規制等はない。モニタリングのための予算は国及び州が支出してきた。2002 年のデータから森林に限ってみると，ZNIEFF 1 は 220 万 ha を超え，全森林の 14％を占め，ZNIEFF 2 は 530 万 ha 近くに達し全森林の 34％を占め，合わせて全森林の 4 割を占めている。銘記すべき点は，この「台帳」における私有林の比率の大なることである。私有林率がもともと 7 割と高いため驚くべき数字とはいえまいが，ZNIEFF 1 の 62％，ZNIEFF 2 の 64％が私有林にかかっている。ZNIEFF は，生物多様性にとって高い価値をもつ森林を自然科学的視点から調査した台帳にすぎず，規制的措置ではない。

n. natura2000（n2k）：すでに述べたが，財政面を補足しておくと，環境行政所管の「自然環境管理基金（fonds de gestion des milieux naturels：FGMN）」の資金協力により，最高 100％までの補助率による助成の対象となる。

o. PEFC（欧州森林認証）：私有林面積の 4 割近い。200 万 ha を超えた。

これらのうち，「f.」「h.」「i.」「n.」「o.」について，所有形態別に示したのが表 10-3 である。規制のない ZNIEFF ほどではないが，PEFC や n2k について私有林でも，表 10-2 にみる規制的措置に比べると，所有者がかなり指定を受

---

23) 古井戸宏通（2010），113-115 ページ。

第10章 フランスの生物多様性政策 253

表 10-3 生物多様性に関連の深い区域区分の所有別指定面積

2010	総森林面積 (ha)	私有林	国・市町村 有林	うち国有林	うち市町村有 林ほか
N2000	3,178,091	1,863,491	1,314,600	675,500	639,100
PN	663,116	43,666	589,450	241,804	347,646
中心域	122,119	内訳不明			
周辺域	540,997				
RN	63,746	5,250	58,496	34,107	24,389
PEFC	5,151,484	2,136,181	3,015,303	1,561,171	1,454,132

（出所）Indicateurs de gestion durable des forêts métropolitaines françaises（http://www.ifn. fr/spip/?rubrique80）および，GIS データにより，LEF（国立山林学校林業経済研究室）作成。

け入れていることがみてとれる。少なくとも n2k については，大西洋岸のランド地方の 200 万 ha にわたる私有林地帯でほとんど指定がないことを考えると，それ以外の地域での指定率はかなり高いことになる。

3）フォンテーヌブローにおける区域区分の例

フランスの代表的な都市近郊林であるフォンテーヌブローの森を対象に，フランス政府サイト géoportail（http://www.geoportail.fr/）を用いて，上述の各種ゾーニングの関係をみてみよう。フォンテーヌブローの森は，国有林がそのほとんどを占めるが，市町村有林・私有林も若干含まれ，2002～2005 年にかけて 3 万 ha 近くが保安林に指定されている。そこから指定の入り組んでいる地区を抽出した。

まず，国土地理院 IGN の地図を示す（地図 10-1）。次に，航空写真，道路，市町村界，地籍界を示したのが，地図 10-2 である。

地図 10-3 は ZNIEFF1，すなわち希少種を含む生物相類型として台帳に記載されているもの，地図 10-4 は ZNIEFF2，すなわちその他の生物相類型として台帳に記載されているものである。

地図 10-5 はユネスコによる生物圏区域（k.）であり，ZNIEFF2 よりも広く，この地域全体をほぼカバーしつくしている。

地図 10-1　フォンテーヌブローの森：国土地理院図

（注）国道 6 号線（N. 6）の右上が概ね市街地であり，左下が森林（多くは国有林）である。なお，D. 142 および D. 115 は県道である。

地図 10-2　フォンテーヌブローの森—航空写真，道路，市町村界，地籍界

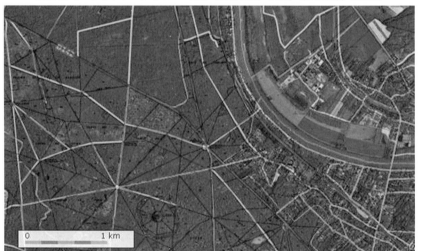

（注）白線は，市町村界または道路，黒線は地籍界を表す。

第 10 章　フランスの生物多様性政策　255

地図 10-3　フォンテーヌブローの森— ZNIEFF1

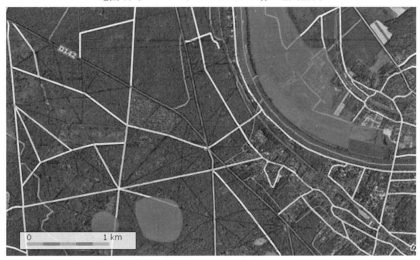

（注）市街地（おそらく私有地）の一部を含んでいることがみてとれる。

地図 10-4　フォンテーヌブローの森— ZNIEFF2

（注）ZNIEFF1 のすべてをカバーし，さらに広範に森林部のほとんどすべてと，市街地について
　　も ZNIEFF1 の周辺部をカバーしている。

地図 10-5　フォンテーヌブローの森―ユネスコによる生物圏区域

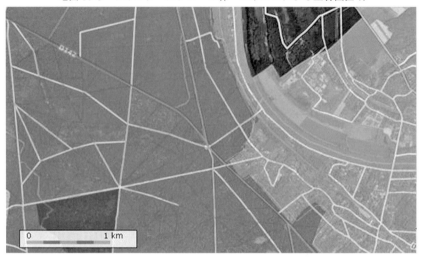

地図 10-6　フォンテーヌブローの森― n2k（鳥類指令由来）

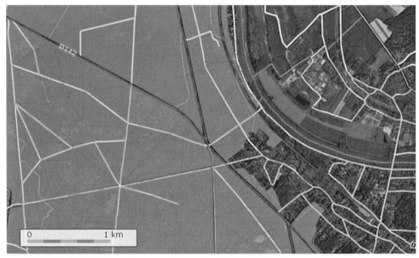

（注）生息域指令由来のゾーニングも，これと全く同じ範囲である。

第 10 章　フランスの生物多様性政策　257

地図 10-7　地図 10-1〜地図 10-6 までの区域を重ね合わせたもの

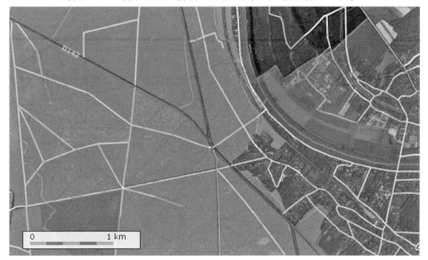

　地図 10-6 は n2k の指定範囲である。森林の多くはカバーされているが，私有地と思われる市街地は指定されていない。最後にこれらを重ね合わせたマップを地図 10-7 に示しておく。

　以上の検討から，通説のとおり，ZNIEFF の面積が大きいのは，単なる台帳であって土地所有への規制がないため私有地や私有林を多く含んでいることによると推測され，ZNIEFF には登録されたものの，n2k のような比較的緩やかな区域区分にも指定されていない（所有者が受け入れていない）箇所がある[24]ことがみてとれる。ユネスコの地域指定が ZNIEFF の範域を越える理由は不明だが，おそらく実効的な規制力をもたないゆるやかな区域指定であろう。

1-4　造林・林業計画における義務・制限を定める法制度

　1965 年のピザニ改革以降，林野行政組織から独立し，私有林行政を管轄する公施設法人となった「森林所有者地域センター CRPF」は，a. 森林の管理

---

24) IUCN フランス委員会の報告書に，環境省データを用いて，2007 年現在の種々の区域指定同士の重複関係を整理したものがあるものの，ここには n2k が含まれていない。UICN Comité Française (2007) 参照。

図 10-2　森林の指導・管理のための公式文書の編成（森林基本法以後）

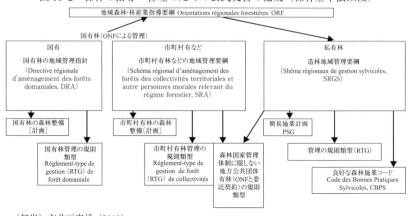

（初出）古井戸宏通（2010）。

や，生産物の流通を促進するための林業集団の組織化や，所有者間での共同経営の推進，b. 植栽，間伐，作業法の変更等の技術普及，の2つの基本的な振興政策を実施するほか，c.「地域生産指導要綱（orientations régionales de production：ORP）」を作成し，d. 地域生産指導要綱にもとづいて森林所有者の策定する「簡易施業計画（PSG）」を認可する権限をもつものであった。「c.」と「d.」が日本の（民有林における）森林計画制度に相当する。

地域生産指導要綱は，森林所有者地域センターが作成することからもわかるように専ら私有林についての管理指針であった。この上位計画として「地域森林・林産業指導要綱（orientations régionales forestières：ORF）」があり，1983年以来進められているフランスの地方分散政策に関連した改善方針と1985年12月4日付の法律に規定されたものである。これは私有林のみならず国有林・市町村有林の活用方法をも決定し，また川上のみならず川下の開発指針をも決める。諸ORFは，森林・林業生産物州委員会によって取り組まれ，州議会の意見をふまえて森林所管大臣によって承認される。森林基本法は，地域森林・林産業指導要綱が定期的に更新されることを予定していた。

2001年の森林基本法（LOF）以降，森林の指導・管理のための公式文書は，図10-2のように再編され，このうち私有林に関する文書は，森林法典L8条

表 10-4　森林基本法以降の持続的森林管理の保証文書

面積	単一所有者で 10ha 未満	単一所有者で 10〜25ha	25ha 以上
国有林・市町村有林	管理公式文書の認可		
私有林	「管理の規則類型 RTG」への同意，もしくは，「良好な森林施業コード CPBS」への同意	任意 PSG の認可，もしくは，RTG への同意，もしくは，CBPS への同意	PSG の認可

（原注）これらの持続的森林管理の保証は，モニション修正法，ISF，DEFI forêt，DEFI travaux などの公的助成の受給要件となる。
（初出）古井戸宏通（2010）。

（及びデクレ［政令］2003-941 号）の規定にもとづき，それぞれが所有者のインセンティブと関連づけられている（表 10-4）。

　まず，州全体の森林・林産物指針である地域森林・林産業指導要綱は従来どおり上位計画として存在する。以下，特に私有林について注目すると，従来の地域生産指導要綱に代わって造林地域管理要綱（Shéma régionaux de gestion sylvicoles：SRGS）が策定されることとなり，その書式は，農務省森林局通達 DGFAR/SDFB/C2007-5047 によって定められている。私有林所有者は，その所有規模に応じて，簡易施業計画の森林所有者地域センターによる認定，「管理の規則類型（Réglement-type de gestion：RTG)」への同意，「良好な森林施業コード（Code des Bonnes Pratiqeus Sylvicoles：CBPS)」への同意のいずれかによって，モニション修正法，ISF，DEFI-forêt，DEFI-travaux などの税制上の恩典を受けることができる。国有林・市町村有林については林業公社がこれとは別に独自の管理公式文書を策定する（第 2 節において後述）。

　1-3 で述べた種々の法的区域指定を受け入れた場合，国有林であれば森林整備計画，私有林であれば PSG などに，図面上および施業方法を定める文章のなかで，明示的に書き込むことになる。私有林の具体的対応については，先述の指定面積から推測するにとどめるが，国有林の具体的な取組みについては，節をあらためて第 2 節において詳しく述べることとしたい。

2. 経営主体の対応——ブルゴーニュ地方林業公社での聞き取りを中心に

2-1 環境グルネルに関する林業関係者全体の合意

2007年9月18日に，林業公社，市町村有林協会，私有林所有者協会，FNE（国内環境 NGO）が「森林—生物多様性をよりよく保護しながら，より多くの木材を生産する[25]」というコミュニケを発表した。ここで，生物多様性については

a. n2k の手続きを活用すること，

b. 生物多様性を認識し，モニタリングする手段を開発すること，

c. 日常的な管理において，生物多様性を考慮するよう，取組みを強化すること，

d. 保護空間を補完し，それらを，生息域や種の代表性という論理のなかで，全国生態ネットワーク le Réseau écologique national に統合すること

の4点を提案している。これは同時に，木材の利活用，環境サービスという同等の提案と並立している。注目に値するのは，生物多様性への取組みが，特殊な指定区域において木材生産とは切り離されて行われるのではなく，「c.」にあるように，日常的な管理 la gestion courante の中で配慮がなされるという関係者の合意がなされた点であろう。

また，「a.」についてみると私有林でも n2k の指定面積がかなり大きく，2010年のデータで，190万 ha 近くに達していること（私有林の PEFC 取得林は210万 ha，国有林の n2k 指定林は68万 ha，市町村有林の n2k 指定林は64万 ha）は，グルネル合意が単なる絵空事ではないことを示している。おそらく n2k のなかに規制のゆるやかな「憲章」型が設けられたことと関係がありそうである。

2-2 林業公社の生物多様性保全への取組みの概要（ONF 聞き取り）

公施設法人の責務は，私有林のそれよりも強い。通常の業務は「国—林業公

---

25) FNE, COFOR, ONF, Forêt Privée Française（2007）.

社契約」に従い，特別の追加財源なしで行っている。内容的には，

　a. 混交林分の造成，

　b. 土壌の保全，

　c. 計画的な伐採・施工，

　d. 枯死木・老齢木の保護，

　e. 開放環境 les miliuex ouverts および湿潤区域 les zones humides の保護，

　f. RB，n2k，「自由な遷移に任せる森林」などの指定に従うこと

などがある。「a.」～「f.」の内容は，林業公社の作成する森林施業計画 l'amé-nagement forestier に明文化される。「d.」についてさらにいうと，森林の2%が老齢林であり，ここでは伐期を2倍に伸ばす（ナラの場合200年とする）こととする。また森林の1%は枯死木のプロットとして扱われる。希少種が確認された場合には，林業公社は，自発的に「監督される生物保護区域 réserve biologique dirigée」に指定する。また保護区域のネットワーク形成も行う。2007年に伐出ガイドライン[26]，2010年に林内作業ガイドライン[27]がそれぞれ導入され，国有林・市町村有林のいずれにも適用され，生物多様性保全の非常に強力なツールとなっている。2008年7月に発効した上述『伐出ガイドライン』の1.1.1節「生物多様性の保護 préservation de la biodiversité」においては，先の「f.」に相当する各種ゾーニングの網掛けに伴う法規制の遵守に加えて，すべてのパルセル（林班）において，伐採木の選定 désignation を行う際に，生物多様性に配慮した枯損木の保残を行うことができるとしている。林業公社職員は年間50日以上をこの作業に費やしているという。水系や林内自然環境中にいかなる（汚染）物質も放出してはならない，という規定も同じ節におかれている。

　また，すべての国有林が PEFC 認証を取得している。

　財源は，いくつかの主要な契約にもとづく。

---

26)　ONF（2008）.

27)　ONF（2010）.

1）国＝林業公社間契約 Contrat Etat-ONF

　国から ONF への支払いは定額であり，そのなかで，木材生産，狩猟権の販売，生物多様性保全，等さまざまな森林管理を行う。つまりこのなかでは生物多様性に特化した予算項目がない。

2）環境省 MEDDTL との契約

　生物保護区域 RB の管理計画，および枯死木のモニタリングについて，環境省から財政支出がある。

3）n2k 指定地域

　一定のプロジェクトについては，個人の寄付や，州・県の支出が得られる。

4）「環境・持続的発展基金」による支出：近年，林業公社に支払われるようになったが，生物多様性保全のための一部をカバーするにすぎない。

2-3　国有林の所有管理と，市町村有林の委託管理における取組みの違い
　　　（同上）

　管理のガイドラインを作成する権限は，国有林においても市町村有林においても，林業公社に属する。国有林については，林業公社自身がガイドラインを決定し，市町村有林については，〈通常の区域〉の場合，所有者である市町村と協議することなく林業公社が施業方法を決定している。〈特筆すべき区域〉の場合，所有者である市町村が枯死木の扱いなどを決定する。

　市町村有林の多くは PEFC 認証を受けており，「統合された持続的管理」を行っているという建前だが，生物多様性のためのプロットを設置する義務はない。

　国有林が自発的に作成しているガイドラインは，2010 年 6 月 3 日に林業公社が宣言した「林業公社の環境ポリシー Politique environnementale de l'ONF. Déclaration」にもとづく。5 つの柱からなり，a. 生物多様性，b. 水，c. 土壌，d. 景観，e. 経済的責任，となっている。このポリシーは基本的に国有林管理に関してのガイドラインであり，ISO14001 と PEFC の取得とリンクしている。林業公社がやはり管理する市町村有林には「水」の一部を除き，適用されな

い。

　一般向けに林業公社が発行しているパンフレットには，森林施業と生物多様性の関係についての Q&A があり，そのなかで（フランシュ・コンテ州などで実施されている）「不斉林分施業 futaie irregurière は最も近自然的である」「不斉林分は，同齢林分と比べて，自然リスク（風害，病虫害など）に対してより安定的である」という 2 つの命題をともに「誤り」とし，否定している点が興味深い。不斉林分施業は，歴史的にみると，民間において単木択伐的扱いがなされていたものを，スイスのビオレイなどがいわゆる照査法として理論化しフランス東部地域に導入していったと考えられ，適応管理そのものである。これを林業公社が否定した含意は，1 つには不斉林分施業がフランス全体としては必ずしも一般的ではないということ，さらには，これを前面に出して「フランスは歴史的に生物多様性に配慮してきた」といった言説を採用することが戦略的に好ましくないという判断があったことを伺わせる。

3. 技術的問題

3-1　研究の流れ

　本章の冒頭で触れた C. バルトー氏が，政策の説明に当たり，その科学的根拠の存在を示唆していた。バルトー氏自身が，同窓の国立林業学校出身の学者を，環境省傘下の研究組織 GIP-ECOFOR に集めて，森林基本法の具体化や環境グルネルに関する研究を行ってきた形跡がある。その成果のなかで最も重要なものの 1 つが BIO2 と呼ばれる報告書[28]であり，G.. ランドマン，F. ゴスラン，I. ボネームという 3 人のキーパーソンが編者として名を連ねている。タイトルの「BIO2」は生物多様性の biodiversité とバイオマスの biomasse とを表しており，両者の関係を検討したものである。まさに環境グルネルの実現可能性を技術的側面から解明しようとするものである。いまこの大著についてつぶさに検討する余地はないが，GIP-ECOFOR でヒアリングを行った結果を次項 3-2

28）　G. Landmann, et al. eds.（2009）

264

に述べる。

CAS（2009）[29]は，生態系サービスに関する経済学的アプローチであり，同書 5.4 節「温帯林のサービスの場合」（310-334 ページ）が重要である。内容的には，「通常の区域」が中心であり，森林施業との関係は扱っていない。

3-2　生物多様性保全とバイオマス—トレードオフか両立か—

　森林の管理経営を，用材を含めたバイオマス財と生物多様性保全サービスとの結合生産と考えると，この 2 つの関係，換言すれば生産関数の形が問題となる。一般に，2 財の結合生産においては生産可能フロンティアが生じると考えられている。生物多様性とバイオマスの関係を生産可能フロンティア曲線で考えたのが，GIP-ECOFOR 所長の Peyron 教授による図 10-3 である。B-C-D-E-Fと連なる曲線は，等費用線ともよばれ，同じ生産コストで実現可能な生物多様性とバイオマス産出のレベルの組み合わせである。

　A 点は，同じ生産コストを掛けているとすると，著しく非効率な生産方法を採用した場合に出現すると考えられ，社会的にも私的にも選択されない組み合わせである。

　生物多様性に偏る B 点は C 点よりもワース・オフ（生物多様性・バイオマスとも産出水準が低くなる）なので社会的にも私的にも選択されず，バイオマスに偏る F 点は E 点よりもワース・オフなので同様に選択されない。

　したがって，社会的意思決定は C，D，E が通る太線のなかで選択されることになる。

　概念的には図 10-3 の曲線 CE のなかでの選択ということになるが，この教科書的議論は，生産活動における空間や時間を捨象しているので，土地産業であり生産に超長期の時間を要する森林管理にはただちに当てはめることは難しい。施業の種類ごとに，費用・施業の効果を推計する作業は，欧米の森林経理学者によるいくつかの研究例[30]をみるのみである。

---

29)　Centre d'analyse stratégique（2009）.

図 10-3　生物多様性とバイオマスに適用されるパレート最適

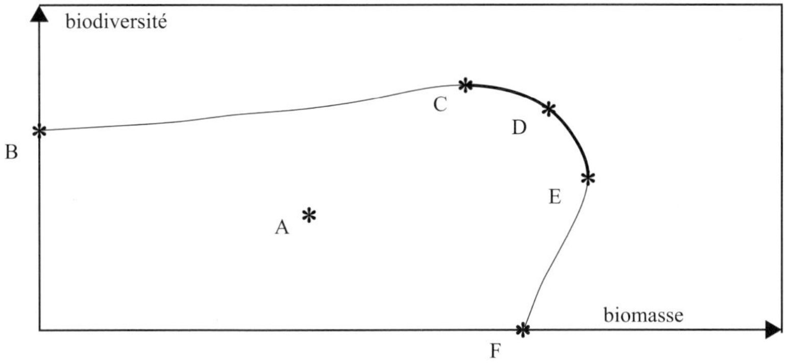

(出典) Landmann, G., et al. eds.（2009），p. 33. Peyron 教授執筆の第 2 章より。

図 10-4　用材生産—環境評価をクロスさせた場合，与えられた林分についての施業戦略

(出典) Landmann, G., et al. eds.（2009），p. 34. Peyron 教授執筆の第 2 章より。

現実の森林について Peyron 教授はさらに次の類型を提示している（図 10-4）。

図 10-4 の示すように，理論的には，すべての森林は 4 つの類型に分類可能である。すなわち

a. 生物多様性機能とバイオマス生産機能がともに高い森林〈自生的発展〉
b. バイオマス生産機能は高いが生物多様性機能は低い森林〈生産優先〉
c. 生物多様性機能は高いがバイオマス生産機能は低い森林〈規制〉
d. 生物多様性機能とバイオマス生産機能とがともに低い森林〈将来性のな

---

30)　古井戸宏通（1999）。

い解決〉

である。

このなかで「c.」はおそらく既に PN などの区域指定によって施業制限が掛けられている筈であり，「b.」は一切の区域指定から外れていると予想される。競合関係が強いのは「a.」「d.」の 2 つだが，とくに問題となるのは「a.」のケースである。今回，GIP-ECOFOR の Peyron 氏（山林学校元教授）をはじめ，数名のフランス人林業研究者に具体例を尋ねた。その結果を記しておくと，

　　a. の例：コンピエーニュ Compiègne の森，フォンテーヌブロー Fontainebleau
　　　　の森

　　b. の例：ランド Landes の森，モルヴァン Morvan の森，リムーザン Limousin
　　　　地方の森林，ダグラスファー林分

　　c. の例：メルカントゥール Mercantour 国立公園の森林（狼が棲息，林分はマツ
　　　　やカラマツが中心）

　　d. の例：シャトルー Chateauroux の森

である。この類型に沿って現地調査や統計調査を行うことで，フランスにおける生物多様性保全の制度の実態をより批判的に分析することが可能である。「a.」のフォンテーヌブローの森については，地理情報を援用して若干指定状況をみたが，それ以上に森林管理の実態を述べるにはより詳細な調査を要する。

3-3　リスク管理も含めた現場のための実践ガイド（ゴスランら（2010））

詳述する能力はないが，「森林と生物多様性」に関する農務省のウェブサイト[31]によると，2011 年の国際森林年を前に，SNB の「森林」を具体化するため，農務省によって Cemagref に委託された研究の成果であり，GIP-ECOFOR による研究とともに，環境グルネルに関する林業関係者全体の合意文書や，林業公社の環境ポリシーの技術的バックボーンとなっているようである。

31）　http://agriculture.gouv.fr/Foret-et-biodiversite/（2014 年 7 月 22 日参照）

4. 考　察

4-1　経験知の重要性

私有林所有者協会の会長であるブヴァレルが，生物多様性について紹介した文章のなかに経験知についての言及がある[32]。フランス国内林業の歴史的なさまざまな経験を生かすべく幅広い所有者の意見を吸い上げるという意味で述べているのではないかと想像される。

4-2　所有権のあり方

S. Anthon ら[33]は，n2k の効率性評価を行った。共著者であるフランス人 S. Garcia 氏（林業学校林業経済研究室）からのヒアリングも交えて，フランスにおける n2k の運用についてこの論文が主張しているところを概略紹介する。

まず，現状をみる。「契約」型 n2k は，通例 5 年契約（30 年契約となる老衰木立を除く）であり，契約期間に所有者が行政との約束を守れば補償金を受給できる。「憲章」型は，ゆるやかな施業制限を所有者が受け入れる代わりに，TFNB が免税となる。Anthon らの論文は，デンマークとの比較において，フランスのこうした制度設計は非効率であるとして，（共著者の Garcia は）以下のような 2 段階の制度を提案している。

a. 現状維持のための最低限の投資と所得移転を行う

b. 結果が「最低限」の目標を上回った場合，ボーナスを支給する

ここで興味深いのは「最低限の目標」の設定である。筆者は，2001 年にスイス水環境森林庁（ベルン市近郊）を訪問し，生物多様性担当の Bollinger 氏にヒアリングをしたことがある。その際，彼が提示したフレームワークは，「標高の高い成長不良の造林地など，放置林分の所有者に対しては，『何もしない』自由を与え，何もしないことで生物多様性に悪影響はないと考える。ただしそ

---

32)　Bouvarel（2011）.

33)　Anthon, S., Garcia, S. et A. Stenger（2010）.

の見返りとしての公的助成は一切ない」「生物多様性のために『何かする』所有者に対しては，一定の最低目標を超える成果を挙げた場合にのみ，公的助成を行う」というものであった。これは，投入に対する給付という常識的な公的助成の論理と，効果に対する見返りという政策評価的視点を巧みに両立させたロジックである。Garcia の提案は，この Bollinger の説明を彷彿とさせるものである。ここでも「一定の最低目標」の定義によって所得分配に大きな影響が生じる。

　これこそが，生物多様性保全における所有権の所在という難問である。農政との比較を交えながら，ブルゴーニュ州農林部のクロアゼル（J. Croisel）氏の解説を，節をあらためて紹介する。

4-3　農政との比較において

　クロアゼル氏の説明は明快であった。

　まず，フランスの林業経営はもともと粗放であり，生物多様性についてとくに配慮する必要はない。ところが，農業の場合は集約的（資本財多投）に行われているので，「生産の粗放化＋補償」をセットにする政策論理が成立する。これが EU において農業環境政策といわれるものであり，現代社会において集約的な（＝市場競争力の高い）農業を行う権利が，農地所有者にあるという暗黙の前提に立っている。

　林業について林業環境政策を実施しようとすると，集約的な林業を行っている北欧やドイツの一部と，粗放的な林業を行っているフランスのような国々との間で利害が対立し，政治問題が発生する。フランスは EU 農村開発規則のなかの林業関連条項を，国内農業発展計画（PDRN，現行は PDRH）に取り込む形で EU 資金を国内林業助成に取り込んだ。EU が，各国に対して，林業環境政策をとることを禁止した訳ではないが，農政のようにうまく行かないのは EU 内の調整が難しいからである。

　フランスの広葉樹林は一見美しいが，アメリカ東部（アパラチア山脈など）の広葉樹林に比べると種数が少なく単純である。植生が単純なゆえに，昔から，

粗放経営でも良材生産が可能となっている。したがって，これ以上森林の生物
多様性を改善するのは，木材生産を完全にやめる以外は難しく，つまるところ
それ以外の方法では大きな効果が見込めない。生産を諦めて生物多様性に特化
する考え方は，〈特筆すべき〉生物多様性の領域に属し，それ以外の方法で改
善を図るのは〈通常の〉生物多様性の領域に属する。

〈通常の〉生物多様性については，PEFC 認証が重要であり，〈特筆すべき〉
生物多様性については RNN，PN，（制度の改訂を検討中の新たな）PN が重要に
なるだろう。

以上が，フランスの林業財政に関する博士学位論文をもとにした著作[34]を
出版しているクロアゼル氏の見方である。生物多様性の専門家とはいえない
が，フランス農政・林政のなかでの生物多様性政策の位置づけについて，傾聴
すべき点が多い。

お わ り に

生息域保護などを目的とした EU の看板政策である n2k は，もともとリオの
環境サミットにおいて途上国の生物多様性保全という既発展国側のエゴイステ
ィックな要求に対する反発から，欧州がお膝元でも取組みを進めているという
姿勢を示す必要に迫られたのが原点だとすると，その後の農地全般における指
定状況の進展において，より土地利用が粗放で規制に伴う損失が少ないイタリ
ア，スペイン，ポルトガルといった国々に比べ，フランス（やドイツ）は遅れ
気味であったことは否定できない。

林業に関する限り，フランスは EU 内では比較的粗放な施業を行っており，
いまの議論のアナロジーからすると，「規制されても損失は少ない」ことにな
る。国有林が自主的にガイドラインを作成し，補償無しで生物多様性に配慮し
ているのは，国有林に平地の広葉樹高林が多く粗放かつ生産性の高い用材施業
が可能になっていることから来ているように思われる。

---

34) J. Croisel（2010）.

私有林の多くは，薪炭利用以外にほとんど手入れのなされていない低林ない
し，主として第二次大戦後に針葉樹林に転換した造林地（「補論」の中央山塊に
典型をみる）である。私有造林地では，夏季降水量が少なく下草が少ないこと
から，日本の戦後人工造林地のような極度に集約的な管理を要しないものの，
私権意識の強いフランスの所有者にとっては公的規制に対する無条件の譲歩は
受け入れがたい筈である。したがって彼らは，農政においては実現している
「粗放化にともなう補償」という政策論理を要求する。

　おそらく転機となったのは2007年の環境のグルネル合意であろう。20世紀
の1970年代以降顕在化した酸性雨の問題とは異なり，地球規模の気候変動の
影響ともみられる熱波が欧州を襲い，フランスでも老人や弱者において多数の
死者を出し，自然植生にも少なからぬ影響を与える事態となり，従来，夏乾燥
気候ゆえエアコンをほとんど必要としなかったこの国でホテルや商店が「エア
コン完備」の掲示を出すようになったのは大きな変化であり，市民の意識を変
えるに十分な事態だったといえよう。1968年，いわゆる五月革命をうけてグ
ルネル通りで与野党の幹部が労働分配率の是正に向けて合意したグルネルの名
を，再び冠した「環境のグルネル」は，今回サルコジ政権が主導したとはい
え，宣言合意に参加型プロセスを導入したこと，林業においては日本と同様，
成長量に比し伐採量がもともと過小であったこと，などの条件が幸いして，所
有を超えた林業関係者と環境NGO，縦割り行政を超えた関係省庁が合意に至
った。その具体化にあたっては，国有林の場合は自主的ガイドライン，私有林
の場合はゆるやかな契約的手法と税制によるインセンティブの賦与の組み合わ
せ，という手法が主としてとられたのは先述のとおりである。グルネル合意の
前に，全国森林プログラムの策定など，欧州森林保護閣僚会議の動きが一定の
下地を作っていたことも見逃せない。いまや，用材生産と生物多様性保全の両
立をいかに成し遂げるかが，政策レベルでも技術研究レベルでも，フランスの
実状に合わせて取り組まれている印象を受けた。

　もともとフランスの土地利用規制は，日本同様，省庁縦割りに場当たり的に
作られており，複雑である。〈特筆すべき〉生物多様性を，既存のゾーニング

の枠組みで処理しつつ，〈通常の〉生物多様性については，関係者の参加を促しつつ，憲章型の n2k や，森林認証制度で担保しようとしているという知見や，コンピエーニュの森のように，用材生産機能も生物多様性機能も高い林分がどのように扱われているかについては，今後の課題としたい。

補論：牧草地と林地の比較──中央山塊を例として──

これまで述べた内容は，主として林業関係者や林野行政関連の文献と環境行政関連資料からまとめたものである。このため，林地が林地であることを前提に生物多様性への政策的配慮を議論している。

本論には触れなかったが，保安林 forêts de protection のように，林地が林地である前提で，さらに上物の扱いに対して厳しい規制がかかる制度とは異なり，n2k の場合は，DOCOB において「粗放な牧草地」であると登録されれば，もしそこに樹木が下種更新した場合には，登録された生物相を変更することになるので，むしろ伐採しなければならない。n2k が森林生態系を保全するのは，DOCOB において森林のカテゴリーに登録された土地に限られる。

加えて，歴史的には，19 世紀から 20 世紀にかけて，とくに欧州の農産物価格が下落した時期において，山村や過疎農村においては農業生産性の低い土地が放棄され，自然発生的な林地化が進んだことが知られる。20 世紀における森林面積増加の半数は，自然発生的増加に帰し，残り半分が荒廃地や農廃地に対する造林活動による。

フランスのなかでも最も過疎化の著しかった地域の 1 つであると言われるマッシフ・サントラル（中央山塊）を例に，文献からわかることを挙げておこう。かつてこの地域において世界恐慌とそれにともなう農産物価格の暴落への対策として，パルプ造林助成と国産材利用奨励政策が採られたことを蓑田茂が戦前の『山林』誌に紹介していることはすでに拙稿[35]で触れたところである。

農業と環境の関係について，環境省が農務省などの協力を得て行った「ビュ

---

35) 古井戸宏通（2010），100-101 ページ。

シエール・グループ」による共同研究[36]の結果が2005年に公表されている。
20年間，4種類の政策シナリオを採った場合にフランス全体および地域がどの
ように変わるかというシミュレーションを行っており，地域の1つに中央山塊
を選んでいる。

4種類のシナリオは，以下のとおりである。

a. シナリオ1：農業生産性を最優先する。競争的農業を行う。

b. シナリオ2：農地を空間区分して，一部で環境に配慮する。競争的な農業
   者と，行政の意向にしたがう農業者に分かれる。

c. シナリオ3：補完性の原則にもとづき，ローカルレベルで環境配慮に取り
   組み，生産の多様化を追求する（「パン屋農民」）。

d. シナリオ4：妥協を排し，あらゆるレベルにおいてあらゆる場所で環境的
   な機能を追求する。有機農業を行う。

中央山塊においてこれらのシナリオを採用した結果を，この研究は，図示し
ている（図10-補）。

この図から，農政側が，環境政策への協調・協力・妥協をどのように考えて
いるか，またその際林地をどのように扱う意向をもっているかがみてとれる。

森林について着目すると，シナリオ1は，針葉樹林中心で林地面積が最も大
きい。環境ゾーニングを導入するシナリオ2では，森林は草地に転換されてし
まう。地元住民の参画を重視するシナリオ3では，一部の森林が小規模放牧地
に転換し，居住戸数も増加する。環境機能を最大化するシナリオ4では，かつ
てこの地にみられた山地放牧が復活し，森林は大幅に減少する。

このように，林野政策だけをみればフランスは減少した森林を取り戻した国
であるが，牧草地の林地化が，農政サイドからも環境行政サイドからも，必ず
しも歓迎されていないことに留意する価値がある。国の財政支援からみても，
林政における生物多様性配慮政策よりも，農業環境政策の方にケタ違いに多額
の資金が投じられていることは否めない。生物多様性一般に共通する議論とし

---

36) POUX, et al.（2005）

図 10-補　4つのシナリオによる中央山塊における土地利用変化の推定図

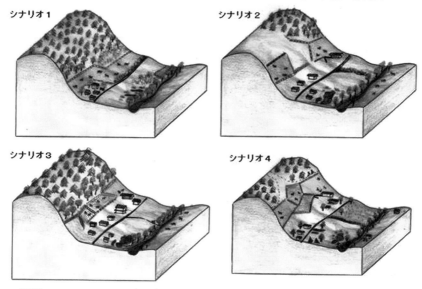

（出所）POUX, Xavier, et al.（2005）.

　て，「（現代の土地利用が過度に開発されていると考えられる場合に）どの時代の土地利用に戻すべきか」という論点がある。フランス革命以前の土地利用であれば，おそらく国土の過半は森林であったろう。革命後に森林率は2割を切り，その後3割近くまで「回復」したものの，元の生物相に戻ったわけではない。このような歴史的文脈において，林地の生物多様性が農地の生物多様性に比べて，ア・プリオリに高いとはいえないし，CAS 報告が指摘したように，荒廃地造林や牧草地の林地化はときに生物多様性にとって有害であるという議論も成り立つであろう。

　しかしながら，現実には 2011 年の CAS 報告も，すでに林地化した土地を牧草地に戻せとまでは指摘しておらず，n2k に先立つ生物相の目録づくり（ZNIEFF など）も，あくまで現状を記録し分類登録することが目的であるから，技術的・主観的論争をはらみつつ，政策そのものは，比較的保守的に，すなわち現状の土地利用をこれ以上改変しないという方向を基軸として，展開しているようにみえる。

謝辞：

本章は，「平成 23 年度林野庁『森林環境保全総合対策事業』」のうち『森林の生物多様性保全推進事業』の一部で得られた成果である。農大総研によってとりまとめられた報告書では，古井戸が執筆した草稿に澤登芳英氏が加筆の上，フランスに関する記述を完成させているが，本章の内容は，古井戸による草稿を，叢書の趣旨に即して古井戸自身が加筆修正したものである。この加筆修正にあたっては，日本学術振興会科学研究費基盤 B「森林の持続的管理と現場監視の制度的工夫—法の執行の観点より見た日欧比較研究」（研究代表者・交告尚史）によって得た知見を援用した。

参 考 文 献

フランス政府機関ないし同国内準公的機関による文書・報告書類

Centre d'analyse stratégique (2009): Approche économique de la biodiversité et des services liés aux écosystèmes, 398pp.

Centre d'analyse stratégique (2011): Les aides publiques dommageables à la biodiversité, *Rapports et Documents* 2012 no43, 409pp.

INSEE (1986) : Les Comptes du Patrimoine Naturel, 551pp.

Forêt Privée Française (2002): Le Livre Blanc de la Forêt Privée Française, 96pp.

Landmann, G., et al. eds. (2009): BIO2. Biomasse et Biodiversité Forestières. Augmentation de l'utilisation de la biomasse forestière: implications pour la biodiversité et les ressources naturelles, juillet 2009, 201pp.

Gosselin, Marion & Paillet, Yoan (2010): Mieux intégrer la biodiversité dans la gestion forestière. Guide pratique (France métropolitaine), 100pp. (http: //agriculture. gouv. fr/IMG/pdf/Guide_PFB.pdf)

Leroy, Philippe (2008): Grenelle de l'Environnement, Comité Opérationnel, no16. Rapport au ministre d'Etat, ministre de l'Écologie, et de l'Aménagement durable et au ministre de l'Agriculture et de la Pêche, Mars 2008, 15pp.

MAAPAR et IFN (2011): Indicateurs de gestion durable des forêts françaises métropolitaines. Édition 2010, 200pp.

ONF (2008): Réglement national d'exploitation forestière, 52pp.

ONF (2010): Règlement national des travaux et services forestiers, 45pp.

Premier Ministre (2010): Stratégie Nationale pour la Biodiversité 2011-2020, 58pp.

欧州・国際機関による文書・報告書類

EC (2010): Attitudes of Europeans towards the issue of biodiversity. Analytical report, Wave 2, March 2010, *Flash EB No290*, 98pp.

MCPFE (2007): Warsaw Declaration. Fifth Ministerial Conference on the Protection of Forest in Europe, Nov.2007, 5pp.

UICN Comité Français (2007): Analyse du dispositif français au regard du Programme de travail spécial de la Convention Diversité Biologique sur les aires protégées, 92pp.

UICN Comité Français (2010a): Biodiversité & Collectivités : Panorama de l'implication des collectivités territoriales pour la préservation de la biodiversité en France métropoli-

第 10 章　フランスの生物多様性政策　275

taine, 97pp.

UICN Comité Français (2010b): Les espaces protégés français : un réseau crucial pour la sauvegarde de nos richesses naturelles, 99pp.

EC, OECD, UN and World Bank (2013): System of Environmental-Economic Accounting 2012. Experimental Accounting, 183pp.

その他

Anthon, S., Garcia, S. et A. Stenger (2010): Incentive Contracts for Natura 2000 Implementation in Forest Areas, *Environ Resource Econ*, 46: pp.281-302.

Bouvarel, Luc (2011): Une nouvelle stratégie pour la biodiversité, *Forêt de France*, no544, pp. 6-7.

Buttoud, G. (1999): Les Politiques Forestières, PUF, Paris

F. di Cintio (2009a): Voyage d'étude au Danemark, l'autres pays du T. T. C. R., *Forêt Magazine*, no75, pp. 12-13.

F. di Cintio (2009b): Le TTCR de Saulese, un premier bilan positif, *Forêt Magazine*, no76, pp. 20-21.

Croisel, Jean (2010): L'Evaluation des politiques forestières, Editions Universitaires Européennes, 272pp.

FNE, COFOR, ONF, Forêt Privée Française (2007): Forêt : Produire plus de bois tout en préservant mieux la Biodiversité: Une démarche territoriale concertée dans le respect de la gestion multifonctionnelle des forêts, 2pp.

古井戸宏通（1999）「林業の環境費用について―環境便益を増すための経営的諸費用―」『日本林学会関東支部論集』51：7-10 ページ。

古井戸宏通（2010）「フランス」，白石則彦編著『世界の林業』，日本林業調査会，所収，99-156 ページ。

小池浩一郎（1986）「森林・林業の評価手法」『林政総研レポート』No.30，62 ページ。

Poux, Xavier, et al. (2005): Agriculture et Environnement: 4 scénarios à l'horizon 2025, MEDD, 123pp.

Roy, Alexis (2010): Les Français et la biodiversité: une attention de plus en plus soutenue en dépit d'une connaisance encore diffuse, *le Point Sur (Commissariat Général au Développement Durable)*, no55, juin 2010, 4pp.

山縣光晶・古井戸宏通（2007）「スイス『保安林重点報告』」，『水利科学』294：97-117 ページ。

山本美穂ほか（2009）「翻訳資料と解題 フランス地域自然公園（PNR）40 年史」『林業経済』62（3）：11-29 ページ。

第 11 章

経済循環と水の循環
――「日本版 NAMWA」作成と活用の試み――

は じ め に

「水」[1]，特に淡水は環境より経済領域に取り込まれ，経済活動に使用された後，環境に戻される。水は，生命維持はもちろんのこと，経済活動にも必要不可欠であり，日本が持続可能な経済成長を遂げるためには，一国における経済活動と水の使用・供給の関連を体系的に把握する必要がある。

生産，消費，貯蓄など経済活動は財・サービスの投入・産出や所得循環などを通じ相互依存的に行われ，蓄積を通じ異時点間でも関係を持つ。System of National Accounts（SNA）は互いに関連する複数の勘定表により，期首・期末ストックや実物・金融フローなどをひとつの経済循環（Circular flow of economic system）として捉える。

一方，System of Environmental-Economic Accounts for Water（SEEA-Water）は SNA のサテライト勘定であり，SNA を基盤としながら財・サービスの投入・産出を中心とする経済活動と水の使用・供給，汚染物質の排出・処理の関連を体系的に捉える[2]。

---

1) 以下では断りのない限り，「水」は淡水をさす。ここで主に淡水を扱うのは，それが生命維持や経済活動により重要だからである。
2) SEEA-Water の構造については，牧野（2013）を参照されたい。

これらはそれぞれの目的に即し設計された経済統計であり，経済循環の把握や経済と水の関連性の考察に極めて有用である。しかし，財・サービスの投入・産出が経済循環の中で行われることを鑑み，対象とする経済活動の範囲を投入・産出から経済循環へと拡張し，それと水の循環（取水，水の使用，下水道への排水，環境へのリターンなど）の関連をより体系的に把握しようとする場合，以下の3つの課題が生じる。

第1にSNAは経済循環を捉えるが，複数の勘定表を用いるため，それを明示的に表現しない。SNAを構成する複数の勘定表は完全接合性を持ち，それゆえ全体として経済循環を記述する。しかし，ひとつの取引を支払側の勘定，受取側の勘定にそれぞれ記録するため，勘定間の関係が明示的でなく，SNAが捉える経済循環を一目で把握することは難しい。

第2にSEEA-WaterはSNAと同様に，互いに関連する複数の勘定表を用いて，経済活動と水の使用・供給の関連などを記録する。ただし，勘定表間の関連性が明示的でないため，SEEA-Waterから直接，水の循環を鳥瞰することは困難である。

第3にSEEA-Waterが対象とする経済活動は，水の使用・供給，汚染物質の排出・処理が直接関係する財・サービスの投入・産出が中心であり，経済循環全体でない。したがって，経済循環と水の使用・供給などの関連を考察するためには，SNAのサテライト勘定という特性を生かし，SNAが示す経済循環とSEEA-Waterが示す水の循環を接合することが必要である。

本章ではSNAを構成する勘定表を勘定行列上に整理，経済循環を示すとともに，SEEA-Waterが捉える水の使用・供給，汚染物質の排出・処理を同一の行列上に記述，経済循環と接合した形で水の循環を明示する。このような行列を一般に「水勘定を含む国民勘定行列（National Accounting Matrix including Water Accounts；NAMWA）」という[3]。

---

3) NAMWAはUnited Nations Statistics Division（2012），de Haan, M.（1998），van der Veeren, R. et al.（2004）などで言及されている。牧野（2013）ではSNA中枢体系とSEEA-Waterに基づき，日本版NAMWAの構造を仮設値に基づき提案した。

ここでは内閣府経済社会総合研究所国民経済計算部（2013）『平成25年版国民経済計算年報』[4]，同（2013）『93SNAによる平成23年SNA産業連関表（平成17年基準）』[5]，同（2014）『平成24年度　水に関する環境・経済統合勘定の推計作業報告書』などに基づき，日本版NAMWAの作成を試みる。対象年は前述の推計作業報告書に従い，1999年，2004年，2009年とする。

次に勘定行列の特性を生かし，日本版NAMWAの経済循環部分から乗数モデルを導出，それにNAMWAより得られる取水係数，水リターン係数などを乗じ，各産業10億円分の生産が直接・間接に取水する量，環境にリターンする水量，汚染物質の純排出量を求める。その結果，以下が明らかになった。

第1に生産が誘発する取水や水のリターンは，自部門及び関連部門から生じ，その構成は産業ごとに異なる。例えば電力・ガス・熱供給業では，生産が誘発する取水の大半は自部門による。一方，農業では自部門の取水が4分の3程度であり，残りは中間取引を通じて生産活動が誘発された関連部門で生じる。これは，経済と水の関連を考える際，自部門だけでなく，経済循環を通じて他部門から生じる取水を考慮しなければいけないことを示す。

第2に生産が誘発する取水や水のリターンは，産業により生じる水資源が異なる。例えば工業用水道業が誘発する取水は大半が地表水である。一方，上水道業では地下水の割合が，電力・ガス・熱供給業では他の資源の割合が，他の産業に比べて大きい。これは，経済成長などに伴い産業構造が変化したとき，水に及ぼす影響は地表水，地下水など資源ごとに異なることを意味する。

　本章ではいくつかの統計を組み合わせ，日本版NAMWAを実際に作成，それによる分析を試みる。勘定行列の構造は牧野（2013）とほぼ同様であるが，循環のより明確な記述，統計の制約などにより若干の修正がなされている。

4)　ただし，国民経済計算の対象年の関係上，1999年対象の日本版NAMWAでは，内閣府経済社会総合研究所国民経済計算部（2010）『平成22年版　国民経済計算年報』を用いる。

5)　『93SNAによる平成23年SNA産業連関表（平成17年基準）』は2001年から2011年までを対象とする。1999年対象の日本版NAMWAでは，内閣府経済社会総合研究所国民経済計算部（2007）『93SNAによるSNA産業連関表（平成12年基準）』を用いる。それは1996年から2005年までを対象とする。

280

第3に生産が誘発する汚染物質の純排出量は，産業により生じる部門（自部門または関連部門），形態（水への直接排出または下水道から）が異なる。例えばパルプ・紙等製造業では誘発される純排出量の7割程度が自部門による。一方，飲・食料品等製造業では自部門の純排出量が4割弱であり，残りは中間取引を通じて生産活動が誘発された関連部門から排出される。これは，経済と汚染物質の関連を考える際，自部門だけでなく，経済循環を通じて他部門から生じる排出を考慮しなければいけないことを示す。

以下，第1節では日本版 NAMWA の構造を整理する。第2節では日本版 NAMWA の作成手順を説明する。第3節では日本版 NAMWA より乗数や各種係数を算出，前述の分析を行う。

1. 日本版 NAMWA の構造

1-1 全体の構造

2009 年を対象とする日本版 NAMWA の縮約版を表 11-1 に示す。それは主に3つの部分から成る。

第1は経済循環を示す部分である。それは各制度部門が期首に保有する非金融資産，金融資産，負債，正味資産の残高を示す期首ストック（O01～O08 行及び O01～O08 列）[6]，期中に行われた財・サービスの投入・産出，所得の循環，資金の循環，対外取引を示すフロー（F01～F66），資産価格の変動などを示す調整勘定（R01～R08），各制度部門が期末に保有する資産などの残高を示す期末ストック（C01～C08）から成る。

第2は水の循環を示す部分である。それは産業から下水道への排水など経済領域内の水の流れを示す経済内の水フロー（W01），環境への水のリターンや環境からの取水，水の消費を示す物的水供給使用表（W02～W38），地表水と地下水の間の水の移動などを示す水資源間のフロー（W39～W41），領域内におけるその他の資源からの水の流入，その他の資源への水の流出を示すストックの

---

6) 以下，これを（O01～O08）と記述する。

増減（W42〜W43）から成る。

第3は汚染物質の排出・処理を示す部分である。それは下水道業による汚染物質の処理前の排出量を示す総排出（E01〜E03），汚染物質の処理後の排出量を示す純排出（E04〜E21），下水道業による処理（E22），下水道業からの汚染物質の排出を排出元の産業・家計に帰属させる下水道業による排出の再配分（E23）から成る。

日本版 NAMWA はこれらの部門を対応する行，列にそれぞれ設定する。

一方，いくつかの部門はその性質上，行または列のいずれかに設定される。水資源の期首ストック，期末ストックを示す部門（WRO 行，WRC 行），降水や蒸発などを示す部門（WR1〜WR5 行），下水道が収集した都市流出水の汚染物質含有量を示す部門（ER1 行）を行のみに，水資源の期首ストック，変動，期末ストックを示す部門（WC1〜WC5 列），汚染物質の環境への蓄積を示す部門（EC1〜EC3 列）を列のみに設定する。

以上，日本版 NAMWA は行 164 部門，列 164 部門から成る。部門や取引の概念は SNA 及び SEEA-Water と同様である。

1-2　行及び列の意味

日本版 NAMWA のそれぞれの部分において，行は以下の意味を持つ。

〔経済循環〕行部門による列部門からの受取。行部門の正味資産，負債残高
　　　　　　及びそれらの変動

〔水の循環〕行部門による水の供給・消費

〔汚染物質〕行部門による汚染物質の排出

同様に，列は以下の意味を持つ。

〔経済循環〕列部門から行部門への支払い。列部門の非金融資産，金融資産
　　　　　　残高及びそれらの変動

〔水の循環〕列部門による水の使用

〔汚染物質〕列部門による汚染物質の処理

282

表 11-1　日本版 NAMWA

			O01 期首 非金融資産・ 正味資産	O02〜O08 期首 (7 金融資産・ 負債項目)	F01〜F17 生産勘定 (17 産業)	F18〜F20 最終消費 支出 (3 制度部門)
WRO. 水資産勘定		期首ストック				
O01. 期首		非金融資産・正味資産				
O02〜O08. 期首		(7 金融資産・負債項目)				
F01〜F17. 生産勘定		(17 産業)			357,323.0	364,615.9
F18〜F20. 最終消費支出		(3 制度部門)				
F21〜F25. 付加価値		(5 付加価値項目)			470,533.0	866.3
F26. 財産所得						
F27〜F31. 第 1 次所得の配分勘定		(5 制度部門)				
F32〜F35. 経常移転		(4 経常移転項目)				
F36〜F40. 所得の第 2 次分配勘定		(5 制度部門)				
F41. 年金基金年金準備金の変動						
F42〜F46. 可処分所得の使用勘定		(5 制度部門)				
F47. 総固定資本形成						
F48. 在庫品増加						
F49. 土地の購入 (純)						
F50〜F54. 資本調達勘定		(5 制度部門)	3,143,728.0	5,364,206.6		
F55. 資本移転等						
F56. 資金過不足 － 純貸出／純借入					1,844.0	
F57〜F63. 金融取引		(7 金融資産・負債項目)				
F64. 海外		経常取引			42,862.3	11,279.1
F65. 海外		資本取引				
F66. 海外		金融取引	-225,908.0	566,431.7		
R01. 調整勘定		非金融資産・正味資産				
R02〜R08. 調整勘定		(7 金融資産・負債項目)				
C01. 期末		非金融資産・正味資産				
C02〜C08. 期末		(7 金融資産・負債項目)				
W01. 経済内の水フロー表					44,535.4	10,226.4
W02〜W18. 物的水供給使用表　リターン		(17 産業)				
W19. 物的水供給使用表　リターン　家計 (個人企業を含む)						
W20〜W36. 物的水供給使用表　取水		(17 産業)			509,375.3	
W37. 物的水供給使用表　取水　家計 (個人企業を含む)						
W38. 物的水供給使用表　水の消費						
W39. 水資産勘定　水資源間のフロー　地表水						
W40. 水資産勘定　水資源間のフロー　地下水						
W41. 水資産勘定　水資源間のフロー　土壌水						
W42. 水資産勘定　ストックの増減　流入 (領域内その他の資源より)						
W43. 水資産勘定　ストックの増減　流出 (領域内その他の資源へ)						
E01. 排出勘定　総排出　水への直接排出 (未処理)						
E02. 排出勘定　総排出　水への直接排出 (現地処理後)						
E03. 排出勘定　総排出　下水道へ					├.243,535.7	
E04〜E20. 排出勘定　純排出		(17 産業)				
E21. 排出勘定　純排出　家計 (個人企業を含む)						
E22. 排出勘定　下水道　下水道業による処理					├.111,393.6	
E23. 排出勘定　下水道　下水道業による排出の再配分						
WR1. 水資産勘定　ストックの増加　降水						
WR2. 水資産勘定　ストックの増加　流入 (上流領域より)						
WR3. 水資産勘定　ストックの減少　蒸発／実蒸発散						
WR4. 水資産勘定　ストックの減少　流出 (下流領域へ)						
WR5. 水資産勘定　ストックの減少　流出 (海へ)						
WRC. 水資産勘定		期末ストック				
ER1. 排出勘定　下水道が収集した市流出水の汚染物質含有量						
T01. 計		(単位：貨幣, 10 億円)	2,917,820.0	5,930,638.3	872,562.4	376,761.3
T02. 計		(単位：水量, 100 万 m³)			553,906.7	10,226.4
T03. 計		(単位：COD, t)			132,142.1	

（2009）－縮約版

F21～F25 付加価値 （5付加価値項目）	F26 財産所得	F27～F31 第1次所得の配分勘定 （5制度部門）	F32～F35 経常移転 （4経常移転項目）	F36～F40 所得の第2次分配勘定 （5制度部門）	F41 年金基金年金準備金の変動	F42～F46 可処分所得の使用勘定 （5制度部門）	F47 総固定資本形成	F48 在庫品増加	F49 土地の購入 （純）
							95,396.8	-4,587.5	
						376,761.3			
							-2,301.9	197.3	
		76,072.2							
362,404.6	89,012.6								
				272,605.6					
		375,345.3	271,536.6						
						-2,029.5			
				374,276.1	-2,029.5				
						-2,485.0			
19.6	5,793.4		3,124.4				4,895.7	-949.6	
362,424.2	94,806.0	451,417.5	274,661.0	646,881.7	-2,029.5	372,246.8	97,990.5	-5,339.8	0.0

表 11-1　日本版 NAMWA（2009）

		F50～F54 資本調達勘定 （5 制度部門）	F55 資本移転等	F56 資金過不足 －純貸出／ 純借入	F57～F63 金融取引 （7 金融資産・負債項目）
WRO. 水資産勘定	期首ストック				
O01. 期首	非金融資産・正味資産	2,917,820.0			
O02～O08. 期首	（7 金融資産・負債項目）	5,590,114.6			
F01～F17. 生産勘定	（17 産業）				
F18～F20. 最終消費支出	（3 制度部門）				
F21～F25. 付加価値	（5 付加価値項目）	-107,027.2			
F26. 財産所得					
F27～F31. 第 1 次所得の配分勘定	（5 制度部門）				
F32～F35. 経常移転	（4 経常移転項目）				
F36～F40. 所得の第 2 次分配勘定	（5 制度部門）				
F41. 年金基金年金準備金の変動					
F42～F46. 可処分所得の使用勘定	（5 制度部門）				
F47. 総固定資本形成		97,990.5			
F48. 在庫品増加		-5,339.8			
F49. 土地の購入（純）		0.0			
F50～F54. 資本調達勘定	（5 制度部門）		-465.2	1,844.0	-13,963.0
F55. 資本移転等					
F56. 資金過不足－純貸出／純借入					
F57～F63. 金融取引	（7 金融資産・負債項目）	-692.8			
F64. 海外	経常取引				
F65. 海外	資本取引		569.5		
F66. 海外	金融取引				4,895.5
R01. 調整勘定	非金融資産・正味資産	-97,465.8			
R02～R08. 調整勘定	（7 金融資産・負債項目）	61,844.4			
C01. 期末	非金融資産・正味資産	2,805,977.7			
C02～C08. 期末	（7 金融資産・負債項目）	5,651,266.2			
W01. 経済内の水フロー表					
W02～W18. 物的水供給使用表　リターン　（17 産業）					
W19. 物的水供給使用表　リターン　家計（個人企業を含む）					
W20～W36. 物的水供給使用表　取水　（17 産業）					
W37. 物的水供給使用表　取水　家計（個人企業を含む）					
W38. 物的水供給使用表　水の消費					
W39. 水資産勘定　水資源間のフロー　地表水					
W40. 水資産勘定　水資源間のフロー　地下水					
W41. 水資産勘定　水資源間のフロー　土壌水					
W42. 水資産勘定　ストックの増減　流入（領域内その他の資源より）					
W43. 水資産勘定　ストックの増減　流出（領域内その他の資源へ）					
E01. 排出勘定　総排出　水への直接排出（未処理）					
E02. 排出勘定　総排出　水への直接排出（現地処理後）					
E03. 排出勘定　総排出　下水道へ					
E04～E20. 排出勘定　純排出　（17 産業）					
E21. 排出勘定　純排出　家計（個人企業を含む）					
E22. 排出勘定　下水道　下水道業による処理					
E23. 排出勘定　下水道　下水道業による排出の再配分					
WR1. 水資産勘定　ストックの増加　降水					
WR2. 水資産勘定　ストックの増加　流入（上流領域より）					
WR3. 水資産勘定　ストックの減少　蒸発／実蒸発散					
WR4. 水資産勘定　ストックの減少　流出（下流領域へ）					
WR5. 水資産勘定　ストックの減少　流出（海へ）					
WRC. 水資産勘定　期末ストック					
ER1. 排出勘定　　下水道が収集した都市流出水の汚染物質含有量					
T01. 計	（単位：貨幣，10 億円）	-15,069.3	104.3	1,844.0	-9,067.5
T02. 計	（単位：水量，100 万 m³）				
T03. 計	（単位：COD，t）				

第 11 章　経済循環と水の循環　285

—縮約版（続き）

F64 海外 経常取引	F65 海外 資本取引	F66 海外 金融取引	R01 調整勘定 非金融資産・正味資産	R02～R08 調整勘定（7 金融資産・負債項目）	C01 期末 非金融資産・正味資産	C02～C08 期末（7 金融資産・負債項目）	W01 経済内の水フロー表	W02～W18 物的水供給使用表 リターン（17産業）	W19 物的水供給使用表 リターン家計（個人企業を含む）
		0.0							
		340,523.7							
59,814.2								47,796.9　490,988.1	
							6,960.9		2,690.8
	156.8								
18,733.9									
2,055.4									
			-68,398.1	32,776.6	3,074,223.7	5,383,020.2			
	104.3								
		-8,374.7							
-13,735.4									
	-13,270.2		-29,067.8	20,834.8	-268,246.0	592,162.0			
		0.0							
		-8,233.0							
		0.0							
		323,916.0							
67,024.9	-13,165.9	-8,374.7	-97,465.9	53,611.4	2,805,977.7	5,975,182.2			
							54,757.8	490,988.1	2,690.8

表 11-1　日本版 NAMWA （2009）

		W20～W36 物的水供給使用表 取水 (17産業)	W37 物的水供給使用表 取水 家計（個人企業を含む）	W38 物的水供給使用表 水の消費	W39 水資産勘定 水資源間のフロー 地表水
WR0. 水資産勘定	期首ストック				
O01. 期首	非金融資産・正味資産				
O02～O08. 期首	(7金融資産・負債項目)				
F01～F17. 生産勘定	(17産業)			5,121	
F18～F20. 最終消費支出	(3制度部門)			574	
F21～F25. 付加価値	(5付加価値項目)				
F26. 財産所得					
F27～F31. 第1次所得の配分勘定	(5制度部門)				
F32～F35. 経常移転	(4経常移転項目)				
F36～F40. 所得の第2次分配勘定	(5制度部門)				
F41. 年金基金年金準備金の変動					
F42～F46. 可処分所得の使用勘定	(5制度部門)				
F47. 総固定資本形成					
F48. 在庫品増加					
F49. 土地の購入（純）					
F50～F54. 資本調達勘定	(5制度部門)				
F55. 資本移転等					
F56. 資金過不足－純貸出／純借入					
F57～F63. 金融取引	(7金融資産・負債項目)				
F64. 海外	経常取引				
F65. 海外	資本取引				
F66. 海外	金融取引				
R01. 調整勘定	非金融資産・正味資産				
R02～R08. 調整勘定	(7金融資産・負債項目)				
C01. 期末	非金融資産・正味資産				
C02～C08. 期末	(7金融資産・負債項目)				
W01. 経済内の水フロー表					
W02～W18. 物的水供給使用表　リターン	(17産業)				
W19. 物的水供給使用表　リターン　家計（個人企業を含む）					
W20～W36. 物的水供給使用表　取水	(17産業)				
W37. 物的水供給使用表　取水　家計（個人企業を含む）					
W38. 物的水供給使用表　水の消費					
W39. 水資産勘定　水資源間のフロー　地表水					4,736.2
W40. 水資産勘定　水資源間のフロー　地下水					114,604.9
W41. 水資産勘定　水資源間のフロー　土壌水					204,295.4
W42. 水資産勘定　ストックの増減　流入（領域内その他の資源より）					323,636.6
W43. 水資産勘定　ストックの増減　流出（領域内その他の資源へ）					
E01. 排出勘定　総排出　水への直接排出（未処理）					
E02. 排出勘定　総排出　水への直接排出（現地処理後）					
E03. 排出勘定　総排出　下水道へ					
E04～E20. 排出勘定　純排出	(17産業)				
E21. 排出勘定　純排出　家計（個人企業を含む）					
E22. 排出勘定　下水道　下水道業による処理					
E23. 排出勘定　下水道　下水道業による排出の再配分					
WR1. 水資産勘定　ストックの増加　降水					
WR2. 水資産勘定　ストックの増加　流入（上流領域より）					
WR3. 水資産勘定　ストックの減少　蒸発／実蒸発散					
WR4. 水資産勘定　ストックの減少　流出（下流領域へ）					
WR5. 水資産勘定　ストックの減少　流出（海へ）					
WRC. 水資産勘定	期末ストック				
ER1. 排出勘定　下水道が収集した都市流出水の汚染物質含有量					
T01. 計	(単位：貨幣, 10億円)				
T02. 計	(単位：水量, 100万 m³)	0.0	0.0	15,696.4	0.0
T03. 計	(単位：COD, t)				

―縮約版 （続き）

W40 水資産勘定 水資源間の フロー 地下水	W41 水資産勘定 水資源間の フロー 土壌水	W42 水資産勘定 ストックの増 減流入（領 域内その他 の資源より）	W43 水資産勘定 ストックの増 減流出（領 域内その他 の資源へ）	E01 排出勘定 総排出 水への直接 排出（未処 理）	E02 排出勘定 総排出 水への直接 排出（現地 処理後）	E03 排出勘定 総排出 下水道へ	E04～E20 排出勘定 純排出 （17産業）	E21 排出勘定 純排出 家計（個人 企業を含む）	E22 排出勘定 下水道 業による処理
				·290,630,3·	·234,192,2·	·294,046,0·			−262,799,7·
				·62,178,1·	·172,257,7·	·949,489,7·			−848,593,9·
0,0	0,0		4,736,2·						
0,0	0,0		114,604,9·						
125,867,5	0,0		330,162,9·						
125,867,5	0,0								
							·290,630,3·	·62,178,1·	
							·234,192,2·	·172,257,7·	
							·31,246,3·	·100,895,8·	
0,0	0,0	0,0	449,504,1·	·352,808,5·	·406,449,9·	ト,243,535,7·	·556,068,8·	·335,331,6·	ト,111,393,6·

表 11-1　日本版 NAMWA（2009）

		E23 排出勘定 下水道 下水道業による排出の再配分	WC1 水資産勘定 水資源 地表水	WC2 水資産勘定 水資源 地下水	WC3 水資産勘定 水資源 土壌水
WRO. 水資産勘定	期首ストック		33,037,8		
O01. 期首	非金融資産・正味資産				
O02〜O08. 期首	（7 金融資産・負債項目）				
F01〜F17. 生産勘定	（17 産業）	·132,142,1·			
F18〜F20. 最終消費支出	（3 制度部門）				
F21〜F25. 付加価値	（5 付加価値項目）				
F26. 財産所得					
F27〜F31. 第 1 次所得の配分勘定	（5 制度部門）				
F32〜F35. 経常移転	（4 経常移転項目）				
F36〜F40. 所得の第 2 次分配勘定	（5 制度部門）				
F41. 年金基金年金準備金の変動					
F42〜F46. 可処分所得の使用勘定	（5 制度部門）				
F47. 総固定資本形成					
F48. 在庫品増加					
F49. 土地の購入（純）					
F50〜F54. 資本調達勘定	（5 制度部門）				
F55. 資本移転等					
F56. 資金過不足 - 純貸出／純借入					
F57〜F63. 金融取引	（7 金融資産・負債項目）				
F64. 海外	経常取引				
F65. 海外	資本取引				
F66. 海外	金融取引				
R01. 調整勘定	非金融資産・正味資産				
R02〜R08. 調整勘定	（7 金融資産・負債項目）				
C01. 期末	非金融資産・正味資産				
C02〜C08. 期末	（7 金融資産・負債項目）				
W01. 経済内の水フロー表					
W02〜W18. 物的水供給使用表　リターン	（17 産業）		318,639,7		
W19. 物的水供給使用表　リターン	家計（個人企業を含む）		2,690,8		
W20〜W36. 物的水供給使用表　取水	（17 産業）		322,782,2	71,262,6	
W37. 物的水供給使用表　取水	家計（個人企業を含む）				
W38. 物的水供給使用表　水の消費					
W39. 水資産勘定　水資源間のフロー　地表水					
W40. 水資産勘定　水資源間のフロー　地下水					
W41. 水資産勘定　水資源間のフロー　土壌水					
W42. 水資産勘定　ストックの増減	流入（領域内その他の資源より）		323,636,6	125,867,5	
W43. 水資産勘定　ストックの増減	流出（領域内その他の資源へ）		4,736,2	114,604,9	330,162,9
E01. 排出勘定　総排出　水への直接排出（未処理）					
E02. 排出勘定　総排出　水への直接排出（現地処理後）					
E03. 排出勘定　総排出　下水道へ					
E04〜E20. 排出勘定　純排出	（17 産業）				
E21. 排出勘定　純排出　家計（個人企業を含む）					
E22. 排出勘定　下水道　下水道業による処理					
E23. 排出勘定　下水道　下水道業による排出の再配分					
WR1. 水資産勘定　ストックの増加　降水			20,140,2		552,265,2
WR2. 水資産勘定　ストックの増加	流入（上流領域より）				
WR3. 水資産勘定　ストックの減少	蒸発／実蒸発散		8,099,?		222,102,3
WR4. 水資産勘定　ストックの減少	流出（下流領域へ）				
WR5. 水資産勘定　ストックの減少	流出（海へ）		329,489,2		
WRC. 水資産勘定	期末ストック		33,037,8		
ER1. 排出勘定　下水道が収集した都市流出水の汚染物質含有量					
T01. 計	（単位：貨幣, 10 億円）				
T02. 計	（単位：水量, 100 万 m³）		0,0	0,0	0,0
T03. 計	（単位：COD, t）	·132,142,1·			

―縮約版（続き）

WC4 水資産勘定 他の資源	WC5 水資産勘定 水の消費	EC1 排出勘定 純排出 水資源へ	EC2 排出勘定 純排出 海へ	EC3 排出勘定 純排出 下水道から	T01 計 (単位: 貨幣, 10億円)	T02 計 (単位: 水量, 100万 m³)	T03 計 (単位: COD, t)
						53,027.8	
					2,917,820.0		
					5,930,638.3		
					872,562.4	553,906.7	688,210.9
					376,761.3	10,226.4	335,331.6
					362,424.3		
					94,806.1		
					451,417.2		
					274,661.0		
					646,881.9		
					-2,029.5		
					372,246.6		
					97,990.5		
					-5,339.8		
					0.0		
					-15,069.2		
					104.3		
					1,844.0		
					-9,067.5		
					67,024.9		
					-13,165.9		
					-8,374.7		
					-97,465.8		
					53,611.4		
					2,805,977.7		
					5,975,182.2		
						54,757.8	
172,348.4						490,988.1	
175,330.5						2,690.8	
						0.0	
						0.0	
	15,696.4					15,696.4	
						0.0	
						0.0	
						0.0	
						0.0	
						449,504.1	
							352,808.5
							406,449.9
							1,243,535.7
			524,822.6	31,246.3			556,068.8
		234,435.8		100,895.8			335,331.6
							1,111,393.6
							132,142.1
						572,405.4	
						230,202.0	
						529,489.2	
						53,027.8	
2,982.2	15,696.4						
		234,435.8	524,822.6	132,142.1			

表 11-1　日本版 NAMWA（2009）－縮約版（続き）

			T01		T02		T03	
			行和（単位:貨幣, 10億円）	列和（単位:貨幣, 10億円）	行和（単位:水量, 100万 m³）	列和（単位:水量, 100万 m³）	行和（単位:COD, t）	列和（単位:COD, t）
O01. 期首		非金融資産・正味資産	2,917,820.0	2,917,820.0				
O02～O08. 期首		（7金融資産・負債項目）	5,930,638.3	5,930,638.3				
F01～F17. 生産勘定		（17産業）	872,562.4	872,562.4	583,906.7	583,906.7	688,210.9	132,142.1
F18～F20. 最終消費支出		（3制度部門）	376,761.3	376,761.3	10,226.4	10,226.4	335,331.6	
F21～F25. 付加価値		（5付加価値項目）	362,424.3	362,424.2				
F26. 財産所得			94,806.1	94,806.0				
F27～F31. 第1次所得の配分勘定		（5制度部門）	451,417.2	451,417.5				
F32～F35. 経常移転		（4経常移転項目）	274,661.0	274,661.0				
F36～F40. 所得の第2次分配勘定		（5制度部門）	646,881.9	646,881.7				
F41. 年金基金年金準備金の変動			-2,029.5	-2,029.5				
F42～F46. 可処分所得の使用勘定		（5制度部門）	372,246.6	372,246.8				
F47. 総固定資本形成			97,990.5	97,990.5				
F48. 在庫品増加			-5,339.8	-5,339.8				
F49. 土地の購入（純）			0.0	0.0				
F50～F54. 資本調達勘定		（5制度部門）	-15,069.2	-15,069.3				
F55. 資本移転等			104.3	104.3				
F56. 資金過不足 - 純貸出／純借入			1,844.0	1,844.0				
F57～F63. 金融取引		（7金融資産・負債項目）	-9,067.5	-9,067.5				
F64. 海外	経常取引		67,024.9	67,024.9				
F65. 海外	資本取引		-13,165.9	-13,165.9				
F66. 海外	金融取引		-8,374.7	-8,374.7				
R01. 調整勘定		非金融資産・正味資産	-97,465.8	-97,465.9				
R02～R08. 調整勘定		（7金融資産・負債項目）	53,611.4	53,611.4				
C01. 期末		非金融資産・正味資産	2,805,977.7	2,805,977.7				
C02～C08. 期末		（7金融資産・負債項目）	5,975,182.2	5,975,182.2				
W01. 経済内の水フロー表					54,757.8	54,757.8		
W02～W18. 物的水供給使用表 リターン		（17産業）			490,988.1	490,988.1		
W19. 物的水供給使用表 リターン 家計（個人企業を含む）					2,690.8	2,690.8		
W20～W36. 物的水供給使用表 取水		（17産業）						
W37. 物的水供給使用表 取水 家計（個人企業を含む）					0.0	0.0		
W38. 物的水供給使用表 水の消費					15,696.4	15,696.4		
W39. 水資産勘定 水資源間のフロー 地表水					0.0	0.0		
W40. 水資産勘定 水資源間のフロー 地下水					0.0	0.0		
W41. 水資産勘定 水資源間のフロー 土壌水					0.0	0.0		
W42. 水資産勘定 ストックの増減 流入（領域内その他の資源より）					0.0	0.0		
W43. 水資産勘定 ストックの増減 流出（領域内その他の資源へ）					449,804.1	449,804.1		
E01. 排出勘定 総排出 水への直接排出（未処理）							352,808.5	352,808.5
E02. 排出勘定 総排出 水への直接排出（現地処理後）							406,449.9	406,449.9
E03. 排出勘定 総排出 下水道へ							1,243,535.7	1,243,535.7
E04～E20. 排出勘定 純排出		（17産業）					556,068.8	556,068.8
E21. 排出勘定 純排出 家計（個人企業を含む）							335,331.6	335,331.6
E22. 排出勘定 下水道 下水道業による処理							-1,114,393.6	-1,114,393.6
E23. 排出勘定 下水道 下水道業による排出の再配分							132,142.1	132,142.1

（注1）内訳項目は以下の通りである。
17産業
農業，林業，漁業，鉱業，建設業，飲・食料品等製造業，パルプ・紙等製造業，化学工業，石油・石炭製品製造業，鉄鋼業，輸送機械製造業，その他の製造業，電力・ガス・熱供給業，上水道業，工業用水道業，下水道業，その他の産業
5付加価値項目
雇用者報酬，営業余剰・混合所得，固定資本減耗，生産・輸入品に課される税，（控除）補助金
5制度部門
対家計民間非営利団体，家計（個人企業を含む），一般政府，非金融法人企業，金融機関
3制度部門
対家計民間非営利団体，家計（個人企業を含む），一般政府
4経常移転項目

所得・富等に課される経常税，社会負担，現物社会移転以外の社会給付，その他の経常移転
7金融資産・負債項目
現金・預金，貸付金・借入，株式以外の証券，株式・出資金，金融派生商品，保険・年金準備金，その他の金融資産・負債
（注2）網掛けは以下を意味する。網掛けがある空白の場所は未推計である。
▨…経済活動（単位：貨幣，10億円）
▨…水の循環（単位：水量，100万 m³）
▨…汚染物質の排出・処理（単位：COD, t）
（注3）四捨五入の関係上，行和と列和に若干の誤差が生じることがある。
勘定の構造上，排出勘定の一部では行和と列和が一致しない。
（出所）日本版 NAMWA（2009）に基づき筆者作成。

1-3 経済循環（期首ストック）

日本版 NAMWA は経済循環を以下のように記述する。

「資本調達勘定」列と「期首　非金融資産・正味資産」行の交点は各制度部門が期首に保有する非金融資産残高を，同列と「期首　（7 金融資産・負債項目）」行の交点は同様に金融資産残高を項目別に記録する。金融資産・負債項目は SNA と同じ 7 項目である。「海外　金融取引」列と「期首　（7 金融資産・負債項目）」の交点は海外が期首に日本国内に保有する金融資産残高を項目別に記録する。

一方，「資本調達勘定」行と「期首　非金融資産・正味資産」列の交点は各制度部門の期首の正味資産残高を，同行と「期首　（7 金融資産・負債項目）」列の交点は各制度部門の期首の負債残高を項目別に記録する。「海外　金融取引」行とそれら列との交点は海外が日本に対し有する正味資産残高，項目別負債残高をそれぞれ記録する。

「資本調達勘定」列と「期首　非金融資産・正味資産」行の交点，同列と「期首　（7 金融資産・負債項目）」行の交点はそれぞれ非金融資産残高，金融資産残高を示し，期首における当該部門の貸借対照表・借方を，「資本調達勘定」行と「期首　非金融資産・正味資産」列の交点，同行と「期首　（7 金融資産・負債項目）」列の交点はそれぞれ正味資産残高，負債残高を示し，期首における当該部門の貸借対照表・貸方を示す。海外についても同様である。

また「期首　非金融資産・正味資産」行・列は非金融資産残高と正味資産残高のバランスを，「期首　（7 金融資産・負債項目）」の行・列は金融資産残高と負債残高のバランスを項目ごとに示す。

1-4 経済循環（フロー）

「生産勘定」行・列は非競争輸入型産業連関表と同様の形式で，財・サービスの投入・産出を示す。産業分類は日本版 SEEA-Water と同じ 17 部門であり，付加価値を SNA と同じ 5 項目に分類する。中間需要に含まれる輸入財を「海外　経常取引」行と「生産勘定」列の交点に，最終需要に含まれる輸入財を同

行と「最終消費支出」列，「総固定資本形成」列，「在庫品増加」列の交点にそれぞれ記録する。また「生産勘定」列と「資金過不足─純貸出／純借入」行の交点に統計上の不突合を記録する。

「付加価値」行は「生産勘定」列より項目ごと付加価値を受け取るとともに，「最終消費支出」列，「総固定資本形成」列，「在庫品増加」列より輸入税（輸入品に課される税・関税）を，「海外　経常取引」列より海外からの雇用者報酬を受け取る。また「付加価値」行のうち固定資本減耗に関する行は「生産勘定」列との交点でそれを各産業から受け取るとともに，「資本調達勘定」列との交点で各制度部門に支出，それを負値で記録する。したがって，同項目の行和は 0 である。

「付加価値」列は「第 1 次所得の配分勘定」行との交点で，項目ごと付加価値を各制度部門に受け渡す。制度部門は SNA と同じ 5 部門である。また一部を「海外　経常取引」行との交点で海外への雇用者報酬とする。

「第 1 次所得の配分勘定」行は「付加価値」列，「財産所得」列よりそれぞれの項目を受け取る。「第 1 次所得の配分勘定」列は「財産所得」行に同項目を支払い，残りを第 1 次所得バランスとして「所得の第 2 次分配勘定」行に受け渡す。

「所得の第 2 次分配勘定」行は「第 1 次所得の配分勘定」列，「経常移転」列よりそれぞれの項目を受け取る。経常移転項目は SNA と同じ 4 項目である。「所得の第 2 次分配勘定」列は「経常移転」行に同項目を支払い，残りを可処分所得として「可処分所得の使用勘定」行に受け渡す。

「可処分所得の使用勘定」行は「所得の第 2 次分配勘定」列との交点で可処分所得を受け取る。また家計の可処分所得の使用勘定は，「年金基金年金準備金の変動」列との交点で同項目を受け取る。

各制度部門は可処分所得を消費，貯蓄にあてる。前者を「可処分所得の使用勘定」列と「最終消費支出」行の交点に，後者を同列と「資本調達勘定」行の交点に記録する。最終消費支出は当該の行を経由し，当該の列において最終需要とされる。また金融機関の可処分所得の使用勘定は，当該の列と「年金基金

年金準備金の変動」行の交点で同項目を支払う。

「資本調達勘定」行は「可処分所得の使用勘定」列との交点で貯蓄を受け取る。また各制度部門が金融取引により調達した資金を「金融取引」列との交点に記録する。

「資本調達勘定」列はそれら資金を投資にあてる。同列と「総固定資本形成」行，「在庫品増加」行，「土地の購入（純)」行との交点に非金融資産への投資を，「金融取引」行との交点に各金融資産への投資を記録する。総固定資本形成，在庫品増加は当該の行を経由，当該の列において最終需要とされる。土地の購入は制度部門間の取引であり，その集計値は 0 である。

「金融取引」行は「資本調達勘定」列より国内からの投資資金を，「海外　金融取引」列より海外からの投資資金を受け取る。

「金融取引」列は「資本調達勘定」行との交点，「海外　金融取引」行との交点でそれを各制度部門，海外に向ける。

1-5　経済循環（調整勘定）

「調整勘定　非金融資産・正味資産」行・列，「調整勘定　（7 金融資産・負債項目)」行・列は期首ストックと同様の形式で，それぞれの制度部門が保有する資産，負債等について価格変化による再評価などを記録する。

1-6　経済循環（期末ストック）

「期末　非金融資産・正味資産」行・列，「期末　（7 金融資産・負債項目)」行・列は期首ストックと同様の形式で，それぞれの制度部門が保有する各項目について期末残高を記録する。

また「資本調達勘定」行・列は制度部門ごと，期首残高がフロー，調整勘定を経て期末残高になる様子を記述する。具体的には以下のとおりである。

「資本調達勘定」列は「期首　非金融資産・正味資産」行との交点に非金融資産残高を，「付加価値」行との交点に固定資本減耗を負値で，「総固定資本形成」行，「在庫品増加」行，「土地の購入（純)」行との交点にそれらをそれぞ

れ記録する。また「調整勘定　非金融資産・正味資産」行との交点に前述の価格変化による再評価などを記録する。それらの合計が期末残高であり，それを同列と「期末　非金融資産・正味資産」との交点に記録する。

　「資本調達勘定」列は「期首　（7 金融資産・負債項目）」行との交点に各金融資産残高を，「金融取引」行との交点に各金融資産の変動を，「調整勘定　（7 金融資産・負債項目）」行との交点に価格変化による再評価などを記録する。それらの合計が期末残高であり，それを同列と「期末　（7 金融資産・負債項目）」行の交点に記録する。

　「資本調達勘定」行は「期首　非金融資産・正味資産」列との交点に正味資産残高を，「可処分所得の使用勘定」列との交点に貯蓄を，「資本移転」列，「資金過不足―純貸出／純借入」列との交点にそれらをそれぞれ記録する。また「調整勘定　非金融資産・正味資産」列との交点に価格変化による再評価などを記録する。それらの合計が期末残高であり，それを同行と「期末　非金融資産・正味資産」列の交点に記録する。

　「資本調達勘定」行は「期首　（7 金融資産・負債項目）」列との交点に各負債残高を，「金融取引」列との交点に各負債の変動を，「調整勘定　（7 金融資産・負債項目）」列との交点に価格変化による再評価などを記録する。それらの合計が期末残高であり，それを同行と「期末　（7 金融資産・負債項目）」列の交点に記録する。

　このように得られた期末残高を次期の期首ストックとし，各期の経済循環を接続する。

1-7　水の循環

日本版 NAMWA は水の循環を以下のように記述する。

　各産業が他の経済主体より受ける水量を「生産勘定」列と「経済内の水フロー表」行の交点に，環境から取水する量を同列と「物的水供給使用表　取水」行の交点に記録する。家計についても同様にそれぞれを「最終消費支出　家計」列との交点に記録する。

第 11 章 経済循環と水の循環 295

　環境からの取水はストックの減少を伴う。そこで，各資源からの取水量を「物的水供給使用表　取水」行と「水資産勘定　水資源」列，「同　他の資源」列の交点に負値で記録する。したがって，それらの行和は 0 である。

　一方，各産業は水を他の経済主体に供給する。それを「生産勘定」行と「経済内の水フロー表」列の交点に記録する。家計が他の経済主体に行う水の供給も同様に，「最終消費支出　家計」行と「経済内の水フロー表」列の交点に記録する。このように経済領域内で供給された水は前述のとおり，当該の行で各産業，家計に使用される。

　また各産業，家計は水を環境にリターンする。それを「生産勘定」行，「最終消費支出　家計」行と「物的水供給使用表　リターン」列の交点に記録する。

　リターンされた水はストックを増加させる。それを「物的水供給使用表　リターン」行と「水資産勘定　水資源」列，「同　他の資源」列の交点に記録する。

　各産業，家計が取水したが，環境にリターンしなかった水量を水の消費とする。それを「生産勘定」行，「最終消費支出　家計」行と「物的水供給使用表　水の消費」列の交点に記録する。その合計値を「物的水供給使用表　水の消費」行と「水資産勘定　水の消費」列の交点に記録する。

　また地表水と地下水の間の水の移動などを「水資産勘定　水資源間のフロー」行・列の交点に記録する。行が流出元の資源，列が流入先の資源を示す。

　「水資産勘定　水資源間のフロー」列で流入した水量を，同列と「水資産勘定　ストックの増減　流入（領域内その他の資源より）」行の交点に負値で記録，更に「水資産勘定　ストックの増減　流入（領域内その他の資源より）」行と「水資産勘定　水資源」列，「同　他の資源」列の交点に正値で記録する。

　「水資産勘定　水資源間のフロー」行で流出した水量を，同行と「水資産勘定　ストックの増減　流出（領域内その他の資源へ）」列の交点に負値で記録，更に「水資産勘定　ストックの増減　流出（領域内その他の資源へ）」行と「水資産勘定　水資源」列，「同　他の資源」列の交点に負値で記録する。

また降水によるストックの増加，蒸発や海への流出によるストックの減少を，「水資産勘定　水資源」列，「同　他の資源」列と「水資産勘定　ストックの増加　降水」行，「同　ストックの減少　蒸発／実蒸発散」行，「同　ストックの減少　流出（海へ）」行の交点にそれぞれ記録する。

「水資産勘定　水資源」列，「同　他の資源」列は縦方向に期首のストック量，フローの変動，期末のストック量を資源ごとに示す。同列と「水資産勘定　期首ストック」行の交点は期首のストック量を，同列と「水資産勘定　期末ストック」行の交点はフローの変動の結果得られる期末のストック量を示す。

経済循環と同様に，このように得られた期末のストック量を次期の期首のストック量とし，各期の水の循環を接続する。

1-8　汚染物質の排出・処理

日本版 NAMWA は汚染物質の排出・処理を以下のように記述する。

各産業，家計が排出する汚染物質を「生産勘定」行，「最終消費支出」行にそれぞれ記録する。それらを水への直接排出量（未処理），同（現地処理後），下水道への排出量に区分し，それぞれを当該の行と列の交点に記録する。

下水道に排出された汚染物質は下水道業で処理される。処理前の総排出量を「生産勘定」列と「排出勘定　総排出　下水道へ」行の交点に記録，処理による排出量の減少を同列と「同　下水道　下水道業による処理」行の交点に負値で記録する。

「生産勘定」行では処理による排出量の減少を「同　下水道　下水道業による処理」列との交点に記録するとともに，処理後の排出量を「下水道業による排出の再配分」列との交点に記録する。

「排出勘定　総排出　水への直接排出（未処理）」行，「同　（現地処理後）」行は産業・家計ごと，それらを「排出勘定　純排出」列に受け渡す。また下水道業による処理後の排出量を排出元の産業・家計に帰属させ，当該の行と「排出勘定　純排出」列の交点に記録する。

「排出勘定　純排出」列は汚染物質の純排出量を集計，当該の行と「同　水

資源へ」列，「同　海へ」列，「同　下水道業から」列の交点でそれを環境に蓄
積させる。

2．日本版 NAMWA の作成手順

2-1　経済循環

日本版 NAMWA において，経済循環を構成する各項目の計上値は財・サー
ビスの投入・産出を除き，国民経済計算による。

国民経済計算は財・サービスの投入・産出を経済活動別財貨・サービス産出
表（V 表），経済活動別財貨・サービス投入表（U 表）などに記録する。しかし
日本版 SEEA-Water の対象年である 1999 年，2004 年，2009 年の U 表は作成さ
れていない。

そこで，本章では当該部分の推計に SNA 産業連関表を用いた。SNA 産業連
関表は一定の仮定のもと国民経済計算より作成され，SNA の概念や計上値と
整合的である。

産業分類は日本版 SEEA-Water と同じ 17 部門とする。SNA 産業連関表の基
準・産業分類は 1999 年表が 2000 年（平成 12 年）基準・87 部門，2004 年表が
2005 年（平成 17 年）基準・87 部門，2009 年表が 2005 年（平成 17 年）基準・91
部門であり，それぞれ異なる。そこで，3 時点間で共通の 86 部門を設定，各
年の表をそれにあわせた後，更に 17 部門に集計した。

NAMWA の目的上，下水道業の投入・産出の記述は極めて重要である。し
かし，SNA 産業連関表は下水道業を「政府・その他」の中に分類，その投入・
産出構造を明示しない。そこで，当該部分については，下水道業を独立部門と
する延長産業連関表を用いて推計した[7]。

---

7)　SNA 産業連関表と延長産業連関表では投入・産出構造の捉え方が異なる。そのた
　　め，本来であれば，延長産業連関表を SNA 産業連関表の概念に組み換え，下水道業
　　の投入・産出を推計すべきである。しかし，基礎資料の制約上，それは困難であっ
　　た。そこで，本章では両産業連関表の産業分類を統一し，推計を行った。具体的に
　　は以下のとおりである。
　　　第 1 に，延長産業連関表より「上水道業」「工業用水道業」の国内生産額の和に対

また前述のとおり，日本版 NAMWA において，経済循環を構成する各項目の計上値は財・サービスの投入・産出を除き，国民経済計算による。したがって，SNA 産業連関表における各付加価値項目の計，各最終需要項目の計を国民経済計算の値に一致させなければいけない。例えば SNA 産業連関表，国民経済計算の各項目の値は 2009 年，表 11-2 のとおりであった。

SNA 産業連関表と国民経済計算ではいくつかの項目について計上値の差がある。本章ではその理由を整理し，できる限りの調整を行った。

第 1 に輸出，輸入の価格評価の違い，輸入税（輸入品に課される税・関税）の扱いの違いについて整理する。

SNA 産業連関表では輸出は F. O. B. 価格，輸入は C. I. F 価格である。輸入税は輸入に含まれ，生産に課される税には含まれない。一方，国民経済計算の統合勘定では輸出，輸入とも F. O. B. 価格である。輸入税は生産・輸入品に課される税に含まれる。

そこで，以下の対応を採る。

まず国民経済計算の「財貨・サービスの供給と需要」における C. I. F. 価格の輸入，輸入品に課される税・関税の計上値から，輸入に占める輸入税の割合を求める[8]。

する「下水道業」の国内生産額の比率を求める。第 2 に SNA 産業連関表における「上水道業」「工業用水道業」の国内生産額の和に前述の比率を乗じ，下水道業の国内生産額を推計する。第 3 に SNA 産業連関表における「その他の産業」の国内生産額から，推計した下水道業の国内生産額を引き，「その他の産業（下水道業を除く）」の国内生産額を求める。第 4 に日本版 NAMWA における投入・産出構造は非競争輸入型で記述されるため，行部門ごと輸入係数は一定という仮定を置き，延長産業連関表を非競争輸入型に組み替える。第 5 に推計した「下水道業」「その他の産業（下水道業を除く）」の国内生産額，「その他の産業」の投入額及び産出額を延長産業連関表の列構成比，行構成比で按分，KEO-RAS 法で調整した。

このように「下水道業」「その他の産業（下水道業を除く）」の投入・産出構造を推計，後者の部門名を「その他の産業」とし，結果を日本版 NAMWA に組み込んだ。

8)　SNA 産業連関表の輸入は，国民経済計算の「財貨・サービスの供給と需要」における C. I. F. 価格の輸入と輸入品に課される税・関税の和である。

第 11 章 経済循環と水の循環 299

表 11-2 SNA 産業連関表と国民経済計算

（単位：10 億円）

付加価値項目	SNA 産業連関表 2009 年
雇用者報酬	243,172.3
営業余剰・混合所得	84,374.5
固定資本減耗	107,027.2
生産に課される税	34,160.4
（控除）補助金	3,406.9
計	465,327.6

（単位：10 億円）

付加価値項目	国民経済計算 2009 年
雇用者報酬	243,172.3
営業余剰・混合所得	83,973.5
固定資本減耗	107,027.2
生産・輸入品に課される税	38,528.5
（控除）補助金	3,406.9
統計上の不突合	1,843.9
計	471,138.7

（単位：10 億円）

最終需要項目	SNA 産業連関表 2009 年
対家計民間非営利団体最終消費支出	5,722.0
家計最終消費支出	276,153.0
政府最終消費支出	93,819.6
総固定資本形成	97,990.5
在庫品増加	-5,339.8
輸出	60,712.0
（控除）輸入	63,729.7
計	465,327.6

（単位：10 億円）

最終需要項目	国民経済計算 2009 年
対家計民間非営利団体最終消費支出	5,722.0
家計最終消費支出	277,219.7
政府最終消費支出	93,819.6
総固定資本形成	97,990.5
在庫品増加	-5,339.8
輸出	59,814.2
（控除）輸入	58,087.5
計	471,138.7

（出所）SNA 産業連関表と国民経済計算に基づき筆者作成。

　次に SNA 産業連関表を競争輸入型から非競争輸入型に組み替える。日本版 NAMWA では後述の乗数分析を鑑み，投入・産出構造を非競争輸入型で記述する。SNA 産業連関表において「行部門ごと輸入係数は一定」という仮定を置き，同表を非競争輸入型に組み替える。

　組み替えた表の輸入は輸入税を含む。そこで，「輸入税の割合は取引を問わず一定」という仮定を置き，前述の割合を用いて輸入から輸入税を分離する。列部門ごと，分離された輸入税を生産に課される税に加算し，項目名を生産・輸入品に課される税とする。結果を表 11-3 に示す。

　第 2 に統計上の不突合について整理する。

　SNA 産業連関表は統計上の不突合を計上しないが，国民経済計算はそれを

表 11-3　SNA 産業連関表（調整後）

(単位：10 億円)

付加価値項目	SNA 産業連関表（調整後） 2009 年
雇用者報酬	243,172.3
営業余剰・混合所得	82,530.6
固定資本減耗	107,027.2
生産・輸入品に課される税	38,528.5
(控除) 補助金	3,406.9
統計上の不突合	1,843.9
計	469,695.8

(単位：10 億円)

最終需要項目	SNA 産業連関表（調整後） 2009 年
対家計民間非営利団体最終消費支出	5,722.0
家計最終消費支出	277,219.7
政府最終消費支出	93,819.6
総固定資本形成	97,990.5
在庫品増加	-5,339.8
輸出	61,501.0
(控除) 輸入	61,217.2
計	469,695.8

（出所）SNA 産業連関表と国民経済計算に基づき筆者作成。

生産面に計上する。統計上の不突合は国民経済計算において，実物取引における純貸出／純借入と金融取引における資金過不足の差を調整する役割を果たしているため，日本版 NAMWA においてもそれを計上しなければならない。そこで，SNA 産業連関表において分類不明を含む「その他の産業」にそれを計上，その分，営業余剰・混合所得を減算することとした。結果を表 11-3 に示す。

　第 3 に家計最終消費支出について整理する。

　SNA 産業連関表の家計最終消費支出は，国民経済計算における国内家計最終消費支出である。したがって，それに居住者家計の海外での直接購入を加算し，非居住者家計の国内での直接購入を減算しなければならない。同時に輸出に非居住者家計の国内での直接購入を加算し，居住者家計の海外での直接購入

第 11 章　経済循環と水の循環　301

を輸入に加える必要がある。結果を表 11-3 に示す。

　最後に輸出，輸入の価格評価の違いについて調整を行う。

　前述の理由により，SNA 産業連関表は国民経済計算より輸出に関して 1 兆 6,868 億円，輸入に関して 3 兆 1,297 億円，計上値が大きい[9]。これを輸入を C. I. F. 価格から F. O. B. 価格に変換することに伴う調整としてそれぞれ減算する。同時にそれをバランス項目である営業余剰・混合所得においても行う。その結果，SNA 産業連関表の営業余剰・混合所得の値は，国民経済計算と一致する。

　このように SNA 産業連関表における各付加価値項目の計，各最終需要項目の計を国民経済計算の値に一致させた。SNA 産業連関表の国内生産額，上記の作業より得た各付加価値項目の計，各最終需要項目の計を，上記の作業で作成された統計上の不突合を含む非競争型 SNA 産業連関表の列構成比，行構成比で按分，KEO-RAS 法で調整し，結果を NAMWA に組み込んだ。

2-2　水の循環

　日本版 NAMWA において，水の循環を構成する各項目の計上値は日本版 SEEA-Water による。

　各産業は「生産勘定」列と「経済内の水フロー表」行の交点で他の経済主体より受けた水を，同列と「物的水供給使用表　取水」行の交点で環境からの水を使用する。それらはそれぞれ SEEA-Water における物的使用表の「他の経済単位から受けた水の使用」「取水合計」である。家計についても同様である。

　一方，各産業は「生産勘定」行と「経済内の水フロー表」列の交点で他の経済主体への水の供給を，同行と「物的水供給使用表　リターン」列の交点で環境への水のリターンを，同行と「物的水供給使用表　水の消費」列の交点で水の消費を行う。それらはそれぞれ SEEA-Water における物的供給表の「他の経

---

9)　輸出が同じ F. O. B. 価格であっても，輸入が C. I. F. 価格の場合と輸入が F. O. B. 価格の場合では，輸出額は異なる。

済単位への水の供給」「リターン合計」「消費」である。家計についても同様である。

「水資産勘定　水資源間のフロー」行・列の交点は SEEA-Water における水資産勘定，水資源間のフロー表に，また「水資産勘定　水資源」列，「同　他の資源」列は SEEA-Water における水資産勘定，資産勘定にあたる。

このように日本版 NAMWA は SEEA-Water に基づき水の循環を記述，それを SNA が示す経済循環と接合する。

2-3　汚染物質の排出・処理

日本版 NAMWA において，汚染物質の排出・処理を構成する各項目の計上値は日本版 SEEA-Water による。

各産業は「生産勘定」行と「排出勘定　総排出」列の交点で汚染物質を排出する。また同行と「排出勘定　下水道　下水道業による処理」列の交点で下水道業による汚染物質の処理量を負値で記録する。前者は SEEA-Water における排出勘定の「総排出」である。後者は同勘定の「総排出」と「純排出」の差である。家計についても同様である。

また下水道業による処理後の排出を「生産勘定」行と「排出勘定　下水道　下水道業による排出の再配分」列の交点に記録，それを「排出勘定　下水道　下水道業による排出の再配分」行と「排出勘定　純排出」列の交点で排出元の産業・家計に帰属させる。それらは SEEA-Water における排出勘定の「下水道業による排出の再配分」である。

各産業・家計は水資源や海へ汚染物質を排出する。また下水道からそれを排出する。それらを「排出勘定　純排出　水資源へ」列，「同　海へ」列，「同　下水道から」列と「排出勘定　純排出」行の交点に記録する。それらも SEEA-Water における排出勘定の「総排出　水資源へ」「同　海へ」「下水道業による排出の再配分」である。

このように日本版 NAMWA は SEEA-Water に基づき汚染物質の排出・処理を記述，それを SNA が示す経済循環と接合する。

3. 日本版 NAMWA による乗数分析

3-1 乗数モデル

日本版 NAMWA の経済循環部分から乗数モデルを導出，それに NAMWA より得られる水使用係数，水供給係数などを乗ずることにより，各産業 1 単位の生産が中間取引を通して直接・間接に使用・供給する水量，汚染物質の排出量を求める。

産業連関分析における均衡産出高モデルが投入係数を一定とするように，本章の乗数モデルは各部門の支出構成を一定とし，乗数効果を算出する。

3-2 内生部門

本章では日本版 NAMWA の経済循環部分において，以下を内生部門とした。

F01〜17. 生産勘定	（17 産業）	
F21〜25. 付加価値	（固定資本減耗を除く 4 付加価値項目）	
F27〜31. 第 1 次所得の配分勘定	（5 制度部門）	
F32〜35. 経常移転	（4 経常移転項目）	
F36〜40. 所得の第 2 次分配勘定	（5 制度部門）	
F42〜46. 可処分所得の使用勘定	（5 制度部門）	

中間取引，付加価値の生産，各制度部門への分配及び経常移転，各制度部門の可処分所得などを内生化する。

3-3 外生部門

一方，以下を外生部門とした。

F18〜20. 最終消費支出	（3 制度部門）
F23. 付加価値	固定資本減耗
F26. 財産所得	
F41. 年金基金年金準備金の変動	
F47. 総固定資本形成	

F48. 在庫品増加

F49. 土地の購入（純）

F50～54. 資本調達勘定　　　　　　（5制度部門）

F55. 資本移転等

F56. 資金過不足─純貸出／純借入

F57～63. 金融取引　　　　　　　　（7金融資産・負債項目）

F64～66. 海外　　　　　　　　　　（経常取引，資本取引，金融取引）

これら部門の支払を外生変数として扱う。またこれら部門への支払はモデルからの漏れとなり，内生部門にフィードバックしない。

これら部門を外生化した理由は，主に以下の3つである。

第1は，分析目的に応じた外生化である。本章では，各産業10億円分の生産が中間取引を通して直接・間接に使用・供給する水量，汚染物質の排出量を考察する。最終消費支出や総固定資本形成など最終需要を内生化すると，モデルは中間取引を通じた効果に加え，誘発された付加価値により最終需要が増加し，それが更に生産を増やす効果も含むようになる。様々な要素が結果に混在することを避けるため，本章では最終需要を外生化した。

第2は，本章の乗数モデルの仮定との親和性である。モデルでは各部門の支出構成を一定とし，フローの中で受取額に比例して各支払額が決まるとする。一方，利子の支払いなどはフローよりむしろ，ストックや利子率の影響を受ける。このような取引はモデルの仮定になじまず，外生化することにした。これには例えば，財産所得や年金基金年金準備金の変動がある。

第3は，後述する支出係数に関連する理由である。固定資本減耗や土地の購入（純）は列和が0であり，列の構成比である支出係数を計算できない。そこで，これら部門を外生化した。

3-4　乗数モデルの導出

ここでは日本版NAMWAの経済循環部分から乗数モデルを導出する[10]。

経済循環部分において第j列から第i行への支出係数a_{ij}を定義する。

$$a_{ij} = x_{ij}/x_j \qquad (i,j = 1, \cdots, n)$$

n は経済循環部分の大きさ，x_{ij} は経済循環部分における第 i 行，第 j 列の交点の行列要素，x_j は第 j 列の支払計（列和）である。経済循環部分において各部門の受取計（行和）と支払計（列和）は一致しており，x_j を第 j 行の受取計と考えることもできる。

支出係数 a_{ij} は当該年の第 j 列の平均的支出構造を金額ベースで捉える。乗数モデルではこれを一定とみなし，当該列からのそれぞれの支払額はその部門の受取計に比例すると仮定する。

a_{ij} を行列表示，そこから前述の外生部門の支出係数を列方向に，同部門への支出係数を行方向に削除し，内生部門に関する支出係数行列 S を作成する。支出係数行列 S は投入係数，付加価値率などを含む。

$$S = \begin{bmatrix} a_{11} & \cdots & a_{1n} \\ \vdots & \ddots & \vdots \\ a_{n1} & \cdots & a_{nn} \end{bmatrix} \qquad (i, j = 1, \cdots, n ; ただし i, j \neq 外生部門)$$

第 i 行（$i = 1, \cdots, n$; ただし $i \neq$ 外生部門。以下 i について同様）の受取計を，支払計と同様，x_i とする。それらを要素とする列ベクトルを X で表わす。

このとき内生部門から第 i 行への支払額は，a_{ij} の定義より S・X で表わされる。

次に第 j 列（$j =$ 外生部門。以下 j について同様）から第 i 行への支払額を f_{ij} とし，それらの列和を要素とする列ベクトルを F で表わす。

$$F = \begin{bmatrix} \sum_j f_{1j} \\ \sum_j f_{ij} \\ \sum_j f_{nj} \end{bmatrix}$$

---

10) 乗数モデルの導出は，牧野（2007）の当該部分を，本章の内容に即し一部修正したものである。

第 i 行の受取計を表わす列ベクトル X は，内生部門からの支払額 S・X と外生部門からの支払額 F の和に等しい。

$$X = S \cdot X + F$$

上記を X について解き，以下の乗数モデルを得る。なお I は単位行列を表わす。

$$X = (I - S)^{-1}F$$

このモデルは外生ベクトル F の変化が，中間取引や付加価値の生産など内生化された取引を通じ，各部門に及ぼす乗数効果を示す。また $(I\text{-}S)^{-1}$ の各列は表頭部門の生産が 1 単位増加したとき，または表頭部門の支払が 1 単位増加したとき，内生化された取引を通じ，各財・サービスの生産や所得などに及ぼす乗数効果を示す。

3-5　各種係数の算出

日本版 NAMWA の経済循環部分と水の循環部分，汚染物質の排出・処理部分を組み合わせ，産業ごと国内生産額 10 億円あたりの取水量，環境への水のリターン量，汚染物質の純排出量を求める。本章ではそれらをそれぞれ取水係数，水リターン係数，汚染物質排出係数とし，一定と仮定する。

乗数モデルから得る各財・サービスの生産額にそれぞれの係数を乗じ，各産業が直接・間接に取水する量，環境にリターンする水量，汚染物質の純排出量を求める。

3-6　環境からの取水

ここでは各産業 10 億円分の生産が直接・間接に環境から取水する量を考察する。

図 11-1 は分析結果を示す。いずれの年も電力・ガス・熱供給業が最も大きく，工業用水道業がそれに続く。第 3 位は 1999 年，2004 年に上水道業であっ

第 11 章　経済循環と水の循環　307

図 11-1　取水

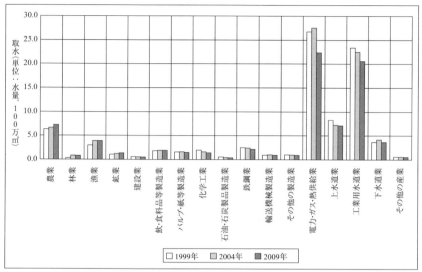

(出所) 日本版 NAMWA に基づき筆者作成。

たが，2009 年，農業の生産が誘発する取水量が増加[11]，同産業が第 3 位であった。その後，1999 年，2004 年は下水道業が続いたが，2009 年は漁業の値が増加，同産業が続く。

　同一部門の時系列比較では，農業などが生産により誘発する取水量を増加させた。一方，飲・食料品等製造業はほぼ横ばい，工業用水道業，上水道業，化学工業などは減少であった。

　次に各産業 10 億円分の生産が誘発する取水量を，自部門による直接的な取水と関連部門による間接的な取水に区分し，考察する。対象は図 11-1 において 2009 年，値が大きい 6 産業とする。結果を図 11-2 に示す。

　電力・ガス・熱供給業，工業用水道業では誘発される取水量の 95% が，漁

---

11) 各産業の生産が誘発する取水量の変化の要因には，自部門において価格が変化，10 億円分の生産が含む実質値が変化したこと，また他部門に及ぼす乗数効果の変化，自部門・他部門の取水係数の変化などが考えられる。環境への水のリターン量，汚染物質の純排出量についても，同様である。

図 11-2 直間別の取水 (2009 年)

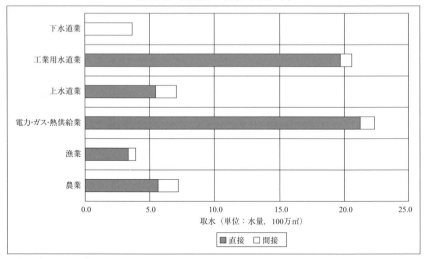

(出所) 日本版 NAMWA に基づき筆者作成。

業では 85％が自部門による。一方，農業，上水道業では自部門の取水が 77％程度であり，残りは関連部門による取水である。下水道業は部門の性質上，他部門から排水の供給を受ける。自部門の取水はなく，この値は下水道処理に伴い生産活動が誘発される関連部門での取水である。

最後に各産業 10 億円分の生産が誘発する取水量を地表水，地下水，他の資源に区分し，考察する。対象は図 11-2 と同様である。結果を図 11-3 に示す。

工業用水道業が誘発する取水量は 98％が，農業が誘発する取水量は 92％が地表水である。一方，上水道業，漁業では地下水の割合が，電力・ガス・熱供給業では他の資源の割合が他の産業に比べて大きい。

3-7 環境への水のリターン

ここでは各産業 10 億円分の生産が直接・間接に環境にもたらす水のリターン量を考察する。

図 11-4 は分析結果を示す。いずれの年も電力・ガス・熱供給業が最も大きく，下水道業，農業，漁業がそれに続く。部門の性質上，工業用水道業，上水

第 11 章　経済循環と水の循環　309

図 11-3　資源別の取水（2009 年）

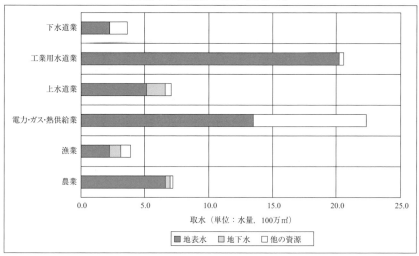

（出所）日本版 NAMWA に基づき筆者作成。

道業が誘発するリターン量は取水量に比べて少ない。

　同一部門の時系列比較では，生産が誘発するリターン量は農業で増加する一方，工業用水道業，上水道業で減少した。

　次に各産業 10 億円分の生産が誘発する水のリターン量を，自部門による直接分と関連部門による間接分に区分し，考察する。対象は図 11-2 等と同じである。結果を図 11-5 に示す。

　電力・ガス・熱供給業では誘発されるリターン量の 95％が，漁業では 86％が自部門による。一方，農業，下水道業では自部門は 75％程度であり，残りは関連部門である。工業用水道業，上水道業は部門の性質上，自らが水を環境にリターンすることはなく，これらの値は当該部門により生産活動が誘発される関連部門からのリターン量である。

　最後に各産業 10 億円分の生産が誘発するリターン量を地表水，他の資源に区分し，考察する。対象は図 11-2 等と同様である。結果を図 11-6 に示す。

　農業，漁業が誘発するリターン量は 96％が地表水である。一方，電力・ガス・熱供給業などでは他の資源が 4 割を占める。

図 11-4 水のリターン

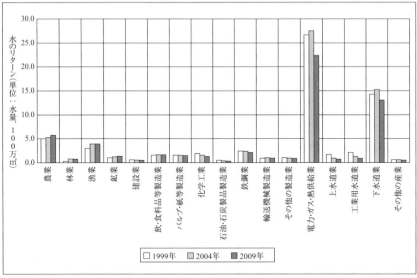

(出所) 日本版 NAMWA に基づき筆者作成。

図 11-5 直間別の水のリターン (2009 年)

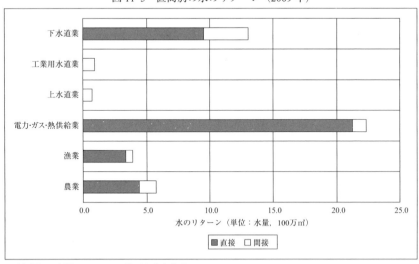

(出所) 日本版 NAMWA に基づき筆者作成。

第 11 章　経済循環と水の循環　311

図 11-6　資源別の水のリターン（2009 年）

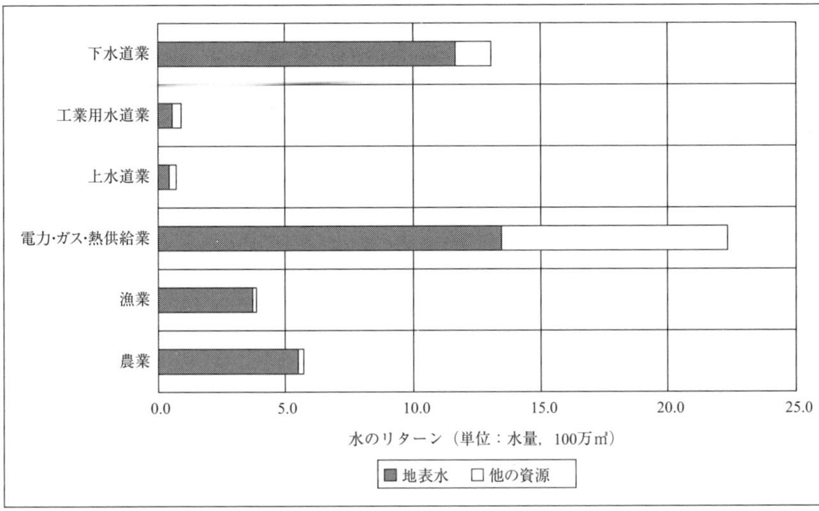

下水道業

工業用水道業

上水道業

電力・ガス・熱供給業

漁業

農業

0.0　　　　5.0　　　　10.0　　　　15.0　　　　20.0　　　　25.0

水のリターン（単位：水量，100万㎥）

■ 地表水　□ 他の資源

（出所）日本版 NAMWA に基づき筆者作成。

3-8　汚染物質の純排出

　ここでは各産業 10 億円分の生産が直接・間接にもたらす汚染物質の純排出量を考察する。

　図 11-7 は分析結果を示す。いずれの年もパルプ・紙等製造業が最も大きく，1999 年は化学工業が，2004 年，2009 年は農業が続く。また鉄鋼業，飲・食料品等製造業の値も大きい。

　同一部門の時系列比較では，パルプ・紙等製造業，化学工業，鉄鋼業などが生産により誘発する汚染物質の純排出量を減少させた。2004 年から 2009 年にかけて，純排出量が増加した産業は林業のみであった。

　次に各産業 10 億円分の生産が誘発する汚染物質の純排出量を，自部門による直接分と関連部門による間接分に区分し，考察する。対象は図 11-7 において 2009 年，値が大きい 6 産業とする。結果を図 11-8 に示す。

　パルプ・紙等製造業，農業では誘発される純排出量の 7 割程度が自部門による。一方，飲・食料品等製造業，鉄鋼業では自部門の純排出量が 37％程度であり，残りは関連部門からの純排出である。

図 11-7 汚染物質の純排出

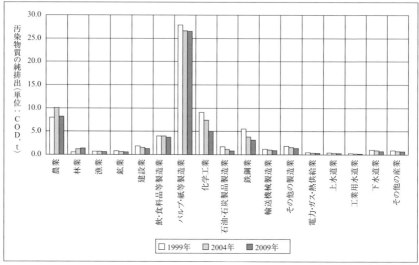

(出所) 日本版 NAMWA に基づき筆者作成。

図 11-8 直間別の汚染物質の純排出 (2009 年)

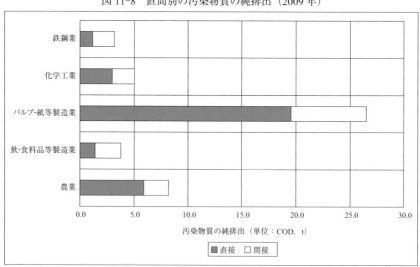

(出所) 日本版 NAMWA に基づき筆者作成。

第 11 章　経済循環と水の循環　313

図 11-9　形態別の汚染物質の純排出（2009 年）

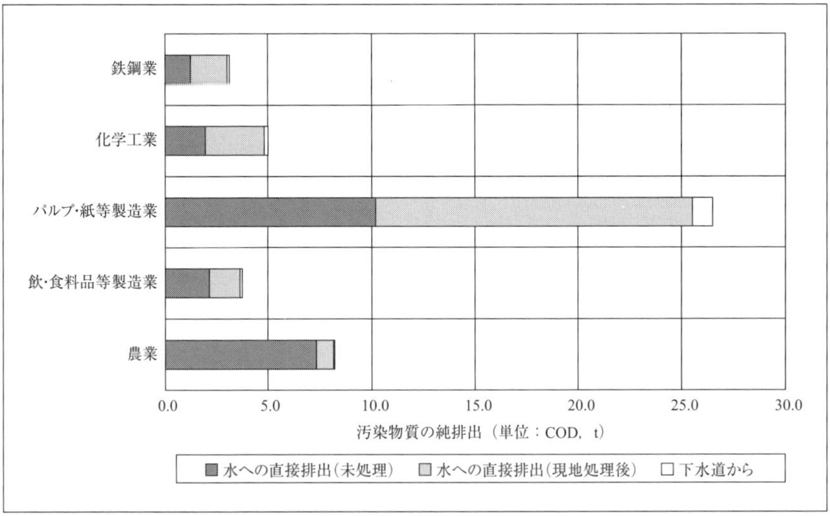

（出所）日本版 NAMWA に基づき筆者作成。

最後に各産業 10 億円分の生産が誘発する純排出量を水への直接排出（未処
理，現地処理後），下水道からに区分し，考察する。対象は図 11-8 と同様であ
る。結果を図 11-9 に示す。

農業が誘発する純排出量は 89％が未処理の直接排出，パルプ・紙等製造業，
化学工業，鉄鋼業では 55％程度が現地処理後の直接排出であった。下水道か
らの排出は農業で 1％，他の産業で 3，4％程度であった。

お わ り に

SEEA-Water は SNA のサテライト勘定として経済活動と水の関連を記述す
る。本章はその特徴を生かし，日本版 SEEA-Water と国民経済計算などの情報
を接合，日本版 NAMWA を作成した。同勘定行列は経済循環と水の循環，汚
染物質の排出・処理を同一の行列上に統合して示す。

更に日本版 NAMWA の経済循環部分から乗数モデルを導出，それに各種係
数を乗じ，各産業 10 億円分の生産が直接・間接に取水する量，環境にリター
ンする水量，排出する汚染物質の量を求めた。その結果，それらの量や構造は

産業ごとに異なることを明らかにした。これは，経済と水の関連を考える際，自部門だけでなく，経済循環を通じて他部門から生じる取水や水のリターンを考慮しなければいけないこと，経済成長などに伴い産業構造が変化したとき，水に及ぶ影響は地表水，地下水など資源ごとに異なることなどを示す。

今後の課題として以下の3点をあげる。

第1は経済循環の実質化である。日本版 NAMWA の経済循環部分はすべて名目値であり，分析結果は価格の変化を含む。一方，経済活動と水の使用・供給の関係は実質値に基づく。今後，経済循環を実質化，それと水の関係を記述する必要がある。

第2は水質の考慮である。日本版 NAMWA は水の使用・供給，汚染物質の排出・処理を記述するが，水質を考慮しない。経済活動はすべての質の水を使用できるわけでなく，経済活動からリターンされる水の質も様々である。また環境保全を考えれば，当然のことながら水質は重要である。今後，水質を考慮し水の循環を記述することが求められる。

第3は分析モデルの構築である。本章では勘定行列の特性を生かし，乗数モデルを構築，経済と水の関係を考察した。ただし，乗数モデルは各部門の支出構成を一定とし，フローの中で受取額に比例して各支払額が決まるなどの仮定を置く。また乗数モデルの中で経済活動が決まり，それが水の使用・供給に影響を及ぼすとする。今後，経済循環と水の循環の相互依存性を記述するモデルの開発が必要である。

参 考 文 献

河野正男（2011）「ハイブリッド型統合勘定への水に関する環境・経済統合勘定の組み込みについて」『中央大学経済研究所年報』第 42 号，275-299 ページ。

内閣府経済社会総合研究所国民経済計算部（2007）『93SNA による SNA 産業連関表（平成 12 年基準）【平成 11 年】内生 87 部門（名目）』（http://www.esri.cao.go.jp/jp/sna/data/data_list/sangyou/files/contents/tables/h12/1999naisei87_n_b12.xls，2014 年 1 月 13 日アクセス）

内閣府経済社会総合研究所国民経済計算部（2010）『季刊国民経済計算　水に関する環境・経済統合勘定の推計作業　報告書』平成 22 年度第 2 号（No.143）。

内閣府経済社会総合研究所国民経済計算部（2010）『平成 22 年版　国民経済計算年

報』メディアランド株式会社。

内閣府経済社会総合研究所国民経済計算部（2012）『平成23年度　水に関する環境・経済統合勘定の推計作業報告書』(http://www. esri. cao. go. jp/jp/sna/sonota/satellite/kankyou/contents/e-eco20120912.html，2014年3月7日アクセス）

内閣府経済社会総合研究所国民経済計算部（2013）『93SNAによる平成23年SNA産業連関表（平成17年基準）【平成16年】内生87部門（名目）』(http://www. esri. cao. go. jp/jp/sna/data/data_list/sangyou/files/contents/tables/h17/2004naisei87_b17.xls，2014年1月13日アクセス）

内閣府経済社会総合研究所国民経済計算部（2013）『93SNAによる平成23年SNA産業連関表（平成17年基準）【平成21年】内生91部門（名目）』(http://www. esri. cao. go. jp/jp/sna/data/data_list/sangyou/files/contents/tables/h17/2009naisei91_b17.xls，2014年1月13日アクセス）

内閣府経済社会総合研究所国民経済計算部（2013）『平成25年版　国民経済計算年報』メディアランド株式会社。

内閣府経済社会総合研究所国民経済計算部（2014）『平成24年度　水に関する環境・経済統合勘定の推計作業報告書』(http://www. esri. cao. go. jp/jp/sna/sonota/satellite/kankyou/contents/e-eco20140218.html，2014年3月7日アクセス）

牧野好洋（2007）「SAM乗数分析の概要」『季刊国民経済計算』平成19年度第1号（No.133），150-154ページ。

牧野好洋（2010）「『水に関する環境・経済統合勘定』の構造と推計の試み―水に関する環境・経済統合勘定の構造について―」会計と社会研究会（中央大学）・国民経済計算研究会（専修大学）合同研究会報告論文。

牧野好洋（2013）「水に関する環境・経済統合勘定の構造と拡張―日本版NAMWAの構築について―」『季刊国民経済計算』平成24年度第4号（No.150），75-107ページ。

宮近秀人（2010）「『水に関する環境・経済統合勘定』の構造と推計の試み―水に関する環境・経済統合勘定の推計結果―」会計と社会研究会（中央大学）・国民経済計算研究会（専修大学）合同研究会報告論文。

de Haan, M. (1998) "Water in the Dutch national accounts: a 'NAMWA' for 1991" *Netherlands Official Statistics*, Vol. 13, pp. 10-23 (http://www.cbs.nl/NR/rdonlyres/DB55BFBF-230D-45B9-85FA-EB2E9ADB8FDE/0/nos983.pdf，2012年11月8日アクセス）

European Commission (2010) "Economic and Social Analysis for the Initial Assessment for the Marine Strategy Framework Directive: A Guidance Document" (http://www. havochvatten. se/download/18. 64f5b3211343cffddb2800021986/1328604082289/Final + report + WG + ESA + Guidance + Document + no + 1.pdf，2012年11月8日アクセス）

Hoekstra, R. (2006) "Present Status and Future Developments of the Dutch NAMEA（オランダのNAMEAの現状と展開。要旨）" (http://www.esri.go.jp/jp/archive/hou/hou020/hou20-2b-2.pdf，2012年11月8日アクセス）

Schenau, S. (2006) "NAMWA: The Dutch system of Water Accounts" (http://unstats.un.

org/unsd/environment/envppt/wasess5b4schenau.ppt, 2012 年 11 月 8 日アクセス)

Schenau, S., R. Delahaye, B. Edens, I. van Geloof, C. Graveland and M. van Rossum (2010) "The Dutch environmental accounts: present status and future developments" (http: //www. cbs. nl/NR/rdonlyres/2A3C5F8B-1920-4497-BC81-769A03BB6DBE/0/2010 PresentstateandfuturedevelopmentsoftheDutchenviron.pdf, 2012 年 11 月 8 日アクセス)

United Nations Statistics Division (2012) *System of Environmental-Economic Accounting for Water* (http: //unstats. un. org/unsd/envaccounting/seeaw/seeawaterwebversion. pdf, 2012 年 10 月 20 日アクセス)

van der Veeren, R., R. Brouwer, S. Schenau and R. van der Stegen (2004) "NAMWA: A new integrated river basin information system" (http://www.helpdeskwater.nl/publish/pages/5396/anewintegratedriverbasininformationsystem.pdf, 2012 年 11 月 8 日アクセス)

van Rossum, M. and M. van de Grift (2009) "Regional Analysis: Differences in Emission-Intensity Due to Differences in Economic Structure or Environmental Efficiency?" *Journal of Sustainable Development*, Vol. 2, No. 3, pp. 43-56 (http://www.ccsenet. org/journal/index.php/jsd/article/download/3297/3684, 2012 年 11 月 8 日アクセス)

第 **12** 章

研究開発費の会計
――マクロ会計とミクロ会計の異同――

はじめに

2013 年 5 月 20 日付けの日本経済新聞（朝刊）の「エコノフォーカス」欄に，
"研究開発費　GDP に加算　3％押し上げ" と題する記事が掲載された。この
記事のリード文に「国内総生産（GDP）の計算方法が変わる。国際基準の見直
しで，これまで対象外であった民間企業の研究開発費などを加算できるように
なる。日本の GDP は，2016 年の新基準採用時に最大で 3％以上大きくなる見
込み」とある。記事では，旧基準では研究開発費は付加価値を生まない "経
費"[1] として扱い，GDP 計算の際に除外された。新基準では研究開発費を投資
として GDP に加算する。この場合，GDP の推計を行っている内閣府による
と，日本の名目 GDP は約 15 兆円押し上げられる見通しである。

さらに新基準を採用しているオーストラリアやカナダでは 1.1～1.6％程度
の GDP の上方修正が行われており，2013 年 7 月に新基準に移行するアメリカ
は最大 2.8％の GDP の上昇（ベルギーの GDP に相当）が見込まれていると記し
ている。

アメリカの場合，この新基準の採用は，1929 年以来の大々的な変更で，実

1）　マクロ会計用語では，中間消費と表現。

質的に経済史を塗り替えるもので，2013 年 4 月 23 日付の日本経済新聞（朝刊）によれば「企業収益から経済成長の原因に至るまで，すべてのものに関する政策論争を再検討としなければならなくなる」ほどのインパクトをもつものと考えられている。

上記引用文中の「国際基準」は，*System of National Accounts 2008*（通称 2008SNA）のことである。SNA は国際連合より初版が 1953 年に公刊された。この版は，Y=C＋I　Y=C＋S　I=S という，いわゆるケインズ恒等式を勘定表で表現するための概念，ルールおよび関連する勘定表とそれらの付属表を提示したものである。勘定表および付属表のデータは年々の生産高，所得額，投資額および貯蓄額などのフロー量を中心としたものであった。これらの諸量を示した一組の勘定表を国民所得勘定という。つまり SNA は国民所得勘定の作成のための国際基準としてスタートした。

その後 1960 年および 1964 年とマイナーな修正が施され，1968 年 SNA では国民所得勘定に，それとは別個の発展を遂げていたストック量を表示する国民貸借対照表のほか，産業間の取引高の詳細を示す投入産出表（産業連関表），国民経済の部門間の金融取引の詳細を示す資金循環表ならびに海外取引の詳細を示す国際収支表が結び付けられ，SNA はマクロ会計の全領域を包含する会計の体系になった。

1993 年に，国際連合に加えて欧州共同体（EC），国際通貨基金（IMF），経済協力開発機構（OECD）および世界銀行（WB）などの 5 国際機関が共同で 1968 年 SNA を全面的に改定する版（1993SNA）を公刊した。日本のマクロ会計は国民経済計算といわれ，現在，この版に準拠している。その後，1993SNA の改定版である 2008SNA が上記と同じ 5 国際機関の共同編集で公刊されている。上記の旧基準は 1993SNA を，新基準は 2008SNA を指している[2]。

ミクロ会計の研究開発費の扱いであるが，奇しくも「エコノフォーカス」欄でマクロ会計の研究開発費をとりあげた 3 日後の 5 月 23 日に日本経済新聞

2）　SNA の詳細は第 2 章参照。

（朝刊）の「わかる財務」欄で国際会計基準（IFRS[3]）をとりあげ、製品の開発費に触れている。記事の中心は M&A にかかわる「のれん」の会計処理であるが、「製品の開発費にも注目したい。日本基準は費用に計上するが IFRS では一定要件を満たせばいったん資産に計上し、製品販売後に費用にたてる。自動車メーカーなど将来の製品のために多額の開発費を投じる業種では費用が減りやすい。」とある。この記事は、多額の研究開発費の繰り延べ計上は、その分利益の計上につながること、およびその財務的影響が大きいことを示唆している。

以上の議論から、マクロ会計を含めると、研究開発費の処理は、全額を費用処理するケース（日本基準）、開発費を資産計上するケース（IFRS）および研究費および開発費とも資産計上するケース（2008SNA）と3種のケースがある。本章では、会計基準による研究開発費の取扱いの異同について検討する。

1. マクロ会計における研究開発費の取扱い

1-1　1953SNA

国際連合より、1953 年に公刊された *A System of National Accounts and Supporting Tables* は、国際連合が公表したマクロ会計における最初の国際基準である[4]。A4 版で、本文 46 頁、目次などを含めて全 54 頁の比較的薄い冊子である。その主たる内容は、ケインズ恒等式で示される経済循環を勘定表で表現したもので、標準勘定とその付属表である標準表からなる。ケインズ恒等式から推察されるように、1953SNA の勘定表は、年々の生産物、所得、消費、投資、貯蓄などの経済的フローの記録に焦点を合わせている。すなわち、資産や負債などのストックは表示しない。しかしながら、1 年間の経済活動の結果

---

3) International Financial Reporting Standards の略称。

4) United Nations (1953), *A System of National Accounts and Supporting Tables*, New York: United Nations.
   公表された国際基準では下記の方が早い。
   OEEC (1950), *A Simplified System of National Accounts.*

である有形資産の増加分である投資（資本形成）に関する下記の記述をみると，1953SNA の資産概念がわかる。

「国内総固定資本形成（減価償却費控除前）は，一国の総資本ストックに追加される財（goods）の総額で，固定資産の取得に関する支出額および在庫品の物的増加額からなる」[5]とあり，固定資産の具体的項目として，住宅，住宅以外の建物，その他の構築物および工作物，輸送用機器，機械および設備が掲げられている[6]。つまりその増加額が資本形成とされる資産は有形資産に限られている。かくして，1953SNA では，研究開発費関連の支出は，資本形成とはされず，当期の費用（中間消費）とされていることがわかる。

研究開発費の取扱に関わり，つぎの指摘がある。「資本形成は，国民会計（national accounting）では，有形資産に限られる。個人が享受する教育のようなサービスは，除外される。ただし，その便益がかなり遅れて実現することは認識されうるが。この除外の理由は，人間が資本的資産とされないことによる。将来の便益の発生が期待されるが，有形資産とされない企業支出，たとえば，広告宣伝や長期の研究開発関連の支出は，慣行により[7]，除外される。」[8]換言すると，研究開発費は"慣例により"資本形成から除外される，つまり資産化されないで，当期の費用（中間消費）として処理されるわけである。

なお，1960 年 SNA および 1964 年 SNA のいずれも研究開発費に関する記述は 1953SNA と類似しているので，ここではとりあげないことにする[9]。

上記一文で注目されるのは，"慣例により"という語が使用されていることである。この語の使用は，マクロ会計の実践の展開あるいは理論の進展如何によっては，研究開発費の取扱が変わることを示唆している。事実，2008SNAでは，後述するように，研究開発費に関する支出は，原則，資本形成とされ，

---

5) *Ibid.*, p. 29.
6) *Ibid.*, p. 23（Table Ⅵ参照）.
7) 下線は筆者挿入。
8) *Ibid.*, pp. 8-9.
9) United Nations (1960) & (1964), *A System of National Accounts and Supporting Tables,* New York: United Nations, pp. 8-9.

国民貸借対照表に計上され，資本減耗（減価償却）の対象とされる扱いとなった。

1-2　1968SNA

1968SNA は，A4 版で，本文 246 頁，目次などを含めると 254 頁の大部の冊子として国際連合より公刊された[10]。タイトルは，*A System of National Accounts* で，これ以前のものから *Supporting Tables* が外され，すっきりした。この版については，「はじめに」で指摘したように，マクロ会計の勘定表として個々独立的に開発，発展を遂げていた国民所得勘定，投入産出表（産業連関表），資金循環勘定（資金循環表），国際収支表および国民貸借対照表を包含し，かつこれらの 5 種の勘定表を有機的に関連付けたマクロ会計の全体系を示したことに特徴があり，画期的なことであった。もう 1 つの特徴は，経済活動を実物面と金融面の 2 面から把握することがあげられる。これにより，経済単位は，機能基準と制度基準の 2 つの基準により分類され，1953SNA に比較して作成される勘定表数がかなり増加した[11]。

ところで，1968SNA はストック表である国民貸借対照表をマクロ会計の視野に入れてはいたが，研究開発費の取扱は，1953SNA と変わらない。研究および探査に関してつぎの一文がある。

「産業における研究，開発および探査で使用される財は，多くの場合，これらに関わる支出が企業の勘定では資本化されていても，中間消費として処理されるべきである。これらの活動は，鉱山の試掘，新製品の開発あるいは特定の生産工程関連の技術の改善といった特定の企業目的，さらには科学知識の拡大というより一般的目的のもとでも行われることが考えられる。そしてこれらの活動で使用される財に関する支出は具体的な便益を生まないし，通常有形資産に具体化されないので，それらの支出は一種の中間消費とする慣行が採用され

---

10)　United Nations (1968), *A System of National Accounts,* New York: United Nations.

11)　河野正男（1995）「改訂 SNA について―勘定構造を中心として―」（『会計』第 148 巻第 5 号）619-620 ページ。

322

る。」[12]

この一文の内容は 1953SNA の研究開発費の取扱に関する記述とほとんど変わらない。"慣行"という語がここでも使用されていることに興味がもたれる。慣行について，つぎのような記述がある。

「この慣行は，当該支出が有形固定資産に具体化されないし，かつ当該支出からの便益の発生額が不正確であることによる」[13]ということで，慣行を続ける理由が明らかにされている。

1-3　1993SNA

1968 年 SNA 公刊後，石油危機および固定相場制から変動相場制への国際通貨体制の移行など，世界経済に構造的な変化があり，これらの変化に対応すべく，1968SNA の改定問題が浮上してきた。1970 年代から 1980 年代初頭にかけて，国際連合で，この問題がとりあげられ，改定の必要性やその目標などについて討議された。改定の目標として，更新，明確化，単純化および調和化などが掲げられた。1982 年に国際連合，欧州共同体委員会および経済協力開発機構の 3 国際機関が協力して改定作業がスタートした。その後，国際通貨基金および世界銀行が参加し，5 国際機関による共同作業の結果，1993 年に改定版（1993SNA）が公刊された。作業目標に単純化が掲げられているにもかかわらず，A4 版本文 711 頁，目次を含めると 756 頁の大著である[14]。

1993SNA における研究開発費の取扱であるが，「第 6 章生産勘定」中の "H. 中間消費" の（中間消費と総固定資本形成の区別）のなかで，小道具，維持修繕，鉱物探査，軍用設備などとともにとりあげられている。結論から先にいえば，1993SNA においても，研究開発費は中間消費として取り扱われる。つぎの理

---

12) United Nations (1968), *op. cit.*, p. 103 (para. 6. 63).

13) United Nations (1968), *op. cit.*, p. 110 (para. 6. 102).

14) Commission of the European Communities, International Monetary Fund, Organisation for Economic Co-operation and Development, United Nations, World Bank (1993), *System of National Accounts 1993*.

第 12 章　研究開発費の会計　323

由による。

　「研究・開発は，効率や生産性を改善したり，あるいは，何か他の将来の利益を得ることを目的として行われるので，それは，消費よりもむしろ，本来的には投資タイプの活動である。しかし，職員の訓練，市場調査や環境保護のようなその他の活動も同じような性質をもつ。そのような活動を投資タイプのものとして分類するのであれば，それらを他の活動から区別する明確な基準があり，生産された資産を特定し，かつ分類することができ，そのような資産を経済的に意味ある方法で評価することができ，それらが時間的に減耗する率を知ることが必要であろう。実際には，このような要件のすべてを満たすことは困難である。したがって，慣行により[15]，研究および開発，職員の訓練，市場調査およびその他の類似の活動によって生産されるすべての産出は，その一部が将来の利益をもたらすとしても，中間投入として消費されたものとして取り扱われる。」[16]

　研究開発費を中間消費とする理由については，1968SNA に比較すると，より詳細になっているが，"慣行により"ということで中間消費とする点では，1953SNA 以来変わっていない。しかしながら，1953SNA および 1968SNA との相違点がある。この相違点は 1993SNA でサテライト勘定を導入したことによる。1993SNA では，相互に有機的関連をもつ主要な勘定体系を中枢体系（central framework）とよび，その体系内の勘定表を中心に議論している点では，旧SNA と変わらない。1993SNA では，さらに中枢体系に含められないが，社会的に関心の高い分野である文化，教育，保健，社会的保護，研究開発，開発援助，輸送，データ処理，住宅などの分野について中枢体系とは別個の勘定すなわちサテライト勘定を作成することが提案されている。研究開発勘定が，サテライト勘定の例に掲げられていることが注目される[17]。

---

15)　下線は筆者挿入。

16)　*Ibid.*, p. 145（para. 6. 163）；経済企画庁経済研究所国民所得部（1995）『1993 年改訂　国民経済計算の体系　上巻』（1993SNA の邦訳本），162 ページ（6. 163 項）。

17)　*Ibid.*, pp. 489-499 (para. 21. 1-21. 81).

1-4 2008SNA

2008SNA の序文によれば，国際連合統計委員会（United Nations Statistical Commission）は，2003 年に，1993SNA の枠組みを，データ利用者の要求に沿って改定することを決定した[18]。この決定の背景として，1993SNA が開発された 1990 年代初期以降，多くの国で経済環境の大きな変化がみられたこと，および SNA の勘定中，比較的測定困難ないくつかの項目の測定方法の改善がみられたことなどがあげられている。他方で，同委員会は未だ多くの国でそれらの国民経済計算が準拠している 1968SNA を含む過去の SNA の版からの基本的あるいは包括的な変更を求めることはしていない。今回の改定の重要なポイントは，国際収支，財政および金融分野の統計関連のマニュアルとの整合性を図ることにあるとしている。

さて，2008SNA は 1993SNA の改定版であり，かつ基本的あるいは包括的変更が求められていないことから推察されるように，その冊子は，A4 版で目次（56 頁）を含めて 728 頁と，1993SNA に拮抗する頁数となっている。

研究開発費については，つぎのように明快に記述されている。すなわち「研究開発費は，資本形成とされる。ただし，当該活動がその所有者に何等の将来の便益をもたらさないことが明らかな場合は，中間消費とする。」[19]

研究開発費の金額は，原則，将来生み出されることが期待される経済的便益に基づいて決定する。ただし，この方法により金額の測定ができない場合は，慣行により，失敗の研究開発費を含めて費用総額によるとされている[20]。

上記の引用文から明らかなように，2008SNA では，研究開発費は，原則，資本形成すなわち固定資産の増分として処理される。しかしながら，研究開発費の資産計上には問題があることも認識している。すなわち研究開発費の資産

---

18) Commission of the European Communities, International Monetary Fund, Organisation for Economic Co-operation and Development, United Nations, World Bank (2008), *System of National Accounts*, New York: United Nations, p. xlvii.

19) *Ibid.*, p. 122（para. 6. 230）.

20) *Ibid.*, p. 206（para. 10. 103）.

化と費用化を区別する実践的基準 (driving measures), 時価評価の際の価格指数および耐用年数の決定などがあげられている。これらの問題は, 研究開発費に関わるハンドブックやガイドラインを作成することにより解決されることが述べられている[21]。

以上, 研究開発費に関する SNA の取扱についてみてきた。それは, 1953SNA から 1993SNA までは, 慣行により, 中間消費とされてきた。2008SNA において, それは, 原則, 固定資産として処理することに変更された。実践上, 研究開発活動から生み出される将来便益の測定がどの程度確実に実施できるか否かの問題があるが, 理論上は SNA における研究開発費の処理の大転換といえる。

2. ミクロ会計における研究開発費の取扱い

ミクロ会計の骨格をなす企業会計における研究開発費の取扱いについて, 日本, アメリカおよび国際分野の会計基準について考察する。

2-1 日本の会計基準

研究開発費については, 企業会計審議会より, 1998 年 3 月 30 日に『研究開発費等に係る会計基準』が公表されている。同基準では,「研究開発費は, すべて発生時に費用として処理されなければならない」(第三項) としている。さらに基準では, 研究開発費に関する内外企業間の比較可能性を担保することおよび日本企業の実務慣行上における研究開発費の認識の範囲などを考慮し[22], 研究および開発についてつぎのように定義している。

「研究とは, 新しい知識の発見を目的とした計画的な調査及び探究をいう。開発とは, 新しい製品・サービス・生産方法 (以下「製品等」という。)

---

21) *Ibid*., p. 206 (para. 10. 104).
22) 企業会計審議会 (1998)『研究開発費に係る会計基準の設定に関する意見書』, 第三―1 参照。

についての計画若しくは設計又は既存の製品等を著しく改良するための計画若しくは設計として，研究の成果その他の知識を具体化することをいう。」（第一—1）

上述されているように，同基準では，研究開発費の発生時費用処理を定めている。一方，企業会計原則では，研究開発費に相当する試験研究費および開発費は繰延資産に計上することが認められている。これに対しては，基準設定の基礎となっている「研究開発費等に係る会計基準の設定に関する意見書」では，つぎのような理由から企業会計原則の処理を否定し，研究開発費の発生時費用処理を主張している。

「重要な投資情報である研究開発費について，企業間の比較可能性を担保することが必要であり，費用処理または資産計上を任意とする現行の会計処理は適当でない。研究開発費は，発生時に将来の収益を獲得できるか否か不明であり，また，研究開発計画が進行し，将来の収益の獲得期待が高まったとしても，依然としてその獲得が確実であるとはいえない。そのため，研究開発費を資産として貸借対照表に計上することは適当でないと判断した。」[23]

つぎに，上記の判断に影響したと思われるアメリカの基準について考察する。

2-2 アメリカの会計基準

アメリカでは，周知のように，会計基準は財務会計基準審議会（FASB）によって行われれる。研究開発費関連の会計基準は，1974年10月に公表された。財務会計基準第2号，「研究開発コストの会計」（FAS2）である[24]。同基準

---

23) 企業会計審議会（1998）同書，第三—2参照。

第 12 章　研究開発費の会計　327

の付録 A「背景情報」によると，研究開発関連の支出は 1973 年では 300 億ド
ル以上で，アメリカ経済の成長に欠かせないものとなっている[25]と認識する
一方で，研究開発コストの会計処理についていくつかの代替的方法が実践され
ていることを考慮し，FASB は，1973 年 4 月に「研究開発および同種のコス
ト」に関するプロジェクトを立ち上げ，同年 7 月に，産業界，政府，公会計分
野，金融界および学会からの 16 名からなる特別委員会を設置した。この特別
委員会の取組み結果が上述された FAS2 である。

　FAS2 では，「本基準の範囲に入るすべての研究開発コストは発生時に費用
とされなければならない」[26]としている。さらに研究および開発をつぎのよう
に定義している。

　　「研究は，新しい知識の発見を目的とした計画的かつ重要な調査である。
　なお，この知識は新しい製品ないしサービス（以後"製品"）あるいは新し
　い工程ないし技術（以後"工程"）を開発するにあたり，あるいは既存の製
　品ないし工程に顕著な改善をもたらすにあたり，有用と考えられるもので
　ある。」[27]
　　「開発は，販売目的あるいは内部使用目的のいずれであろうと，研究に
　おける諸発見ないしその他の知識を，新しい製品ないし工程にあるいは既
　存の製品ないし工程の顕著な改善計画ないしデザインに移し込むことであ
　る。」[28]

---

24)　Financial Accounting Standard Board (1974), *Financial Accounting Statement No. 2
　　Accounting for Research and Development Costs*.
25)　1973 年の米国の国内総生産（GDP）は 13 兆 214 億ドル（経済企画庁調査局編
　　（1982）『経済要覧（昭和 57 年版）』大蔵省印刷局，388 ページ）。GDP に対する研究
　　開発費の割合は 0.23％である。
26)　Financial Accounting Standard Board (1974), *op. cit.*, para. 12.
27)　Financial Accounting Standard Board (1974), *op. cit.*, para. 8a.
28)　Financial Accounting Standard Board (1974), *op. cit.*, para. 8b.

328

さて，研究開発コストの発生時費用化という結論に至る過程で，本基準の付録B「結論の根拠」で，特別委員会は，つぎの4種の代替的会計処理方法について検討したことを明らかにしている[29]。

a. 発生時にすべてのコストを費用とする。

b. 発生時にすべてのコストを資本化する。

c. 特定の条件を満たすコストは発生時に資本化し，他の全コストは費用とする。

d. 将来の便益が確定されうるまで特定のカテゴリーの全コストを累積する。

特別委員会は，これらの代替的方法について，研究開発関連の支出の特性すなわち①将来の便益の不確実性，②支出と便益との間の因果関係の欠如，③経済的資源に関する会計的認識，④費用の認識との対応，⑤結果としての情報の有用性，⑥発生時の全コストの資本化，⑦選択的資本化　⑧特別な場合におけるコストの積算　⑨開示　⑩有効なデータと移行期間などの10種の特性を考慮し，「本基準の範囲に入るすべての研究開発コストは発生時に費用（expense）とされなければならない」[30]との結論に達したとしている。

2-3　国際会計基準

ここにいう国際会計基準は，国際会計基準委員会（IASC）が設定した国際会計基準（IAS）あるいは国際会計基準審議会（IASB）が設定した国際財務報告基準（IFRS）をいう。

1970年代に入り経済の国際化が加速するなかで，各国の会計基準が異なることで，国際的に活動する企業の会計処理負担増や投資家にとっての企業の財務諸表の比較可能性の低下などの問題が表面化し，会計基準の国際的な統合の機運が高まった。1973年に，主要国の会計団体によりIASCが創設され，IASの設定が進められた。2001年，IASCはIASBと改組され，以後IASBにより

29）　Financial Accounting Standard Board (1974), *op. cit.*, Appendix B: Basis for Conclusions.

30）　Financial Accounting Standard Board (1974), *op. cit.*, para12.

第 12 章　研究開発費の会計　329

設定される会計基準は IFRS といわれる[31]。

　ところで，研究開発に関する国際会計基準は，1993 年に "IAS38 無形資産" として公表され，2010 年 3 月に改定版が公表されている[32]。本章では，この改定版の "IAS38 無形資産" を中心にみていくことにする。

　IAS38 では，そのタイトルに "無形資産" と付してあるように，コンピュータ・ソフトウエア，特許権，著作権，映画フィルム，顧客名簿，漁業権，顧客名簿，フランチャイズなどについて規定したものである[33]。研究開発費に関しては，自己創設無形資産あるいは自己創設のれんとしてとりあげられている。IAS38 の全パラグラフ 133 中，自己創設のれんの内容を扱っているのは para. 48～67 の 20 パラグラフである。

　先述した日本およびアメリカの会計基準の記述を考慮しながら，IAS38 の関連する箇所をみていくことにする。

　IAS38 の基本的立場は「自己創設のれんを資産として認識してはならない」というものである[34]。しかしながら，後段で，自己創設のれんを認識すべきか否かについて研究段階および開発段階に区分して，その取扱いを区分している。

　研究段階（または内部プロジェクトの研究段階）では，いかなる無形資産も認識してはならず，研究関連の支出は発生時に費用とすることを求めている[35]。その理由として，研究段階では，予想可能な将来の経済的便益を創出する無形資産の存在を証明できないことをあげている[36]。

　他方，開発段階（または内部プロジェクトの開発段階）で生ずる無形資産につい

---

31)　伊藤邦雄（2012）『ゼミナール　現代会計入門（第 9 版）』日本経済新聞出版社，
　　2-3 ページ，94-96 ページ。
32)　International Accounting Standard Board (2010), *International Accounting Standard 38 Intangible Assets*.
33)　*Ibid.*, para. 9.
34)　*Ibid.*, para. 48.
35)　*Ibid.*, para. 54.
36)　*Ibid.*, para. 55.

ては，企業が以下の6要件のすべてを満たすと証明できる場合に限り，無形資産を認識しなければならないとしている[37]。

a. 使用または売却できるように無形資産を完成させることの技術上の実行可能性

b. 無形資産を完成させ，さらにそれを使用または売却するという企業の意図

c. 無形資産を使用または売却できる能力

d. 無形資産が蓋然性の高い将来の経済的便益を創出する方法。とりわけ，企業は，無形資産による産出物または無形資産それ自体の市場の存在，あるいは，無形資産を内部で使用する予定である場合には，無形資産が企業の事業に役立つことを立証しなければならない。

e. 無形資産の開発を完成させ，さらにそれを使用または売却するために必要となる，適切な技術上，財務上およびその他の資源の利用可能性

f. 開発期間中の無形資産に起因する支出を，信頼性をもって測定できる能力

このような条件を満たせば開発段階での無形資産を認識する理由として，研究段階より，当該無形資産からの将来の経済的便益の創出を高い蓋然性をもって証明しうることをあげている[38]。

とはいえ，IAS38の基本的立場は，上述したように「自己創設のれんを資産として認識してはならない」ということ，および上述された6要件がかなり厳格であることを考えると，IAS38における開発段階での無形資産の容認は例外的措置ともいえそうである。

2-4　ミクロ会計分野における研究開発費の取扱いの動向

ミクロ会計分野における研究開発費の取扱いについて，日本およびアメリカの会計基準ならびに国際会計基準についてみてきた。基本的には，日本とアメ

---

37)　*Ibid.*, para. 57.（邦訳はIFRSのテクニカルサマリー（ISA第38号無形資産（2012））による。）

38)　*Ibid.*, para. 58.

リカの会計基準では研究開発費は支出年度の即時費用化することを，国際会計基準では研究費については即時費用化，開発費については一定の基準を満たす場合は資産化することを要請している。この取扱いの差異の解消の可能性があるのか否か，今後の動向について，日本のケースを中心に検討する。

研究開発費の取扱いについては，企業会計基準委員会が何度か検討し，結果の報告を公表している。社内の研究開発費に限るとつぎの報告がある。

A. 『研究開発費に関する論点の整理』（2007 年（平成 19 年）12 月 27 日）

B. 『無形資産に関する論点の整理』（2009 年（平成 21 年）12 月 18 日）

C. 『無形資産に関する検討経過の取りまとめ』（2013 年（平成 25 年）6 月 28 日）

これらの報告について社内の研究開発費を中心にみていくことにしよう。

資料 A では，日本の「研究開発等に係る会計基準」，アメリカの会計基準（SFA 第 2 号）および国際会計基準（ISA 第 38 号）のいずれも，社内の研究費については発生時に費用として処理される点で共通しているが，社内の開発費については，日本およびアメリカの会計基準が発生時に費用処理を求めているのに対して，国際会計基準は一定の要件を満たす場合に資産計上が認められていることを指摘し，論理の整理が必要であることが示唆されている[39]。

そこで，開発費を資産計上することに肯定的な考えと否定的な考えを吟味し，論点を整理し，関係者の意見を聞き，「これらを踏まえたうえで引き続き慎重な検討を行う必要があると考えている」とのべ，この段階では，企業会計基準委員会は，開発費の処理について，その資産計上の考慮に慎重な姿勢をとっていることが汲取れる[40]。

資料 B では，社内の研究および開発費について日本およびアメリカの会計基準ならびに国際会計基準の取扱いを検討し，研究費を費用とするのは問題ないとする一方，開発費については，関連する支出を資産計上することに賛成の

---

39) 企業会計基準委員会（2007）『研究開発費に関する論点の整理』，第 7 項。

40) 同書，第 47 項。

332

見方と費用化すべしという見方もあることを指摘する[41]。そのうえで,「国際財務報告基準とのコンバージェンスの観点[42]を踏まえると,無形資産の定義に該当し,認識要件を満たす限り,開発に係る支出も資産計上することが考えられる。なお,その場合,資産計上される開発費に係る支出の範囲を明らかにするために第63項に掲げた要件等[43]を設けることが考えられる。」[44]

資料Bの公表段階でも,社内の開発費の資産計上については賛否両論があるが,引用文では,国際会計基準とのコンバージェンスの観点を考慮し,日本の会計基準において,将来,一定の要件を満たす社内の開発費の資産計上の可能性が示唆されているとみることができる。

資料Cの冒頭(I はじめに)部分で,「企業会計基準委員会は,平成18年(2006年)2月の無形資産ワーキンググループの設置以来,国際財務報告基準とのコンバージェンスという観点を念頭に置きつつ,無形資産に関する検討を行ってきた。」[45]ことが記されている。当然,社内の研究および開発費の検討もこの観点から行われたといえる。

資料Cは,企業会計基準委員会における無形資産に関する今後の検討に資することを目的とし,同委員会が行ってきた無形資産に関する会計基準の検討,とくに,2009年(平成21年)12月の『無形資産に関する論点の整理』公表以降に行ってきた同委員会の審議状況やリサーチ活動などの概要を取りまとめたものとされる[46]。

社内の開発費については第25項～第38項までの13項目,4頁が割かれている。

資料Bでは,上述されたように,国際会計基準とのコンバージェンスの観点から,一定の要件を満たす社内開発費については資産計上することが示唆さ

---

41) 企業会計基準委員会(2009)『無形資産に関する論点の整理』,第73項。
42) 下線は筆者挿入。
43) 本章2-3に掲示した国際会計基準の6要件。
44) 企業会計基準委員会(2009)前掲書,第74項。
45) 企業会計基準委員会(2013)『無形資産に関する検討経過の取りまとめ』,第1項。
46) 同書,第1～3項。

第 12 章　研究開発費の会計　333

れた。

資料 C では，資料 B で指摘された社内開発費の資産計上に関する賛否の考え方を取りまとめ，下記のように，再掲している。

「資産計上とすべきとする論拠：
　　・研究開発の成否によって，将来の企業の業績が大きく影響を受ける以上，成功した研究開発に関連する支出の一部について，将来の経済的便益をもたらすものとして資産計上することが適当である。
　　・経営者の判断と無関係に一律に費用処理するよりも，将来の収益獲得の蓋然性に関する経営者の判断を財務情報に反映した方が，比較可能性が高まる。
　　費用処理すべきとする論拠：
　　・費用の発生時には将来の収益が獲得できるか否かが不明であるため，立証は困難である。
　　・抽象的な認識要件により，主観的な判断に基づいて恣意的に社内開発費が資産計上されることとなり，企業間の比較可能性が損なわれる。
　　・特に個別財務諸表について，一定の要件を満たす開発費を資産計上する処理に変更した場合，課税関係が変更され支出が増加する可能性がある。」[47]

この賛否両論を踏まえ，資料 C では，単体財務諸表における社内開発費の扱いの検討（単体検討会議における検討），国際会計基準委員会（IASB）の意見募集「アジェンダ・コンサルテーション 2011」への対応，市場関係者の意見を踏まえた対応，IFRS 適用会社の社内開発費に関する調査などを考慮して，結論部分で，つぎのように記述している。

「社内開発費の取扱いについては，上記の経緯から，当面の間，現状維持と

---

47)　同書，第 29 項。

334

しつつ，アニュアルレポートの調査，学術論文の収集・分析といったリサーチ活動を継続している。」[48]

　企業会計基準委員会は，『無形資産に関する論点の整理』公表以降，社内開発費の資産計上の可能性を示唆しつつも，時期尚早の姿勢を崩していないように見受けられる。アメリカの会計基準が社内開発費の資産計上の取扱いに踏み切っていないことも影響しているかもしれない。

おわりに

　マクロ会計およびミクロ会計の両分野における研究開発費の取扱いについて検討してきた。研究開発費の取扱いは，原則，研究費および開発費とも資産計上するケース（2008SNA），開発費のみ資産計上するケース（国際会計基準）ならびに研究費および開発費とも資産計上しない，すなわち発生時に費用とするケース（日本及び米国の会計基準）があることを確認した。

　本稿を閉じるにあたり，マクロ会計を含めて，研究開発費の取扱いの方向性について，私見をのべたい。ミクロ会計で研究開発費の取扱いに関心が寄せられるようになったのは，その金額が大きくなり，企業および国民経済の将来の活動への影響の増大による[49]。そこで，マクロ会計およびミクロ会計の両分野でこの問題が取り上げられた。上述したように，2008SNA では，研究開発費の資本形成（資産計上）扱いが規定された。しかし，注意すべきは，「将来の経済的便益をもたらさないことが明らかな場合は中間消費（費用）とする」という但し書きが付してあることである。マクロ会計における研究開発費の資産計上はあくまで原則であって，あらゆる研究開発費が資産計上されるわけではないことに留意しておきたい。

　他方，ミクロ会計では，日本およびアメリカを例にとると，研究開発費は将来の収益を獲得できるか否かが不明であるなどの理由で，その発生時の費用処

---

48)　同書，第 38 項。

49)　企業会計基準委員会（2007），前掲書，第 26 項。

理がされる。また，国際会計基準では，研究費は将来の経済的便益の獲得が不明確であるとの理由で発生時の費用化を，開発費は記述した6要件を満たせば資産計上を求めている。

2-4で記述したが，日本では，国際会計基準とのコンバージェンスの観点から，同基準の掲げた6要件を満たす場合，開発費の資産計上もありうることを示唆している[50]。この示唆から大胆な推測をすると，将来，多くの国の会計基準で，国際会計基準とのコンバージェンスの観点から，開発費を国際会計基準と同等の処理を認めることになるのではないかと思われる。

このような状況になった場合，開発費について，マクロ会計とミクロ会計の違いは，前者が原則その資産計上を，後者は条件付き資産計上を求めている点にある。この違いは，実践上，ほとんどないものと思われる。すなわち，開発費について国際会計基準が付した6要件は，マクロ会計の研究開発費に関する但し書き部分の"経済的便益をもたらさないことが明らかな場合"の判断要件と理解すれば，開発費に関する限り，両会計で資産計上に関する表現は違うが，実質的な差異はないといえよう。

問題は研究費である。研究費は，マクロ会計では原則資産計上を，ミクロ会計ではいかなる場合も費用処理を求めている。この違いは大きい。

特定の製品の研究および開発は一体のもので，これを研究局面と開発局面に分けるのはある意味では便宜的なことといえる[51]。研究活動と開発活動を区分するのは，これらの活動に伴って獲得される収益の測定可能性からきていると思われる。

研究開発の成果が将来の企業活動および国民経済の動向に大きな影響を持つことが明らかな今日，開発費のみを資産計上することは事柄の一端しか示さないという感じを免れない。研究と開発の2つの活動を，任意的に区分するより，一体のものとして考え，ミクロ会計でも，マクロ会計の会計基準である

50）　企業会計基準委員会（2009），前掲書，第74項。
51）　International Accounting Standard Board (2010), *op. cit.*, para. 38.

2008SNAのように"研究開発費を，原則，資産計上とする"という考え方をとることが望ましい。

研究開発費を費用計上することを求めている日本でも，2008年に行われたアニュアルレポートの調査によると，調査対象の大手企業50社中，社内開発費を全額費用処理した会社は18社，資産計上した会社は25社，資産計上しているかどうか不明な会社は7社とされる[52]。この結果は，開発費に関する会計処理が企業により異なっているとみることもできるが，少なくとも大手企業では半数の企業が開発費の開示に踏み切っており，開示企業の将来の増大を予感させる数値である。

研究開発費を，原則，開示する場合，2008SNAでも，記述した如く，その但し書き部分で「何等の将来の便益をもたらさないことが明らかな場合は，中間消費とする」ことを求めているので，ミクロ会計，とくに企業会計における会計基準の実行可能性および比較可能性の観点からの企業に任意の会計処理の回避などの考慮から，研究開発費の資産化にあたっての要件を付すことは妥当な処置と考える。

参 考 文 献

伊藤邦雄（2012）『ゼミナール　現代会計入門（第9版）』日本経済新聞出版社。

河野正男（1995）「改訂SNAについて―勘定構造を中心として―」（『会計』第148巻第5号）。

企業会計基準委員会（2007）『研究開発費に関する論点の整理』。

企業会計基準委員会（2008）『社内発生開発費のIFRSのもとにおける開示の実体調査』（www.asb.or.jp/asb/asb_i/.../development_costs.pdf）。

企業会計基準委員会（2009）『無形資産に関する論点の整理』。

企業会計基準委員会（2013）『無形資産に関する検討経過の取りまとめ』。

企業会計審議会（1998）『研究開発費等に係る会計基準』。

企業会計審議会（1998）『研究開発費等に係る会計基準の設定に関する意見書』。

経済企画庁経済研究所国民所得部（1995）『1993年改訂　国民経済計算の体系　上巻』経済企画庁経済研究所国民所得部。

日本経済新聞社『日本経済新聞（朝刊）』2013年4月23日）。

52）　企業会計基準委員会（2008）『社内発生開発費のIFRSのもとにおける開示の実体調査』（www.asb.or.jp/asb/asb_i/.../development_costs.pdf）

第 12 章　研究開発費の会計　337

宮原祐一（2011）「研究開発費会計基準の国際化に向けて」（国士舘大学政経学会編
『グローバル時代の政治・経済・経営：国士舘大学政経学部創立 50 周年記念論文
集』国士舘大学政経学会出版）。

Commission of the European Communities, International monetary Fund, Organisation for
Economic Co-operation and Development, United Nations, World Bank (1993) *System
of National Accounts 1993.*

Commission of the European Communities, International Monetary Fund, Organisation for
Economic Co-operation and Development, United Nations, World Bank (2008) *System
of National Accounts 2008.*

Financial Accounting Standard Board (1974) *Financial Accounting Statement No. 2,
Accounting for Research and Development Costs.*

International Accounting standard Board (2010) *International Accounting Standard 38;
Intangible Assets.*

United Nations (1953) *A System of National Accounts and Supporting Tables*, New York,
United Nations.

United Nations (1960) *A System of National Accounting and Supporting Tables,* New York:
United Nations.

United Nations (1964) *A System of National Accounts and Supporting Tables,* New York:
United Nations.

United Nations (1968) *A System of National Accounts,* New York: United Nations.

第 13 章

欧州社会保護統計データによる
社会的リスクの変化に関する考察
——主成分分析およびクラスター分析を用いて——

はじめに

　福祉や社会保障全般を総合的に把握し，かつ国際比較が可能な体系として，国民経済計算（System of National Accounts, SNA）がある。しかしながら，1980 年代より，いくつかの国際機関では，SNA との整合性を確保しつつ，福祉や社会保障分野に特化し，かつ国際比較が可能な統計体系の整備を進めてきている[1]。

　SNA との整合性を確保しつつ福祉や社会保障分野に特化し，かつ国際比較が可能な統計体系のうちで，現在利用可能なものは 2 つある。1 つは，経済協力開発機構（Organization for Economic Co-operation and Development, OECD）が開発している「社会支出データベース」（Social Expenditure Database, SOCX）であり，もう 1 つは，欧州統計局（The Statistical Office of the European Union, EUROSTAT）が開発している欧州社会保護統計（The European System of Integrated Social Protection Statistics, ESSPROS）である。SOCX と ESSPROS の大きな違いとして，対象国の違いがあるが，そのほかにも，SOCX は支出データのみであるのに対して，

---

1)　SNA と福祉や社会保障分野に特化した統計体系については，国立社会保障・人口問題研究所（2011）及び佐藤格（2014）を参照せよ。

ESSPROS は支出データに加えて収入データも集計しているなど，さまざまな違いがある。

このような福祉や社会保障分野に特化した統計体系の整備は，非常に重要である。つまり，社会経済状況はつねに変化し，それに応じて個人が直面するリスクも変化し，福祉政策において個人のリスクに対応する政府の役割も変化することを考えると，福祉政策の研究にとって，国際比較が可能な福祉や社会保障分野に特化した統計体系の整備は重要であることがわかる。とりわけ，「脱工業化社会」と呼ばれる時代に移行した現代において，福祉政策は，かつての産業化時代のそれとは異なるものであることが要請されていることを考えると，なお一層国際比較が可能な福祉や社会保障分野に特化した統計体系の整備は重要であることがわかる。

本章では，ESSPROS データを用いて，個人が直面する福祉に関するリスクに対するヨーロッパ諸国の対応が，時間の経過とともにどのように変化しているかについて分析を試みる。第1節では，ESSPROS データを簡単に説明し，Bonoli（2005，2007）の議論を参考にして，ESSPROS データと個人が直面する「社会的リスク」について整理する。第2節では，第1節における議論をふまえ，主成分分析を用いて，ヨーロッパ諸国全体における社会的リスクへの対応の時系列的変化について検討する。第3節では，第2節における主成分分析より得られるヨーロッパ各国の主成分得点を用いて，階層的クラスター分析によりヨーロッパ各国をグループ分けし，さらにそれぞれのグループにおける社会的リスクへの対応に関する特徴付けを行う。第4節では，第3節において検討されたヨーロッパ各国の第1主成分の主成分得点を用いて，ヨーロッパ各国の脱商品化の程度と社会的リスクへの対応の程度の関係について検討する。第5節において，結論づける。

1. 欧州社会保護統計データと「社会的リスク」

本節では，まず，第2節以降で用いる ESPROSS データの概略を説明する[2]。その次に，Bonoli（2005，2007）の議論を参考にして，社会的リスクの概念を説

第 13 章　欧州社会保護統計データによる社会的リスクの変化に関する考察　341

明する。その上で，両者の対応について検討する。

　ESPROSS は，すでに述べたように，支出データだけではなく，収入データ
も集計されている。しかし本論文では，個人が直面する福祉に関するリスクへ
の政府の対応に注目するため，支出データのみを利用する。

　ESPROSS の支出データ，つまり「社会給付（Social Benefits）」データには，
「機能（function）」と「種類（type）」という 2 つの分類基準がある。機能の基準
にしたがうと，社会給付は，8 つに分類される。すなわち，社会給付は，「疾
病／保健医療（Sickness/Health care）」，「障害（Disability）」，「老齢（Old age）」，「遺
族（Survivors）」，「家族／育児（Family/Children）」，「失業（Unemployment）」，「住
宅（Housing）」および「他の分類に入らない社会的排除（Social exclusion not else-
where classified）」の何れかに分類される。また種類の基準にしたがうと，社会
給付は，「現金給付（Cash benefits）」または「現物給付（Benefits in kind）」の何れ
かに分類される。

　社会給付の機能に関して，「疾病／保健医療」は，「障害」に分類されるもの
を除く，身体または精神の病気に関係する所得維持や現金支給による援助，ま
たは保護対象者の健康の維持や回復のための保健医療である。「障害」は，経
済活動や社会活動にかかわることができない身体または精神に障害をもった者
に対する，「疾病／保健医療」を除く現金支給または現物支給による所得維持
および援助である。「老齢」は，「疾病／保健医療」を除く，老齢に関係する現
金支給または現物支給による所得維持および援助である。「遺族」は，家族の
死亡に関係する現金支給または現物支給による所得維持および援助である。
「家族／育児」は，妊娠，出産，養子縁組，育児および他の家族の世話に関係
する，「疾病／保健医療」を除く，現金給付または現物給付による援助である。
「失業」は，失業に関係する現金給付または現物給付による所得維持および援
助である。「住宅」は，住宅費に対する援助である。「他の分類に入らない社会
的排除」は，他の社会保護の機能が対象としない社会的排除に関係する現金給

　2）　ESSPROSS に関する詳しい解説として，EUROSTAT（2011）を参照せよ。

付または現物給付である。

　次に，社会的リスクの概念について説明する。社会的リスクは，第二次世界大戦後の社会経済状況の違いに応じて，大きく2つに分類される。1つは，「伝統的社会的リスク（Old Social Risks）」であり，もう1つは「新しい社会的リスク（New Social Risks）」である。

　伝統的社会的リスクは，「福祉資本主義の黄金の時代（the golden age of welfare capitalism）」である1945年から1975年の30年間において想定されたリスクである。この時代では，それぞれの世帯において，夫は稼ぎ手であり，妻は専業主婦として家事をするという，性別による役割分担が前提とされ，稼ぎ手である夫が直面する社会的リスクに対処すれば，結果的にその家族全員が直面する社会的リスクにも対処できると考えられた。したがって伝統的社会的リスクは，主として，稼ぎ手である夫についての労働災害，障害，疾病，失業及び退職後の所得に関するものである。さらに，稼ぎ手である夫が死亡した後に残された遺族に対する保障も，伝統的社会的リスクに含まれる。

　新しい社会的リスクは，脱工業化社会における社会や経済の状況の変化に対応するリスクである。社会や経済の状況の変化は，主として，労働市場及び家族において生じている。労働市場における変化は，第3次産業就業者比率の高まり，女性の労働力化，雇用の流動化などがある。このような労働市場における変化により，低水準の技能しか持たないことにより，低所得者になるリスクは大きくなっていると考えることができる。

　家族における変化は，女性の労働力化にともなう共働き家庭の増大，離婚率の上昇にともなうひとり親家庭の増大などがある。このような家族の変化により，性別による役割分担ができなくなり，家族はさまざまなリスクに直面することになる。例えば，専業主婦がかつて担っていた，育児や家族の虚弱な老齢者または障害者の世話などは，新しい社会的リスクであるとみなすことができる。また，ひとり親家庭の増大は，低所得者になるリスクが大きくなることにもつながると考えられる。

　上記のESSPROSSの支出データ及び社会的リスクの整理に基づき，両者の

第 13 章　欧州社会保護統計データによる社会的リスクの変化に関する考察　343

対応について検討する。まず ESPROSS の社会給付データは，8 つの機能に対してそれぞれ 2 つの種類があるので，全部で 16 のカテゴリーからなる。しかし下記のカテゴリーは，本章の分析では用いないことにする。「疾病／保健医療」，「住宅」及び「他の分類に入らない社会的排除」は，伝統的社会的リスクまたは新しい社会的リスクのうち何れか一方にのみ属するものではないので，分析には用いないことにする。また，「遺族」の現物給付は，極めて少額であるので，分析に用いないことにする。したがって，ESSPROSS の支出データの 9 つのカテゴリーと 2 つの社会的リスクとの対応を考えることにする。

　Bonoli（2007, p. 507）の議論を参考にすると，伝統的社会的リスクに関する政策は，老齢に対する現金給付，遺族に対する現金給付，就労不能に対する現金給付，及び失業に対する現金給付である。したがって，ESSPOSS データのうちでこれらに対応するものは，「老齢」に対する現金給付（以下，「老齢・現金」とする），「遺族」に対する現金給付（以下，「遺族・現金」とする），「障害」に対する現金給付（以下，「障害・現金」とする），「障害」に対する現物給付（以下，「障害・現物」とする）及び「失業」に対する現金給付（以下，「失業・現金」とする）である。

　新しい社会的リスクに関する政策は，老齢に対する現物給付，家族に対する現金給付，家族に対する現物給付，積極的労働市場政策，社会扶助としての現金給付，社会扶助としての現物給付である。したがって，ESSPOSS データのうちでこれらに対応するものは，「老齢」に対する現物給付（以下，「老齢・現物」とする），「家族／育児」に対する現金給付（以下，「家族／育児・現金」とする），「家族／育児」に対する現物給付（以下，「家族／育児・現物」とする），「失業」に対する現物給付（以下，「失業・現物」とする）である。なお「失業・現物」は，積極的労働市場政策に関係する。

　第 2 節においては，本節において検討した 2 つの社会的リスクに対応する ESSPROSS の支出データを用いて主成分分析を行い，ヨーロッパ諸国全体における社会的リスクへの対応の時系列的変化について検討する。

2. ヨーロッパ諸国全体における社会的リスクへの対応の時系列的変化

本節では，第1節において2つの社会的リスクに対応するとみなされたESSPROSS の支出データ，すなわち「障害・現金」,「障害・現物」,「老齢・現金」,「老齢・現物」,「遺族・現金」,「家族／育児・現金」,「家族／育児・現物」,「失業・現金」および「失業・現物」という9項目に対して，主成分分析を行う。

まず，本節の分析で用いるデータを説明する。分析対象国は，ベルギー，デンマーク，ドイツ，アイルランド，ギリシャ，スペイン，フランス，イタリア，オランダ，オーストリア，ポルトガル，フィンランド，スウェーデン，イギリス，ノルウェー，スイスからなる16カ国である。さらに分析対象とする変数は，ESSPROS の支出データのうち，「障害・現金」,「障害・現物」,「老齢・現金」,「老齢・現物」,「遺族・現金」,「家族／育児・現金」,「家族／育児・現物」,「失業・現金」及び「失業・現物」という9項目に関して，それぞれの支出の対 GDP 比である。

次に，主成分分析の手順を説明する。上記の16カ国及び9項目の変数について，1995年から2011年までの17年間のデータがある。このように，繰り返しのあるデータに対する主成分分析としては，サンプルを合併する方法または変数を合併する方法，さらに合併したデータ全体を一括して分析する方法またはデータ全体をいくつかに分けて分析する方法などがある[3]。しかし本章では，ヨーロッパ諸国全体における社会的リスクへの対応の時系列的変化を検討するにあたり，畑農（2009）と同様に，各年のデータそれぞれに対して主成分分析を行うことにする[4]。具体的には，1995年から2011年までの17年間のうち，分析対象年は，1995年，2000年，2005年及び2010年の5年ごとにする。

---

3) 繰り返しのあるデータに対する主成分分析については，内田（2013）を参照せよ。
4) 飯島（2014）は，1995年から2011年までの17年間のデータに対して，サンプルを合併して主成分分析を試みている。

第 13 章　欧州社会保護統計データによる社会的リスクの変化に関する考察　345

表 13-1　1995 年データの主成分分析結果（固有値，
寄与率，累積寄与率，主成分負荷量）

変数	第 1 主成分	第 2 主成分	第 3 主成分
老齢・現物	**0.934**	-0.137	0.151
家族・現物	**0.888**	0.149	0.272
障害・現物	**0.865**	0.217	-0.050
失業・現物	**0.700**	-0.416	0.041
障害・現金	**0.625**	0.216	0.101
家族・現金	**0.542**	0.342	-0.417
失業・現金	**0.498**	0.437	-0.361
遺族・現金	-0.540	**0.665**	-0.185
老齢・現金	-0.156	0.512	**0.799**
固有値	4.149	1.320	1.088
寄与率	46.097	14.671	12.087
累積寄与率	46.097	60.768	72.855

（出所）ESSPROS データに基づき，筆者作成。

　それぞれの年ごとに主成分分析を行い，9 項目の変数から，固有値の大きさお
よび累積寄与率を基準にして，少数の合成変数（主成分）をつくる。さらに主
成分負荷量を考慮して，それぞれの主成分の意味づけを行い，9 項目の変数の
関係を探る。

　表 13-1 には，1995 年における 9 項目からなる社会保護費項目別対 GDP 比
に対する主成分分析の結果が示されている。主成分の数の決定にあたっては，
固有値の値が 1 以上となる主成分まで採用した。すなわち，第 1 主成分の固有
値が 4.149，第 2 主成分の固有値が 1.320，第 3 主成分の固有値が 1.088 であ
るので，3 つの主成分を採用した。なお，寄与率より，第 1 主成分のみで全体
の情報の 46.097 パーセントを説明することができる。さらに，第 2 主成分の
みで 14.671 パーセント，第 3 主成分のみで 12.087 パーセントをそれぞれ説明
することができる。また累積寄与率より，3 つの主成分をあわせると，全体の
情報の 72.855 パーセントを説明することができる。

　表 13-1 に示された主成分負荷量に基づいて，3 つの主成分の解釈を試みる。
なお表中の太字は，それぞれの変数に関して，相対的に大きな主成分負荷量を
示している。第 1 主成分に関する主成分負荷量について，「老齢・現物」は

0.934,「家族・現物」は 0.888,「障害・現物」は 0.865,「失業・現物」は 0.700 である。さらに，これらほど主成分負荷量は大きくないものの，「障害・現金」は 0.625,「家族・現金」は 0.542,「失業・現金」は 0.498 である。現物給付の変数の主成分負荷量が大きいことが目立つが，「家族・現金」及び「失業」についても，第 1 主成分に対する主成分負荷量がそれ以外の主成分負荷量よりも大きい。ところで第 1 節における議論より，「老齢・現物」，「家族・現物」及び「失業・現物」は，新しい社会的リスクに対応するものであり，かつ勤労世代に向けられたものである。また「家族・現金」は新しい社会的リスク，「失業・現金」は伝統的社会的リスクに対応するが，何れも勤労世代に向けられたものである。さらに「障害・現物」及び「障害・現金」は，Bonoli（2007, p. 507）によると伝統的社会的リスクに分類されるが，第 1 節で述べた新しい社会的リスクのうち，勤労世代の家族に虚弱な老齢者または障害者がいることに関するリスクに対応するものとみなすこともできる。以上のことを考慮して，第 1 主成分を「勤労世代に対する総合的給付度」と呼ぶことにする。

　第 2 主成分に関する主成分負荷量について，伝統的社会的リスクに属する「遺族・現金」は 0.665 で最も大きい。したがって，第 2 主成分を「遺族に対する現金給付度」と呼ぶことにする。さらに第 3 主成分に関する主成分負荷量について，伝統的社会的リスクに属する「老齢・現金」は 0.799 で最も大きい。したがって，第 3 主成分を「引退世代に対する現金給付度」と呼ぶことにする。

　以上における 1995 年のデータより得ることができた 3 つの主成分の解釈をまとめると次のようになる。第 1 に，全体の情報の約 46 パーセントを説明する第 1 主成分は，勤労世代に関して，現物給付の影響を大きく受けているが，依然として現金給付の影響も受けており，両方の影響が分化されていない。

　第 2 に，第 1 主成分は，勤労世代に関するものであり，新しい社会的リスクに比較的対応するものであるが，第 2 及び第 3 主成分は勤労に関するものでなく，さらに伝統的社会的リスクに対応するものである。

第 13 章　欧州社会保護統計データによる社会的リスクの変化に関する考察　347

表 13-2　2000 年データの主成分分析結果（固有値，寄与率，累積
寄与率，主成分負荷量）

変数	第 1 主成分	第 2 主成分	第 3 主成分	第 4 主成分
老齢・現物	**0.916**	-0.196	-0.070	0.050
障害・現物	**0.891**	0.165	0.010	0.205
家族・現物	**0.850**	0.111	0.129	0.053
遺族・現金	**-0.683**	0.553	-0.189	0.090
障害・現金	**0.639**	-0.161	-0.585	0.176
失業・現金	0.407	**0.710**	0.138	-0.339
家族・現金	0.312	**0.639**	0.284	0.081
失業・現物	-0.005	-0.288	**0.838**	0.368
老齢・現金	-0.247	0.285	-0.200	**0.852**
固有値	3.555	1.487	1.242	1.069
寄与率	39.505	16.518	13.799	11.873
累積寄与率	39.505	56.022	69.822	81.695

（出所）ESSPROS データに基づき，筆者作成。

　表 13-2 は，2000 年における 9 項目からなる社会保護費項目別対 GDP 比に
対する主成分分析の結果が示されている。固有値の値が 1 以上となる 4 つの主
成分を採用した。すなわち，第 1 主成分の固有値は 3.555，第 2 主成分の固有
値は 1.487，第 3 主成分の固有値は 1.242，第 4 主成分の固有値は 1.069 であ
る。なお，寄与率より，第 1 主成分のみで全体の情報の 39.505 パーセントを
説明することができる。さらに，第 2 主成分のみで 16.518 パーセント，第 3
主成分のみで 13.799 パーセント，第 4 主成分のみで 11.873 パーセントを，そ
れぞれ説明することができる。また累積寄与率より，4 つの主成分をあわせ
て，全体の情報の 81.695 パーセントを説明することができる。

　表 13-2 に示された主成分負荷量に基づいて，4 つの主成分の解釈を試みる。
第 1 主成分に関する主成分負荷量について，「老齢・現物」は 0.916，「障害・
現物」は 0.891，「家族・現物」は 0.850，「障害・現金」は 0.639 であるが，
「遺族・現金」は-0.683 である。1995 年の主成分分析における第 1 主成分と同
様に，「老齢・現物」，「障害・現物」，「家族・現物」及び「障害・現金」の主
成分負荷量は大きいが，勤労世代に向けた「失業・現金」及び「家族・現金」
の主成分負荷量は大きくはない。また，「遺族・現金」の主成分負荷量は，絶

対値は大きいが負の値である。以上のことを考慮して，2000年の主成分分析の第1主成分を「家族成員に対する現物給付度」と呼ぶことにする。

第2主成分に関する主成分負荷量について，「失業・現金」は0.710，「家族・現金」は0.639である。これらは，それぞれ，伝統的社会的リスク，新しい社会的リスクに対応するが，何れも勤労世代に向けたものである。したがって，2000年の主成分分析の第2主成分を「勤労世代に対する現金給付度」と呼ぶことにする。

第3主成分に関する主成分負荷量について，新しい社会的リスクに属する「失業・現物」は0.838で最も大きい。「失業・現物」は積極的労働市場政策に関係するものであるので，2000年の主成分分析の第3主成分を「勤労世代の就労促進に対する現物給付度」と呼ぶことにする。

第4主成分に関する主成分負荷量について，伝統的社会的リスクに属する「老齢・現金」は0.852で最も大きい。したがって，2000年の第4主成分を「引退世代に対する現金給付度」と呼ぶことにする。

以上における2000年のデータより得ることができた4つの主成分の解釈をまとめると次のようになる。第1に，第1主成分と第2主成分より，1995年と比較すると，勤労世代に対する現物給付と現金給付の要素がより明確に分離した。第2に，第1主成分と第3主成分より，1995年と比較すると，現物給付に関して，労働市場政策に関係するものとしないものが明確に分離した。第3に，1995年と同様に，伝統的社会的リスクに属する引退世代に対する現金給付は，明確に他と区別された。

表13-3は，2005年における9項目からなる社会保護費項目別対GDP比に対する主成分分析の結果が示されている。固有値の値が1以上となる4つの主成分を採用した。すなわち，第1主成分の固有値は3.824，第2主成分の固有値は1.591，第3主成分の固有値は1.185，第4主成分の固有値は1.041である。なお，寄与率より，第1主成分のみで全体の情報の42.487パーセントを説明することができる。さらに，第2主成分のみで17.681パーセント，第3主成分のみで13.166パーセント，第4主成分のみで11.569パーセント，それ

第 13 章 欧州社会保護統計データによる社会的リスクの変化に関する考察 349

表 13-3 2005 年データの主成分分析結果（固有値，寄与率，累積
寄与率，主成分負荷量）

変数	第 1 主成分	第 2 主成分	第 3 主成分	第 4 主成分
老齢・現物	**0.942**	-0.104	-0.081	-0.021
家族・現物	**0.882**	0.106	-0.023	0.133
障害・現物	**0.858**	0.141	0.008	0.361
障害・現金	**0.837**	-0.084	-0.333	-0.070
遺族・現金	**-0.750**	0.483	-0.256	0.126
失業・現金	0.158	**0.849**	0.104	0.035
失業・現物	-0.149	**-0.595**	0.575	0.397
家族・現金	0.159	0.480	**0.659**	0.243
老齢・現金	-0.296	-0.055	-0.475	**0.809**
固有値	3.824	1.591	1.185	1.041
寄与率	42.487	17.681	13.166	11.569
累積寄与率	42.487	60.168	73.333	84.903

（出所）ESSPROS データに基づき，筆者作成。

ぞれ説明することができる。また累積寄与率より，4 つの主成分をあわせて，
全体の情報の 84.903 パーセントを説明することができる。

　表 13-3 に示された主成分負荷量に基づいて，4 つの主成分の解釈を試みる。
第 1 主成分に関する主成分負荷量について，「老齢・現物」は 0.942，「家族・
現物」は 0.882，「障害・現物」は 0.858，「障害・現金」は 0.837 であるが，
「遺族・現金」は-0.750 である。これらの項目は，2000 年における主成分分析
における第 1 主成分に関する主成分負荷量が大きい項目と同じである。したが
って，2005 年の第 1 主成分を，2000 年のそれと同様に，「家族成員に対する現
物給付度」と呼ぶことにする。

　第 2 主成分に関する主成分負荷量について，「失業・現金」は 0.849，「失
業・現物」は-0.595 である。両者は，それぞれ，伝統的社会的リスク，新し
い社会的リスクに属するものであるが，「失業」という機能に関係するもので
ある。しかし，「失業・現金」の符号が正，「失業・現物」の符号が負であるの
で，現物給付に対して，相対的な直接的所得保障の程度を示すものと考え，
2005 年の第 2 主成分を「勤労世代に対する相対的所得保障度」と呼ぶことに
する。

表13-4　2010年データの主成分分析結果（固有値，寄与率，累積寄与率，主成分負荷量）

変数	第1主成分	第2主成分	第3主成分
老齢・現物	**0.942**	0.037	-0.084
家族・現物	**0.894**	0.012	0.189
遺族・現金	**-0.839**	-0.096	0.212
障害・現金	**0.802**	-0.131	-0.417
障害・現物	**0.757**	0.065	0.202
老齢・現金	-0.214	**-0.785**	0.468
失業・現金	-0.389	**0.760**	-0.012
家族・現金	0.060	**0.755**	0.416
失業・現物	0.485	0.023	**0.699**
固有値	4.042	1.795	1.184
寄与率	44.915	19.948	13.16
累積寄与率	44.915	64.862	78.023

（出所）ESSPROS データに基づき，筆者作成。

　第3主成分に関する主成分負荷量について，新しい社会的リスクに属する「家族・現金」は0.659で最も大きい。ところで「家族・現金」は，出産の場合の所得維持給付（income maintenance benefit in the event of childbirth），出産給付金（birth grant），育児休暇給付（parental leave benefit），家族手当または育児手当（family or child allowance）及びその他の現金給付（other cash benefits）からなる。したがって，2005年の第3主成分を「出産育児に関する現金給付度」と呼ぶことにする。

　第4主成分に関する主成分負荷量について，伝統的社会的リスクに属する「老齢・現金」は0.852で最も大きい。したがって，2005年の第4主成分を「引退世代に対する現金給付度」と呼ぶことにする。

　以上における2005年のデータより得ることができた4つの主成分の解釈をまとめると次のようになる。第1に，第1主成分は，2000年と同様に，「家族成員に対する現物給付度」と解釈することができ，他の主成分よりも全体の情報に対する説明力が大きい。第2に，第4主成分は，2000年と同様に，「引退世代に対する現金給付度」と解釈することができるが，他の主成分よりも全体の情報に対する説明力が小さい。第3に，2000年と2005年において，第2主

成分と第3主成分について比較すると，2000年の場合，勤労世代に対する現金給付または現物給付という給付の種類の違いに対応するが，2005年の場合，「失業」または「家族」という給付の機能の違いに対応する。

表13-4は，2010年における9項目からなる社会保護費項目別対GDP比に対する主成分分析の結果が示されている。固有値の値が1以上となる3つの主成分を採用した。すなわち，第1主成分の固有値は4.042，第2主成分の固有値は1.795，第3主成分の固有値は1.184である。なお，寄与率より，第1主成分のみで全体の情報の44.915パーセントを説明することができる。さらに，第2主成分のみで19.948パーセント，第3主成分のみで13.160パーセントをそれぞれ説明することができる。また累積寄与率より，3つの主成分をあわせて，全体の情報の78.023パーセントを説明することができる。

表13-4に示された主成分負荷量に基づいて，3つの主成分の解釈を試みる。第1主成分に関する主成分負荷量について，「老齢・現物」は0.942，「家族・現物」は0.894，「遺族・現金」は-0.839，「障害・現金」は0.802，「障害・現物」は0.757である。これらの項目は，2000年および2005年における主成分分析における第1主成分に関する主成分負荷量が大きい項目と同じである。したがって，2010年の第1主成分を，2000年及び2005年のそれと同様に，「家族成員に対する現物給付度」と呼ぶことにする。

第2主成分に関する主成分負荷量について，「老齢・現金」は-0.785，「失業・現金」は0.760，「家族・現金」は0.755である。すべての項目の種類は，現金給付であるが，引退世代に対する「老齢・現金」の符号は負であり，勤労世代に対する「失業・現金」及び「家族・現金」は勤労世代に対するものである。したがって，2010年の第2主成分を「勤労世代に対する相対的現金給付度」と呼ぶことにする。ただし，ここで用いられている「相対」の意味は，引退世代に対する勤労世代という意味で用いている。

第3主成分の主成分負荷量について，「失業・現物」は0.699で最も大きい。したがって，2010年の第3主成分を「勤労世代の就労促進に対する現物給付度」と呼ぶことにする。

表 13-5　主成分の解釈一覧

	1995 年	2000 年	2005 年	2010 年
第 1 主成分	勤労世代に対する総合的給付度	家族成員に対する現物給付度	家族成員に対する現物給付度	家族成員に対する現物給付度
第 2 主成分	遺族に対する現金給付度	勤労世代に対する現金給付度	勤労世代に対する相対的所得保障度	勤労世代に対する相対的現金給付度
第 3 主成分	引退世代に対する現金給付度	勤労世代の就労支援に対する現物給付度	出産育児に対する現金給付度	勤労世代の就労支援に対する現物給付度
第 4 主成分		引退世代に対する現金給付度	引退世代に対する現金給付度	

（出所）筆者作成。

　なお，2009 年および 2011 年の主成分分析の結果は，2010 年のそれと基本的に同じである。すなわち，すべての年において，3 つの主成分が抽出され，それぞれの主成分について，絶対値が大きな主成分負荷量をもつ変数は同じである。したがって，世界金融危機後において，ヨーロッパ諸国における社会的リスクへの対応は安定しているとみなすことができる。

　表 13-5 には，1995 年，2000 年，2005 年及び 2010 年の主成分の解釈がまとめられている。これにより，ヨーロッパ諸国における社会的リスクへの対応の時系列的変化について検討する。第 1 に，伝統的社会的リスクに属する「引退世代に対する現金給付度」は，1995 年，2000 年及び 2005 年において，1 つの主成分として抽出されている。しかし，伝統的社会的リスクに関係する「引退世代に対する現金給付度」は，1995 年時点までにヨーロッパ諸国において一定水準以上の対応がなされているので，全体の情報に対する説明力は大きくない。また 2010 年における第 2 主成分の「勤労世代に対する相対的現金給付度」より，勤労世代と引退世代の世代間の対立もあらわれている。第 2 に，2000 年，2005 年及び 2010 年において，第 1 主成分は，新しい社会的リスクに関係する「家族成員に対する現物給付度」であり，全体の情報の 40 パーセントほどを説明する。つまり，ヨーロッパ諸国における社会的リスクへの対応の違いにおいて，現物給付がもっとも大きな要因であることがわかる。第 3 に，ヨー

ロッパ諸国における社会的リスクへの対応の違いにおいて，1995年では，第1主成分の「勤労世代に対する総合的給付度」に対して，第2主成分の「遺族に対する現金給付度」及び第3主成分の「引退世代に対する現金給付度」があるように，世代間における社会的リスクへの対応の違いが重要であることがわかる。しかし，2000年（第1主成分から第3主成分），2005年（第1主成分から第3主成分）及び2010年（第1主成分から第3主成分）においては，勤労世代に対する社会的リスクへの対応におけるよりきめ細かな違いが重要であることがわかる。とりわけ，2000年の第3主成分及び2010年の第3主成分が「勤労世代の就労支援に対する現物給付度」と解釈されるように，ヨーロッパ諸国における積極的労働市場政策の違いも重要であることがわかる。

本節においては，ヨーロッパ諸国全体における社会的リスクへの対応の時系列的変化について検討したが，第3節では，ヨーロッパ各国は，そのような時系列的変化のなかにどのように位置づけられるのか検討する。

3. ヨーロッパ各国の社会的リスクへの対応の時系列的変化

本節では，第2節における主成分分析より得られるヨーロッパ各国の主成分得点を用いて，階層的クラスター分析によりヨーロッパ各国をグループ分けし，さらにそれぞれのグループにおける社会的リスクへの対応に関する特徴付けを行う。

まず，階層的クラスター分析の手順について説明する。時系列的変化について検討するために，1995年，2000年，2005年及び2010年それぞれのデータに対して，階層的クラスター分析を行う。具体的には，各年において，それぞれの主成分得点データを標準化した。また，各国間の距離の測定には，平方ユークリッド距離を用い，さらにクラスター間の距離の測定には，ウォード（Ward）法を用いた。

1995年，2000年，2005年及び2010年それぞれのデータを用いたデンドログラムが，図13-1から図13-4に示されている[5]。デンドログラムからクラスター数を決定する客観的基準は存在しないが，3つを目安にした。具体的に

図 13-1　社会的リスクに関する主成分得点（1995 年）を用いたデンドログラム

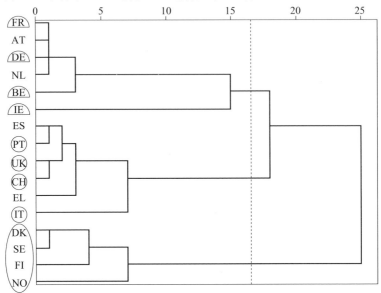

（出所）ESSPROS データに基づき，筆者作成。

図 13-2　社会的リスクに関する主成分得点（2000 年）を用いたデンドログラム

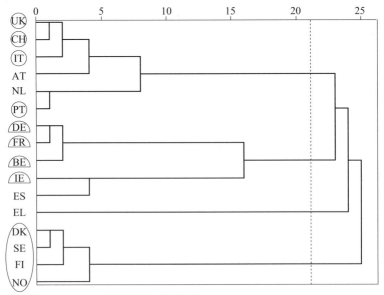

（出所）ESSPROS データに基づき，筆者作成。

第 13 章 欧州社会保護統計データによる社会的リスクの変化に関する考察　355

図 13-3　社会的リスクに関する主成分得点（2005 年）を用いたデンドログラム

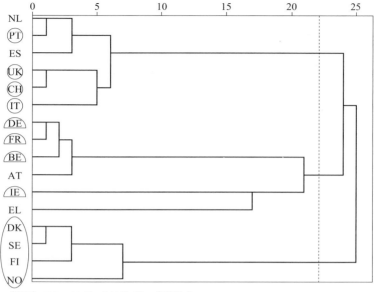

（出所）ESSPROS データに基づき，筆者作成。

図 13-4　社会的リスクに関する主成分得点（2010 年）を用いたデンドログラム

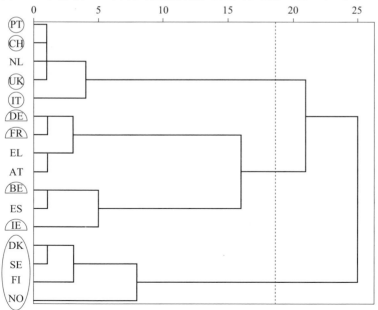

（出所）ESSPROS データに基づき，筆者作成。

356

表 13-6　社会的リスクへの対応によるグループ分け

1995 年	2000 年	2005 年	2010 年
スペイン	オーストリア	オランダ	スイス
スイス	スイス	スイス	イタリア
ギリシャ	イタリア	スペイン	オランダ
イタリア	オランダ	イタリア	ポルトガル
ポルトガル	ポルトガル	ポルトガル	イギリス
イギリス	イギリス	イギリス	オーストリア
オーストリア	ベルギー	オーストリア	ベルギー
ベルギー	ドイツ	ベルギー	ドイツ
ドイツ	スペイン	ドイツ	ギリシャ
フランス	フランス	ギリシャ	スペイン
アイルランド	アイルランド	フランス	フランス
オランダ	ギリシャ	アイルランド	アイルランド
デンマーク	デンマーク	デンマーク	デンマーク
スウェーデン	スウェーデン	スウェーデン	スウェーデン
フィンランド	フィンランド	フィンランド	フィンランド
ノルウェー	ノルウェー	ノルウェー	ノルウェー

（出所）筆者作成。ただし，2000 年におけるギリシャのみからなるクラスターは無視して作成。

は，デンドログラムにおける点線にしたがいクラスター数を決定した結果，1995 年，2005 年及び 2010 年のクラスター数は 3 つであるが，2000 年のクラスター数は 4 つになった。

　表 13-6 には，図 13-1 から図 13-4 のデンドログラムから得ることができたクラスターに基づいて，ヨーロッパ諸国のグループ分けの結果が示されている。1995 年，2000 年，2005 年及び 2010 年において，つねに同じグループに属している国名には影がつけられている。具体的には，第 1 グループには，スイス，イタリア，ポルトガル，イギリスがつねに属している。第 2 グループには，ベルギー，ドイツ，フランス，アイルランドがつねに属している。第 3 グ

5）　図 13-1 から図 13-4 までの記号は，以下のような国々を示す。
　　AT：オーストリア，BE：ベルギー，CH：スイス，DE：ドイツ，DK：デンマーク，EL：ギリシャ，ES：スペイン，FI：フィンランド，FR：フランス，IE：アイルランド，IT：イタリア，NL：オランダ，NO：ノルウェー，PT：ポルトガル，SE：スウェーデン，UK：イギリス
　　なお，図 13-5 から図 13-18 においても，記号の意味は同じである。

第 13 章　欧州社会保護統計データによる社会的リスクの変化に関する考察　357

図 13-5　第 1 および第 2 主成分得点の散布図（1995 年）

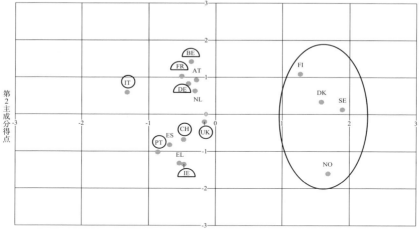

（出所）ESSPROS データに基づき，筆者作成。

図 13-6　第 1 および第 3 主成分得点の散布図（1995 年）

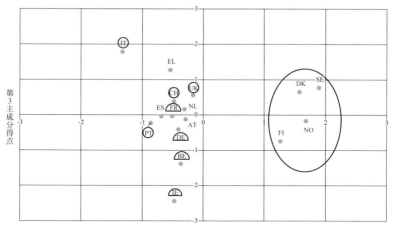

（出所）ESSPROS データに基づき，筆者作成。

ループには，デンマーク，スウェーデン，フィンランド，ノルウェーがつねに属している[6]。

---

6)　図 13-1 から図 13-4 において，3 つのグループにつねに属する国名には，マークが

図 13-7　第 1 および第 2 主成分得点の散布図（2000 年）

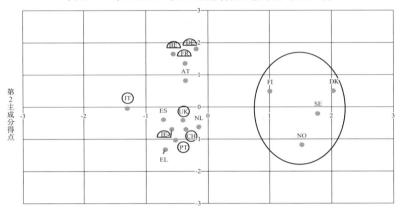

（出所）ESSPROS データに基づき，筆者作成。

　これらの 3 つのグループについて，主成分に注目して，1995 年，2000 年，2005 年及び 2010 年における，それぞれのグループの特徴付けをする。まず 1995 年について検討する。図 13-5 及び図 13-6 には，1995 年における主成分得点の散布図が示されている。まず，横軸方向に第 1 主成分得点，縦軸方向に第 2 主成分得点が測られている図 13-5 より，第 1 主成分の「勤労世代に対する総合的給付度」に関して，第 3 グループに属する国々の主成分得点が大きいことが際立っている。一方，第 2 主成分である「遺族に対する現金給付度」に関して，第 3 グループに属する国々の主成分得点は広い範囲にわたって分布しているのに対して，第 1 グループに属する国々の主成分得点は比較的小さく，第 2 グループに属する国々の主成分得点は比較的大きくなっている。また，横軸方向に第 1 主成分得点，縦軸方向に第 3 主成分得点が測られている図 13-6 より，第 3 主成分の「引退世代に対する現金給付度」に関して，第 3 グループ

　施されている。具体的には，第 1 グループには円，第 2 グループには半円，第 3 グループは楕円である。ただし第 3 グループは，つねにその他の国々から離れたところに位置しているので，その 4 カ国は楕円で囲まれている。なお，図 13-5 から図 13-14 においても，マークの意味は同様である。

第 13 章　欧州社会保護統計データによる社会的リスクの変化に関する考察　359

図 13-8　第 1 および第 3 主成分得点の散布図（2000 年）

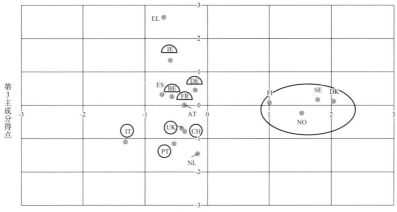

（出所）ESSPROS データに基づき，筆者作成。

図 13-9　第 1 および第 4 主成分得点の散布図（2000 年）

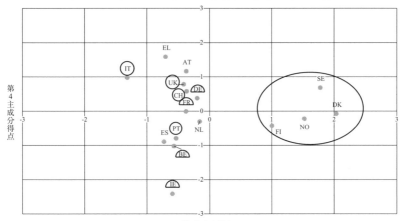

（出所）ESSPROS データに基づき，筆者作成。

に属する国々の主成分得点はゼロを中心にある程度の範囲で分布しているが，第 1 グループに属する国々の主成分得点は比較的大きく，第 2 グループに属する国々の主成分得点は比較的小さい。

図 13-7 から図 13-9 には，2000 年の主成分得点の散布図が示されている。まず，横軸方向に第 1 主成分得点，縦軸方向に第 2 主成分得点が測られている

図 13-10 第 1 および第 2 主成分得点の散布図（2005 年）

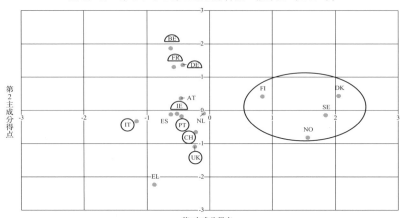

（出所）ESSPROS データに基づき，筆者作成。

　図 13-7 より，第 1 主成分の「家族成員に対する現物給付度」に関して，第 3 グループに属する国々の主成分得点が大きいことが際立っている。一方，第 2 主成分である「勤労世代に対する現金給付度」に関して，第 3 グループに属する国々の主成分得点はゼロを中心にある程度の範囲で分布しているが，第 1 グループに属する国々の主成分得点は比較的小さく，第 2 グループに属する国々の主成分得点は比較的大きい。また，横軸方向に第 1 主成分得点，縦軸方向に第 3 主成分得点が測られている図 13-8 より，第 3 主成分である「勤労世代の就労支援に対する現物給付度」に関して，第 3 グループに属する国々の主成分得点はゼロ周辺に固まって分布しているが，第 1 グループに属する国々の主成分得点は比較的小さく，第 2 グループに属する国々の主成分得点は比較的大きい。さらに，横軸方向に第 1 主成分得点，縦軸方向に第 4 主成分得点が測られている図 13-9 より，第 4 主成分である「引退世代に対する現金給付度」に関して第 3 グループに属する国々の主成分得点はゼロ周辺に固まって分布しているが，第 1 グループに属する国々の主成分得点は比較的大きく，第 2 グループに属する国々の主成分得点は比較的小さい。

　図 13-10 から図 13-12 には，2005 年の主成分得点の散布図が示されている。

第 13 章　欧州社会保護統計データによる社会的リスクの変化に関する考察　361

図 13-11　第 1 および第 3 主成分得点の散布図（2005 年）

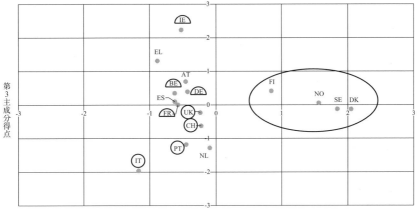

（出所）ESSPROS データに基づき，筆者作成。

図 13-12　第 1 および第 4 主成分得点の散布図（2005 年）

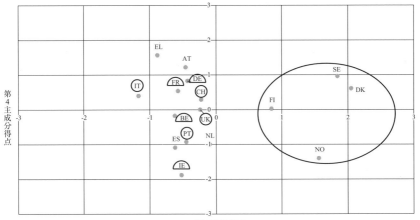

（出所）ESSPROS データに基づき，筆者作成。

　まず，横軸方向に第 1 主成分得点，縦軸方向に第 2 主成分得点が測られている図 13-10 より，第 1 主成分の「家族成員に対する現物給付度」に関して，第 3 グループに属する国々の主成分得点が大きいことが際立っている。一方，第 2 主成分である「勤労世代に対する相対的所得保障度」に関して，第 3 グループに属する国々の主成分得点はゼロを中心にある程度の範囲で分布しているが，

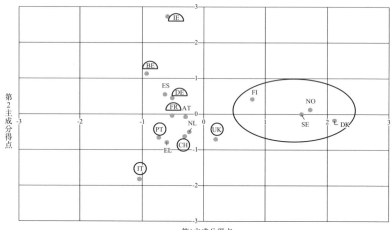

図 13-13　第 1 および第 2 主成分得点の散布図（2010 年）

（出所）ESSPROS データに基づき，筆者作成。

　第 1 グループに属する国々の主成分得点は比較的小さく，第 2 グループに属する国々の主成分得点は比較的大きい。また，横軸方向に第 1 主成分得点，縦軸方向に第 3 主成分得点が測られている図 13-11 より，第 3 主成分である「出産育児に対する現金給付度」に関して，第 3 グループに属する国々の主成分得点はゼロ周辺に固まって分布しているが，第 1 グループに属する国々の主成分得点は比較的小さく，第 2 グループに属する国々の主成分得点は比較的大きい。さらに，横軸方向に第 1 主成分得点，縦軸方向に第 4 主成分得点が測られている図 13-12 より，第 4 主成分の「引退世代に対する現金給付度」に関して，3 つのグループの主成分得点は，それぞれ同じような範囲で分布している。

　図 13-13 及び図 13-14 には，2010 年の主成分得点の散布図が示されている。まず，横軸方向に第 1 主成分得点，縦軸方向に第 2 主成分得点が測られている図 13-13 より，第 1 主成分の「家族成員に対する現物給付度」に関して，第 3 グループに属する国々の主成分得点が大きいことが際立っている。一方，第 2 主成分である「勤労世代に対する相対的現金給付度」に関して，第 3 グループに属する国々の主成分得点はゼロ周辺に固まって分布しているが，第 1 グループに属する国々の主成分得点は比較的小さく，第 2 グループに属する国々の主

第13章　欧州社会保護統計データによる社会的リスクの変化に関する考察　363

図13-14　第1および第3主成分得点の散布図（2010年）

（出所）ESSPROS データに基づき，筆者作成。

成分得点は比較的大きい。また，横軸方向に第1主成分得点，縦軸方向に第3主成分得点が測られている図13-14より，第3主成分の「勤労世代の就労支援に対する現物給付度」に関して，第3グループに属する国々の主成分得点は広範囲に分布しているが，第1グループに属する国々の主成分得点は比較的小さく，第2グループに属する国々の主成分得点は比較的大きい。

　以上の結果をふまえて，ヨーロッパ諸国に関する3つのグループに注目して，1995年，2000年，2005年及び2010年における，それぞれのグループの主成分得点の時系列的変化についてまとめる。第1に，第3グループに属する国々は，1995年の第1主成分である「勤労世代に対する総合的給付度」，さらに2000年，2005年，2010年の第1主成分である「家族成員に対する現物給付度」において，他のグループに属する国々と比較して，主成分得点が際立って大きい。つまり，第3グループに属する国々は，全体の情報の約40パーセントを説明する第1主成分において際立った特徴をもち，とりわけ新しい社会的リスクに対する対応である「家族成員に対する現物給付」が充実している。また，すべての時点における第1主成分以外の主成分において，第3グループに属する国々の主成分得点はゼロを中心として偏りなく分布している。

第 2 に，第 1 グループに属する国々は，1995 年の第 3 主成分及び 2000 年の第 3 主成分である「引退世代に対する現金給付度」において主成分得点が比較的大きく，さらに 2010 年の第 2 主成分である「勤労世代に対する相対的現金給付度」において主成分得点が比較的小さい。つまり，第 1 グループに属する国々は，一貫して，伝統的社会的リスクである引退後の所得保障において充実している。

第 3 に，第 2 グループに属する国々は，2000 年および 2010 年の第 3 主成分である「勤労世代の就労支援に対する現物給付度」において，第 1 グループに属する国々と比較して，主成分得点は相対的に大きい。さらに，第 2 グループに属する国々は，2000 年における第 2 主成分である「勤労世代に対する現金給付度」及び 2005 年における第 2 主成分である「勤労世代に対する相対的所得保障度」において，第 1 グループに属する国々と比較して，主成分得点は相対的に大きい。つまり，第 2 グループに属する国々は，第 1 グループに属する国々と比較して，一貫して，新しい社会的リスクに対応する積極的労働市場政策が充実しているだけではなく，伝統的社会的リスクである失業時における所得保障も充実している。

第 4 節では，本節で検討されたヨーロッパ各国の第 1 主成分の主成分得点をふまえて，伝統的社会的リスクと新しい社会的リスクとの関係について検討する。

4. 統合脱商品化度と新しい社会的リスクとの関係

本節では，ヨーロッパ各国に関して，新しい社会的リスクにほぼ対応すると考えることができる前節の第 1 主成分の主成分得点，及び伝統的社会的リスクに対応すると考えることができる Esping-Andersen（1990）による「統合的脱商品化度」を取り上げ，両者の相関関係を分析することにより，2 種類の社会的リスクの関係について検討する。

まず，Esping-Andersen（1990）にしたがい，統合的脱商品化度について説明する。まず，「脱商品化度」とは，何らかの理由により失職したときに，社会

第 13 章　欧州社会保護統計データによる社会的リスクの変化に関する考察　365

表 13-7　統合脱商品化度スコア

国名	統合脱商品化度スコア	所属グループ
オーストラリア	13.0	
アメリカ	13.8	
ニュージーランド	17.1	
カナダ	22.0	
アイルランド	23.3	2
イギリス	23.4	1
イタリア	24.1	1
日本	27.1	
フランス	27.5	2
ドイツ	27.7	2
フィンランド	29.2	3
スイス	29.8	1
オーストリア	31.1	
ベルギー	32.4	2
オランダ	32.4	
デンマーク	38.1	3
ノルウェー	38.3	3
スウェーデン	39.1	3

（出所）Esping-Andersen（1990）および本論文の分析結果より，筆者作成。

保障政策によって生計が維持される程度である。さらに，統合脱商品化度は，老齢年金，疾病及び失業に関するプログラムを考慮して，人々が市場における活動に対する報酬に依存しないで生活できる程度である。したがって，統合脱商品化度は，伝統的社会的リスクへの対応を測る尺度であるとみなすことができる。

　表 13-7 には，Esping-Andersen（1990）が測定した，1980 年における統合脱商品化度スコアが示されている。なお，統合脱商品化度スコアが低い順に，自由主義レジーム，保守主義レジーム，社会民主主義レジームの順に，各福祉レジームに属する国々が並んでいる。つまり，自由主義レジームは，オーストラリア，アメリカ，ニュージーランド，カナダ，アイルランドおよびイギリスからなり，保守主義レジームは，イタリア，日本，フランス，ドイツ，フィンランドおよびスイスからなり，社会民主主義レジームは，オーストリア，ベルギー，オランダ，デンマーク，ノルウェー及びスウェーデンからなる。

表 13-7 における「所属グループ」は，第 3 節において示した，3 つのグループに対応する[7]。ただし，ポルトガルは，Esping-Andersen（1990）における分析対象国ではないので，表には示されていない。そこで，ポルトガルを除外して 3 つのグループに属する国々と統合脱商品化度スコアとの関係をみると，第 3 グループに属する国々の統合脱商品化度スコアは，他の 2 つのグループに属する国々の統合脱商品化度スコアより，際だって大きいことがわかる。実際，第 3 グループに属する国々の統合脱商品化度スコアの平均値は 36.2 であるのに対して，第 1 グループに属する国々のそれは 25.8，第 2 グループに属する国々のそれは 27.7 である。したがって，第 1 グループに属する国々と第 2 グループに属する国々との違いは，統合脱商品化度スコアとの関係は，明確にはわかない。ところで，ヨーロッパの国々を 3 つのグループに分ける際に用いた階層的クラスター分析では，主成分分析より得られたすべての主成分が考慮されている。しかしここでは，すべての主成分ではなく，全体の情報の約 40 パーセントの説明力をもつ第 1 主成分のみに注目し，それと統合脱商品化度スコアとの関係について検討する。

　ヨーロッパの国々について，第 1 主成分と統合脱商品化度スコアとの関係について検討するにあたり，Esping-Andersen（1990）の分析対象国と本章の分析対象国の重なる国々に注目する。つまり，アイルランド，イギリス，イタリア，フランス，ドイツ，フィンランド，スイス，オーストリア，ベルギー，オランダ，デンマーク，ノルウェー及びスウェーデンからなる 13 カ国を分析対象国とする。

　図 13-15 から図 13-18 に関して，横軸方向に第 1 主成分について小さい順に並べたときの順位，縦軸方向に統合脱商品化度スコアについて小さい順に並べたときの順位が測られている。各図より，1995 年，2000 年，2005 年及び 2010 年において，第 1 主成分及び統合脱商品化度スコアに関して，両者の順位の間

---

　7) 本章において，分析対象ではない国々について所属グループの欄に斜線が引いてある。

第 13 章　欧州社会保護統計データによる社会的リスクの変化に関する考察　367

図 13-15　第 1 主成分と脱商品化スコアの順位相関（1995 年）

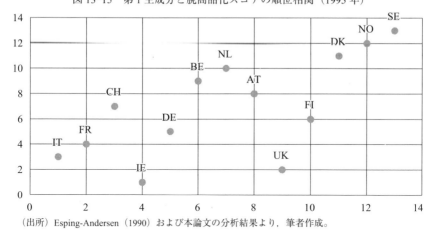

（出所）Esping-Andersen（1990）および本論文の分析結果より，筆者作成。

図 13-16　第 1 主成分と脱商品化スコアの順位相関（2000 年）

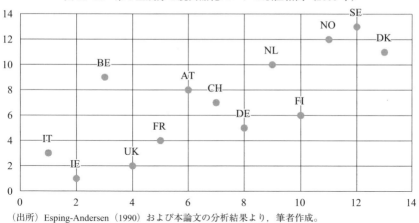

（出所）Esping-Andersen（1990）および本論文の分析結果より，筆者作成。

に正の相関があることが予想される。そこで，各年において，第 1 主成分及び統合脱商品化度スコアの Spearman の順位相関係数を計算すると次のようになる。1995 年の順位相関係数は 0.555 で 1 パーセント未満で有意であり，2000 年のそれは 0.581 で 1 パーセント未満で有意であり，2005 年のそれは 0.477 で 5 パーセント未満で有意であり，2010 年のそれは 0.477 で 5 パーセント未満で有意である。

1995 年，2000 年，2005 年及び 2010 年において，統合脱商品化度スコアと

図 13-17 第 1 主成分と脱商品化スコアの順位相関（2005 年）

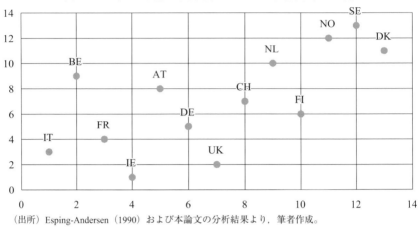

（出所）Esping-Andersen（1990）および本論文の分析結果より，筆者作成。

図 13-18 第 1 主成分と脱商品化スコアの順位相関（2010 年）

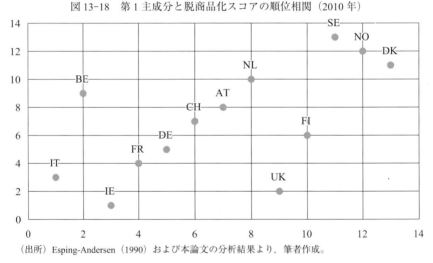

（出所）Esping-Andersen（1990）および本論文の分析結果より，筆者作成。

全体の情報の約 40 パーセントの説明力をもつ第 1 主成分との間に，つねに中程度の正の相関が成立する。ところで，統合脱商品化度スコアは，1980 年における伝統的社会的リスクに対応し，第 1 主成分は，主に現物給付に関係し，新しい社会的リスクに対応すると考えられる。したがって，1980 年時点においてある程度伝統的社会的リスクに対応ができていた国々は，1990 年代後半から現在にかけて新しい社会的リスクにもある程度対応できているということ

がわかる。

おわりに

本章では，ESSPROSS の支出データを用いた主成分分析によって，ヨーロッパ諸国全体において，社会的リスクへの対応がどのように時系列的に変化したのか検討した。さらに，ヨーロッパ各国の社会的リスクへの対応に関する主成分得点を用いて，ヨーロッパ各国の社会的リスクへの特徴付けを行った。また，1980 年時点における伝統的社会的リスクへの対応と 1990 年代後半以降の新しい社会的リスクへの対応の相関関係について検討した。その結果，主として以下のような結論を得ることができた。

第1に，ヨーロッパ各国の社会的リスクへの対応の違いを考える基準として，伝統的社会的リスクである引退後の所得保障への対応の違いは，重要な基準の1つであるが，説明力は大きくない。

第2に，ヨーロッパ各国の社会的リスクへの対応の違いを考える基準として，新しい社会的リスクである家族成員に対する現物給付への対応の違いは，全体の情報の約 40 パーセントに相当する最大の説明力をもつ基準である。

第3に，ヨーロッパ各国の社会的リスクへの対応の違いを考える基準として，上記のもの以外に，積極的労働市場政策への対応の違い，世代間における社会的リスクへの対応の違いも想定することができる。

第4に，北欧諸国は，新しい社会的リスクである家族成員に対する現物給付への対応において，他のヨーロッパ諸国と比較して際立った充実度を示している。

第5に，1980 年時点において伝統的社会的リスクへの対応が充実していればいるほど，1990 年代後半における新しい社会的リスクである家族成員に対する現物給付の充実度が高い。

ところで，本章では，ヨーロッパにおけるリスクへの対応が，経済変数，社会変数，政治変数など，どのような要因によってもたらされるのか，明確にされていない。このような問題は，さらなる分析をすすめるにあたり重要であり，今後の課題としたい。

参 考 文 献

飯島大邦（2014）「ヨーロッパの福祉国家の社会的リスクに対する対応について—主成分分析による評価—」塩見英治編『現代リスク社会と 3・11 複合災害の経済分析』中央大学出版部。

内田治（2013）『主成分分析の基本と活用』日科技連出版社。

国立社会保障・人口問題研究所（2011）「社会保障費統計に関する研究会報告書」。

佐藤格（2014）「国民経済計算（SNA）と社会保障費用統計を用いたマクロ計量分析」国立社会保障・人口問題研究所編『社会保障費用統計の理論と分析』。

畑農鋭矢（2009）「主成分分析による地域経済特性の計測」『明大商學論叢』91 巻 2 号，193-212 ページ。

Bonoli, G. (2005), 'The politics of the new social policies: Providing coverage against new social risks in mature welfare states', *Policy & Politics*, 33 (3), pp. 431-449.

Bonoli, G. (2007), 'Time matters: Postindustrialization, new social risks, and welfare state adaptation in advanced industrial democracies', *Comparative Political Studies*, 40 (5), pp. 495-520.

Esping-Andersen, C. (1990), *The Three Worlds of Welfare Capitalism*, Polity Press.（岡沢憲芙，宮本太郎監訳『福祉資本主義の三つの世界：比較福祉国家の理論と動態』ミネルヴァ書房）

EUROSTAT (2011), *ESSPROS Manual 2011 edition*.

第 **14** 章

会計学と経済学の距離感

は じ め に

　本章では，会計学と経済学の関係について検討する[1]。筆者は経済学部における会計学の教員であり，会計学と経済学はどのような関係にあるのかという点に興味がある。会計学と経済学は，相互に影響を及ぼし合いながら，変化している。両者の結びつきの強さは「距離」，どちらの影響が強いのかという点は「位置関係」という言葉で整理することができる[2]。本章では，そのうち，会計学と経済学の結びつきの強さに焦点を当て，考察を行う。

　会計学と経済学の結びつきの強さは，客観的な数値で表現することは困難である。そこで，本章ではタイトルを含め，「距離」ではなく「距離感」という言葉を用いることにした。また，本章で経済学という場合，近代経済学を前提とする。

　本章のあらましであるが，1 では，会計学と経済学のそれぞれについて，意

---

1) 「会計」と「会計学」，「経済」と「経済学」は異なり，「学」がつくと学問分野を示す。本章のタイトルでは「会計学と経済学」という表現を用いているが，本文では「会計と経済学」の関係についての内容も一部含んでいる。
2) 田村（2006）は会計と税務の関係というテーマにおいて，この点にふれている。242-243 ページ。

義・分類・研究手法をごく簡単に示す。2以降で，会計学と経済学の結びつきの強さについて考察する。2では，時代による会計学と経済学の距離感の変化について，企業会計とマクロ会計にわけて検討する。3では，人（会計研究者・学生・会計専門職）による会計学と経済学の距離感の相違を検討する。4では，会計学と経済学の学問的なレベルという点にふれる。近年，会計研究については，実証・分析・実験という手法を導入することにより，会計学と経済学の接近傾向がみられるが，それを5でとりあげる。その際，筆者の研究テーマである「企業会計のゲーム論的考察」を，会計学と経済学の接近の例として，ごく簡単に紹介する。

なお，本章の記述は，証拠にもとづいて真理を探究するというものではなく，筆者の問題意識を披露するという性格が強い。その点をあらかじめお断りしておく。

1. 会計学と経済学の概要

1-1 会計学

わが国における財務会計の代表的テキストの1つである桜井（2014）は，会計を「ある特定の経済主体の経済活動を，貨幣額などを用いて計数的に測定し，その結果を報告書にまとめて利害関係者に伝達するためのシステムである」と定義している[3]。また，会計学を「経済活動の測定および結果の伝達から成る会計システムと，伝達によって生じる経済的な影響を，その研究対象とする学問である」と定義している[4]。

さて，会計は会計実体の観点から，ミクロ会計とマクロ会計に分類される。ミクロ会計は国民経済を構成する個々の経済単位を会計実体とするのに対し，マクロ会計は国民経済を会計実体とする[5]。

会計学の伝統的な研究手法として，規範的研究がある。概念フレームワーク

---

3) 桜井（2014），1ページ。
4) 同書，1-2ページ。
5) 河野・大森（2012），7-8ページ。

第 14 章　会計学と経済学の距離感　373

に関する議論も，その多くはこれに含まれるであろう。会計学の比較的新しい研究手法として，実証的研究・分析的研究・実験的研究がある。会計学の研究手法は本章の重要ポイントであるので，5でやや詳しく説明する。

1-2　経済学

　経済学について，スティグリッツは「個人，企業，政府，その他さまざまな組織が，どのように選択し，そうした選択によって社会の資源がどのように使われるかを研究する学問である」と定義している[6]。

　経済学はミクロ経済学とマクロ経済学に分類される。ミクロ経済学は，個々の家計・企業の行動の分析から始め，市場における価格機構や企業組織の役割の分析を重視し，市場・組織など経済の制度的仕組みを検討する。一方，マクロ経済学は，家計・企業の行動を集計したうえで，GDP の変動とマクロ経済政策による制御の分析を重視し，景気循環とその政策対応を考察する[7]。

　経済学の伝統的な研究手法として，部分均衡分析・一般均衡分析がある。また，経済学の比較的新しい手法として，契約理論・ゲーム理論がある。契約理論・ゲーム理論は「情報の経済学」と位置づけられることがある。会計数値は一種の情報であり，新しい経済学の方が会計に馴染みやすいともいえる。

2.　時代による距離感の変化

　会計学と経済学の距離感は時代によって変化しているが，両者は以前よりも接近したといえる。ここではその点について，企業会計とマクロ会計にわけて整理する。

2-1　企業会計

　社会科学に属する学問分野は多くあるが，「会計学」「経済学」「法律学」の

---

6)　Stiglitz and Walsh（藪下他訳 2013），4 ページ。
7)　奥野編（2008），1 ページ。

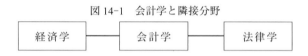

図14-1　会計学と隣接分野

3つをとりあげ，その中心に会計学をおくと図14-1のようになる。距離感というのは，絶対的な数値ではなく，相対的な感覚である。それゆえ，「会計学と経済学の距離感」は「会計学と法律学の距離感」から影響を受ける。かりに，会計学と経済学の関係が不変であったとしても[8]，「会計学と法律学の距離感」が大きくなると，会計学と経済学は接近したと感じるであろう[9]。

さて，わが国の企業会計制度は，以前は，証券取引法（現，金融商品取引法）と商法（現，会社法）と法人税法の3つが密接に結びつき，そのことはトライアングル体制とよばれていた。トライアングル体制のもとでは，会計処理を行う際にも商法と法人税法を考慮する必要があった[10]。それゆえ以前は，会計に携わる人々の意識も，会計実務も，会計研究も，会計学と法律学の距離感は小さかった。

しかし，1998年頃を境に[11]，トライアングル体制は変容した[12]。その内容であるが，第1に，その他資本剰余金を財源とした配当が可能になるなど，配当規制が後退して，開示規制へとシフトしたことがある。第2に，会計と税務の分離が生じたことがある。たとえば，以前は，会計上の引当金を税法基準により計上することが実務で行われ，監査上もそれが容認されるような状況であった。しかし，新たな会計基準が次々と公表されたこともあり，現在では，税法規定が事実上の会計基準となっているような状況はかなり解消した。トライ

---

8) 会計学と経済学の関係は，実際には変化している。
9) わが国の会計学は，古くはドイツの影響が強かったが，現在では米国の影響が圧倒的に強い。その点も，会計学が法律学から遠のき，経済学に近づいていることと関わっているであろう。
10) 田村（2006），9-17ページ。
11) 1998年度（平成10年度）法人税法改正は，会計と税務の分離に関する契機となった。
12) 田村（2006），18-30ページ。

アングル体制の緩和により，会計が会社法・法人税法から受ける影響は弱まった。このように，会計学と法律学の距離感は以前より大きくなり，その結果，会計学と経済学の距離感は「間接的な効果」として小さくなった。

さて，具体的な会計処理の議論になるが，将来キャッシュフローを割り引いて現在価値に直すという計算の適用範囲は拡大している。その例として，金融商品会計・退職給付会計・リース会計・減損会計などがある。現在価値は，経済学上の概念であると断言することはできないものの，経済学的な色彩は強いといえる。また，ストックオプションなどの会計処理を行う際には，オプションの価値を算定する必要がある。そこではブラックショールズモデルや二項モデルなどが登場する。これらは経済学的な手法である[13]。このように，近年は経済学的な思考・処理が会計に深く入り込むようになり，会計学と経済学の距離感は「直接的な効果」として小さくなった。

なお，会計研究の手法の変化にもとづく会計学と経済学の接近は，5 でとりあげる。

2-2　マクロ会計

SNA（System of National Accounts，国民経済計算）はマクロの経済統計である。マクロ会計は他章でとりあげられているので，詳細はそちらに譲るが，マクロ会計では企業会計と同様に，複式記入が採用されている[14]。

さて，中村忠教授は『新訂 現代会計学』（筆者の手許にあるのは，1985 年 11 月に刊行された 7 版である）において，「会計学と経済学との関係は，会計学と経営学，会計学と法律学との関係ほどの深い結びつきはない。管理会計の領域では経済学の理論が一部使われるが，財務会計ではほとんど使われない」[15]と明記されている[16]。中村忠教授は，同書において，学部生向けの財務会計のテ

---

13)　経済学というより「数学」という方が，適切かもしれない。

14)　取引には複数の経済主体が関与し，それぞれが複式記入を行っている。SNA ではそのことを 4 重記入とよんでいる。河野・大森，前掲書，43-44 ページ。

15)　中村（1985），23 ページ。

キストとしては，マクロ会計（同書では社会会計あるいは経済会計という言葉を用いている）についてかなり詳しく説明され，そのうえで，マクロ会計が企業会計と異なる点として，次の2つを指摘されている[17]。

・資本消費額（費用）を現在価値で計算しており，原価主義をとらずに，現在の市場価格で評価する。

・費用収益の認識を生産基準（稼得主義）で貫き，実現主義をとらない。

そして，企業会計とマクロ会計の実質的なへだたりは大きいと述べられている。

　ただ，中村忠教授が上記の文章を著した当時と現在では，会計をとりまく状況が変化している。企業会計は現在もなお，収益については実現主義を基本としつつ，実現可能基準など発生主義に近いものも増えており，マクロ会計との差は縮小している。また最近は，企業会計がマクロ会計に対して，強い影響を及ぼしているといえる[18]。その一例として，リース取引がある。オペレーティングリースとファイナンスリースの分類などは，企業会計の分野では古くから検討がなされ，会計基準も整備されている。そのような企業会計におけるリース会計の研究成果と会計基準の整備は，マクロ会計にも反映されている[19]。企業会計とマクロ会計の接近で，会計学と経済学の距離感が小さくなったと解釈することができよう。

3. 人による距離感の相違

　会計学と経済学の距離感について，2では時代による変化をとりあげたが，同時代であっても，距離感は人によって同じではない。

---

16)　5で述べるように，現在では財務会計の領域でも，研究においては経済学の理論が使われている。

17)　中村，前掲書，24-25ページ。

18)　企業会計の研究や会計基準をマクロ会計に反映させることは，2008SNAの特徴でもある。河野・大森，前掲書，27-28ページ。

19)　同書，28ページ。

3-1　会計研究者および大学院生

　会計研究者および大学院生についていえば，会計学と経済学の距離感は人によって異なり，小さいと感じる人もいれば，大きいと感じる人もいるであろう。最近の会計研究については5で述べるように，実証的研究・分析的研究・実験的研究という，経済学の影響を受けた会計研究が増えてきている。その傾向に照らすと，比較的若い会計研究者や研究者志望の会計学専攻の大学院生は，会計学と経済学は近いと感じる人が多いと思われる。

　なお，会計学専攻の大学院生は，研究者志望の人だけでなく，公認会計士・税理士など会計専門職を志望する人が多くいる[20]。そのような大学院生は，会計についての知識・理解力は学部生より概して高いといえるが，会計に対する意識は，次に述べる学部生と特に変わることなく，会計学と経済学の距離感は大きいであろう。

3-2　学部生

　学部生にとって会計学と経済学の距離感は大きいと，筆者は推察している。その理由として次の3点をあげることができる。

　①学部生をはじめ，多くの人に「会計学とは簿記のことである」というイメージが定着している。

　②入門レベルの簿記については，マクロ経済学・ミクロ経済学との接点がほとんどみられない。

　③経済学の勉強をしても，大学の簿記の試験で得点をとることにはつながらない。

上記①について，わが国では，大学・商業高校などを問わず，会計分野の学習はほとんどの場合，簿記からスタートする。簿記資格の取得を目指す学生も多いが，その場合，簿記だけをひたすらやり続け，会計の理論的な学習は軽視さ

---

20)　近年，アカウンティングスクールも含め，税理士志望の学生を積極的に受け入れている大学院は多い。

れる傾向がある[21]。また，上記②について，簿記に経済学的な要素が登場するのは，かなりハイレベルになってからである。日商簿記1級レベルでは新会計基準が範囲に含まれ，金融商品・退職給付・リース・減損などの会計処理が扱われるが，そこでは2-1で述べたように，割引現在価値の計算が登場し，若干経済学的な雰囲気を帯びてくる。現在価値の考え方は，マクロ経済学やミクロ経済学にもでてくるからである。ただし，大学の「正規の授業」において，簿記をそのレベルまで勉強するのは一部の学生だけである。

筆者の勤務先である中央大学経済学部[22]では，「基礎マクロ経済学」「基礎ミクロ経済学」はともに，1年次配当の必修科目であり，学部生全員が履修している。会計科目は，経済学部としては比較的多く開講されているが，それらは選択科目である[23]。「簿記論」は1年次配当であり，おおよそ，日商簿記3級レベルの内容を扱っている。「簿記論」は必修ではないが，履修者は多い。しかし，2年次配当の「財務会計論」「管理会計論」，3・4年次配当の「マクロ会計論」「環境会計論」「監査論」「税務会計論」は，「簿記論」と比較すると，履修者はかなり少なくなる。すなわち，経済学部の多くの学生は，会計分野の科目としては，経済学との接点がほとんどみえない入門レベルの簿記だけを履修し，会計学と経済学の近さなど全く実感しないまま卒業すると思われる。

筆者は経済学部で「簿記論」と「財務会計論」の講義を担当している。「簿記論」は計算が中心であるのに対し，「財務会計論」は理論が中心であって，この違いはシラバスでも明記している。内容に違いがあるので，簿記を学内外の受験指導機関などで相当高いレベルまで勉強していても，それだけで，「財務会計論」で高得点をとれるわけではない。しかし，簿記の勉強を十分にしていれば，「財務会計論」は楽勝科目であると思い，授業には出席せず，試験の

---

21) 公認会計士志望の学生であっても，ある時期までは計算に特化しているケースが多い。

22) ここでの記述は，2014年度のカリキュラムを前提としている。

23) 一部の学科では選択必修科目になっているが，非常に緩やかな縛りであり，実質的には選択科目とあまり変わらない。

第 14 章　会計学と経済学の距離感　379

ための勉強もほとんどしていない（と思われる）学生が存在し，結果として，「財務会計論」の成績は低い評価（場合によっては不可）にとどまるケースがある。これは上記①の傍証になるであろう。

また別の理由で，学部生は，経済学と会計学（会計学といっても，実際には簿記が念頭にある）は全く別の科目であると考えている可能性がある。それは，上記③について，大学の試験では，必修科目である「基礎マクロ経済学」「基礎ミクロ経済学」で勉強した内容を，「簿記論」の試験で生かせることはまずない，ということである。金融論・財政学といった科目では，制度と理論の両方が授業で扱われる。理論の多くはマクロ経済学ないしミクロ経済学がベースになっているため，マクロ経済学・ミクロ経済学の学習経験が，金融論・財政学などの試験に多少なりとも生かせることがある。

それに対し，「簿記論」の単位を取得するためには，仕訳や精算表作成など簿記の典型的な問題であれ，用語説明などの論述問題であれ[24]，マクロ経済学・ミクロ経済学の勉強とは全く別に，「簿記論」のために，それ独自の勉強が必要となる[25]。

ただし，会計分野の科目であっても，応用的な一部の科目，具体的には「管理会計論」「マクロ会計論」では，経済学との共通点がある。特に，「マクロ会計論」は国民経済計算を扱い，「基礎マクロ経済学」で学習するケインズ恒等式・三面等価などの議論もでてくるため，「マクロ会計論」の履修者は，もしかしたら，会計学の科目か経済学の科目か，わからなくなっているかもしれない。「マクロ会計論」は，マクロ経済と複式簿記の思考を密接に結びつけており，経済学と会計学をつなぐ科目という意味で，貴重な存在である。

3-3　会計専門職とその志望者

ある仕事をするために資格を要する職業では，資格を取得するプロセスがそ

---

24)　筆者は「簿記論」の試験でも，短めの論述問題を出題することがある。
25)　簿記の学習が経済学の試験の点数に直結しないというように，逆もあてはまる。

の後の思考様式に影響を及ぼす。会計専門職，なかでも公認会計士の場合，受験勉強がかなり長期間にわたるため，その影響は強いと思われる。公認会計士の志望者は，そうでない学生と比べて，会計の広い範囲を深く学習しているはずである。そのような人であっても，いや，そのような人の方がかえって，会計学と経済学の距離感は大きいと感じている可能性がある。

　筆者は学部を卒業した後，若干ではあるが監査実務に従事する機会を得た。そして，学部卒業の3年後に大学院に進学した。筆者は大学院では会計学を専攻したが，大学院では高度な数学を使っているわけではないものの，経済学的な考え方が相当強い会計教育・会計研究がなされていた。大学院在籍時における筆者の正直な印象は「こんなものは会計学ではない。これは応用ミクロ経済学である」というものであった。そのようなことを実際に，指導教官に対して発言したこともある。4でふれるように，筆者は学部生時代には，会計学よりも経済学に関心があって，経済学のゼミに所属し，経済学に抵抗感はなかったはずである。しかし，会計士の資格を取得するため，毎日，簿記の問題を解き続けることにより，「会計イコール簿記」というイメージがすり込まれていたのである[26]。そこに，帳簿や証憑をチェックするといった監査実務上の経験が加わって，「会計学と経済学は別物である」という見方が固まっていた。大学院での会計学は「会計学と経済学を結びつけようとする」ものであり，筆者が大学院生時代に有していた見方とは異なるものであったので，ある種の拒絶反応が生じたのであろう[27]。

　筆者が旧公認会計士2次試験を受験した際には，経済学は必修であった

---

26)　現試験制度における「財務会計論」は，旧試験制度では「簿記」と「財務諸表論」にわかれていた。「簿記」は計算科目で点差が開くため，「簿記を征するものは会計士試験を征す」という表現まで存在した。そのため，受験生の多くは，簿記の総合問題（1時間問題）を毎日解いていた。なお，現試験制度では簿記のウエイトが低下しており，以前のような状況は若干緩和されていると思われる。

27)　筆者の大学院生時代の研究上の関心は「会計と税務の関係」「トライアングル体制」というように，法学的色彩が強いものであった。修士論文は「わが国の合併会計制度」という題名で，合併会計をトライアングル体制の視点から考察した。

第14章　会計学と経済学の距離感　381

が[28]，受験勉強をしているとき，会計科目（それは「簿記」「財務諸表論」「原価計算」「監査論」の4科目にわかれていた）と「経済学」とのつながりは全く意識していなかった。公認会計士試験に経済学が含まれているのは，職業会計人として生きていくうえでの一種の教養という位置づけであろう，という印象であった。

2-1で述べたように，近年，具体的な会計基準・会計処理のなかに経済学的な考え方が入り込むようになり，監査実務等に実際に従事している人は，会計学と経済学が関わりをもっていることは，頭ではそれなりに理解しているであろう。しかし，上述したように，受験勉強時代に染みついた意識から，会計学と経済学の近さを実感しているかどうかは疑問である。

4．会計学と経済学の標高差

このようなことを記述すると，批判されることは避けられないが，正直に書くことにする。筆者は学部生時代，「経済学は学問であるが，会計学は技術である」という考えをもっていた。大学では「学問をする」ために経済学のゼミに所属し，同時に，「手に職をつける」ために専門学校に通い，公認会計士の受験勉強をしていた。そして，その頃は，会計学と経済学は別物であると感じていた。筆者は学部生時代に，ある経済学者が「会計学では借方・貸方などといっているが，そんなことをしていて，よく学問として成立するな」と，やや馬鹿にしたような言葉を，じかに聞いたことがある[29]。当時から経済学の研究では「数学」を駆使していたので，会計学で行っていることは「算数」程度にみえたのであろう。確かに，その当時のわが国の会計学は，研究面でも規範論が大半であり，統計学や数学はほとんど使われない状況であった。会計学を学問的に低く位置づけた，その経済学者の言葉を，学部生であった筆者は「ま

---

28)　現試験制度では，経済学は選択科目であり，4科目のうち1科目だけ受験すればよく，経済学を選択する受験生は少数である。

29)　今考えると，その経済学者にも「会計イコール簿記」という意識があったように思われる。

さに，その通り」と納得して聞いていた。

その経済学者にとっても，学部生時代の筆者にとっても，会計学と経済学の関係は，単に「会計学と経済学の距離感が大きい」というだけでなく，そこには標高差，すなわち「経済学が上で，会計学が下である」という上下関係が存在していたのである。「会計学の研究者は，会計学がおかれたそのような状況に劣等感を抱き，会計学をより科学的にするため，経済学に近づけていった」という見方も，完全に否定することはできないと思われる[30]。

ただし，会計研究が経済学に近づいていくという変化が，本当に会計のためになっているのかというと，筆者にはよくわからない点もある。会計学と経済学の間に，はたして上下関係などあるのか（あったのか）。また，経済学的な手法（すなわち，5でとりあげる実証・分析・実験）によらない規範的会計研究は，ある価値観を前提として，それを会計学のテーマに照らして，自らの主張を述べているに過ぎないといわれるかもしれないが，それは学問のあり方として，本当によくないことなのだろうか。社会科学および人文科学は，自然科学とは異なり，価値判断を完全に排除することは無理である。会計学でそのようなことをすると，会計研究でとりあつかう範囲をかなり狭めることになるのではないか，と筆者は「現時点」では考えている[31]。

5. 研究面における会計学と経済学の接近

会計学の研究手法は，伝統的[32]な会計学と新しい会計学でかなり異なる。会計学については，「現在の会計基準ははたして妥当か。もし妥当でないとす

---

30) もちろん，このような見方もあるというだけの話である。会計研究の手法の変化には，従来の規範的研究が抱える問題点の克服などが背景にある。伊藤・桜井編（2013）の序章を参照すること。

31) 筆者の研究テーマは，法学的色彩の強いものから経済学的色彩の強いものへとシフトしているが，現在でも，会計学に規範的研究が存在するのは当然であると考えている。

32)「伝統的」という表現は，従来から採用され続けているという意味で用いており，古いというような，否定的なニュアンスは含んでいない。

第14章 会計学と経済学の距離感 383

れば，どのように改訂すべきか。そのような問題について考察する学問分野である」と考える人が多い。このように「○○については，どうあるべきか」という手法は規範的研究とよばれる。会計学はこれまで，規範的研究が中心をなしてきた。わが国では現在でも，規範的研究が最も盛んである。

　規範的研究においても，経済学的なアプローチがとられるケースがある。「利益とは何か」という会計学の根本的なテーマをとりあげる際，経済学的所得概念[33]との対比によって利益概念を追求することがあるが，これは，経済学の概念を会計学に直接的に導入したものであるといえる。

　ただし，会計学は規範的研究だけではない。「実証的研究」「分析的研究」「実験的研究」とよばれる，会計学の新しい手法が存在する。これらは「どうあるべきか」というよりも「どうなっているのか」という事実の解明に焦点をあてている。完全に対応しているわけではないが，会計学の実証的研究は計量経済学と，会計学の分析的研究はミクロ経済学と，会計学の実験的研究は実験経済学と，それぞれ，親和性がある。経済学は会計研究の手法に大きな影響をもたらした。別の表現をすると，「会計学の経済学化」がすすんだといえる[34]。以下では，会計学のこれら3つの研究手法を紹介する。

5-1 実証的研究

　実証的会計研究とは，会計情報と株価形成の関係，利益発表が株価形成に与える影響，企業の会計選択に影響を及ぼす要因の解明などについて，利益や株価などのデータを用いて，統計的手法にもとづいて検証するものである。経済学では古くから，「理論なき実証」「実証なき理論」という点が問題視されることがあった。会計学では比較的最近まで，「実証なき理論」がメインであった

---

33)　ヒックスの所得概念が代表的なものである。この議論については上野（2014）の第6章を参照のこと。

34)　税務会計は伝統的に，法令の解釈論が重視され，会計学の諸分野のなかでも，会計学と法律学が特に強固に結びついてきた分野である。現在でも基本的には，その傾向が維持されているが，経済学的な性格の強い税務会計も研究面では登場している。その例として鈴木（2013）がある。

といえるが，実証的研究は，既存の大量のデータを利用して，検証を行おうとするものである[35]。

実証的会計研究は，米国では Ball and Brown（1968）が初期の代表的な論文としてあげられ，その後，膨大な研究の蓄積があり，現在では会計研究の大部分を占めている。わが国でも実証的会計研究はかなり盛んになってきており，最近執筆された会計学の博士論文は，実証的研究に属するものが多い。実証的研究はもはや，特殊な研究手法とはいえなくなっている。

5-2　分析的研究

分析的会計研究とは，会計が関わる事象を数理モデル分析の手法で研究する領域である[36]。分析的研究にもとづく会計学の論文には，命題・補題・証明といった言葉とともに，複雑な数式が多く登場し，あたかも，数学の文献，あるいは数学を駆使した経済学の文献のようである[37]。分析的研究ではミクロ経済学の特定の分野，具体的には契約理論とゲーム理論が用いられることが多い[38]。

契約理論は，依頼人（プリンシパル）が代理人（エージェント）に仕事をまかせる場合，どのような契約を締結するのが依頼人にとって望ましいのかを考察する理論である。株主と経営者の関係について，会計学では伝統的に「受託責任」という言葉を用いて説明が行われてきた。株主は経営者に対して，自らの財産を提供して，企業経営を委託する。経営者には受託者としての責任が生じ，株主の利益に合致するように，誠実に行動することが求められる。しかし，契約理論においては，経営者も経済合理的に行動する経済主体であると想定し，経営者が株主の分身のように行動する保証はないと考える。経営者は，

35）　これはアーカイバル研究ともよばれる。

36）　太田編（2010），まえがき 1 ページ。

37）　日本語で執筆された書籍として，佐藤編（2009）・太田編（2010）・椎葉他（2010）がある。

38）　契約理論とゲーム理論は通常，中上級レベルのミクロ経済学として学習する。

株主の利益に反するとわかっていても，自らに有利になるような行動をとる可能性がある。契約理論は，その点をふまえ，「経営者への動機づけ」と「経営者と株主の間のリスク分担」を考慮すると，株主はどのような報酬契約を経営者と結ぶのが最適であるかを追求する。

　ゲーム理論は，複数の経済主体がお互いに相手の行動を読みあって行動する場合，どのような結果[39]になるのかを考察する理論である。現在では経済学に限らず，多くの分野でゲーム理論が用いられている。筆者の研究テーマの1つに「企業会計のゲーム論的考察」がある。これは経済学的色彩の強い会計研究であり，3つのアプローチのなかでは分析的研究に属する。会計学と経済学が接近している例として，筆者がとりくんできた研究内容の一部をごく簡単に紹介する。

　分析的会計研究では通常，精緻な数理モデルを構築することに主眼が置かれるが，筆者が行ってきた研究は，それとは異なる。ある程度のレベルの数学を用いないと，分析的研究の初歩的な内容にとどまることは否定できないが，会計数値をめぐる経済主体間のかけひきなど，他のアプローチではみえにくい点がみえることもある。筆者は，会計操作・会計規制・会計制度といった企業会計に関するテーマについて，ゲーム理論の基本的な考え方にもとづき，記号を用いた抽象的な議論ではなく，数値例を用いた具体的な議論を行ってきた。

　企業会計に関わる各経済主体（企業・投資家・銀行・税務当局・基準設定機関など）は，自らの行動に対して他の経済主体がどのように反応するのかを念頭に置いて，意思決定を行う。ゲーム理論の考え方は会計分野においても，うまくあてはまるケースが多い。1つ例をあげてみよう。金融商品取引法会計をめぐる状況は図14-2のように示すことができる。会計基準は企業行動を会計利益に変換する方法を決定する。投資家は会計利益という情報を入手することで，企業の状況についての事前予想を改訂したうえで，投資行動を決定する。投資家の行動は企業の利得に影響を及ぼす。具体的には，企業の資金調達額や資金

---

39) これはゲームの均衡である。

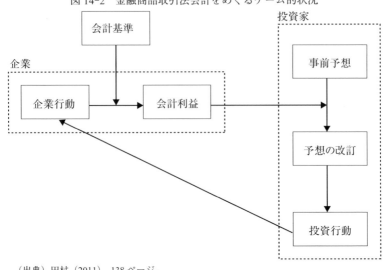

図 14-2　金融商品取引法会計をめぐるゲーム的状況

（出典）田村（2011），138 ページ。

調達コストが変化するのである。その結果，企業の行動が変化する。このように，企業と投資家の間には「企業→投資家」「投資家→企業」という双方向の影響が存在する。それゆえ，会計規制のあり方は企業と投資家の両方に影響を及ぼす[40]。ゲーム理論のアイデアを用いると，このような内容も明示的にとりあげることができる。

そして，筆者は「利益操作はなぜ行われるのか」「会計規制の強化はどのような結果をもたらすのか」「会計基準のコンバージェンスの度合はどのようにして決定されるか」など，会計に関する具体的な問題をとりあげ，検討してきた[41]。

5-3　実験的研究

実験が可能なのは物理・化学などの自然科学の分野であって，社会科学の分

---

40)　田村（2011），137-138 ページ。
41)　筆者の研究は数値例による分析であるため，結論を一般化することができないという限界がある。

野では実験は不可能であると，以前は考えられていた。しかし，最近では社会科学の分野でも，実験という研究手法が採用されるようになってきている。会計学にも実験的研究が存在する。

実験の特徴は，原因と考えられる変数を，実験者が操作するという点にある。すなわち，「こうしてみたらどうなるかを試す」[42]ということである。また，実験では既存のデータを使うのではなく，実験を行うことによってデータを新たに作り出すという点にも特徴がある[43]。実験的会計研究の例として，会計をとりまく利害関係者（経営者・投資家・監査人など）は，本当に合理的に行動しているのかどうか，実験を行って確かめる，といったことがある。

実験という手法には，複数の変数の間に相関関係がある場合，どちらが原因でどちらが結果かという「因果関係」が明確になるという長所がある。ただ，実験は既存のデータを用いるわけではなく，ある状況を人工的に作りあげるため，現実性に乏しいと指摘されることもある。

おわりに

最近の会計研究をみると，会計学と経済学の距離感はかなり小さくなっている。しかし，これはあくまで，研究に限った話である。「研究面（研究者養成の大学院教育を含む）」と「教育面・実務面」では状況が異なる。「研究」では，会計学と経済学の間に深いつながりができつつある。しかし，「学部レベルの会計教育」「実務家養成（公認会計士試験など）」「会計実務」では，会計学と経済学の接点はなかなか見いだせない。

わが国において，米国における会計学のトップジャーナルを，タイトル（雑誌名・論文名）を告げず，パラパラとめくってみせたとしよう。そこには，数字と記号が多く入った表，ギリシャ文字を含む複雑な数式が多く記載されている一方，仕訳やT勘定などはほとんどみられない。それが会計学の雑誌であ

---

42) 南風原他編（2001），96 ページ。
43) 福川（2012），8 ページ。

ると気づく人は，会計学の研究者を除くと，公認会計士・税理士・経理担当者など会計の専門家であっても，ごく少数であろう[44]。

　会計をとりまく，このような状況については，研究者と実務家の役割分担がなされているという肯定的な見方もあろうが，研究者以外にとっても，会計学と経済学がもう少し近づいてもいいような気がする。経済学的な視点を採り入れると，会計を少し違った観点からとらえることができる可能性があるからである。会計学と経済学の接近は，研究レベルにとどまらせるべきではなく，学部教育レベルでも活用できるのではないか。会計学を専攻している大学教員は，「会計研究者」であるとともに「会計教育者」でもある。筆者自身，研究面だけでなく，教育面においても，会計学と経済学の関係を再考する必要性を感じている。わが国の会計学界は，研究面では「経済学一辺倒」といっても過言ではない米国の会計学界[45]とは異なり，そこまでの状況には至っていない。日本の方がかえって，「会計学と経済学の関係」を冷静に判断できる状況にあるのかもしれない。

　わが国では「会計イコール簿記」というイメージが定着している。そのイメージが存在する限り，会計学と経済学の距離感は大きいままである，といわざるをえない。複式簿記は会計を支える柱であり，簿記は会計にとってきわめて重要な役割を果たしている。そのことを否定するつもりは全くない。しかし，「会計学とは簿記のことである」というイメージは変えた方がいいと考える。「会計学は簿記だけではなく，経済学に近い会計学もあるのだ」ということを，さわりの部分だけでも学生に伝えることができれば，「経済学は学問であるが，会計学は技術である」という，筆者自身が学部生時代にもったような印象は薄れるかもしれない。そのことで，経済学部の学生が会計科目を興味深く学習できるようになることは，全く期待できないことではない。

　これは単なる例に過ぎないが，簿記をある程度学習した学生に対して，次の

---

44)　日本語の文献であれば，会計用語が多く含まれていることさえ気がつけば，会計に関する雑誌であることは，ただちにわかる。

45)　もちろん，心理学ベースの会計実験などもある。

ようなことが考えられる。

・SNA の国民貸借対照表をみせ、「国にも貸借対照表はある」と説明する。

・企業の利益と株価の関係を示したグラフをみせ、「両者は完全には連動していないが、かなり強い関係がある」と説明する。

これらは入門レベルの簿記だけを学習した学生にとって、正確に理解することは困難であろうが、テーマそのものは馴染みにくいものではないので、ごく簡単に説明するだけでも、学生は会計学と経済学の近さを実感できるかもしれない。「言うは易く行うは難し」ではあるが、経済学部に所属する会計学の教員として、学部生が有する会計学と経済学の距離感を少しでも小さくしたいと考えている。

　会計学と経済学の関係を考察することは重要なテーマである。ただし、「はじめに」でもふれたように、本章は、証拠にもとづいて何らかの結論を導き出しているわけではなく、筆者の問題意識を披露する程度の記述にとどまっている。本格的な考察は今後の課題としたい。

参 考 文 献

伊藤邦雄・桜井久勝責任編集（2013）『会計情報の有用性』（体系現代会計学 第3巻）中央経済社。

上野清貴（2014）『会計測定の思想史と論理』中央経済社。

太田康広編著（2010）『分析的会計研究』中央経済社。

奥野正寛編著（2008）『ミクロ経済学』東京大学出版会。

河野正男・大森明（2012）『マクロ会計入門』中央経済社。

桜井久勝（2014）『財務会計講義（第15版）』中央経済社。

佐藤紘光編著（2009）『契約理論による会計研究』中央経済社。

椎葉淳・高尾裕二・上枝正幸（2010）『会計ディスクロージャーの経済分析』同文舘出版。

鈴木一水（2013）『税務会計分析』森山書店。

田村威文（2006）『わが国における会計と税務の関係』清文社。

田村威文（2011）『ゲーム理論で考える企業会計』中央経済社。

中村忠（1985）『新訂 現代会計学（7版）』白桃書房。

南風原朝和・市川伸一・下山晴彦編（2001）『心理学研究法入門』東京大学出版会。

福川裕徳（2012）『監査判断の実証分析』国元書房。

Ball, R. and P. Brown (1968), "An Empirical Evaluation of Accounting Income Numbers"

Journal of Accounting Research, Vol. 6, No. 2, pp. 159-178.

Gibbons, R. (1992) *Game Theory for Applied Economists*, Princeton University Press, （福岡正夫・須田伸一訳(1995)『経済学のためのゲーム理論入門』創文社。）

Scott, W. R. (2006) *Financial Accounting Theory (4th Edition),* Prentice Hall, （太田康広・椎葉淳・西谷順平訳（2008）『財務会計の理論と実証』中央経済社。）

Stiglitz, J. E. and C. E. Walsh (2006) *Economics (4th Edition)*, W. W. Norton & Company, （藪下史郎他訳（2013）『スティグリッツ ミクロ経済学（第4版)』東洋経済新報社。）

第 15 章

会計と現実
——マテシッチの実在論について——

は じ め に

　マテシッチは，2013 年に『現実と会計：経済と社会の諸科学における存在論的探究』（*Reality and Accounting: Ontological Explorations in the Economic and Social Sciences*。以下，本書を「R&A」と表記し，引用箇所を明示する際にも利用する）を刊行している[1]。マテシッチが現実に関する論稿を最初に発行したのは，R&A の序文にもあるように，1991 年のことであり[2]，この論文は R&A の第 4 章として再録されている。R&A はマテシッチによる現実に関する論考の集大成といえるものである。

　その目次を示すことによって，その内容を示すことにしたい。

　　第 1 章　序論：本書の範囲と以後の各章の概略

---

1)　本書は 2013 年 7 月には発行されており，筆者もその 8 月には本書を入手している。しかし，その本書の奥付に該当する箇所には発行年は 2014 年となっているので，参考文献の表記はこれに従っている。

2)　第 4 章の元になっている論文は，Mattessich（1991）である。R&A の文献目録に 1991 年のものとしては Social versus physical reality in accounting, and the measurement of its phenomena だけが記載されている。題名は似ているものの，これは同じ年に発行された別の雑誌に掲載されたものと思われる。2 つの論文を 1 つに合体してしまった表示ミスであろう。

第2章　存在論に関する進んだ考察

第3章　バスカーの超越論と関連する哲学

第4章　社会的現実：会計と経営におけるその現れ

第5章　会計表現とボードリヤールによるシミュラークルとハイパーリアリティの秩序

第6章　FASBと社会的現実：代替案としての実在論的見解

第7章　会計とジョン・サールの社会的存在論

第8章　マリオ・ブンゲの存在論の諸側面：（サールや他の人々の見解との）比較

第9章　現実のオニオン・モデルの展開に関する諸命題

第10章　異端的な経済学と存在論

第11章　システム科学の存在論，および量子的現実に関する見解とカオス理論

この目次をみただけでも，マテシッチの関心が会計だけにとどまらず，社会科学全般にまで，あるいは哲学の領域にまで踏み込んでいることが分かる。本章の目的は，R&Aの各章のなかでも会計に関係の深い第4，6，7，9章に焦点を当て，その内容を大雑把に紹介することにある。マテシッチによれば，そのなかでも第9章が「本書のまさに中核となっている」（R&A, p. 10）ので，この章の紹介が多くなっている。なお，第5章も会計に関連するものであり，マテシッチの立場である実在論（realism）とは正反対の立場による見解が検討されている。その意味では興味深いものであるが，紙幅の都合もあり，別の機会に取り上げて検討したい。

なお，R&Aの書名にも，また，本文中に多く出てくる「存在論（ontology」という言葉であるが，マテシッチは，簡単に「現実を検討する試み」（R&A, pp. 4-5）と述べているが，もう少し詳しくは「存在論は，（i）存在の主要なカテゴリー，（ii）現実の基本的な構造，および（iii）どのようにしてあるものが現実と考えていいのか，を検討する試みである」（R&A, p. 15）とも述べている。なお，ある哲学事典では「特定の領域に限定された特殊な存在者の存在様態や

第 15 章　会計と現実　393

構造を探究するのではなく，およそあるといわれうるもの一般，いいかえれ
ば，存在するかぎりでの存在者一般，あるいは存在（あるということ）一般の意
味，構造，様態等を主題的に研究する哲学の基礎分野をいう」（溝口，1998）と
されている。こうした哲学的な議論がなぜ会計あるいは会計学で問題となるの
か，以下でマテシッチの説明を聞くことにする。

1.　マテシッチの「現実」論[3]

1-1　会計における「現実」論の必要性

　マテシッチが現実に関する議論が必要だと考えたのは，R&A の第 4 章の元
になっている論文（Mattessich, 1991）が発表された頃の実証的会計理論において
は，現実の問題を扱う価値があると考えていた研究者が少数ながらいたという
ことである。そこでは，純粋に概念的な変数と現実に裏付けされた変数のいず
れであるかを明確にし，また，現実がどんなものであるかを明らかにする必要
があったという。経験的な変数だけが直接あるいは間接に観察されるのであ
り，こうした観察可能性に対する関心が会計における現実という課題に注意す
るようになったという（R&A, p. 47）。

　この頃に，ヒースが「会計の利益概念は現実世界の出来事のモデルであるけ
れども，1.5 人の家族が現実世界に存在しない以上に，利益は現実世界には存
在しない。両者とも我々の頭の中に存在する」（Heath, 1987, p. 2）と述べ，会計
の諸概念は経験的現実を欠いていると指摘したのである。これに対してマテシ
ッチは，ヒースの主張の一部は認めるが，「利益や所有者持分といった概念は

3）　ここに「「現実」論」としたのは，現実（reality）に関する議論といった意味で使
　　っている。「reality」は，「通常「実在」ないし「実在性」と訳され，日常用語では，
　　「現実」ないし「現実性」と訳される actuality と等価的に使われるが，哲学用語とし
　　ては両者は異なった文脈に属する」（木田，1998，659 頁。一部省略）とされている。
　　これからすれば，訳語としては「実在」あるいは「実在性」を使うべきかもしれな
　　いが，「現実世界（real world）」という言葉が使われる会計の現状から，また日常用
　　語として馴染みがあることから，本章では「現実」という訳語を採用している。な
　　お，中山（2011，49 頁）は，「現実性」という訳語を採用している。また，関連する
　　用語である「realism」については「実在論」という訳語が一般的である。

経験的に空虚な概念ではなく，これらはその価値とともに，資産や負債と同様に，社会的現実に対応する指示物をもっている」(R&A, p. 48) と主張する。このように，物理的現実とは異なった社会的現実を取り上げるのである。

　その後，アメリカ会計学会の電子雑誌である *Accounting and the Public Interest* の第 6 巻（2006 年）ではリーの論文（Lee, 2006），これに対するコメント論文が 2 つ，それらに対するリーの回答論文，この 4 つの論文が，アメリカの財務会計基準審議会（FASB）の基準設定や概念フレームワークと経済的現実との関係を論じている。リーは，サールの社会的現実の理論を会計に適用したのである。これに対して，R&A の第 6 章の元となった論文（Mattessich, 2009）は，サールの理論ではなく，自己の理論を代替的に採用すべきことを主張したものであった。

　マテシッチの「現実」論は，社会的現実だけを取り上げるのではなく，一般的に「現実」とみなされる物理的現実から出発して，社会的現実に至る現実の階層構造を提示している点に特徴がある。その「現実」論は，核となる物理的現実に生物学的現実が重なり，さらにその外側に社会的現実が重なるという階層構造で示されることから，玉ねぎのメタファーを使って「現実のオニオン・モデル（the onion model of reality）」（以下「オニオン・モデル」という）と名付けられている。マテシッチは，1991 年の論文（Mattessich, 1991）でこのオニオン・モデルのアイデアを打ち出した後，R&A でその展開を図ったのである。以下，オニオン・モデルの素描を次項で行い，その後の展開を 3 節で紹介する。

1-2 現実のオニオン・モデルの素描

　オニオン・モデルについては，既に永野（1992），高田橋（1992），小口（1995），それに和田（2008）にも紹介されている。本章は，R&A の刊行を受けて，さらに詳しく紹介することが目的となっている。

　マテシッチは，オニオン・モデルの基本的な特徴を 4 つ挙げている（R&A, pp. 147-149）。以下，この 4 点をマテシッチの説明に従って紹介する。その際，1991 年の論文（Mattessich, 1991）から修正された点も併せて説明する。

（1）　当初は，核となる究極の現実（形而上学的現実とも称された）と上位の現実とを厳密に区別しており，上位の現実を物理・化学的レベル，生物学的レベル，心理学的レベル，そして社会的レベルの4つに分けていた。現在では，究極の現実を物理的レベルの一部と考え，生物学的レベルはそのままに，心理学的レベルの一部は生物学的レベルに入れ，他の心理学的レベルは社会的・文化的レベルに入れている。したがって，現実の階層は3つの大きなレベルに分けられたのである。ただし，各レベルにはサブレベルが含まれており，多層な構造を成しているともいえるのである。

（2）　進化論的現実のあるレベル（あるいはサブレベル）から次のレベルへの飛び越えは，進化論的プロセスにおける新規の創発特性（emergent properties）によって説明されるとしていた。

（3）　現実の「オニオン構造」の特徴は，現実が階層的な構造になっていることだけでなく，下位のレベルを上位のレベルが包含している，あるいは埋め込んでいることをも強調している。これは，上位のレベルは下位のレベルの実体を含んでいるが，下位のレベルの実体は上位のレベルの実体とは独立しており，必ずしも上位のレベルの実体と結びつく必要はないということである。種類と大きさが異なるオニオンを区別することができるのであって，オニオンのそれぞれが現実の異なる範囲を表しているというのである。つまり，物理学であればその考察対象は最下位の物理的現実だけから成っているオニオンであり，会計学であればその考察対象は物理的現実から社会的・文化的現実に至る3層から成るオニオンということになる。

（4）　オニオン・モデルの特徴として，3種類の言説を区別していることである。すなわち，その1つは現実に関する言葉（「モノ」，「事実」，「性質」など）を使ったもの，2つ目はその概念的表象（conceptual representation）に関する言葉（「概念」，「命題」，「論理的属性」など）を使ったもの，3つ目はその言語的記述に関する言葉（「名前」，「文」，「述語」など）を使ったものであり，これらを区別することが求められている。

　これら4つの特徴について解説したい。

（1）と（3）では，会計の対象となるような現実が社会的・文化的現実に含まれることになるのは容易に理解できよう。この社会的・文化的現実には，生物学的現実と物理的現実とが階層的に埋め込まれていることになる。現実を平面的に理解するのではなく，玉ねぎ状に階層的に区分して理解したことがオニオン・モデルの特徴である。その階層あるいはレベルは3つの層に大別されているが，それぞれにサブレベルが考えられる。例えば，マテシッチはエベレスト山を現実の地質学的サブレベルに割り当てている。「私にとっては，物理的現実は，なによりもまず，理論物理学で教えられるモノに関連し，また，化学的現実は化学において教えられるモノに関連する，といったものである」（R&A, p. 114）。エベレスト山は物理学では教えられず，地理学や地質学で教えられるので，地質学的レベルに属するという。

モノがどのレベルに属するのかを判断するのは意外と難しいものである。例えば，マテシッチは当初，「貸借対照表の貸方は社会的現実の価値（負債や所有者持分およびその価値）だけを表現するが，借方は通常，社会的現実（現金，受取債権，市場性のある有価証券など）の価値だけでなく物理的現実（棚卸資産，設備，不動産など）の価値をも表現している」（Mattessich, 1991, p. 6）と述べていた[4]。しかし，この論文を再録しているR&Aの第4章では該当箇所の記述が変更されている。そして，別の箇所の注記で「ここで私は「気が変わった」ことを白状しなければならない。（中略）それら［棚卸資産など］は（「具体的」という意味では）「物理的」ではあるが，現実の社会的レベルに構成的に所属しているのであって，現実の物理的レベルではない。それらは確かに，理論物理学の主題ではないのである」（R&A, p. 245）と述べている。すなわち，棚卸資産などは，それを物理的にみれば物理的現実における実体であるが，棚卸資産とし

---

4) R&Aでは，この部分はマテシッチの別の著書（Mattessich, 1995）に述べられているかのような記述になっている。この著書にも当該論文が再録されているが，R&Aと同様に，該当箇所は既に削除されている。ただし，コピー機が物理的現実であると述べている点で（Mattessich, 1995, p. 54），その考えを引き続き採用していたということである。

ては一義的には社会的現実における実体であるという。つまり，受取債権や負債が社会的現実における実体であるのと同様であると考えられたのである。

（2）の「創発特性」とは，部分と全体との関係で，全体を構成する部分にはないが，全体に生じてくるような性質のことである。したがって，全体に現れる創発特性は，その部分には還元することはできない特性である。具体的な例として「我々は皆，水素と酸素，あるいはカリウムと塩化物などが（一定の割合で）組み合わさってそれぞれ水や食卓塩という物質が生まれることを知っている。この新しく創発した実体はその構成要素とはまったく異なった特性を持っている（例えば，水素と酸素の沸点はそれぞれ -252 度と -182 度であるが，水の沸点は 100 度である）」（R&A, p. 49）という。また，「私の考えでは，創発特性は進化論的飛躍（evolutionary Leaps）（そのうち最も重要なものが生命体の創発と心活動の創発である）から生じる」（R&A, p. 124）という。そして，1ドル紙幣は人間が作ったものであるけれども，これ自体は創発特性ではなく，貨幣制度が創発現象となっているという。マテシッチにとっては，創発は現実の各レベルの違いを説明するものとなっているのである。

（4）については，現実の次元が概念と言語の次元とは別に存在していることを明示したものといえよう。前述したように，現実の裏付けのある変数と純粋に概念的な変数とが区別されたように，現実の次元と概念あるいは言語の次元との区別を強調したものである。

2. サールの「社会的現実」論

2-1 社会的現実の構築

サールは特に言語哲学では著名な哲学者である。社会的現実といったものについては社会学の領域に属していると思われるが，サールは言語哲学から出発して，物理的現実とは異なる現実の世界として社会的現実，とりわけ制度的事実について究明しており，その点では希有な存在となっている。マテシッチには，サールの社会的現実あるいは制度的事実をオニオン・モデルの社会的・文化的現実に取り込もうとしている。ただし，サールの社会的現実あるいは制度

的事実をそのまま受け入れるのではなく，マテシッチの「現実」観に染めた上で受け入れようとしているとみられるのである。マテシッチには，サールの考えに同意する点と反対する点とがある。ここでは，サールの社会的現実あるいは制度的事実の概要を知った上で，オニオン・モデルとの違いを取り上げることとする。

サールは，その著『社会的現実の構築』の冒頭に，制度的事実について次のように述べている（Searle, 1995, pp. 1-2）。

本書は，私が長らく悩んできた問題に関するものである。すなわち，人間の合意によってのみ事実であるような現実世界の一部，世界における客観的な事実がある。ある意味で，我々がそれらの存在を信じるからこそ存在するようなモノ（things）があるのである。私は，貨幣や所有権，政府，結婚などといったモノを考えている。これらのモノに関する事実の多くは，あなたや私の選好や評価，道徳的な態度といった事柄ではないという意味で「客観的」な事実なのである。（中略）何年も前に，私は人間の合意に依存する事実のいくつかを，非制度的あるいは「生の（brute）」事実と対比して，「制度的事実（institutional facts）」と命名した。制度的事実をそのように呼ぶのは，その存在のためには人間の制度を必要とするからである。一片の紙切れが例えば5ドル札であるためには，貨幣という人間の制度がなければならない。生の事実はその存在のためには人間の制度をまったく必要としないのである。もちろん，生の事実を<u>陳述する</u>[5]ためには言語という制度を必要とするが，<u>陳述される事実</u>はその<u>陳述</u>とは区別する必要がある。（なお，下線部は原文ではイタリック体であり，また，原文中の注番号は削除している。）

サールが制度的事実に注目し，そのように命名したのは，1969年に出版した『言語行為』においてであると思われる。この『言語行為』は，「［哲学者で

5）「陳述する」（state）と「陳述」（statement）という訳語は，サール（1986）に依る。

ある〕オースチンが提起し，サールによって完成された」（サール，1986，表紙帯）と称される言語行為論に関する著書である。この書では，言語が遂行する機能の1つである陳述命題から成る知識が対象とするモデルは自然科学，その意味での「生の事実」であるのに対して，「生の事実」ではないような事実があるとして，そうした事実はその存在が人間的制度の存在を前提とすることから「制度的事実」と名付けたのである（サール，1986，89-90頁）。なお，上記の引用文中にもあるように，選好や評価に関わる事柄は陳述の対象となっていない。また，この時点では，生の現実と対比されるのは制度的事実であり，1995年に発行された『社会的現実の構築』にある「社会的現実」や「社会的事実」は出てこない。

　サールは，社会的事実の一部として制度的事実を位置づけている。両者の関係を明確かつ正確に説明するにはいくつかの専門用語を用いなければならず，筆者の力量では困難である。そうではあるが，サールが「事実の階層的分類」として図式化したもの（Searle, 1995, p. 121, Figure 5. 1）を参考にして説明したい。

　その図によれば，いくつかのキーワードによる二分法によって事実を何段階にも分類している。まず，事実は生の物理的事実と心的事実（mental facts）とに大別される。心的事実の例としては「私は痛い」という事実が挙げられている。次に，心的事実は志向的（intentional）[6]か否かによって区分される。志向的な心的事実としては「水を一杯飲みたい」という事実が挙げられており，「私は痛い」は志向的でない事実に区別されている。さらに，志向性（intentional-

---

6)　「志向性（intentionality）」とその形容詞である「志向的（intentional）」は，哲学者フッサールの現象学における重要な用語であり，サールの哲学にとっても基本的な用語となっている。志向性は「世界内の対象や事態に向けられ，あるいはそれらに関わり，あるいはそれらについて生じているような，多くの心的な状態ないし出来事の特性である」（サール，1997，2頁）と定式化されている。これだけでは理解しにくいものであるが，これ以上のことは筆者には説明できない。また，似たような言葉である「意図（intention）」とも異なるという。サールによれば，「私の意見では，何かをしようと意図することは，信ずるとか望むとか恐れるとか欲するとかいった諸々の心的状態と並ぶ志向性の一形態であるにすぎない」（サール，1997，4頁）という。

ity）が個人的なものか集団的なものであるか否かによって区分される。「水を一杯飲みたい」という事実は個人的志向的な事実として扱われ，集団的志向的な心的事実として「ハイエナの集団がライオン狩りをしている」という事実が挙げられている。この集団的志向的な心的事実が社会的事実とされているのである。したがって，動物の社会での出来事も社会的事実とされているのである。

　二分法的な分類はさらに続き，社会的事実は機能が付与されるか否かによって区分される。機能が付与される事実の例として「心臓は血液を循環させるために機能する」という事実が挙げられ，前述のハイエナの事例は機能が付与されない事実の例とされている。さらに，その機能が志向性による意図的（agentive）なものか否かによって区分される。意図的な事実の例として「これはスクリュードライバーだ」という事実が挙げられ，心臓の事例は非意図的な事実の例とされている。また，意図的機能のある事実は，それが偶然の機能か地位機能（status functions）かによって区分される。スクリュードライバーの事例は偶然の機能の例とされ，地位機能が付与される事実としては「これは貨幣だ」という例が挙げられている。後者の意図的な地位機能が付与された事実が制度的事実である。制度的事実をさらに分類するにはいくつもの方法があるとされ，例えば言語的な事実と非言語的な事実とに区分することができるという。「あれは約束だ」というのが前者の例として，「これは貨幣だ」というのが後者の例とされている。上記のことから，制度的事実は社会的事実の特殊な部分集合となるのである。サール自身も「大部分は社会的なモノについて，あるいは社会的事実についてというよりは，制度的事実の分析に大半を費やした本を書いた」（Smith and Searle, 2003, p. 300）と述べているように，サールの主たる分析対象は社会的事実ではなくて制度的事実である。したがって，ここでは制度的事実についてだけ取り上げ，他の諸事実の説明は省略することにしたい。

　先の引用文にもあるように，制度的事実が存在するためには人間の制度が必要である。これに対して，生の事実である物理的事実は制度とは無関係に存在している。そこで，制度とは何かが問題となるが，サールは制度を直接的には

定義をしていない。だが，制度の特徴を示すため，構成的規則（constitutive rule）と規制的規則（regulative rule）の区別を持ち出している。そして，「規則によっては，既に存在している活動を規制するものがある。例えば，道路の右側を運転しなさいという規則は，運転を規制している。しかし，運転はその規則の存在よりも先に存在することができる。これに対して，規則によっては単に規制するだけでなく，ある種の活動の可能性そのものを創り出しさえするものもある。例えば，チェスの規則は，既に存在している活動を規制するものではない。（中略）こうした規則は，チェスを行うことがその規則に従って行動することによって幾分なりとも構成されるという意味でチェスを構成しているのである」（Searle, 1995, pp. 27-28）という。チェスや野球などのゲームの規則は，規則がなければゲームそれ自体が成立しない。例えば，野球において，ストライクやヒット，ホームラン，進塁などに関する規則がなければ，野球それ自体が成立しない。これに対して，タイムの回数やユニフォームの形などに関する規則はこれがなくても野球は成立する。前者が構成的規則であり，後者が規制的規則である。制度には構成的規則が内在しているというのである。

　サールによれば，制度的事実は構成的規則のシステムのなかにおいてのみ存在するという。そこでは構成的規則は，その特徴として次のような形式をもっているという。

　　　　　［X は Y とみなす］あるいは［X は文脈 C において Y とみなす］

　例えば，貨幣という制度においては，「造幣局が発行する紙幣（X）は合衆国（C）においては貨幣（Y）とみなす」（Searle, 1995, p. 28）という構成的規則が働いているのである。先ほど挙げた「これは貨幣だ」は，この短縮形と理解できよう。この場合，X は紙切れという物理的な事実，Y は「貨幣」という地位機能，C は合衆国という文脈を示す。こうした構成的規則によって，X という物理的な存在に Y という新たな地位機能が付与されることになり，貨幣 Y という制度の事実が存在することになるのである。別言すれば，Y は貨幣としての地位とそれに伴う交換手段としての機能などが付与されるのである。そして，地位機能の付与は集団的志向性によって行われるのであり，したがって制

度的事実は集団的志向性によって創り出されているのである。また，貨幣の例では，Xは物理的な存在であると述べたが，Xそれ自体が既に地位機能を付与されている制度的事実でもありえる。この辺りの事情を，中山（2011, 52頁）は「Xは物体であることも別の地位機能であることもできる。Xが地位機能になっているときには，それを導入した別の構成的規則があるはずである。つまり，構成的規則は入れ子になりうる。別の角度から見ると，構成的規則「Xを（文脈Cにおいて）Yとみなす」は，「Yが存在する」という事実を生成し維持する規則である」と解説している。

こうした制度的事実に関連してサールの用語法で問題となるのは，「認識論的に客観的・主観的」というものと「存在論的に客観的・主観的」というものである。サールの言い方では，「認識論的に客観的・主観的」というのは，本来は，判断の属性である。客観的な判断であれば，これに対応する事実は誰かの態度や感情とは独立しているというのである。つまり，価値的な判断ではないということである。これに対して，「存在論的に客観的・主観的」というのは，実体の属性であり，その存在様式に依存するという。例えば，痛みは，ある人が感じる存在に依存するから主観的な実体であり，山脈は，知覚器官や心的状態とは独立しているので存在論的に客観的な実体であるというのである。この分類によれば，生の物理的事実は存在論的には客観的であるが，制度的な事実は心的な状態に依存するので存在論的に主観的な存在となる。しかし，いずれも認識論的に客観的ではある。前述の分類で例示されたスクリュードライバーは制度的事実ではないが，ある物体をスクリュードライバーとしてみなすということで，存在論的には主観的であるが，認識論的には客観的なものとされるのである。

2-2 オニオン・モデルとの対比

マテシッチは，サールの実在論的なアプローチや，心身問題に対する説明，制度的事実といったような概念の認識，機能の付与などについては同意するが，見解が異なる点もあるとして，以下の11点を挙げている（R&A, pp.

第 15 章　会計と現実　403

112-121）。以下，その概略を紹介する。

（1）　サールは存在論的に客観的な事実と主観的な事実の区別を求めているが，オニオン・モデルのように，物理的レベルと生物学的レベルに属しているか社会的・文化的なレベルに属しているといった方が良い点がいくつもある。

（2）　サールの存在論は現実の社会的レベルに出発点をもっているが，それは進化のプロセスの終わりから始まっており，その起源からではない。したがって，サールのアプローチは現実という重要な階層的問題を無視するきらいがある。

（3）　サールは現実の多レベル（多次元）モデルではなく，社会的現実と生の現実という二元論的モデルを使っている。これでは現実の進化的階層・展開の重要な細部が覆い隠されてしまう。

（4）　オニオン・モデルが現実の全レベルの構造を素描しているのに対して，サールはまったく異なった構造，すなわち社会的現実だけに集中し，他の現実レベルの重要な特徴を無視するような構造を提供している。

（5）　社会的・文化的現実の階層はとりわけ人間を強調するものと期待されるかもしれない。人間が社会的現実のまさに中心であり，その存在理由だからである。しかし，サールの樹形状の分類図式は人間といったような社会的実体にほとんど言及していない。

（6）　サールの存在論と他の哲学者の存在論との比較が困難であるが，それはサールが異なった概念装置を使っているからである。

（7）　オニオン・モデルは（特に社会的現実に関しては）完全な実在論的態度に合致しているが，サールは，部分的には（生の現実に関する限りは）実在論者であり，部分的には（社会的現実に関する限りは）観念論者であると解釈できる。

（8）　サールは，創発（emergence）あるいは創発特性という重要な概念に重きを置いていない。社会的現実に先行する各種の現実レベル（およびサブレベル）においては多くの基本的な創発特性や進化論的飛躍が生じているのに，これについてはほとんど関心がないからである。

（9）　サールは，志向性の概念を非常に強調している。

（10）　サールは，植物にも人間の志向性と似た志向性があるかもしれないと考えているなど，人間中心観（anthropocentric view）[7]を採用している。しかし，人間中心観だけでは不十分であり，宇宙観（cosmic view）[8]によって補わなければならない。

（11）　サールは，我々の感覚経験とは独立している現実が存在するという外的実在論（external realism）の立場に立っているが，社会的現実に関しては内的実在論ではないかという疑問がある。なお，内的実在論とは哲学者パットナムが提唱した考えで，観念論とみられることもあるので（R&A, p. 17），必ずしも実在論とはいえないものである。

　以上のように，マテシッチ自体がサールの社会的現実論との対比を行っている。繰り返しになるけれども，筆者なりに重要な相違点を簡単に説明しておこう。

　サールでは，現実を物理的現実である生の現実と制度的事実も含む社会的現実との二元論で考えている。これに対して，マテシッチは，物理的現実が現実の核心となっており，それから生物学的現実，そして社会的現実が進化論的に展開され，多層的な構造としての多元論となっている。物理的レベルから上位のレベルに上がるに従って，創発現象が生じ，上位のレベルに独自の性質が生じる。神経プロセスにおいて創発的に生じる心によって社会的レベルが出来上がってくる。サールの場合では，制度的事実の解明が主たる目的であったから，二元論での物理的事実との比較で済んだものといえる。これに対して，マテシッチの場合では，リーが「結局，進化が社会的現実を構築する」（Lee,

---

　7）「人間中心観（anthropocentric view）」は，R&A では「homocentric view」とも表記
　　されている。
　8）「宇宙観（cosmic view）」は，「宇宙中心的見解（cosmo-centric viewpoint）」や「宇
　　宙的・進化論的見解（cosmic-evolutionary viewpoint」などとも表記されている。この
　　考えが社会的・文化的現実に適用されているときには「宇宙的・文化的見解
　　（cosmic-cultural view）」とも表記されている。マテシッチの宇宙観は「宇宙に対する
　　見方」というのではなく，現実に対する人間中心観とは対照的な考えとして，「物質
　　中心観」とでも評すことができよう。

2009, p. 67）と述べているように，物理的現実からの進化論的発展として連続的なプロセスの最後の現実として社会的現実が措定されているといえる。そのため，マテシッチは実在論者（realist）の立場を押し通しているが，サールは制度の概念を重視することから，マテシッチの目には少なくとも社会的現実については実在論者とはみられていない。

　マテシッチが実在論者としての立場を強調するほど，社会的現実に対するマテシッチの説明が不足する面も出てくると思われてならない。マテシッチは，次節で説明するように，社会的現実についてはサールの「制度」観を採用している。マテシッチの観点では，制度それ自体も創発現象なのであろう。サールの考えを人間中心観とみて，上記（10）で示したとおり，マテシッチの採用する宇宙観で補う必要性を指摘している。しかし，そうした相補的な見方を採用するものの，マテシッチの「現実」論は宇宙観，あるいは物的な実在論の側面が非常に強いのである。マテシッチは，サールの『社会的現実の構築』のような本を書くのであれば，自分ならば『現実の進化論的構築と我々の概念的な再・構築』としただろうと述べている（R&A, p. 95）。社会的現実も含めて現実は進化論的に構築されてきており，我々はそうして出来た現実を概念的に再・構築する（re-construct）あるいは表象する（represent）するということである。すなわち，現実は我々の外側に厳然として存在するのであり，我々はそれを心の中で再・構築するという考えである。マテシッチの実在論者としての立場を表しているものといえよう。

　しかし，筆者は会計的事実が会計表現の成立とともに生じているとする立場を取っている（永野，1992，第 1 章「会計事実の構築」）。マテシッチからすれば，概念的な再・構築が社会的現実を創り出しているとする観念論とみられよう。筆者の考えは，現代における観念論とも称される構築主義[9]に通じるものがあ

9）「構築主義」は「構成主義」とも呼ばれ，様々な考え方がある。上野（2001）が「構築主義の理論的前提である「現実の言語的構成」とは端的に「現実は言説によって構築される」と言い換えられる」（279 頁）と述べているように，言語によって現実が構築されると考えるのが共通の態度であろう。

る。マテシッチは実在論者として構築主義に対して否定的な態度を取っている。しかし，会計という表現，そしてその対象である会計的現実を考えれば，会計において構築主義の考えは否定すべきではない。マテシッチとは逆の立場から，オニオン・モデルとサールの社会的現実を論じたリーも，サールの考えが「会計実務の主題の主観的な性質を強調している点で特に有用である」(Lee, 2009, p. 65) と述べている。本章では，この点を深く論じることはできないので，別の機会に改めて論じることにしたい。

　マテシッチにしても，社会的現実のサブレベルとしては経済的現実や法的現実だけでなく，会計的現実をも認めている (R&A, p. 106)。しかしながら，会計的現実がどのようなものであるかの説明はまったくない。『現実と会計』という書名でありながら，「会計的現実」についての説明がないのは不思議である。マテシッチの実在論的立場からすれば，会計は現実の「概念的な再・構築」であり，その対象となる現実は進化論的に構築された経済的あるいは法的な現実であると思われる。会計的現実が進化論的に構築されるものなのか，あるいは経済的・法的現実を概念的に再・構築したものなのか不明である。それだけに，マテシッチが不用意に持ち出したとも思われる「会計的現実」を手掛かりに，会計における現実とは何かをいずれ改めて問題としたい。

3．オニオン・モデルの展開

　マテシッチはオニオン・モデルを深化させ，その展開を図って命題の形で説明している。命題の数は 25 個にもなり，そのうち現実一般に関する命題が 16 個と，社会的現実に関する命題が 9 個となっている (R&A, chap. 9)。なお，ここでは「命題」としておいたが，マテシッチでは，これらは暫定的なものと考えているため，「命題 (proposition)」と「提案 (proposal)」のいずれをも表すものとして「Prop」という略語を使っている。以下の「命題」は，その意味で理解してほしい。以下では，各命題についてその標題と説明文を記載する。なお，説明文は必ずしも原文そのままの翻訳ではなく，人名や著書に言及している箇所などは省略していることもある。

〈現実一般に関する命題その1：現実とその動学——過去，現在および未来——〉

　すべての諸実体（entities）からなる1つの現実が存在する。これらの実体は，過去，現在，および未来への可能性という特性をもって存在している。この現実は，各種の階層という複雑な構造をもっている。すなわち，現実は，実体の単なる集合体ではなく，引力と斥力という諸力によって支配されている動的な相互作用である。したがって，存在するものは変化を受けるのであり，ブンゲが指摘するように，「在るということは成るということである（being is becoming）」のである。

〈現実一般に関する命題その2：具体的な実体と抽象的な実体〉

　具体的な実体と抽象的な実体が存在する。具体的な実体とは，人間，動物，無生命の物質的な物，およびこれらの実体の性質などである。また，抽象的な実体とは，科学法則やそれ以外の普遍命題，概念や数理的・論理的命題，感覚や感情，思考や観念，志向性，所有権や債務関係，制度などである。

〈現実一般に関する命題その3：自律的な実体と非自律的な実体〉

　現実は相互依存しており，したがって，真に独立した実体というものは存在しない。しかし，自律的な実体と非自律的な実体とを区別する十分な理由がある。

〈現実一般に関する命題その4：進化と創発〉

　現実とは，物理的，生物学的，および社会・文化的進化のすべてを含む宇宙的進化のプロセスの結果である。このプロセスは無数の飛躍から成っており，無生命から有機へ，最終的には社会・文化的現実への飛躍が最も決定的なものである。これらの飛躍のそれぞれは，新たな性質の創発に帰するものであり，現実の主たるレベルと多くのサブレベルを生み出すのである。

〈現実一般に関する命題その5：階層化，多元性および相対性：レベル依存の現実原則〉

　現実とは，進化論的な飛躍に従うものであり，これによってレベルの複雑な階層化（stratification）が生じる。これは，現実の単一性（すべてのものが前段階の

現実レベルに基づいているということ）にもかかわらず，現実の構成要素の特定の
レベルに従って異なる諸現実を区別してもいいということを意味している。

〈現実一般に関する命題その６；構成的な実体と内在的な実体〉

　現実のより上位の（すなわち，基本的な現実より上位の）レベルのすべてにおい
て，特定のレベルを構成し（constitutive），それに属する（このレベルに新たに創
発する実体としての）実体と，このレベルに単に内在する（immanent）にすぎな
い実体（すなわち，より下位レベルに属するが，より上位レベルを支える実体）との
間には基本的な区別がある。

〈現実一般に関する命題その７；存続と可変性：存在と同一性の条件と境界〉

　実体は存続（endurance）が限られており，中には同一性（identity）を維持しな
がらも性質を変化させる実体がある。

〈現実一般に関する命題その８；複製と自己複製〉

　実体には複製（replication）（例えば遺伝子から生命体の産出における不均一触媒作
用や転写）あるいは自己複製（例えばDNA分子の分割における均一触媒作用や翻訳）
を行う能力をもち，個々の実体の消滅を超えて新たな形あるいは自己自身の種
類の存在を引き延ばすものがある。

〈現実一般に関する命題その９；情報と相互作用〉

　情報は現実の諸実体を結びつける。物理的レベルにおいては，これは４つの
基本的な相互作用（強い力，弱い力，電磁力，および重力）として現れる。生物学
的および社会・文化的レベルにおいては，他の多種多様なコミュニケーション
の形で現れる。例えば，DNAの構造，神経系の電気化学的情報，ホルモン，
循環系における血流，話し言葉や書き言葉，コンピュータ・コードの二進法体
系などである。

〈現実一般に関する命題その10；システムとその相互作用〉

　具体的な実体と抽象的な実体には，他の実体や他のシステム，その環境との
結合や相互作用によって構造化されたシステムを形成するものがある。

〈現実一般に関する命題その11；再出現〉

　現実の下位レベルに属する実体は，上位レベルにおいて「構成要素」として

第 15 章　会計と現実　409

内在的に再出現することがある。

〈現実一般に関する命題その 12；排除〉

　上位レベルにおいて創発している実体は，下位レベルには存在しない（すなわち，排除されている）。

〈現実一般に関する命題その 13；多次元性と，複雑に絡み合った階層〉

　現実は多くの次元（すべてのレベルに共通する実体から個々のレベルに特有の実体まで，具体的な実体から抽象的な実体まで，自律的な実体から非自律的な実体まで，など）をもっている。これによって「複雑に絡み合った階層（tangled hierarchies）」が生じることがある。

〈現実一般に関する命題その 14；様相性〉

　現実は様々な様相（modes）（例えば，絶対他相対，現実対非現実，現実性対可能性対不可能性，必然性対偶然性）をもっている。さらには，（質対量，統一対多様などといった）一連の対照的なカテゴリーを区別しなければならない。

〈現実一般に関する命題その 15；上位への因果関係と下位への因果関係〉

　実体，システムおよび現実のレベルの間には因果的な関係が存在する。あるものは（下位レベルから上位レベルへの）上位方向の因果関係，あるものは（上位レベルから下位レベルへの）下位方向の因果関係，他にも同じレベルでの因果関係あるいは複合的なレベルでの因果関係だったりする。

〈現実一般に関する命題その 16；存在論の相対的優位性〉

　哲学的な観点からすれば，存在論は認識論と方法論に対して優位性がある。

〈社会的現実に関する命題その 1；社会的現実の出現〉

　構成的側面と内在的側面のいずれを考慮するかにもよるが，社会的現実は多様な方法で出現する。現実は，物理的であったり（例えば，本，家屋，機械），生物学的であったり（例えば，人間，家畜，交配植物），社会・文化的であったり（例えば，観念，感覚，意識，貨幣，法体系，数学，科学的洞察，制度）する。しかし，こうした出現の多様さに惑わされていけない。というのは，そうした実体はすべて現実の社会・文化的レベルに（構成的に）属しているのであり，他のレベルというわけではない。社会的現実を特徴付ける決定的な規準は，むし

ろ，それが主観的か，間人間的（interpersonal）か，あるいは客観的かということである。

〈社会的現実に関する命題その2；具体的な社会的実体〉

　人間，その神経プロセス，そして人間の創造物（建物，機械，地質学的な実体や生物学的な種で人間によって改良された物など）の多くは，社会的現実の一部でありながらも，具体的なものである。

〈社会的現実に関する命題その3；抽象的な社会的実体〉

　個人の神経プロセスの心的な出現（感覚，感情，喜びや苦痛，思考，意図，欲望，信念，恐怖，概念的表象など）は社会的実体としては主観的というだけでなく客観的でもある。そして，制度，科学法則，社会的・技術的規則のような社会的実体は制度化される（つまり，社会的に客観化される）けれども，抽象的なものでもある。

〈社会的現実に関する命題その4；社会的現実のサイクル：具体的－抽象的－具体的〉

　社会的相互作用は，具体的な実体から抽象的な実体へ，また具体的な実体へと至るサイクルに基づいている。

〈社会的現実に関する命題その5；主観的な実体と客観的な実体：心対脳〉

　主観的な実体は，特定の個人，あるいは同じような能力をもつ生物学的な他の何らかの実体の心（感覚，感情，思考，推論，知覚と概念作用，思考の記憶，技能の記憶，想像，注意，志向性，その他の意識の諸形態，無意識など）によって内省的にのみ経験される。他方，客観的な実体であって，他の人に接近することができる，あるいは，経験的に検証可能できるもの（これには，脳やその神経学的な状態・働きがある）が存在する。

〈社会的現実に関する命題その6；具体化と社会的客観化〉

　主観的な実体を出現・現実化するためには，具体的な実体とともに（通常は制度をとおしての）社会的な客観化（objetification）の2つが必要とされる。前者は抽象的な実体を具体的な形で表す手段（具体化（concretization））であるが，後者は主観的な実体を社会的に客観的な実体へと変換するのに役立つものであ

る。

〈社会的現実に関する命題その7：制度とその具体化〉

制度とは，特定の目標を追求することにおいて人々や施設を組織するためのアイデアである。アイデアとして制度は抽象的であるが，そうした目標を実現するためには具体的な実体を必要とする。しかしながら，現実化から生じる具体的な実体は，抽象的なままである制度それ自体とは同一視してはならない。

〈社会的現実に関する命題その8：集団志向性と機能の指定〉

制度的な設定において，ある状況（C）の下において，集団的志向性の行為をとおして地位機能が，最終的には社会的（抽象的）な実体（Y）になるような物理的（具体的）な実体（X）に付与されることが可能となる。

〈社会的現実に関する命題その9：価値とその存在論的な地位〉

価値とは，(i) 感覚のある生物，(ii) 事物あるいは事象，および (iii) 一連の状況という三者関係の間の性質－関連（property-relation）である。価値は，様々な方法（順序あるいは基数の尺度や，財あるいは貨幣など）で表すことができる個人的または集合的な選好の現れである。

以上が現実に関してマテシッチが提案した25個の命題である。哲学における存在論から会計学も含めた社会科学における存在論にまで挑戦するものである。これらの命題を検討することは簡単ではない。それゆえ，ここではそれらを列挙するにとどめたい。

おわりに

これまでマテシッチのオニオン・モデルを中心に，社会的現実についてのサールの考えと対比させて説明してきた。マテシッチの立場は，これまでにも繰り返し述べてきたように，実在論者のそれである。本章では取り上げなかったが，R&A の第5章で挙げられているボードリヤールの考えは実在論とは対照的な考え，つまり観念論的な考えである。サールの考えは，その著書が『社会的現実の構築』と名付けられているように，現代の観念論といわれる構築主義にも近いとみられる。これに対して，ハッキング（2006）は，その本は「ある

事柄を社会的構成物であると主張している書物，すなわち「社会的構成本」ではまったくないのである」（28 頁）と述べている。それでも，マテシッチの実在論からみれば，構築主義に近いものであろう。筆者の立場は，サールよりはもう少し構築主義に近いものである。マテシッチが「実在論者と観念論者との間の哲学的論争は，何千年もの歴史があり，そして大きな変化がないのでさらに数千年も続くであろう」（R&A, p. 102）と述べているように，会計が関連する社会的現実に関する議論も簡単には決着がつかないことであろう。前述したように，会計が関連する社会的現実についてマテシッチは「会計的現実」という言葉を使っている。この不用意に持ち出されたと思われる「会計的現実」は，マテシッチのオニオン・モデルによって進化論的に構築された現実とみるのか，あるいは構築主義のいう言語あるいは言説によって構築された現実とみるのか，またボードリヤールのいうハイパーリアリティ（超現実）とみるのか，この探究が大きな課題として我々に残されている。

参 考 文 献

上野千鶴子編（2001）『構築主義とは何か』勁草書房。

木田元（1998）「実在性」，廣松渉他編『岩波哲学・思想事典』岩波書店。

高田橋範充（1992）「会計測定論の深化」『会計』第 142 巻第 6 号。

小口好昭（1995）「会計学における理論と実在」，原田富士雄先生還暦記念論文集刊行委員会編『動的社会と会計学』中央経済社。

サール，J. R. 著，坂本百大・土屋俊訳（1986）『言語行為 言語哲学への試論』勁草書房。

サール，J. R. 著，坂本百大監訳（1997）『志向性——心の哲学』誠信書房。

永野則雄（1992）『財務会計の基礎概念』白桃書房。

中山康雄（2011）『規範とゲーム』勁草書房。

ハッキング，イアン著，出口康夫・久米暁訳（2006）『何が社会的に構成されるのか』岩波書店。

溝口宏平（1998）「存在論」，廣松渉他編『岩波哲学・思想事典』岩波書店。

和田博志（2008）『会計測定の基礎理論』森山書店。

Heath, Loyd C. (1987), "Accounting, Communication, and the Pygmalion Syndrome," *Accounting Horizon*, Vol. 1, Issue 1, pp. 1-8.

Lee, Thomas A. (2006), "The FASB and Accounting for Economic Reality," *Accounting and the Public Interest*, Vol. 6, pp. 1-21.

Lee, Thomas A. (2009), "The Ontology and Epistemology of Social Reality in Accounting According to Mattessich," *Accounting and the Public Interest*, Vol. 9, pp. 65-72.

Mattessich, Richard (1991), "Social Reality and the Measurement of Its Phenomena," *Advances in Accounting*, Vol. 9, pp. 3‒17.

Mattessich, Richard (1995), *Critique of Accounting: Examination of the Foundations and Normative Structure of an Applied Discipline*, CT; Quorum Books.

Mattessich, Richard (2009), "FASB and Social Reality - An Alternate Realist View," *Accounting and the Public Interest*, Vol. 9, pp. 39-64.

Mattessich, Richard (2014), *Reality and Accounting: Ontological Explorations in the Economic and Social Sciences*, NY; Routledge.

Searle, John R. (1995), *The Construction of Social Reality*, London; Penguin Books.

Smith, Barry and John Searle (2003), "The Construction of Social Reality; An Exchange," *American Journal of Economics and Sociology*, Vol. 62, No. 1, pp. 285‒309.

執筆者紹介（執筆順）

小 口 好 昭　研究員（中央大学経済学部教授）

上 野 清 貴　研究員（中央大学商学部教授）

上 田 俊 昭　客員研究員（明星大学経済学部教授）

小 川 哲 彦　客員研究員（佐賀大学経済学部准教授）

千 葉 貴 律　客員研究員（明治大学経営学部教授）

八 木 裕 之　客員研究員（横浜国立大学大学院国際社会科学研究院教授）

大 森　　明　客員研究員（横浜国立大学大学院国際社会科学研究院教授）

丸 山 佳 久　研究員（中央大学経済学部准教授）

金 藤 正 直　客員研究員（法政大学人間環境学部准教授）

古井戸宏通　客員研究員（東京大学大学院農学生命科学研究科准教授）

牧 野 好 洋　客員研究員（静岡産業大学経営学部准教授）

河 野 正 男　客員研究員（横浜国立大学名誉教授）

飯 島 大 邦　研究員（中央大学経済学部教授）

田 村 威 文　研究員（中央大学経済学部教授）

永 野 則 雄　客員研究員（法政大学大学院イノベーション・
　　　　　　　　　　　　　マネージメント研究科教授）

会計と社会―ミクロ会計・メソ会計・マクロ会計の視点から―
中央大学経済研究所研究叢書　61

2015 年 3 月 5 日　発行

編 著 者　　小 口 好 昭
発 行 者　　中央大学出版部
代 表 者　　神 﨑 茂 治

東京都八王子市東中野 742-1
発行所　中 央 大 学 出 版 部
電話 042（674）2351　FAX 042（674）2354

Ⓒ 2015　　　　　　　　　　　　　　　　　　藤原印刷

ISBN978-4-8057-2255-8

中央大学経済研究所研究叢書

6. 歴史研究と国際的契機	中央大学経済研究所編 A5判	1400円
7. 戦後の日本経済——高度成長とその評価——	中央大学経済研究所編 A5判	3000円
8. 中小企業の段階構造 ——日立製作所下請企業構造の実態分析——	中央大学経済研究所編 A5判	3200円
9. 農業の構造変化と労働市場	中央大学経済研究所編 A5判	3200円
10. 歴史研究と階級的契機	中央大学経済研究所編 A5判	2000円
11. 構造変動下の日本経済 ——産業構造の実態と政策——	中央大学経済研究所編 A5判	2400円
12. 兼業農家の労働と生活・社会保障 ——伊那地域の農業と電子機器工業実態分析——	中央大学経済研究所編 A5判	4500円 〈品 切〉
13. アジアの経済成長と構造変動	中央大学経済研究所編 A5判	3000円
14. 日本経済と福祉の計量的分析	中央大学経済研究所編 A5判	2600円
15. 社会主義経済の現状分析	中央大学研究所編 A5判	3000円
16. 低成長・構造変動下の日本経済	中央大学経済研究所編 A5判	3000円
17. ME技術革新下の下請工業と農村変貌	中央大学経済研究所編 A5判	3500円
18. 日本資本主義の歴史と現状	中央大学経済研究所編 A5判	2800円
19. 歴史における文化と社会	中央大学経済研究所編 A5判	2000円
20. 地方中核都市の産業活性化——八戸	中央大学経済研究所編 A5判	3000円

中央大学経済研究所研究叢書

21.	自動車産業の国際化と生産システム	中央大学経済研究所編 A5判 2500円
22.	ケインズ経済学の再検討	中央大学経済研究所編 A5判 2600円
23.	AGING of THE JAPANESE ECONOMY	中央大学経済研究所編 菊判 2800円
24.	日本の国際経済政策	中央大学経済研究所編 A5判 2500円
25.	体制転換──市場経済への道──	中央大学経済研究所編 A5判 2500円
26.	「地域労働市場」の変容と農家生活保障 ──伊那農家10年の軌跡から──	中央大学経済研究所編 A5判 3600円
27.	構造転換下のフランス自動車産業 ──管理方式の「ジャパナイゼーション」──	中央大学経済研究所編 A5判 2900円
28.	環境の変化と会計情報 ──ミクロ会計とマクロ会計の連環──	中央大学経済研究所編 A5判 2800円
29.	アジアの台頭と日本の役割	中央大学経済研究所編 A5判 2700円
30.	社会保障と生活最低限 ──国際動向を踏まえて──	中央大学経済研究所編 A5判 2900円 〈品切〉
31.	市場経済移行政策と経済発展 ──現状と課題──	中央大学経済研究所編 A5判 2800円 〈品切〉
32.	戦後日本資本主義 ──展開過程と現況──	中央大学経済研究所編 A5判 4500円
33.	現代財政危機と公信用	中央大学経済研究所編 A5判 3500円
34.	現代資本主義と労働価値論	中央大学経済研究所編 A5判 2600円
35.	APEC地域主義と世界経済	今川・坂本・長谷川編著 A5判 3100円

中央大学経済研究所研究叢書

36. ミクロ環境会計とマクロ環境会計 A5判 小口好昭編著 3200円

37. 現代経営戦略の潮流と課題 A5判 林・高橋編著 3500円

38. 環境激変に立ち向かう日本自動車産業 A5判 池田・中川編著 3200円
　　——グローバリゼーションさなかのカスタマー・
　　サプライヤー関係——

39. フランス—経済・社会・文化の位相 A5判 佐藤　清編著 3500円

40. アジア経済のゆくえ 井村・深町・田村編 A5判 3400円
　　——成長・環境・公正——

41. 現代経済システムと公共政策 A5判 中野　守編 4500円

42. 現代日本資本主義 A5判 一井・鳥居編著 4000円

43. 功利主義と社会改革の諸思想 A5判 音無通宏編著 6500円

44. 分権化財政の新展開 片岡・御船・横山編著 A5判 3900円

45. 非典型型労働と社会保障 A5判 古郡鞆子編著 2600円

46. 制度改革と経済政策 飯島・谷口・中野編著 A5判 4500円

47. 会計領域の拡大と会計概念フレームワーク A5判 河野・小口編著 3400円

48. グローバル化財政の新展開 片桐・御船・横山編著 A5判 4700円

49. グローバル資本主義の構造分析 A5判 一井　昭編 3600円

50. フランス—経済・社会・文化の諸相 A5判 佐藤　清編著 3800円

51. 功利主義と政策思想の展開 A5判 音無通宏編著 6900円

52. 東アジアの地域協力と経済・通貨統合 塩見・中條・田中編著 A5判 3800円

中央大学経済研究所研究叢書

53.	現 代 経 営 戦 略 の 展 開	A5判	高橋・林編著 3700円
54.	Ａ Ｐ Ｅ Ｃ の 市 場 統 合	A5判	長谷川聰哲編著 2600円
55.	人口減少下の制度改革と地域政策	A5判	塩見・山﨑編著 4200円
56.	世 界 経 済 の 新 潮 流 ——グローバリゼーション, 地域経済統合, 経済格差に注目して——	A5判	田中・林編著 4300円
57.	グローバリゼーションと日本資本主義	A5判	鳥居・佐藤編著 3800円
58.	高 齢 社 会 の 労 働 市 場 分 析	A5判	松浦 司編著 3500円
59.	現代リスク社会と3・11複合災害の経済分析	A5判	塩見・谷口編著 3900円
60.	金 融 危 機 後 の 世 界 経 済 の 課 題	A5判	中條・小森谷編著 4000円

＊価格は本体価格です. 別途消費税が必要です.